Master of Business Administration

工商管理硕士(MBA)系列

MBA

证券投资分析

ZHENGQUAN TOUZI FENXI（第2版）

■主编　皮天雷　周红军

重庆大学出版社

内容提要

本书基于新时代中国资本市场改革不断深入的新形势及金融科技快速发展的新背景，详细介绍了证券投资的基础知识、基本原理与基本理念。结合作者多年证券投资的理论教学与实践经历，紧跟全面注册制实施、量化投资、智能投顾、行为金融等前沿，对国内外诸多经典的证券投资案例进行了分析与阐释，力求在内容上全面反映当前国内外最新的研究成果，并紧密跟踪我国资本市场改革与发展的最新实践。

本书结构严谨、内容新颖、资料翔实，叙述深入浅出，理论联系实际，简明实用。不仅适用于高校MBA与经管类专业的教材或教学参考书，也可作为金融证券及相关行业从业人员的参考书，还可作为财经类研究生的教学参考书。

图书在版编目(CIP)数据

证券投资分析 / 皮天雷，周红军主编. -- 2版. -- 重庆：重庆大学出版社，2024.6

工商管理硕士（MBA）系列教材

ISBN 978-7-5689-4496-0

Ⅰ. ①证… Ⅱ. ①皮… ②周… Ⅲ. ①证券投资—投资分析—研究生—教材 Ⅳ. ①F830.91

中国国家版本馆CIP数据核字(2024)第095789号

工商管理硕士(MBA)系列教材

证券投资分析

(第2版)

主 编 皮天雷 周红军

策划编辑：尚东亮

责任编辑：李 伟 版式设计：尚东亮

责任校对：邹 忌 责任印制：张 策

*

重庆大学出版社出版发行

出版人：陈晓阳

社址：重庆市沙坪坝区大学城西路21号

邮编：401331

电话：(023) 88617190 88617185(中小学)

传真：(023) 88617186 88617166

网址：http://www.cqup.com.cn

邮箱：fxk@cqup.com.cn (营销中心)

全国新华书店经销

重庆华林天美印务有限公司印刷

*

开本：787mm×1092mm 1/16 印张：19.25 字数：424千

2013年7月第1版 2024年6月第2版 2024年6月第2次印刷

印数：3 001—4 000

ISBN 978-7-5689-4496-0 定价：59.00元

前言（第2版）

自1602年世界上第一家股票交易所在荷兰的阿姆斯特丹成立以来，证券市场400多年的发展历史，激荡着世界的风云，牵动着经济的脉搏，扣动着人们的心弦。证券投资让人们充满了梦想，充满了激情，更充满了挑战。2008年美国次贷危机和2010年欧债危机的相继发生，使各行业更加关注金融市场。而作为金融市场重要组成部分的证券市场以其独特的方式影响着近现代社会，并通过筹资、资本定价与社会资源配置等功能对社会经济发展起着重要的作用。尤其是在科技快速发展与信息日益密集的数字经济时代，证券市场在中国经济和金融体系中的地位更加突出。

回顾历史，1990年11月和12月，上海和深圳两地相继成立了证券交易所，开启了中华人民共和国证券市场发展的先河。证券市场是适应我国改革开放和国民经济发展需要形成和发展起来的，经历了制度变迁、法律法规不断完善、市场从建立到逐步走向成熟的过程。虽然证券市场发展的道路曲折坎坷，股票价格起伏跌宕，理论上的探讨也是百花齐放，但其对社会资源的优化配置、促进现代企业制度建设以及推动国民经济持续快速发展却是毋庸置疑的。

“星垂平野阔，月涌大江流。”1999年证券法实施，2005年上市公司股权分置改革启动，2019年科创板设立，再到2023年全面注册制推行，中国资本市场在改革中不断走向成熟。而上市公司质量的提高和上市公司的规范运作，必将更有利于扩大直接融资、完善现代市场体系和发挥市场在资源配置中的基础性作用。有此基础，我国经济发展必将前景广阔。不管是经济管理类的在校学员，还是身处政府或企业的经济管理工作者，全面系统地熟悉证券投资的基础知识，并结合实际研究运用，必将终身受益。

证券投资学是研究证券投资本质及其运动规律的一门学科，其理论与方法来源于实践，对实践活动起着巨大的指导作用。为此，本书借鉴了国内外的研究成果，按照理论化、系统化和规范化的原则，力求将有关证券投资的基本知识、基本理论与基本技术融为一体，循序渐进地介绍与阐述。

当然，任何科学成果的产生都是建立在前人的研究基础之上的，作为教材更是如此。因此，本书参考了大量国内外的同类教材，在此表示感谢！在本书的编写过程中，得到了重庆大学经济与工商管理学院、重庆大学出版社有关领导和专家的帮助与指导。同时，重庆大学经济与工商管理学院金融系的同人、我的研究生们以及重庆大学出版社的编辑们等，也为本书的顺利付梓作出了重要贡献，在此一并表示感谢！

本书既可作为高等院校 MBA 或财经类专业的证券投资学课程的教材，也完全适合广大证券投资者阅读。投资者通过本书可以系统地掌握证券投资知识，从而使证券投资活动建立在科学与理性的基础上。当然，由于作者水平有限，本书难免存在一些不尽如人意之处，还望读者批评指正。

皮天雷　于重庆大学民主湖畔

2024 年 1 月

目录

第1章 证券投资工具

证券市场的投资工具种类繁多，主要包括股票、债券、基金、黄金、外汇、期货、期权以及非标准化的资产证券化产品等。这些投资工具不仅起到了活跃证券市场交易的作用，而且是连接资金供求的纽带，更是优化经济资源配置效率与实现风险管理的工具和杠杆。投资者在参与证券市场之前，需先了解各类证券的基本概念和性质特征，理解它们的风险和收益机制。本章重点介绍一些基本的证券投资工具。

案例： 30万元一夜变废纸，新股民误将权证当股票

2007年4月，炒股仅一个月的李女士误将首创权证当作普通股票，在行权交易日过期之后还懵懂不知，待发现时30多万元5.7万股首创权证全部化为乌有。

"我这是'初生牛犊不怕股，一生积蓄全赔光。'"李女士说，2007年4月16日下午2时许她在家里上网委托认购，她在银河证券黄寺证券部认购了30多万元首创权证(580004)5.7万股。"炒股的朋友告诉我不要买太高的股票，我一看当时价格是5.33元，挺便宜的，又是首创这个大公司，所以就花了30多万元。"李女士说，买的第二天，这只"股票"就一直停盘，之后她多次与银河证券公司打电话咨询，对方只是说'看公告，23日认购'。结果到23日还没有开盘，24日一大早上电脑一看，就"什么都没有了"。

李女士说，她急忙找到证券公司，一名业务部经理一听就来了句"你完了！""他说，16日买的权证必须到证券公司再认购，否则就是废纸一张。"李女士说自己一下就懵了。

首创权证的最后交易日是2007年4月16日，行权期是4月17日至23日，共5个交易日。而在23日后仍未行权的权证将予以注销——也就是说，李女士一直把行权期当作了停盘，等到的结果是权证作废。

"我只知道买的是580004，是首创。现在老百姓有几个懂这个名词叫认购？老百姓根本就不懂，我想通过这个告诉别人，买权证比股市大跌可怕多了！"李女士说，"30多万是我一辈子的积蓄，到现在都没敢告诉老公。"

"什么是认购，到哪里去认购，不认购后果是什么？"李女士反复表示，证券公司应该有告知义务，她希望通过这件事儿告诉老百姓买股票有"玄机"。李女士承认，自己从来没有对股票公司做过任何了解，连买的是什么性质的股票都不清楚，对一般买股票的风险也不知道。她最终表示，要通过法律手段来解决这个问题。

——来源：北京晚报，2007-04-25

1.1 证券投资概述

从17世纪初荷兰出现具有现代意义的股份交易开始,证券市场已经走过了400多年的历史,发源于北欧小国的“星星之火”如今在全球已成“燎原之势”。进入20世纪中期以后,金融部门逐渐成为掌握国家经济命脉的核心部门,证券市场的交易活跃度和繁荣程度成为国家经济的晴雨表,反映出投资者对一国经济未来发展前景的信心。

近年来,证券市场与实体经济的联系变得愈发紧密,呈现出“一荣俱荣,一损俱损”的共振特性。当证券市场价格高涨时,投资者因证券市场的财富效应而积极进行投资,企业更容易获得融资,实体经济得到更多金融支持;当证券市场表现低迷时,证券交易冷清,投资者财富缩水,企业发行的股票和债券受到冷遇,实体经济部门也受到负面影响。因此各国政府都非常重视证券市场的发展,希望以此更好地支持实体经济的增长。

证券市场作为生产要素市场,通过为资金供给者与资金需求者提供合适的交易对象和交易场所,服务于经济体系中资本的流通,一方面可从整体上提高资本配置效率和经济体系生产效率,提升投资者回报率,促进财富增长;另一方面可达成风险的转移与分散,让不同风险态度和风险承受能力的投资者能够选择合适的证券产品,实现风险与收益的匹配。当今世界上的主要发达国家,普遍具备比较成熟和规范的证券市场,这些市场具备开放透明的体制机制和强大的分散风险的功能,吸引着全球投资者的关注与参与,成为跨境资本流动的主要目的地,从而支持这些国家的企业创新和它们在全球经济体系中的领先地位。

20世纪90年代以来,高收入国家的金融体系整体上偏向于证券市场主导,且股票和债券市场的发展速度逐渐放缓;而低收入国家的证券市场尚不成熟,正处于快速成长期。现实中,一个国家的居民收入越高,股票市场的规模越大、交易越活跃、市场效率也越高。由此可见,证券市场的发达与否与一个国家的经济增长、经济结构、财富积累和居民收入分配等方面具有密切的关联。因此建设形成产品丰富、交易活跃、公正规范的证券市场,充分发挥其投融资衔接与风险管理功能,同时保护投资者和金融消费者合法权益,已经成为当今多国政府的重要战略目标。

相较于土地、劳动等要素市场以及普通商品市场而言,证券市场的交易对象——证券,作为记载和证明特定权益的法律凭证(或合同),其设计比较严谨,对交易双方的权利和义务约定非常明确。

证券作为一种投资或风险管理工具具有如下特点:首先,证券本身并无使用价值,但作为某种权益的凭证它具有收益性,会给权利人带来获取收益的机会;其次,常见的证券如股票、债券和基金等具有标准化的特点,易于受到广大投资者的认可,因此具有很好的流通性;再次,由于证券市场发行证券的主体自身的信用资质、业务发展和履约能力面临着一些不确定性,而且市场交易状况时刻受到宏观经济因素、金融市场环境、投资者预期等各方因素的影响，证券价格会随着市场变化而波动，并且有时波动非常剧烈，因而证券作为投资工具具有一定的风险性。

基于证券的收益性、流通性、风险性和便捷性，投资者对证券市场的相关信息高度关注，因此金融行业一向是最先采用和普及新型通信技术的行业。具有划时代意义的电报、电话、计算机和互联网等通信技术无一例外率先在金融行业获得大规模应用。一方面，如今的金融机构在信息科技的助力下，已实现大部分业务线上经营，给客户带来更加廉价、高效的金融服务；另一方面，互联网时代信息传播速度大大加快，金融交易和金融监管过程中信息不对称的问题得到缓解，使得投资者对证券市场交易环境和制度建设更有信心，间接助力证券市场的发展壮大。

目前，依托成熟的移动互联网技术，银行、证券、保险和网络支付机构等各类金融机构已经将便捷、高效的金融服务带给大多数金融消费者，金融交易变得极为便捷。同时，公募基金、网络支付机构的理财产品不断降低投资金额门槛，大大提高了投资者对证券市场的参与率。

案例： 零佣金互联网券商 Robinhood 的兴起

2018 年 5 月，两位“逃离华尔街”的年轻创业者 Baiju Bhatt（33 岁）和 Vlad Tenev（31 岁）创立的互联网券商 Robinhood 完成 3.36 亿美元 D 轮融资，在 11 个月里，估值从 13 亿美元飙升至 56 亿美元。Robinhood 成立于 2013 年，在它发展的第五个年头，注册用户数量突破 400 万，超过了 1982 年成立、有 36 年历史的竞争对手 ETRADE（370 万用户）。

两位创业者从斯坦福毕业后进入华尔街工作，他们发现华尔街金融公司的股票交易成本其实很低，却要求用户为每笔股票交易支付 7 ~ 10 美元的佣金，再加上开户最低资金限额，金融投资门槛十分高，这将一部分美国人拒之门外。

“怎么才能让更多美国民众参与金融投资呢？”带着这个心愿，2012 年，两位小哥搬回硅谷，立志做一款零手续费的股票交易 App。

零手续费、界面简洁、用户友好，轻松获得百万用户

2013 年底，Robinhood 发布内测版本，一个周末过去，新增 5 万注册用户。到 2014 年底，Robinhood App 正式上线时，100 多万用户提交注册申请。

相比传统金融投资 App 设计复杂的界面，Robinhood App 界面简洁易懂，操作方式也简单直接，主页只显示两个数据：总投资金额以及当天赚取的金额。股票交易页面只显示四个关键信息：股票代码、实时价格、股票历史行情以及“购买”按钮。

Robinhood 的设计初衷是隐藏不必要的复杂信息，尽量减少文字说明，简化交易流程，用交互式图表帮助用户理解信息，用流程化的按键设置引导用户完成交易。

核心武器：抓住“千禧一代”用户

Robinhood 是第一款移动端优先的股票交易软件，正好赶上了全球移动互联网爆发的契机。而成就 Robinhood 5 年变身独角兽的关键原因是它紧紧抓住了千禧一代投资者。

据传统金融理财公司 Charles Schwab 2018 年进行的一项调查显示：31% 的投资者会

在选择中介机构时对比手续费的高低。而千禧一代更容易受“零手续费”卖点的刺激,超过50%的千禧一代会在传统金融机构与“零手续费”机构间倒向后者。

美国多项调查数据显示,千禧一代是最有经济危机感的一代,他们大多是风险厌恶者,不相信金融机构,不认可人类交易员,认为保有现金才是最好的长期投资选择。

因此,大多数传统金融机构没有把千禧一代视作必须紧紧抓住的目标客户,在经营思路和产品转型上慢了一步。直到Robinhood等金融中介的出现,才让越来越多传统金融机构意识到千禧一代的投资需求与上一代大不相同,要用新玩法捕获他们。

Robinhood式盈利:付费订阅“杠杆交易”服务

事实上,Robinhood并非第一个提供零手续费股票交易服务的公司。

为了砍掉交易手续费,Robinhood从很多维度降低成本。没有实体店、没有交易员、减少广告营销,只雇用了大约200名员工(ETRADE员工数量多达千人)。

Robinhood获取收入的方式有三种:(1)对用户存在Robinhood账户中但尚未投资的资金收取利息。(2)将平台上用户的交易请求分销给不同高频交易金融机构,赚取利润分成。(3)向用户提供不超过其本金的杠杆交易服务,用户按月付费获取杠杆。例如,用户每月花费10美元可获得2 000美元杠杆;若每月付费200美元,用户将获得50 000美元杠杆。

通过传统金融交易中介进行杠杆交易,投资者需要支付的手续费更高。假设用户希望获得10 000美元的交易杠杆,费率为9.75%。每年的杠杆交易费率为975美元。Robinhood的杠杆交易收入以每月17%的速率增长,75%的股票交易为杠杆交易,因此付费用户增长速度十分可观。

这家被誉为“散户之家”的美国互联网券商于2021年7月1日向美国证券交易委员会递交了IPO申请,股票代码为“HOOD”。根据其在IPO提交的相关文件,Robinhood在2021年第一季度营收为5.22亿美元,相较于2020年第一季度增长了309%,2020年全年营收为9.59亿美元。股票交易的订单流返点和加密数字货币业务贡献了Robinhood的主要营收。

Robinhood交易模式引发争议:误导年轻投资人?

值得一提的是,围绕在Robinhood身边的争议也不少。批评者认为Robinhood存在向投资者推荐股票以及刺激投资者进行高频交易的嫌疑。投资者注册账户后,Robinhood会自动推荐一个热门的金融资产投资列表,里面覆盖苹果、特斯拉、Netflix以及比特币。而通常来说,ETF指数基金的投资成本更低、分散化程度更高、交易风险更低,更适合入门者投资。但Robinhood的默认推荐中,并未向投资者推荐此类产品。

2018年2月20日,Robinhood推出加密数字货币业务,目前支持七种主流加密货币:比特币、比特币现金、比特币SV[1]、狗狗币、以太坊、以太坊经典和莱特币。Robinhood在加密数字货币交易业务中赚得盆满钵满,同时也带来了许多麻烦。不同于股票交易业

[1] BSV币(Bitcoin Satoshi Vision)中文名为比特币SV,其供应总量为2 100万BSV,它是2018年11月由BCH社区分叉出来的新币。

务，数字货币业务存在着市场透明度低、监管审查政策尚待完善等问题，相关企业在上市时会面临更加严苛的审查。

就在提交IPO申请前，Robinhood曾因其数字货币交易业务受到SEC的审查而被迫延期。2021年初的GME散户大战中"拔网线"事件更是让Robinhood遭到广大网友的口诛笔伐，在其公布上市的前一天，美国证券交易委员会(SEC)还针对这一事件宣布对其处以7 000万美元的巨额罚款。

Robinhood推行的金融民主化真的很美好吗？

Robinhood在其官网上宣传的企业使命为：We're on a mission to democratize finance for all，即金融民主化。Robinhood在IPO过程中让散户们史无前例地参与到其认购的环节，散户们有机会以公司IPO的价格购买Robinhood的股票，没有个人账户最小余额限制，在认购过程中均能获得相同的认购机会。在此次认购活动中，Robinhood将其发行的A类股票中的20%～35%分配给个人投资者们。

Robinhood的创始人说，其公司的使命是金融民主化，即让更多的普通人能参与股票投资，并希望通过股票市场，让普通老百姓从富人手中分到财富的蛋糕。老百姓真的分到蛋糕了吗？Robinhood凭借其低门槛、零佣金的特点，吸引了大量的散户进场，年轻散户们缺乏风险识别能力和足够的投资经验，没有固定的投资逻辑，往往通过社交媒体获取投资相关的信息，市场上的各种噪声会影响其投资判断，跟风追涨杀跌是这类散户的投资常态。他们是资本市场中典型的非理性投资者，在主流媒体被资本垄断的情况下，这类投资者更加容易被资本"割韭菜"。

金融创新，不止于Robinhood

Index Ventures的管理合伙人Jan Hammer曾说："未来十年，金融服务行业将出现一系列革新，产品设计更清晰、用户更友好以及拥有新式盈利模式的金融产品是这轮金融革新的驱动力。新型金融服务公司收取更少的费用，提供更多的服务，推动金融交易进程的透明化，降低投资门槛，最终让金融资产投资变得更加大众化。"

而人工智能等技术的发展，也在降低金融资产交易费用和理财门槛，财富管理不仅是大型金融公司的游戏，初创企业也正在试图分一杯羹。所以我们看到，除了Robinhood"零手续费"股票交易中介的出现，还涌现出许多智能投顾公司。

比如目前知名度最高的Wealthfront与Betterment，它们主打智能投顾金融产品，根据用户的理财目标与风险承受能力，利用算法搭配金融资产投资组合。

对大多数普通人来说，金融投资非常复杂。像Wealthfront和Betterment这样的智能投顾，将复杂的计算理论与金融资产挑选过程隐藏到产品背后，向用户提供的仅是计算结果、投资建议与管理服务，因而用户无须操心金融投资的中间过程，掏钱买单即可。

更重要的是，智能投顾的资产管理费用低于摩根士丹利和摩根大通，而这些新的金融科技公司正在凭借新技术、低成本和低门槛的服务奇袭传统金融公司，也会给股票交易中介行业带来全新的定义。

——资料来源：腾讯科技，作者：硅兔赛跑

总之,作为具有法律约束力的投资工具,证券产品的发行、交易和信息披露严格遵守相应市场规则、证券产品标准化程度比较高、为数量庞大的投资者群体提供广阔的退出渠道等特点,使得证券成为个人和机构投资者所喜好的投资对象。但值得注意的是,任何投资都有风险,可能导致损失,证券投资同样如此。证券市场宏观层面的复杂性、投资对象未来收益的不确定性和投资者的不理性行为等因素,都有可能使证券投资的结果大幅偏离投资者的预期,甚至遭受巨大亏损。因此,比较理性的投资者在进行证券市场投资之前,不仅应该对目标市场的总体情况和可选择的证券投资工具有一定的认识,而且应该对自己的投资行为作出合理计划和充足准备。

投资是人们对当期消费的一种延迟,人们根据自己的偏好安排现在与未来的消费结构,使之达到当期和预期效用的最大化,最终实现整体效用最大化。从现金流分析的角度讲,投资是一门规划现金流的学问,投资者需要在全面分析风险和收益的基础上对可投资资金进行合理利用,进而追求满意的投资回报。基于此,一个完整意义上的投资过程需要涵盖六个阶段:

①投资目标的设定:投资目标的设定应与投资者的自身情况相匹配,投资者应结合自身所处生命周期、财富水平、可用资金、风险偏好、可接受的投资周期、投资分析能力等因素制定适宜的投资目标。

②投资策略的选择:投资策略的选择应结合当前国内外经济形势、金融市场的有效程度、投资监管环境、可选的投资工具等情况,最大程度地贴近投资者设定的目标。

③投资工具的价值分析:价值分析是衡量风险与收益的核心,价值分析的本质是一种预测行为,通过预测投资工具的未来现金流量来预测资产的未来价值,通过价值预测判断资产是否高估或者低估,从而为投资组合的构建奠定基础。

④投资组合的构建:出于分散风险的需要,投资者需要根据各种投资工具的价格(价值)相关性分析,以实现投资组合价值最大化为目标来构建投资组合。构建有效投资组合的基本原则有两种:收益率一定的条件下寻求风险最小化或风险一定的情况下追求收益率最大化。

⑤定期进行投资业绩评价:为了检验投资的业绩是否与预期的投资目标相吻合,必须定期进行投资业绩综合评价,包括对组合的风险评价和业绩评价,以总结和发现过去投资决策中的不足。

⑥投资组合的优化:科学的投资不同于投机,它是一个长期的、反复的过程,需要不断总结过往经验和研究市场未来变化趋势,对投资组合进行优化,对投资组合动态管理,实现风险与收益的最佳匹配。

由此可见,严谨的证券投资行为需要科学指导和系统思维,需要持续改进投资理念和策略,需要投资者不断研究投资对象和总结经验教训,唯有如此才能克服普通投资者广泛存在的弱点。另外,证券投资者需要乐观包容的心态,因为即便拥有科学的投资计划和完美的执行过程,投资结果仍有可能是亏损。

1.2 股　票

众所周知,公司是现代经济活动中最重要的企业组织形式。根据《中华人民共和国公司法》,其中所称的公司即指依照该法在中国境内设立的有限责任公司和股份有限公司。股份有限公司是现代经济活动中规模较大的市场经营主体普遍采用的组织形式,它是指其全部资本分为等额股份,股东以其所持股份为限对公司承担责任,公司以其全部资产对公司的债务承担责任的公司。

股份有限公司为了筹集资本而发行的股东权益凭证即为股票。股票被誉为经济金融领域最伟大的发明。它的出现和发展对社会生产力的提升、商品经济的繁荣以及资本市场的壮大是一股最重要的推动力量,股票也因此成为现代证券市场上举足轻重的一类投资工具。

1.2.1　股票的定义与性质

1)股票的定义

股票(Stock)是股份有限公司签发给股东以证明其投资份额并对公司拥有相应财产所有权的凭证。

股份有限公司的全部资本被分成许多等值的单位,即“股份”(Shares)。它是股份公司资本的基本单位和股东法律地位的计量单位,占有一个单位,就称占有一份股,每一股份代表对公司资产占有一定的份额。将“股份”印制成一定的书面形式,记载表明其价值的事项及有关股权等条件的说明,就是股票。

股票与股份,前者是形式,后者是内容,股份有限公司依照公司法的规定,为筹集资金向社会发行股票,股票的持有人就是公司的投资者,即股东。股票是股东投资入股、拥有股份所有权的凭证。拥有某股票,就证明该股东对公司的净资产占有一定份额的所有权。股票虽然是所有权证书,但股东的权利是有限制的,股东无权处置公司的资产,而只能通过处置持有的股票来改变自己的持股比例。

延伸阅读:　　　　**如何看懂股票行情表?**

股市行情表反映了每天的证券交易和证券价格变动情况,是股市投资者必须认真研究的信息。深沪两地行情表大同小异。《上海证券交易所行情报表》与《深圳证券市场行情》的不同之处在于:

①上海第一栏是证券代码,每一种证券的代码是六位数。其中,第一位数字代表证券类别,如6代表上市股票,0代表国债,2代表上市金融债券,4代表上市企业债券。

②上海行情表中有一栏是开业至今最高、最低价,是指交易所开业至今日期内各种股票成交的最高价格与最低价格。

③上海证券交易所有"发行股数"一栏,是指股票发行时的总股本,包括国家股、法人股、个人股。

④市价总额是指当时收盘价与发行股数之积。

⑤上海行情表上方的数据是所有各栏目当时的汇总数。其中,成交笔数是各类证券当日成交业务量汇总数;上市品种与成交品种表示批准在交易所上市的证券种类和当日成交的证券种数,上市总额是指批准在证券交易所上市的各类证券的发行数面额计算的汇总数。

除此以外,《上海证券交易所行情报表》与《深圳证券市场行情》都是相同的。

①收市价是指收盘价格。收市价并非指证券交易所闭市收盘时的价格,而是指当天交易中最后成交的一笔价格。目前,上海证券交易所和深证证券交易所交易时间为星期一至星期五上午9:30至11:30,下午13:00至15:00,法定节假日不开市。在开市时间里,成交的最后一笔价,即为收市价。收市价又分为上午(也称为前市)收市价与下午(也称为后市)收市价。

②开盘价是开盘价格的简称,每天每种股票第一笔成交的价格,为开盘价格。如30分钟后仍未产生开盘价,一般取前一日收盘价为当日开盘价。如前一日无成交价格,则由交易所提出指导价格,促使成交后作为开盘价。若首日上市买卖的证券,其开盘价为上市前一日的柜台转让平均价格;如无柜台转让价格,则取该证券的发行平均价格。

③每天的证券交易,成交的笔数很多,价格也不相同,行情表中的"最高"是指当天不同成交价格中的最高价格。有时成交的最高价格只有一笔,有时有几笔。

④最低是指当天成交的不同价格中的最低价位。有时只有一笔,有时不止一笔。

⑤涨、跌是指以当天的收盘价格与前一天的收盘价格比较而得到的结果,正为涨,负为跌,涨跌幅度用百分比来表示。

⑥成交量是指股票当天的交易数量,其计算单位有两种:一种是以股数计算,另一种是以金额计算。在证券行情中,往往将成交量与成交金额分开,前者以股数来计算,后者以金额来计算。

⑦停板是因为出现了对整个股市有极大影响的事件时,交易所停止所有的买卖,防止股市暴涨或暴跌。交易所适当利用停板,可以使股市安然渡过危机。

⑧停牌指暂时停止股票买卖。当某家上市公司因一些消息或正在进行的某些活动而使该公司股票的股价大幅度上涨或下跌,这家公司就可能需要停牌。

深圳证券交易所规定,上市公司如有下列情形,交易所可报请主管机关给上市公司予以停牌:a. 公司累计亏损达实收资本额二分之一时;b. 公司资产不足抵偿其所负债务时;c. 公司出于财政原因发生银行退票或拒绝往来的事项;d. 全体董事、监事、经理人所持有记名股票的股份总额低于交易所规定;e. 有关资料发现有不实记载,经交易所要求上市公司解释而逾期不作解释者;f. 公司董事或执行业务的股东,有违反法令或公司业务章程的行为,并足以影响公司正常经营的;g. 公司的业务经营,有显著困难或受到重大损害的;h. 公司发行证券的申请经核准后,发现其申请事项有违反有关法规、交易所规章或虚假情况的;i. 公司因财务困难,暂停营业或有停业的可能,法院对其证券作出停止转让裁定的;j. 经法院裁定宣告破产的;k. 公司组织及营业范围有重大变更,交易所认为不宜继续上市的。

此外,上市公司如有下述情形,则应申请停牌:a. 上市公司计划进行重组的;b. 上市证券计划发新票券的;c. 上市公司计划供股集资的;d. 上市公司计划发股息的;e. 上市公司计划将上市证券拆细或合并的;f. 上市公司计划停牌的。若遇到以上情况,证券行情表中会出现“停牌”字样,该股票买卖自然停止,该股票一栏为空白。

⑨股票市盈率即市价盈利比率,又叫本益比。它是上市公司的股票价格与年度每股盈利的比率,是衡量股票投资成本与投资风险的一种相对指标。市盈率的倒数反映了以市场价格买入某种股票并进行长期投资的年化收益率。市盈率综合了投资的成本与收益两个方面,成了市场上影响股价诸多因素的综合指标,因此在分析上具有重要价值。市盈率可以反映投资风险具体体现在:市盈率的急剧上升,显示市场对股票的估值迅速提升,使后续买入的投资者的投资风险增加。市盈率的作用还体现在可以作为新股票发行价格的参照标准。如果股票按照溢价发行的话,一般按行业可比公司的股价状况来确定溢价幅度,这时股市中类似上市公司股票的平均市盈率便可作为新股定价的参照标准。

2)股票的性质

(1)股票是有价证券

有价证券(Negotiable Security)是财产价值和财产权利的统一表现形式。持有有价证券,一方面表示拥有一定价值量的财产,另一方面也表明有价证券持有人可以行使该证券所代表的权利。股票是一种有价证券,具有下列特征:

①虽然股票本身没有价值,但股票代表一定的财产权,它包含着股东拥有依其持有的股票要求股份公司按规定分配股息和红利的请求权。

②股票与其代表的财产权有不可分离的关系,两者合为一体,也就是说,行使股票所代表的财产权,必须以持有股票为条件,股东权利的转让应与股票占有权的转移同时进行,股票的转让就是股东权利的转让。

(2)股票是要式证券

要式证券(Type Security)必须按照相关法规规定的严格格式进行相关事项的记载,否则就会影响该证券的效力甚至会导致其无效。股票应记载一定的事项,其内容应全面真实,这些事项往往通过法律形式加以规定。在我国,股票应具备《中华人民共和国公司法》(简称《公司法》)规定的有关内容,如果缺少规定的要件,股票就没有法律效力。而且,股票的制作和发行须经证券主管机关的审核和批准,任何个人或者团体不得擅自印制和发行股票。

(3)股票是资本证券

股份有限公司发行股票是一种吸引认购者投资以筹措公司自有资本的手段,对于认购股票的人来说，购买股票就是一种投资行为。因此，股票是投入股份公司资本份额的证券化，属于资本证券（Capital Security）。但股票又不是一种现实的资本，股份公司通过发行股票筹措的资金，是公司用于运营的真实资本。股票独立于真实资本之外，在股票市场上进行着独立的价值运动，是一种虚拟资本。

（4）股票是综合权利证券

股票不属于物权证券，也不属于债权证券，而是一种综合权利证券（Comprehensive Rights Security）。物权证券（Real Security）是指证券持有者对公司的财产有直接支配处理权的证券。债权证券（Debt Security）是指证券持有者为公司债权人的证券。股东权利是一种综合权利，包括对股份有限公司的财产所有权、收益分配权、重要事项表决权和选举权等。股东虽然是公司财产的所有人，享有种种权利，但对于公司的财产不能直接处理。一旦投资者购买了公司股票，即成为公司部分财产的所有人，但该所有人在性质上是公司内部的构成分子，与公司债权人的性质有所不同。

延伸阅读：　　股票融资与信贷融资

企业在生产经营过程中，特别是在扩大生产经营规模时，常常会碰到资金不足的困难。在企业自有资金不能完全满足其资金需求时，便需要向外部筹资。对外筹资可以有两种方法：一是资金需求者直接借助市场向社会上有资金盈余的单位和个人筹资，二是向银行等金融中介机构申请贷款等。第一种方式称为直接融资，第二种方式称为间接融资。

直接融资的主要形式有：股票、债券、商业票据、预付和赊购等。其中，股票融资和债券融资是最重要的形式。银行信贷融资是间接融资最重要的形式，间接融资中的金融中介机构主要是商业银行。股票融资和信贷融资属于不同的融资方式，在融通资金的性质、作用等方面有很大的不同：

①银行提供给企业的资金融通，对企业而言是它的外部债务，体现的是债权债务关系；而企业通过股票融资筹集的资金是企业的资本金，它反映的是财产所有权关系。

②信贷融资是企业的债务，企业必须在到期时或到期前按期还本付息，因此构成企业的财务负担；而股票融资没有到期偿还的问题，投资者一旦购买股票便不得退股。

③对提供融资者而言，信贷融资是银行提供给企业的信用，银行提供的借贷资金不论数量多少，都没有参与企业经营管理的权利；而提供股票融资者即成为企业的股东，可以参与企业的经营决策。

④从提供融资者收益看，银行的收益是固定（或根据一定的标准浮动）的利息收入，无论企业经营好坏，企业都有义务支付应付的利息；而股票的收益通常是不固定的，它与企业的经营好坏有着密切的关系。

⑤在企业破产清算时，信贷融资和股票融资的清偿顺序不同，银行提供给企业的贷款，不论有无担保，都是对企业的债权，可以在股东之前取得清偿权。

1.2.2　股票的特征

最具代表性的股票是普通股股票。普通股股票一般具有以下特征：

1）期限上的永久性

股票在期限上的永久性（Perpetuation）。股票没有期限，没有约定的到期日，股份公司不对股东偿还本金，股东也无权提出退股索回股本的要求。股东若想收回投资，只能将股票转卖他人，但这种转卖不涉及公司资本的增减，只改变了公司资本的所有者。股份公司在破产、清偿或因故解散的情况下，依据法定程序宣布结束，但这不能理解为股票到期，股东得到的清偿也不一定等于他投入的本金。

2）责任上的有限性

股票在责任上的有限性（Limitation）。股东只负有限连带清偿责任，即股东仅以其所持股份为限对公司承担责任，公司以其全部资产对公司的债务承担责任。一旦公司破产倒闭，除了股东认购的股金外，对公司所欠债务没有连带清偿责任。换句话说，股东承担的风险只限于股东购买股票所作的投资，这是股份公司能在社会公众中广泛募集资金的重要原因。

3）决策上的参与性

股票是代表股份资本所有权的证书，是投资入股的凭证。就法律性质而言，除优先股票外，每一股份所具有的权利原则上是相等的。因此，在公司总股本一定的条件下，拥有股票数越多，所占股权比例就越大。

股票代表的所有权是一种综合权利。股票在决策上的参与性（Participation）是指股东有权参加股东大会，听取董事会提出的工作报告和财务报告，并提出自己的意见和建议；股东有权对公司重大经营决策投票赞成或反对，以此参加公司的经营管理决策；普通股票持有人根据其拥有的股份数有权选举和被选举为公司的董事或监事。股东通过行使各项权利参与公司的经营管理决策。

4）报酬上的剩余性

报酬上的剩余性（Surplus）是指公司的利润首先要偿还公司债务，兑付债权人对投资报酬的索取权，还要上缴所得税，并按法律规定和股东大会决定从税后利润中提留法定公积金和任意公积金，余下的净利润才能作为股本的报酬按股东持有股份的比例分给股东。所剩的净利越多，股息分得就越多，如果剩余无几，股东则可能一无所得。

5）清偿上的附属性

附属性（Subordinate）是指股本并不是必须偿还的。当公司破产或解散，所有债务均须偿还时，对股本的偿还则视公司的清偿能力而定。按照公司法规定和清偿惯例，股份有限公司宣布清偿时要按法定顺序：①所欠职工工资和劳动保险费用；②缴纳所欠税款；③清偿公司债务。只有在上述一系列债权人的债务分别清偿完毕后，法律才允许公司利用剩余的资金或资产来偿还股东的股本金。

6)交易上的流动性

股票是一种可自由转让的流动工具,可在证券交易所或市场上出售。正是流动性(Liquidity)这一特征弥补了股票期限上永久性的不足,也是股份公司能在社会公众中广泛募集资金的又一重要原因。股东无权向公司索回股本,当股东需要现金时可随时出售股票,使股票成为流动性很强的投资工具。一个国家或地区的证券市场越发达,股票的流动性也就越强。股票的转让及随之而来的股东变更,并不改变股份公司的资本额,也不影响股份公司的稳定性。

7)投资上的风险性

股票具有风险性(Risk)是指它是一种高风险的投资工具,这是由股票报酬上的剩余性、清偿上的附属性和股票价格的波动性所决定的。股票投资者至少面临两个方面的风险:一是如果公司经营不善或市场上出现意外情况,公司税后利润减少,股票的收益立即下降,一旦公司倒闭,该公司股票就会变得一文不值,同时股东也不能期待从公司得到足额的补偿;二是股票的市场价格受公司经营状况及相关的政治、经济、社会、心理等因素的影响,波动剧烈。因此,股票投资者总是要承担一定的风险。

8)权益上的同一性

股票的同一性(Identity)是指同一种类的每一份股票在权利和收益上是相同的,体现了投资的公平和公正。股东参与公司经营管理的决策权取决于他持有股份的多少,股东持有一个公司的股份越多,其参与经营决策的权力就越大。公司在分配剩余利润时也按股份计算,股份持有人凭每一股份获得的公司剩余利润称为股息。普通股票承诺分配的股息并不是事先确定的,它随公司剩余利润的多少而变动,因此股息水平不是用百分率表示,而是用每股普通股票分得的股息货币额表示的。股票的这一特征决定了股票的价值完全不取决于谁持有股票,所以股票才成为一种非个人化的投资工具,可以在不同投资者之间流通转让。

近年来,中国互联网上市公司采用同股不同权制度(AB 股双层股权制度)的越来越多。AB 股双层股权制度是指管理层为了能以少量资本控制整个公司,将公司股票分高和低两种投票权,高投票权的股票面额较大,每股具有 2 至 10 票的投票权(A 类普通股),主要由管理层持有;低投票权的股票由一般股东持有,通常面额只有 A 类的 1/10,1 股仅有 1 票甚至无投票权(B 类普通股)。A 类普通股和 B 类普通股都是公司发行的股票,但在股票额以及股票包含的股东权利上有所区别,这与我们经常说到的 A 股(普通人民币股票)和 B 股(人民币特种股票)并不相同。

互联网上市公司设置 AB 股制度,主要目的是确保公司在多次股权融资后,即使创始人团队股权比例被稀释,仍能保持对公司的绝对控制。阿里巴巴、腾讯、京东、百度等公司都采用了类似的股权结构并在美国实现上市。AB 股制度的缺点则在于不利于其他股东的利益保障,可能导致独裁,甚至形成对公司创始人的个人崇拜。如果没有完善的信息披露制度、严格法律法规及集体诉讼文化，同股不同权就可能会让公众公司沦为内部人控制的反面典型。

经典案例：　　　　小米公司采用AB股结构在港上市

中国的互联网公司发展壮大以后纷纷赴美上市，促使港交所于2014年8月公布"不同股票权架构概念文件"，就是否应允许同股不同权架构展开探讨，时任港交所行政总裁李小加称相关的咨询关乎"香港市场未来竞争力"。2018年4月30日，"同股不同权"股权架构公司申请上市的相关法案正式被港交所通过，并即刻接受上市申请，这是1989年后港交所重新启动"同股不同权"机制。

2018年5月3日，小米集团在香港递交上市招股书。据招股书披露，在公司持股方面，小米董事会主席兼首席执行官雷军持有31.41%，小米总裁林斌持有13.32%，其他联合创始人包括黎万强持3.23%，黄江吉持3.23%，洪锋持3.22%，刘德持1.54%，周光平持1.43%，王川持1.11%，晨兴集团持股17.19%，顺为资本联合创始人兼首席执行官许达来持2.93%，其他投资者持有21.34%。

在股权设计中，小米的股份分为A类和B类。对于普通事项，A类股每股可投10票，B类股每股可投1票。对于以下保留事项，A、B股的投票权相同，都是每股可投1票：

①修订章程或细则，包括修改任何类别股份所附的权利；

②委任、选举或罢免任何独立非执行董事；

③委任或撤换小米的会计师；

④小米主动清盘或解散。

所有投资者中拥有A类股份的只有雷军和林斌两人，其他人拥有B类股份。雷军有20.51%的A类股份和10.9%的B类股份，两项相加共有31.41%的股份，55.7%的投票权。另外，有部分股东委托雷军代为投票，实际上雷军共控制小米57.9%的投票权。林斌有11.46%的A类股份和1.87%的B类股份，两项相加共有13.33%的股份，林斌共控制小米30%的投票权。

按照开曼群岛公司法和小米的章程，小米的普通事项由半数以上表决权的股东同意通过，重大事项经3/4表决权的股东同意通过。雷军拥有57.9%的投票权，一个人可决定普通事项，一个人就可否决重大事项。雷军和林斌共拥有87.9%的投票权，两人可决定重大事项。

小米集团于2018年7月9日在香港交易所挂牌上市，发行价格为17港元/股，发行时公司市值约为540亿美元。

1.2.3 股票的类型

1）按股东的权益分类

（1）普通股股票（普通股）

普通股股票是最基本、最常见的股票形式，其持有者享有股东的基本权利和义务。

普通股股票主要有以下特点：

①普通股股票是股票的典型形式，是最普通、最重要的股票种类。股份公司的绝大部分股本是通过发行普通股股票筹集而来的，其发行范围广且发行量大。

②普通股股票是股份有限公司发行的标准股票，其有效期限是与股份有限公司相始终的，此类股票的持有者是股份有限公司的基本股东，其权利一般不会受到特别限制。

③普通股股票是风险最大的股票。此类股票的股东收益不确定，投资风险较大。其收益要随公司的经营状况和盈利水平而波动，且收益分配顺序靠后，股份公司必须在偿付完公司的债务以及优先股股东的股息以后才能给普通股股东分红。

④公司经营决策的参与权。普通股股东的这一权利是通过股东大会来行使的，即普通股股东有权参加股东大会，听取董事会的业务报告和财务报告，发表对公司经营管理和年度分配的意见和建议，并行使表决权和选举权。如果认为公司的账目不清时，股东还有权查阅公司的有关账册。如果发现董事违法失职或违反公司章程而损害公司利益时，普通股股东有权将之诉诸法庭。

⑤具有分配公司盈余和剩余资产的权利。这一权利是普通股股东经济利益的直接体现。在经董事会决议之后，普通股股东有权按顺序从公司经营的净利润中分取股息（Dividend）和红利（Bonus）。在股份有限公司解散清算时，有权按顺序和比例分配公司的剩余资产。

⑥优先认股权。当股份公司为增加公司资本而决定增资扩股时，普通股股东有权按持股比例优先认购新股，以保证普通股股东在股份有限公司中的持股比例不变。如我国的上市公司在配股时，都是按比例先配给现在的普通股股东。当普通股股东不愿或无力参加配股时，它可以放弃配股或按相应的规定将配股权利转让给他人。

（2）优先认股股票（优先股）

优先认股股票（Preferred Stock）是相对于普通股股票而言的，其股东享有的某些权利优先于普通股股东（如优先分配公司盈利和剩余财产权）。优先股股票是一种混合证券，兼具了普通股和债券的一些特性。首先，优先股也是一种股权证书，没有偿还期，代表公司的所有权，但相对于普通股而言，在其享有优先分配股息和优先清偿剩余财产权的同时，其参与公司经营管理的权利受到了限制。优先股股东一般无权参加股东大会，这一点与普通股股东不同。其次，优先股也兼有债券的一些特点，其收益是以在发行时事先确定的固定股息率方式来支付。

归结起来，优先股的特征如下：

①股息率固定。普通股的股息是不固定的，它取决于股份公司的经营状况和盈利水平。而优先股在发行时就约定了固定的股息率，无论公司经营状况和盈利水平如何变化，该股息率不变。

②股息分配优先。在股份公司盈利分配顺序上，优先股排在普通股之前。各国公司法对此一般都规定，公司盈利首先应支付债权人的本金和利息，缴纳税金，其次是支付优先股股息，最后才分配普通股股利。因此，从风险的角度看，优先股的风险小于普通股。

③剩余资产分配优先于普通股。当股份公司因破产或解散进行清算时，在对公司剩余财产的分配上，优先股股东排在债权人之后、普通股股东之前。也就是说，优先股股东可优于普通股股东分配公司的剩余资产。

④一般无表决权。优先股股东权利是受限制的，最主要的是表决权限制。普通股股东参与股份公司的经营决策主要通过参加股东大会行使表决权，而优先股股东在一般情况下没有投票表决权，不享有公司的决策参与权。只有在特殊情况下，如讨论涉及优先股股东权益的议案时，他们才能行使表决权。

2）按股票是否记名分类

（1）记名股票

记名股票（Inscribed Stock）是指票面上载有股东姓名，并将股东姓名记载在公司的股东名册上的股票。记名的股票只有记名的股东可以行使股权，其他人不得享受股东权利。因此，记名股票的买卖必须办理过户手续，这在很大程度上保护了股东的权利。证券交易所流通的大都是记名股票。

（2）无记名股票

无记名股票（Bearer Stock）的持有人可直接享受股东资格，行使股东权利。由于股票不记名，因此可以自由流通，不需要过户。因此相对而言，无记名股票往往更具有市场流动性。但当持有者遗失股票时也就等于遗失股东地位和获利的权利。

3）按股票有无表明票面金额分类

（1）面额股票

面额股票（Par Value Stock）是指在股票票面上记载一定金额的股票，记载的票面金额叫票面价值（Par Value）。面额股票的作用是可以确定每股所代表的股权比例。由于股票面值总和是一个相对稳定的数额，而公司实际资产却在增减变化之中，因此股票面值往往不能真实地反映它所代表的公司实际资产的价值。又由于股票面值是一个不变的量，而股票在流通市场的价格却是不断涨跌的变量，随着时间推移，股票市价与面值的关系逐渐偏离，股票面值的存在意义已逐渐缩小，它现在的唯一作用是规定公司向股东支付股息不能使公司股票的每股净值减少到低于股票面值。

（2）无面额股票

无面额股票（No Par Value Stock）是指股票票面上不记载金额的股票。股票发行后，由于受各种因素的影响，股票的面额与股票的市场价格关系不太密切，股东权利与义务的计算主要是依据其所占有股份的比例，面额变得越来越没有意义。因此，出现了无面额的股票。无面额股票虽然没有票面金额，但通常在票面上都记有股份数量，以表明股东持有股份的多少。

4）我国股票的分类

（1）国家股（国有股）

国家股（State-Owned Share）是指以国有资产向股份有限公司投资形成的股权。国家股一般是指国家投资或国有资产经过评估并经国有资产管理部门确定的国有资产折算的股份。国家股的股权所有者是国家,即国家股的股权由国有资产管理机构或其授权单位、主管部门行使国有资产的所有权职能。国家股股权,也包含国有企业向股份有限公司行使转换时,现有国有资产折成的国有股份。从资金来源上看,国家股的构成主要包括三个部分:

①国有企业由国家计划投资所形成的固定资产、国拨流动资金和各种专用拨款;

②各级政府的财政部门、经济主管部门对企业的投资所形成的股份;

③原有行政性公司的资金所形成的企业固定资产。

国家股的形式在不同的企业中也不尽相同。在由国家控制的企业中,国家股应该是普通股,从而有利于国家控制和管理该企业;在不需要国家控制的中小企业,国家股应该是优先股或参加优先股,从而有利于国家收益权的强化和直接经营管理权的弱化。也有一些国家的国家股,在国有企业中发挥着重要的控股作用。如法国的国有企业,全部实行股份制的管理和经营方式。国家有三种控股方式:国家控制企业的全部股份、国家控制一半以上企业股份和国家控制企业一半以下的股份。国家控股的程度,因企业对国计民生的关切程度不同而异。

(2)法人股

法人股(Legal Person Share)是指企业法人以其依法可支配的资产向股份公司投资形成的股份,或者具有法人资格的事业单位或社会团体以及国家允许用于经营的资产向股份公司投资所形成的股权。法人股是法人相互持股所形成的一种所有制关系,法人相互持股则是法人经营自身财产的一种方式。法人股股票应记载法人名称,不得以代表人姓名记名。法人不得将其所持有的公有股份、认股权证和优先认股权转让给本法人单位的职工。法人股主要有以下两种形式:

①企业法人股(Corporate Share),是指具有法人资格的企业把其所拥有的法人财产投资于股份公司所形成的股份。企业法人股所体现的是企业法人与其他法人之间的财产关系,因为它是企业以法人身份认购其他公司法人的股票所拥有的股权。有些国家的公司法严格禁止企业法人持有自身的股权。

②非企业法人股(Non-corporate Share),是指具有法人资格的事业单位或社会团体以国家允许用于经营的财产投资于股份公司所形成的股份。

(3)公众股

公众股(Public Share)是指社会个人或股份公司内部职工以个人财产投入公司形成的股份。它有两种基本形式,即公司职工股和社会公众股。公司职工股是指股份公司的职工认购的本公司的股份。公司职工认购的股份数额不得超过向社会公众发行的股份总额的10%。一般来说,公司职工股上市的时间要晚于社会公众股。社会公众股是指股份公司公开向社会募集发行的股票,向社会所发行的部分不得少于公司拟发行的股本总额的25%。这类股票是市场上最活跃的股票,它发行完毕一上市,就成为投资者可选择的投资品种。

(4)外资股

外资股(Foreign Share)是指外国和我国香港、澳门、台湾地区投资者以购买人民币特种股票形式向股份公司投资形成的股份,它分为境内上市外资股和境外上市外资股两种形式。

①境内上市外资股(Domestic Listed Foreign Share)。境内上市外资股是指经过批准由外国和我国香港、澳门、台湾地区投资者向我国股份公司投资所形成的股权。境内外资股称为B种股票,是指以人民币标明票面价值,以外币认购,专供外国及我国香港、澳门、台湾地区的投资者买卖的股票,因此又称为人民币特种股票。国家股、法人股和公众股三种股票形式又合称为A种股票,是由代表国有资产的部门或者机构、企业法人、事业单位和社会团体以及公民个人以人民币购买的,因此又称为人民币股票。境内上市外资股在境内进行交易买卖。上海证券交易所的B股以美元认购,深圳证券交易所的B股以港币认购。

②境外上市外资股(Overseas Listed Foreign Share)。目前,我国境外上市外资股主要有以下三种:

H股。它是境内公司发行的以人民币标明面值,供境外投资者用外币认购,在香港联合交易所上市的股票。H股公司往往资产规模庞大,行业特征显著,大多数是基础产业,是本行业的排头兵,对行业以及上下游企业影响深远,在国民经济发展中发挥着举足轻重的作用。与H股概念相似的是红筹股。所谓红筹股(Red Chip),是指香港证券界对具有中资背景的,由中资企业控股35%以上的香港上市公司,在香港联合交易所发行和上市的股票。由于H股和红筹股是我国股票市场走向国际资本市场的主要股票品种,因此统称为“中概股(Chinese Concept Stock)”。

N股。它是以人民币标明面值,供境外投资者用外币认购,获纽约证券交易所批准上市的股票。目前几乎所有外国公司(即非美国公司,但不包括加拿大公司)都采用存托凭证(Depository Receipt)形式而非普通股的方式进入美国市场。存托凭证是一种以证书形式发行的可转让证券,通常代表一家外国公司的已发行股票。例如,我国的一家公司为使其股票在美国流通,就将一定数额的股票,委托某一中介机构保管,由保管机构通知美国的存托银行在当地发行代表该股份的存托凭证,之后存托凭证便开始在美国证券交易所或柜台市场交易。

S股。它是相对于那些通过间接途径(如反向收购)到新加坡上市的我国公司股票而言的,它是指公司在我国注册,通过中国证监会批准,直接到新加坡上市的公司股票。

延伸阅读: **“绩优股”与“垃圾股”**

顾名思义,绩优股(Blue Chip)就是业绩优良公司的股票,但对于绩优股的定义国内外却有所不同。在我国,投资者衡量绩优股的主要指标是每股税后利润和净资产收益率。一般而言,每股税后利润在全体上市公司中处于中上地位,公司上市后净资产收益率连续三年显著超过10%的股票当属绩优股之列。

在国外,绩优股主要指的是业绩优良且比较稳定的大公司股票。这些大公司经过长时间的努力,在行业内达到了较高的市场占有率,形成了经营规模优势,利润稳步增长,市场知名度很高。

绩优股具有较高的投资回报和投资价值。其公司拥有资金、市场、信誉等方面的优势,对各种市场变化具有较强的承受和适应能力,绩优股的股价一般相对稳定且呈长期上升趋势。因此,绩优股总是受到投资者,尤其是从事长期投资的稳健型投资者的青睐。

与绩优股相对应,垃圾股(Rubbish Stock)指的是业绩较差的公司的股票。这类上市公司中或者由于行业前景不好,或者由于经营不善等,有的甚至进入亏损行列。其股票在市场上的表现萎靡不振、股价走低、交投不活跃、年终分红也差。投资者在考虑选择这些股票时,要有比较高的风险意识,切忌盲目跟风投机。但绩优股和垃圾股不是天生的和绝对的。绩优股公司决策失误,经营不当,其股票可能沦落为垃圾股;而垃圾股公司经过资产重组和经营管理水平的提高,抓住市场热点,打开市场局面,也有可能将其股票变为绩优股。这样的例子在我国股票市场上比比皆是。股票市场中绩优股和垃圾股并存的格局警示着上市公司,上市并不意味着公司从此高枕无忧,股票市场容不得滥竽充数,是绩优股,还是垃圾股,依赖于上市公司本身的努力。

1.3 债　券

债券和股票一样是证券市场基本的投融资工具,在投融资活动中扮演着重要的角色。投资者如果要进行债券投资,必须对债券有一定的了解。

1.3.1 债券的定义

债券(Bond)是依照法定程序发行,约定在一定期限内还本付息的有价证券。债券的性质是债权凭证,反映了筹资者和投资者之间的债权债务关系,是有价证券的重要组成部分。债券与一般的借款合同不同,它不是发行人对某个特定个人或法人所负的债务,而是发行人对全体应募者统一的债务,而且它保持着可以转手出售的证券形态。

1.3.2 债券的特征

债券代表债券投资者的权利,这种权利不是直接支配财产,也不以资产所有权表现,而是一种债权。拥有债券的人是债权人,债权人不同于财产所有人。以公司为例,在某种意义上,财产所有人可以视为公司的内部构成分子,而债权人则是公司外部人。债权人除了按期取得本息外,对债务人不能干预其经营决策。一般而言,债券具有以下 5 个方面的特征:

1）有期性

债券一般在发行时就确定偿还期限（Deadline），到期由发行人偿还本金和利息。若提前偿还或展期偿还，则在发行时就有明确规定。债券的期限结构多种多样，市场上既有3个月的短期债券，也有30～40年的长期债券，还有永远不到期的永久债券（永续债）。

2）安全性

债券因具有强制性的本金偿还和利息支付而有较高的安全性（Security）。债券的发行人通常是政府、金融机构和大型企业等，债券发行人的资信度好，本利收回有保证，有些发行人还建立了偿债基金；债券的利息不受发行后市场利率水平变动的影响，即使是浮动利率债券，一般也有一个预定的最低利率，保障投资者在市场利率下降时免遭损失；债券的本金必须在期满时按照票面金额全额偿还，债券的本金和利息偿还受法律保障。

3）收益性

收益性（Profitability）是指债券能为投资者带来一定的收入，即债权投资的报酬。债券收益可以表现为两种形式：一种是利息收入，即债权人在持有债券期间按约定的条件分期、分次取得利息或者到期一次取得利息。另一种是资本损益，即债权人到期收回的本金与买入债券价格之间的差额或中途买卖债券产生的价差收入。附息债券的利息支付按合同约定进行，与发行债券主体的业绩无直接关系。债券的市场价格较稳定，故债权投资的收益也较稳定。

4）流动性

证券的流动性（Liquidity）是指证券的变现能力，即持有人具有不受损失或仅受很小损失的情况下将证券变为现金的能力。理论上，在债券到期前，持有者可以随时在证券市场上向第三者出售转让，而现实中的债券的流动性与发行者的信用状况、债券期限的长短以及市场环境等因素密切相关，因此债券的流动性强弱程度不可一概而论。不过总体而言，证券市场越发达，债券的流动性越强。

5）平稳性

债券价格的变动主要取决于市场利率的变动，除非遇上宏观经济环境有较大的波动或是中央银行货币政策的重大改变，通常长期的利率并不会有太大的波动。即使利率出现波动，由于贴息等政策措施，债券价格的变动往往也具有平稳性（Stability）。考虑到债券的发行每一期的数额都相当大，不易为少数人或个别人全面控制或操纵，故其价格的波动比一般金融产品或者非金融性商品的价格波动来得平缓。对投资者而言，持有债券的风险较低，买进和卖出的价差起伏变化不是很剧烈。

1.3.3 债券的分类

1）按发行主体分类

（1）政府债券

政府债券（Government Bond）是中央政府和地方政府发行公债时签发给债券购买人

的一种格式化的债权债务凭证。其发行目的一般是弥补财政赤字、进行基础设施建设、归还旧债本息等。政府债券又可以分为中央政府债券、地方政府债券和政府保证债券。中央政府债券是由中央政府发行的债券,主要有国库券和公债券。中央政府债券的发行量和交易量在证券市场上占有相当的比重,对货币市场和资本市场的资金融通发挥着重要的作用。特别是短期国库券,作为货币市场的一种金融工具,流动性强、风险小,是最受投资者欢迎的金融工具之一。地方债券是由各级地方政府机构发行的债券。发行地方债券的目的是筹措地方建设资金,因此该类债券的期限较长。政府保证债券是由一些与政府有直接关系的企业或金融机构发行的债券。这类债券虽由政府提供担保,但不享受中央和地方政府债券的利息免税待遇。

(2)金融债券

金融债券(Financial Bond)是由银行或非银行金融机构发行的债券。发行金融债券的金融机构,一般资金实力雄厚,资信度高,债券的利率要高于同期存款的利率水平,债券的期限一般为1~5年,发行目的是筹措长期资金。我国目前发行金融债券的主要是国家开发银行、中国进出口银行和中国农业发展银行这三大政策性银行。

(3)公司债券

公司债券(Corporation Bond)是由公司发行并承诺在一定期限内还本付息的债权债务凭证。发行公司债券多是为了筹集长期资金,期限多为10~30年。公司债券也称为企业债券,债券持有人同企业之间只存在普通的债权债务关系,可按期取得事先规定的利息和到期收回本金,但无权参与公司的经营管理。公司债券的信誉要低于政府债券和金融债券,风险较大,因此利率一般也比较高。

延伸阅读: 企业债和国债的利息收入都要纳税吗?

世界上大多数国家都规定,购买国债所获的利息收入不纳税,购买企业债所获利息收入应纳税。我国也规定国债利息收入免税,企业债的利息收入应按有关规定纳税。

国债是中央政府发行的债券,国家可以在国债市场上筹资弥补财政赤字,或者为国家重点项目融通资金,还可以利用国债市场调节货币流通量。为了鼓励投资者购买国债,促进国债市场的发展,各国一般都规定投资者购买国债所获得的利息收入不纳税。

投资者投资企业债券所获取的利息收入,属于投资者的证券投资收入,在没有特殊的减免税规定时,均须按章纳税。此外,企业发行债券的利息支出是纳入企业成本的,在税前支付。对企业而言,在其发放债券利息前的利润中,用于支付债券利息的那部分实际上是免税的,这也是投资者获取的债券利息应纳税的原因之一。

国债利息收入的免税待遇对投资者,尤其是收入较高的投资者,有很大的吸引力。因为大多数国家的税率都是逐级累进的,投资者购买国债,可以不用担心自己的收入增加而使税率再上一个等级。相反,企业债券的利率虽然高,却有可能使投资者按更高的税率纳税,税后收益反而可能下降。

(4)国际债券

国际债券(International Bond)是一国政府、金融机构、工商企业或国际组织为筹措和融通资金,在国外金融市场上发行的、以外国货币标价的债券。国际债券的重要特征,是发行者和投资者属于不同的国家,筹集的资金来源于国外金融市场。国际债券的发行和交易,既可用来平衡发行国的国际收支,也可用来为发行国政府或企业引入资金从事开发和生产。

根据发行债券所用货币与发行地点的不同,国际债券又可分为外国债券和欧洲债券。外国债券是一国政府、金融机构、工商企业或国际组织在另一国发行的以当地国家和地区货币计值的债券。欧洲债券是一国政府、金融机构、工商企业或国际组织在国外债券市场上以第三国货币为面值发行的债券。例如,法国一家机构在英国债券市场上发行的以美元为面值的债券即是欧洲债券,欧洲债券的发行人、发行地以及面值货币分别属于三个不同的国家。

延伸阅读:　　　　扬基债券、武士债券和龙债券

扬基债券(Yankee Bond)、武士债券(Samurai Bond)与龙债券(Dragon Bond)是外国债券的三个品种。

扬基债券是在美国债券市场上发行的外国债券,即美国以外的政府、金融机构、工商企业和国际组织在美国国内市场发行的、以美元为计值货币的债券。"扬基"一词英文为"Yankee",意为"美国佬",由于在美国发行和交易的外国债券都是同"美国佬"打交道,故名扬基债券。扬基债券具有如下几个特点:

①期限长、数额大。扬基债券的期限通常为5~7年,一些信誉好的大机构发行的扬基债券期限甚至可达20~25年。

②美国政府对其控制较严,申请手续远比一般债券烦琐。

③发行者以外国政府和国际组织为主。

④投资者以人寿保险公司、储蓄银行等机构为主。

武士债券是在日本债券市场上发行的外国债券,是日本以外的政府、金融机构、工商企业和国际组织在日本国内市场发行的以日元为计值货币的债券。"武士"是日本古时的一种很受尊敬的职业,后来人们习惯将一些带有日本特性的事物同"武士"一词连用,"武士债券"也因此得名。武士债券均为无担保发行,典型期限为3~10年,一般在东京证券交易所交易。

第一笔武士债券是亚洲开发银行在1970年12月发行的,早期武士债券的发行者主要是国际机构。1973—1975年由于受到世界石油价格暴涨的影响,日本国际收支恶化,武士债券的发行相应中断。20世纪80年代以后,日本贸易出现巨额顺差,国内资金充裕,日本放宽了对外国债券发行的限制,武士债券发行量大幅度增加,1996年发行量达到了355亿美元。

我国金融机构进入国际债券市场发行外国债券就是从发行武士债券开始的。1982

年1月，中国国际信托投资公司在日本东京发行了100亿日元的武士债券。1984年11月，中国银行又在日本东京发行了200亿日元的武士债券。

龙债券是以非日元的亚洲国家或地区货币发行的外国债券。龙债券是东亚经济迅速增长的产物。从1992年起，龙债券得到了迅速发展。龙债券在亚洲地区（中国香港或新加坡）挂牌上市，其典型偿还期限为3～8年。龙债券对发行人的资信要求较高，一般为政府及相关机构。龙债券的投资人包括官方机构、中央银行、基金管理人及个人投资者等。

按偿还期限分类，各国对短、中、长期债券的期限划分不完全相同。一般的标准是：期限在1年或1年以下的为短期债券（Short-term Bond）；期限在1年以上10年以下的为中期债券（Medium-term Bond）；期限在10年以上的为长期债券。永久债券也叫无期债券（Perpetual Bond），它并不规定到期期限，持有人也不能要求清偿本金，但可以按期取得利息。永久债券一般仅限于政府债券，而且是在不得已的情况下才采用的。在历史上，只有英、法等少数西方国家在战争时期为筹集军费而采用过。现在，有少数企业也发行永久债券，但一般会附带赎回条款，满足一定条件后由发行企业赎回。

经典案例：　　中国恒大发行永续债券

永续债，简言之是没有明确到期日的债券，投资者购买永续债可以定期获得利息，但本金却是由发行者自主决定何时赎回。永续债在会计账目里被列为权益，而非负债，也就是说发行永续债不会提高资产负债率，但却增加了企业的现金流。因而，在负债率偏高的房地产行业里，永续债成为房企特定时期里的宠儿。

恒大引进永续债始于2013年。当时，恒大提出从三、四线城市向一、二线核心城市的战略布局转型。恒大年销售规模刚刚达到千亿元，一艘千亿巨轮转向，难度系数可想而知。此时，恒大开始引入永续债作为转向引擎。

不过，自恒大引入永续债之日起，投行分析师们就开始诟病永续债。投行分析师诟病的理由很简单，一般使用永续债就会使企业净负债率的分子变小，分母变大，净负债率就会自然而然地降低。而恒大在使用了永续债的前提下，其净负债率依然高企。此外，恒大永续债利率设计为2+N模式，即在存续期的前两年公司所需支付的利息较低，但在第三年起就跳高至30%，企业风险骤然增加。

显然，投行分析师套用了正常的金融逻辑，诟病恒大永续债是分析而来的结果。逻辑上完全没有错，错的就是投行分析师们（尤其是香港的投行分析师们）不懂内地房地产行业的规则。我们应该回归到恒大使用永续债的初衷，其目的是用永续债完成千亿恒大从三、四线城市向一、二线核心城市的转型。在2013年之前，恒大甚少布局一、二线核心城市，其开发的项目几乎百分之百布局在三、四线城市，且以郊区大盘、超大盘为主，并以这些项目完成了恒大千亿销售规模。

也恰恰是2013年，全国的房地产市场突然反转，城市间的分化显现。在一、二线城市楼市回暖的背景下，三、四线城市房地产库存问题爆发，增长缓慢。重心全部压在三、四线城市的恒大最先受到影响，自此恒大开始破釜沉舟式的战略转型。随后，恒大引入永续债，在2013年即发行了约250亿元的永续债。永续债发行后，对于恒大财务报表的表现立竿见影。

在2012年的恒大年报中，恒大现金流量净额处于净流出状态，但到了2013年的恒大年报中，恒大现金流量净额即出现了224亿元的结余。而其短期和长期偿债能力，亦因发行永续债而得到极大提升。此后，恒大永续债的规模伴随着企业规模的扩张也在急剧膨胀。在恒大公布2016年期中业绩时，其永续债规模达到了惊人的1 160亿元，超过其净资产的两倍！

永续债规模膨胀之时，其弊端也就愈加明显。据2016年年报显示，恒大实现净利润176.2亿元，而归属于永续债持有人的利润就高达106亿。恒大永续债在帮助恒大战略转型的同时也成为吞噬恒大利润的沙漏。

2）按计息支付方式分类

（1）附息债券

附息债券（Coupon Bond）是指债券券面附有息票的债券。息票上标明利息额、支付利息的期限和债券号码等内容。息票一般以6个月为一期。债券到期时，持有人从债券上剪下息票并据此领取利息。由于息票到期时可获得利息收入，因此附息债券也被看作一种可以流通、转让的金融工具，也叫复利债券。附息债券一般限于中长期债券。

（2）贴现债券

贴现债券（Discount Bond）又称贴水债券，是指债券券面上不附有息票，发行时以低于债券面值的价格发行，到期按面值支付本息的债券。贴现债券的发行价格与其面值的差额即为债券的利息。其计算公式：

$$利率 = \frac{面值 - 发行价}{发行价 \times 期限} \times 100\%$$

从利息支付方式来看，贴现国债以低于面额的价格发行，可以看作利息预付，因此又可称为利息预付债券。

（3）单利债券

单利债券（Simple Interest Bond）是指在计息时，不论期限长短，仅按本金计息，所生利息不再加入本金计算下期利息的债券。

（4）累进利率债券

累进利率债券（Progressive Rate Bond）是指年利率以利率逐年累进方法计息的债券。累进利率债券的利率随着时间的推移，后期利率比前期利率更高，呈累进状态。

3）按债券的利率浮动与否分类

（1）固定利率债券

固定利率债券（Fixed Rate Bond）是指债券利率在偿还期内不发生变化的债券。由于利率水平不能变动,在偿还期限内,当通货膨胀较高的时候,会有市场利率上升的风险。

(2)浮动利率债券

浮动利率债券(Floating Rate Bond)是与固定利率债券相对应的一种债券,它是指发行时规定债券利率随市场利率定期浮动的债券,其利率通常根据市场基准利率加上一定的利差来确定。浮动利率债券往往是中长期债券。由于利率可以随市场利率浮动,采取浮动利率债券形式可以有效地规避利率风险。

4)按是否记名分类

(1)记名债券

记名债券(Registered Bond)是指在券面上注明债权人姓名,同时在发行公司的名册上进行登记的债券。转让记名债券时,要在债券上背书和在公司名册上更换债权人姓名,债券投资者必须凭印鉴领取本息。它的优点是比较安全,但是转让时手续复杂,流动性差。

(2)不记名债券

不记名债券(Bearer Bond)是指在券面上不需要注明债权人姓名,也不在公司名册上登记的债券。不记名债券在转让时无须背书和在发行公司的名册上更换债权人姓名,因此流动性强。但缺点是债券遗失或被毁损时,不能挂失和补发,安全性较差。一般来说,不记名债券的持有人可以要求公司将债券改为记名债券。

5)按有无抵押担保分类

(1)信用债券

信用债券(Debenture Bond)也称无担保债券,是指不提供任何形式的担保,仅凭筹资人信用发行的债券。政府债券属于此类债券。这种债券由于其发行人的绝对信用而具有坚实的可靠性。此外,一些公司也可发行这种债券,即信用公司债券。但为了保护投资者的利益,发行这种债券的公司往往受到种种限制,只有那些信誉卓著的大公司才有资格发行。此外,有的国家还规定,发行信用公司债券须签订信托契约,在该契约中约定一些对筹资人的限制措施,如公司不得随意增加其债务,在信用债券未清偿前,公司股东分红有限制。这些限制措施由作为委托人的信托投资公司监督执行。信用公司债券一般期限较短,利率较高。

(2)担保债券

担保债券(Secured Bond)是指以抵押、质押或保证等形式作为担保而发行的债券。因担保形式不同,担保债券又可分为抵押债券、质押债券、保证债券等多种形式。

抵押债券(Mortgage-backed Bond)是指债券发行人在发行一笔债券时,通过法律上的适当手续将债券发行人的部分财产作为抵押,一旦债券发行人出现偿债困难,则出卖这部分财产以清偿债务。抵押债券具体来说又可分为一般抵押债券和实物抵押债券。

质押债券也称抵押信托债券(Trust Bond),指以公司的其他有价证券(如子公司股票或其他债券)作为担保所发行的公司债券。发行质押债券的公司通常要将作为担保品的有价证券委托其他机构（多为信托银行）保管，当公司到期不能偿债时，即由信托机构处理质押的证券并代为偿债，这样就能够更有力地保障投资者的利益。在美国，这种债券被称为“抵押品信托债券”。以各种动产或公司所持有的各项有价证券为担保而发行的公司债券统称为“流动抵押公司债券”。

保证债券（Guaranteed Bond）主要有政府保证债券和背书公司债券。政府保证债券，是指由政府所属企业或与政府有关的部门发行，并由政府担保的债券。一旦债券发行人丧失偿还能力，则由政府代替发行人还本付息。这种债券由于有政府保证，因此其信用仅次于政府债券，其利率一般与地方债券大致相同，但不享受地方债券的利息免税待遇。日本的“特殊债担保债”即属于这一类。它是指在公团（公共企业之一，是为适应经济建设和社会的某种需要，由政府全部出资设立的法人企业）、公库（以开发中小企业、农业、高新产业为目的而进行融资的政府金融机构）等政府有关机构或国策公司发行的债券中，由日本政府保证偿还本金和利息的那部分债券。其利率略高于日本的长期附息国债，利息收入享受小额储蓄免税优待，原则上不在交易所上市，只能通过金融中介机构进行柜台交易。背书公司债券，这是一种由母公司为子公司发行的债券提供担保的形式，即由母公司在子公司发行的债券上背书来保证子公司债券的本息偿还。

6）按债券的形态分类

（1）实物债券

实物债券（Physical Bond）是一种具有标准格式实物券面的债券。在其标准格式的债券券面上，一般印制了债券面额、债券利率、债券期限、债券发行人全称、还本付息方式等各种债券票面要素。

（2）凭证式债券

凭证式债券（Certificate Bond）主要是通过银行承销，各金融机构向企事业和个人推销债券，同时向买方开出收款凭证。这种债券可以记名，可以挂失，但不可以上市流通，持有人可以到原购买网点办理提前兑付手续。

（3）记账式债券

记账式债券（Book-entry Bonds）是指没有实物形态的票券，以记账方式记录债权，通过证券交易所的交易系统发行和交易。由于记账式国债发行和交易均无纸化，因此交易效率高，成本低，是未来债券发展的趋势。

7）按是否可转换为发债公司的普通股分类

（1）可转换公司债券

可转换公司债券（Convertible Company Bond）是指发行人依据法定程序和约定条件，在一定时期内可以转换成公司股份的公司债券。首先，作为一种典型的混合金融产品，可转债兼具了债券、股票和期权的某些特征。可转债首先是一种公司债券，具有普通公司债券的一般特性，具有确定的债券期限和定期息率。其次，它又具有股票属性，通常被视为“准股票”，因为可转债的持有人到期有权利按事先约定的条件将它转换成股票，从而成为公司股东。另外，可转债具有期权性质，为投资者或发行人提供了形式多样的选择权，一些条款的设计可以使可转债的发行或投资极具灵活性、弹性和复杂性。

（2）不可转换债券

不可转换债券（Non-convertible Bond）就是在任何情况下都不能转换成公司股份的债券。

8）按照发行方式分类

（1）公募债券

公募债券（Public Offering Bond）是指按法定手续，经证券主管机构批准在市场上公开发行的债券。这种债券的认购者可以是公众投资者，发行人一般有较高的信誉。除政府机构、地方公共团体外，一般企业必须符合规定的条件才能发行公募债券，并且要求发行者必须遵守信息公开制度，向证券主管部门提交有价证券申报书，以保护投资者的利益。

（2）私募债券

私募债券（Private Placement Bond）是指以特定的少数投资者为对象发行的债券。因投资者大多与发行人关系密切，了解发行人资信，且发行额较小，故不必事先提供企业的财务资料，也不必向主管部门申报批准，发行手续简单，但不能公开上市，利率一般也比公募债券高。

下面以2012年记账式附息（四期）国债为例（表1.1），介绍债券的基本情况。

表1.1　2012年记账式附息（四期）国债

债券代码	019204
代码简称	12国债04
发布时间	2012-02-24
上市日	2012-02-29
发行额（亿元）	280.00
面额（元）	100.00
发行价（元）	100.00
期限（年）	10
年利率（%）	3.51
调整后年利率	0
计息日	2.23，8.23
到期日	2022-02-23
兑付价（元）	0
发行起始日	2012-02-23
发行截止日	2012-02-27

续表

债券价值	0
上市	沪市
发行单位	财政部
还本付息方式	半年付
发行方式	荷兰式招标
债券类型	固定

1.4　证券投资基金

证券投资基金(Securities Investment Fund)作为现代金融的一种重要投资机制,一方面为中小个体投资者提供了投资机会和投资渠道;另一方面也发挥着繁荣和稳定金融市场的作用。目前,在主要发达国家的金融市场中,机构投资者已经占到70%以上的市场份额,证券投资基金既是机构投资者最重要的投资工具,同时自身也是最重要的机构投资者之一,这足以说明证券投资基金的重要性及其在金融市场未来发展中的地位。

1.4.1　证券投资基金的定义与性质

证券投资基金是一种利益共享、风险共担的集合证券投资方式,即通过发行基金份额集中投资者的资金,形成独立财产,由基金托管人托管,由基金管理人管理和运作,以组合投资方式进行证券投资,所得收益按出资比例由投资者分享的投资工具。证券投资基金属于金融信托的一种,反映了投资者与基金管理人、基金托管人之间的委托代理关系。

证券投资基金在证券市场上具有多重身份。首先,它是投资客体,供投资者选择,投资者购买、持有基金份额并分享基金投资的收益;其次,它是投资主体,基金将筹集的资金投资于股票、债券等有价证券,成为证券市场上重要的机构投资者;再次,它又是专业的投资中介,接受投资者的委托,代理证券投资事宜,并取得相应费用,成为连接社会公众投资者和筹资者的桥梁。

1.4.2　证券投资基金的特征

1)集合理财、专业管理

证券投资基金主要投资于证券市场并由专业的基金管理公司负责资金的运作和管理。基金管理公司掌握投资分析和投资组合理论并具有丰富投资经验的专业人员,具备先进的研究手段,有能力对投资资金进行有效管理。

2）组合投资、分散风险

通过汇集中小投资者的资金，证券投资基金形成了雄厚的资金实力，可以分散投资于不同种类、不同行业、不同地区、不同公司的证券，以分散投资风险。

3）利益共享、风险共担

基金投资者是基金财产的所有者。基金投资收益在扣除必要的管理费和托管费后，依据投资者持有的基金份额比例进行分配。基金投资者也要在持有基金份额的范围之内，承担因证券市场系统风险或基金投资失败而带来的基金份额净值下降、基金价格下跌的风险。

4）严格监管、信息透明

为保护基金投资者的权益，规范基金的运行，各国都制定了有关证券投资基金的法律法规，设置基金管理人和托管人分离、相互制约、相互监管的制衡机制，对基金的投资范围和信息披露进行强制性的规定，并对基金的日常运作加强监管。

此外，证券投资基金具有投资金额门槛低、费用低、流动性强、买卖手续简便的优点，可以满足中小投资者的需要。

延伸阅读：　　　　　世界各国投资基金发展概况

证券投资基金起源于19世纪的欧洲，在20世纪初传入美国后，得到极大的发展。今天，美国的证券投资基金拥有世界上最大的资产管理量和最复杂的管理系统。英国基金业的发展程度虽不及美国，但在欧洲各国中具有较强的代表性。日本的证券基金是以欧美的基金为模本发展起来的，其资产管理量和系统的完备程度在亚太地区占据领先地位。

1. 美国投资基金发展概况

美国投资基金的发展起源于20世纪20年代中期。第一个具有现代证券投资基金面貌的开放式基金“马萨诸塞投资信托”，1924年诞生于波士顿。这支基金成立的第一年只有200名投资者，总资产不足40万美元。投资基金出现后，由于20世纪30年代初期的大萧条和第二次世界大战，发展较为缓慢。1940年制定的《投资公司法》是世界上第一部系统地规范投资基金的立法，为美国投资基金的发展奠定了基础。第二次世界大战后，美国经济在20世纪五六十年代的高速增长，带动了投资基金的发展。1970年，美国已有投资基金361个，总资产近500亿美元，投资者逾千万人。20世纪70年代美国经济出现滞胀，高失业率伴随高通胀率，投资基金的发展亦进入一个低迷阶段，在投资者数量和管理资产方面都出现萎缩。进入20世纪80年代后，美国国内利率逐渐降低并趋于稳定，经济的增长和股市的兴旺亦使投资基金得以快速发展。尤其是在20世纪80年代中后期，股票市场长期平均收益高于银行存款和债券利率的优势逐渐显出，投资基金的发展出现了一个很大的飞跃。进入20世纪90年代，世界经济一体化的迅速发展使得投资全球化的理念主导了美国投资基金的发展，同时克林顿执政时期国内经济的高速增长使得股市空前高涨，股票基金也得以迅速膨胀。

截至2021年底，美国注册投资公司（基金）的资产管理规模继续排名全球第一，约为32.5万亿美元，占美国家庭金融资产的24%，投资者超过1亿。同时，由于规模经济效应以及日趋激烈的行业竞争等因素的影响，美国共同基金的费率持续走低，股票型基金的加权平均费率降至0.59%。

美国共同基金持有人情况呈现以下三个特征：一是个人投资者资产占比近90%，家庭投资者数量超5 600万（截至2021年底）；二是投资渠道多样化，主要以退休计划为主；三是机构投资者过半数投资了货币市场基金，主要用于现金管理。

美国的共同基金分为封闭式和开放式。封闭式基金的起源略早于开放式基金，但开放式基金以其方便投资者的优点很快超过了封闭式基金。从投资组合上分，包括股票基金、债券基金、平衡基金（股票、债券均衡组合）；从投资区域上分，有国内市场基金和国际市场基金；从投资目的上分，可分为收入型和成长型等。

2. 英国投资基金发展概况

英国是现代投资基金的发祥地。19世纪中期，英国确定了作为世界贸易和金融王国的地位，产业革命接近终场，国内投资机会锐减；另外，海外对资本的需求高涨，追求利润的人们开始把资金投向海外。其中，既无知识又不具备调查能力的中小投资者寻求如何能够尽量回避风险而享受利益的投资方式，投资信托因此应运而生。1868年，世界上第一个投资信托"外国和殖民地政府信托"在英国诞生。该基金成立时募集100万英镑，其操作方式类似于现代的封闭式契约型基金，通过契约约束各当事人的关系，委托代理人运用和管理基金资产。随后，1873年第一家专业管理基金的组织"苏格兰美洲信托"成立，1879年英国《股份有限公司法》发布，从此投资基金从契约型进入股份有限公司专业管理时代。第一个具有现代开放式基金雏形的基金，在1931年出现。1943年，英国成立了"海外政府信托契约"组织，该基金除规定基金公司以净资产价值赎回基金单位外，还在信托契约中明确了灵活的投资组合方式，标志着英国现代证券投资基金的发端。

英国的封闭式基金一般以投资信托公司股份的形式向公众募资，而开放式基金一般以单位信托基金的形式存在。单位信托基金向投资者出售基金单位，并承诺以基金净值赎回基金单位。单位信托基金的普及性和管理资产总量很快超过了投资信托公司。据英国投资管理协会（Investment Association）的数据，截至2021年底，英国管理的基金资产价值达到6.8万亿英镑，其中，64%的基金资产来自机构客户，零售客户占比为16%；受海外投资者委托所管理的基金占总量约36%（价值约2.5万亿英镑）。

3. 日本投资基金发展概况

投资基金在日本称作证券投资信托基金。证券信托投资业务在20世纪30年代已在日本出现，但在20世纪50年代之前发展极不规范。第二次世界大战后，日本股市极度萧条，给战后经济复兴和企业融资带来巨大困难。为应对这种局势，日本证券界研究通过了有效利用投资信托制度将大众资金引进证券市场的方案，于1951年6月公布实行了《证券投资信托法》，确立了以战前的投资信托的结构为参考的契约型投资信托制度，日本四大证券公司——野村证券、日兴证券、大和证券和山一证券率先注册开展基金业务。因此,日本投资信托的产生有强烈的政策性,且与英、美等国在经济发展的过程中自然发生的背景大不相同。

1957 年信托投资行业的自律机构“日本投资信托协会”的成立,为日本现代投资基金的发展进一步铺平道路。1959 年 12 月基金业务从证券公司分离,四大投资信托公司由此诞生。1961 年专注于债券投资的债券基金开始出现。1970 年投资基金开始对海外投资。20 世纪 90 年代初,日本泡沫经济崩溃,投资基金资产急剧减少,投资基金行业面临严峻局面,从而导致 1994 年的投资基金制度改革。改革措施主要包括:加强对投资者保护,放宽对基金资产运用的限制,以及允许投资基金管理公司兼营专项代理投资业务等,以便促进投资基金的复兴。

日本的投资基金以契约型开放式为主,绝大部分不上市交易,政府的监管指导力较强,投资信托协会的自律管理较为有效。截至 2020 年 6 月末,日本现存公募基金产品 5 931 支,公募基金公司 88 家。资产总额约为 120 万亿日元(85 217 亿元人民币)。其中股票基金 107 万亿日元(76 053 亿元人民币),债券基金 13 万亿日元(9 164 亿元人民币)。

延伸阅读:　　南方基金:三十载耕耘奋进　新征程再谱新篇

30 年来,中国资本市场取得了从无到有,从弱到强,在探索与创新中逐步成长为全球第二大资本市场的伟大成就。30 年来,中国资本市场发展沿着市场化、法治化、国际化的改革主线,朝着建立现代化多层次资本市场体系稳步迈进。南方基金管理股份有限公司原党委书记、董事长张海波在接受记者采访时介绍,中国资本市场在服务实体经济、助力国资国企改革、助推经济升级转型、提升国民财富保值升值等领域发挥重大积极作用。

三十荏苒　资本市场而立正蓬勃

在股票市场上,30 年间,从当初的“深市老五股”“沪市老八股”发展到今天两市 4 100 多家上市公司,市值近 80 万亿元,股票融资规模、并购重组金额规模均居全球前列;另外,我国的债券市场规模已达到全球第二,商品期货成交量全球第一。特别是,一批规模大、盈利能力强的龙头企业日益成为资本市场骨干力量。同时,战略新兴产业占比持续提升,资本市场对实体经济迈向高质量发展的支持作用逐步显现。

多层次建设推向深入,服务实体经济效能不断提升。“三十年来,资本市场持续改革创新发展,形成了股权债权、现货期货、公募私募、场内场外等多体系有序发展,主板、中小板、创业板、科创板、新三板等多板块协调发展的市场格局。多层次资本市场建设持续推向深入,基础设施制度逐步完善,产品品种不断丰富,市场中各主体投融资渠道大幅拓宽,资本市场服务实体经济、防控金融风险、深化金融改革能力得到有效提升,多层次资本市场正为资本要素配置效率提升发挥积极作用。”他介绍。

“法治化稳步运行,夯实长期健康发展基础。”张海波进一步称。三十年来,资本市场基础制度建设持续加强,完善资本市场法律制度体系大力推进,证券投资者保护制度体系逐步完善,资本市场健康发展的基础持续夯实。特别是,新修订的证券法于2019年年底获得通过,加强了资本市场基础制度建设,推动了以信息披露为核心的股票发行注册制改革,完善了强制退市和主动退市制度,强化了投资者保护,开启了资本市场改革与发展的新征程。

引进来、走出去"齐头并进",走向更高层次开放。中国资本市场全球化与国际化是金融体系发展的必然要求。三十年来,中国资本市场有序推进各项开放举措,通过"引进来"和"走出去"相结合,正在走向更大范围、更高层次开放。QFII以及沪港通、深港通、沪伦通等互联互通机制,境外投资者持有我国股票、债券、期货等金融资产比例持续增长,投资渠道和产品选择更加多元化;外资准入负面清单基本清零。目前已取消证券公司、基金公司、期货公司等金融机构外资股比限制。同时,支持外资私募基金管理人在境内开展业务。

新时代公募基金青春放光华

在他看来,作为资本市场的重要组成部分,公募基金行业一直走在资本市场改革发展前沿,与中国资本市场风雨同舟、携手并肩。经过24年发展,公募基金始终秉持"受人之托,代人理财"资产管理本源,依托规范、透明、普惠的制度设计,在人才、机制和投资经验等方面持续积累,以专业的投研能力和资管能力在大众理财服务领域树立了标杆。公募基金正在逐步成为居民财富管理主力军,承担起资本与实体经济之间纽带作用。

公募基金成为资本市场重要机构投资者。公募产品规模持续提升,资产结构持续优化。据中国基金业协会数据,截至2021年,公募基金管理总规模近18万亿元,权益类基金占比提升9个百分点,公募基金投资股票4.16万亿元,投资债券8.56万亿元,其中持有A股市值合计3.87万亿元,占两市流通总市值约7%,公募基金已逐步成长为资本市场中流砥柱。

公募基金成为民众普惠投资的重要工具。截至2021年,偏股型基金年化收益率平均为16.49%,超过同期上证综指平均涨幅10.1个百分点;债券型基金年化收益率平均为6.87%,超出现行三年定期存款利率4.12个百分点;基金中基金(FOF)年化收益率平均为9.38%,整体取得较为良好的投资收益,体现出了较好的资产配置价值。公募基金显现出良好的长期财富管理效应,为长期信任的投资者创造了可观回报。公募基金已成为养老、家庭理财等普惠投资的重要工具。

公募基金还成为助力经济升级转型的重要推动者。公募基金是资本市场稳定器、是直接融资服务商,也是市场创新推动者。以科创板为例,截至2021年,科创板开创以来共有超过4 000只公募基金参与科创板网下打新,获配总金额高达1 000亿元以上,在总募集金额当中占比27.7%。在赋能新经济高质量发展中,公募基金发挥专业优势,通过深度研究,致力于发现在科技创新领域方面具有竞争优势的企业,积极引导社会资源向国家战略方向聚集,促进产业升级转型,将持续在推动实体经济和资本市场良性互动等方面发挥重要作用。

1.4.3 证券投资基金的分类

投资基金是一种利益共享、风险共担的集合投资方式。由于不同的基金具有不同的投资风险和运作方式,对于基金管理人来说,就需要根据自己的不同优势设立有关不同特色的基金。

1)按基金投资对象分类

按基金的投资对象划分,即根据基金不同的投资对象进行划分的方法,按此方法可将基金分为:

(1)股票基金

股票基金(Equity Fund)是专门或主要投资于股票交易的基金,这是证券投资基金中最原始、最基本的品种。尽管当前国际基金市场上各种新的金融投资工具不断创新,股票基金仍受到广大投资者的偏爱,其原因有以下三点:一是股票基金作为一种投资工具,功能比较齐全,投资者通过购买股票基金,既可以赚取资本收益,又可以使资本增值,而且可选择面广;二是目前股票市场的国际化程度还不像外汇市场和债券市场那样高,仍受一定的区域限制,投机程度相对小于外汇与国际债券;三是股票基金的投资目的是利用股市上各种股票的价格波动,低买高卖谋求资本增值,流动性强。特别是国际股票基金和区域股票基金,哪里的股票有升值潜力,资金就往哪里流动。而且在股票基金进一步发展中还派生出了投资单一行业的行业股票基金等具体形式。

(2)债券基金

债券基金(Bond Fund)是专门从事于债券投资的基金,它是基金市场上规模仅次于股票基金的重要品种。债券基金按投资空间不同划分为国内与国际债券基金,前者如公司债券基金,后者如美国债券基金等;按投资的货币种类划分为美元债券基金、英镑债券基金、日元债券基金等。债券基金的买卖价格一般比较稳定,但在它的计值货币利率、汇率或所投资债券发生资信变化时也会出现较大波动。

(3)期货基金

期货基金(Futures Fund)是专门从事于期货市场投资的基金。期货具有套期保值功能,是一种高增值、高风险的投资工具,如果预测无误,投资期货,特别是金融期货在短期内就可获得较高的回报,因此成为基金青睐的投资标的。

(4)货币市场基金

货币市场基金(Money Market Fund)是以基金资产专门投资货币市场有关品种,如短期资金拆借、国债回购、银行间债券等的基金,其最大特点是:汇集众多投资者的零散资金进行货币市场短期品种投资来获取收益。货币基金的主要投资工具包括:银行存款、存款证、银行票据、商业票据、政府短期债券等。

(5)衍生基金

衍生基金(Derivatives Fund)是专门投资于金融衍生商品,如认股权证、股票指数期货、按金合约等的基金。这些衍生证券通过保证金或多种比率的杠杆进行交易,能大幅度提高投资回报（同时也增加风险程度），从而受到进取型投资者的欢迎。衍生产品往往是以某种事实上的杠杆比率进行的交易，这类基金也称为杠杆基金。

此外，证券投资基金还包括对冲基金（Hedge Fund）、雨伞型基金（Umbrella Fund）、基金中基金（Fund of Fund）等具体形式。

延伸阅读：　　　　　　　　　　量子基金

美国金融家乔治·索罗斯旗下经营了五个风格各异的对冲基金。其中，量子基金是最大的一个，亦是全球规模较大的几个对冲基金之一。量子基金最初由索罗斯及另一位对冲基金的名家吉姆·罗杰斯创建于20世纪60年代末期，开始时资产只有400万美元。基金设立在纽约，但其出资人皆为非美国国籍的境外投资者，从而避开美国证券交易委员会的监管。量子基金投资于商品、外汇、股票和债券，并大量运用金融衍生产品和杠杆融资，从事全方位的国际性金融操作。索罗斯凭借其过人的分析能力和胆识，引导着量子基金在世界金融市场一次又一次的攀升和破败中逐渐成长壮大。他曾多次准确地预见到某个行业和公司的非同寻常的成长潜力，从而在这些股票的上升过程中获得超额收益。即使是在市场下滑的熊市中，索罗斯也以其精湛的卖空技巧而大赚其钱。经过不到30年的经营，至1997年末，量子基金已增值为资产总值近60亿美元的巨型基金。在1969年注入量子基金的1万美元在1996年底已增值至3亿美元，即增长了3万倍。

索罗斯之所以成为国际金融界举足轻重的人物，是由于他凭借量子基金在20世纪90年代中所发动的几次大规模货币狙击战。量子基金以其强大的财力和凶狠的作风，自20世纪90年代以来在国际货币市场上兴风作浪，常常对基础薄弱的货币发起攻击并屡屡得手。量子基金虽然只有60亿美元的资产，但由于其在需要时可通过杠杆融资等手段取得相当于几百亿甚至上千亿资金的投资效应，因此成为国际金融市场中一个举足轻重的力量。同时，由于索罗斯的声望，量子基金的资金行踪和投注方向无不为规模庞大的国际游资所追随。因此，量子基金的一举一动常常对某个国家货币的升降走势起着关键的影响作用。对冲基金对一种货币的攻击往往是在货币的远期和期货、期权市场上通过对该种货币大规模卖空进行的，从而造成此种货币的贬值压力。对于外汇储备窘困的国家，在经过徒劳无功的市场干预后，所剩的唯一办法往往是任其货币贬值，从而使处于空头的对冲基金大获其利。在20世纪90年代中发生的几起严重的货币危机事件中，索罗斯及其量子基金都负有直接责任。

20世纪90年代初，为配合欧共体内部的联系汇率，英镑汇率被人为固定在一个较高水平，引发国际货币投机者的攻击。量子基金率先发难，在市场上大规模抛售英镑而买入德国马克。英格兰银行虽下大力抛出德国马克购入英镑，并配以提高利率的措施，仍不敌量子基金的攻击而退守。英镑被迫退出欧洲货币汇率体系而自由浮动，短短1个月内英镑汇率下挫20%，而量子基金在此英镑危机中获取了数亿美元的暴利。在此不久后，意大利里拉亦遭受同样命运，量子基金同样扮演主角。

1994年，索罗斯的量子基金对墨西哥比索发起攻击。墨西哥在1994年之前的经济良性增长,是建立在过分依赖中短期外资贷款的基础之上的。为控制国内的通货膨胀,比索汇率被高估并与美元挂钩浮动。由量子基金发起的对比索的攻击,使墨西哥外汇储备在短时间内告罄,不得不放弃与美元的挂钩,实行自由浮动,从而造成墨西哥比索和国内股市的崩溃,而量子基金在此次危机中则收入不菲。

1997 年下半年,东南亚发生金融危机。与 1994 年的墨西哥一样,许多东南亚国家如泰国、马来西亚和韩国等长期依赖中短期外资贷款维持国际收支平衡,汇率偏高并大多维持与美元或一揽子货币的固定或联系汇率,这给国际投机资金提供了一个很好的捕猎机会。量子基金扮演了狙击者的角色,从大量卖空泰铢开始,迫使泰国放弃维持已久的与美元挂钩的固定汇率而实行自由浮动,从而引发了一场泰国金融市场前所未有的危机。危机很快波及所有东南亚实行货币自由兑换的国家和地区,迫使除了港币之外的所有东南亚主要货币在短期内急剧贬值。东南亚各国货币体系和股市的崩溃,以及由此引发的大批外资撤逃和国内通货膨胀的巨大压力,给这些地区的经济发展蒙上了一层阴影。

2)按照基金运作组织形式分类

按照基金运作的组织形式,基金也分为信托型基金与公司型基金。

(1)信托型基金

信托型基金(Trust Fund)也称契约型基金,是指有关投资机构,包括银行或非银行金融机构出资组建基金管理公司,通过发行受益凭证——"基金单位持有证"募集投资者资金,设立基金后由管理公司进行证券等投资活动,并将投资收益在扣除必要费用后返还给投资者的基金组织形式。

(2)公司型基金

公司型基金(Corporate Fund)是通过发行股票或受益凭证的方式筹集资金进行投资,投资者购买公司的股票或受益凭证后即成为该公司型基金的股东,即可凭"股票"以股息或红利形式分享基金投资收益的基金形式。

3)按基金的运作方式分类

按基金的运作方式分类,基金分为开放型与封闭型两种。

(1)开放型基金

开放型基金(Open-Ended Fund)是指对发行期没有严格限制的基金,即在原定发行期满基金正式设立后,基金组织可随时向投资者发行新的基金份额或受益凭证,并根据监管要求且按基金契约或章程规定随时买回已售出份额或受益凭证的基金。这种基金由于投资总额可以追加,也称"可追加型基金"。

(2)封闭型基金

封闭型基金(Closed-Ended Fund)是指基金在设立时,限定了基金的发行总额和期限,在发行期限届满,资金募集达到发行计划确定的最低额度后,基金即宣告成立,并进行封闭,在一定时期内不再追加发行新的基金单位的基金运作方式。封闭型基金因发行在外的基金份额是有固定数量的，故也称为“固定型基金”。由于封闭型与开放型只是基金募集与运作的不同方式，两者并不相互排斥，因此依据一定的条件，两种基金可以互相转换。开放型基金可转变为封闭型基金，封闭型基金在上市交易一定期限后，根据投资经营或管理需要，也可转变为开放型基金。两种基金的转换须以一定的法律为依据，履行相应的手续。

4）根据证券投资风险与收益的不同分类

根据证券投资风险与收益的不同，基金可分为成长型基金、平衡型基金和收入型基金。

（1）成长型基金

成长型基金（Growth Fund）是以资本长期增值作为投资目标的基金，其投资对象主要是市场中有较大升值潜力的小公司股票和一些新兴行业的股票。这类基金一般很少分红，经常将投资所得的股息、红利和盈利进行再投资，以实现资本增值。

（2）平衡型基金

平衡型基金（Balanced Fund）是既追求长期资本增值，又追求当期收入的基金。这类基金主要投资于债券、优先股和部分普通股，这些有价证券在投资组合中有比较稳定的组合比例，一般是把资产总额的25%～50%用于优先股和债券，其余的用于普通股投资。其风险和收益状况介于成长型基金和收入型基金之间。

（3）收入型基金

收入型基金（Income Fund）是以追求基金当期收入为投资目标的基金，其投资对象主要是那些绩优股、债券、可转让大额定期存单等收入比较稳定的有价证券。收入型基金一般把所得的利息、红利都分配给投资者。

5）特殊类型基金

（1）系列基金

系列基金又称伞型基金（Umbrella Fund），是多个基金由同一基金管理公司管理，共用一个基金合同，各子基金独立运作，投资者可以在子基金之间相互转换的基金结构形式。

（2）基金的基金

基金的基金（Fund of Fund）是以证券投资基金为投资对象的基金，它的投资组合由基金组成。

（3）保本基金

保本基金（Guaranteed Fund）是保证投资者在投资期满时投资本金的安全且能获得一定收益的基金。保本基金的投资目标是在锁定风险的同时争取获得潜在的高额回报，为此，保本基金将大部分资金投资于与基金到期日一致的债券，将其余资金投资于股票、衍生工具等高风险的资产。

（4）交易所交易基金

交易所交易基金，即ETFs（Exchange-Trade Funds）是一种在交易所上市交易的、基金份额可变的一种基金运作方式。ETFs结合了封闭式基金与开放式基金的运作特点:一方面可以像封闭式基金一样在交易所二级市场进行买卖;另一方面又可以像开放式基金一样申购、赎回。不同的是,它的申购是用一篮子股票换取交易型开放式指数基金份额,赎回时也是换回一篮子股票而不是现金。这种交易方式使该类基金存在一、二级市场之间的套利机制,可有效防止类似封闭式基金的大幅折价现象。

ETFs是以某一选定的指数所包含的成分证券为投资对象,依据构成指数的证券种类和比例,采用完全复制或抽样复制的方法进行被动投资的指数型基金。根据ETFs跟踪的指数不同,可分为股票型ETFs、债券型ETFs等,并且还可以进一步细分。ETFs最大的特点是实物申购、赎回机制,即它的申购是用一篮子股票换取ETFs份额,赎回时是以基金份额换回一篮子股票而不是现金。

(5)上市开放式基金

上市开放式基金(Listed Open-end Funds)是一种既可以在场外市场进行基金份额申购、赎回,又可以在交易所进行基金份额交易和基金份额申购或赎回,并通过份额转托管机制将场外市场与场内市场有机地联系在一起的一种开放式基金。

(6)房地产投资信托基金

房地产投资信托基金(Real Estate Investment Trust Funds)是一种以发行收益凭证的方式汇集特定多数投资者的资金,由专门投资机构进行房地产投资经营管理,并将投资综合收益按比例分配给投资者的一种信托基金。与我国信托纯粹属于私募性质所不同的是,国际意义上的REITs在性质上等同于基金,少数属于私募,但绝大多数属于公募。REITs既可以封闭运行,也可以上市交易流通,类似于我国的开放式基金与封闭式基金。

延伸阅读:　　我国首批9只基础设施公募REITs产品获批

2021年5月17日,沪深交易所宣布,首批基础设施公募REITs项目经交易所审核通过并向中国证监会申请注册后,正式获得中国证监会准予注册的批复。这意味着,公募REITs产品将很快进入公开发售阶段。

此次上交所首批5单项目分别为华安张江光大园、浙商证券沪杭甬杭徽高速、富国首创水务、东吴苏州工业园区产业园和中金普洛斯仓储物流封闭式基础设施证券投资基金。深交所首批4单项目分别为中航首钢生物质、博时招商蛇口产业园、平安广州交投广河高速公路和红土创新盐田港仓储物流封闭式基础设施证券投资基金,这4单项目预计募集规模合计近140亿元。

从首批公募REITs产品看,项目涵盖收费公路、产业园、仓储物流、垃圾处理及生物质发电、污水处理等主流基础设施类型,覆盖京津冀、长江经济带、粤港澳大湾区、长江三角洲等重点区域,具有良好的示范效应。

——资料来源:证券时报,2021-05-18

1.4.4 证券投资基金的参与者

证券投资基金的参与者包括：基金持有人、基金发起人、基金管理人和基金托管人。基金持有人是指持有基金份额或基金股份的自然人和法人，是基金的出资人、基金资产的实际所有者和基金投资收益的受益人，享有基金信息的知情权、表决权和收益权。基金发起人是指以基金设立为目的，并采取一定步骤和必要措施来达到设立基金目的的人。基金管理人是指凭借专门的知识与经验，根据法律、法规及基金章程或基金契约的规定，经营管理基金的资产，谋求所管理的基金资产不断增值，实现基金持有人利益最大化的专业金融机构。基金托管人是基金资产的名义持有人与受托保管人。

经典案例： **基金黑幕**

2000 年 10 月初，一场针对整个基金业的争议在北京被《财经》杂志引起，它发表了一篇题为《基金黑幕——关于整个基金行为的研究分析报告解析》的封面文章。该文章是中国证券市场 10 年来第一篇对证券机构交易行为有确切叙述的报告，它通过跟踪 1999 年 8 月 9 日至 2000 年 4 月 28 日期间，国内 10 家基金管理公司下属的 22 家证券投资基金在上海证券市场上的大宗股票交易记录，在客观详尽地分析了它们的操作行为之后，得出的结论是证券基金有大量违规、违法操作的事实。

文章认为基金并没有起到稳定市场的作用。在新基金成立的初期，一般的舆论普遍都认为新基金是“证券市场理性投资者的生力军”。跟追涨杀跌的散户不同，基金是专家理财、是理性投资，所以对市场能起到稳定的作用。但是根据上交所监察部赵瑜纲的报告分析，在股市上涨的时候，基金在增仓；在股市下跌的时候，基金在减仓。也就是说，它们并没有起到稳定市场的作用。基金的违法操作手法主要通过“对倒”和“倒仓”来制造虚假的成交量，简单地说，就是自己买卖自己的股票，重点揭露了同一个基金管理公司下不同的基金之间进行的买卖行为，作者把这种行为称为“对倒”和“倒仓”。

我国基金的发起人主要是证券商，由于证券商自己也有自营业务，这样，基金的发起人和基金之间就很容易产生竞争关系，当基金没有足够的独立性时，很可能形成基金为证券商服务的情况，即证券商把某股票拉到高位，然后卖给基金，由基金来接手。文章讲述了基金的投资理念，除了嘉实外，所有的基金都有重仓持股的现象，其实就是民间所谓的“做庄”。这样导致基金表面上价值很高，但流通性很差，很难兑现。文章还揭示了基金在公布投资组合时，利用现有制度的漏洞，故意做一些信息误导。主要是说，基金在公告基准日和公告日之间大量地增、减仓，导致普通投资者无法了解基金到底持有的是什么股票。

2000 年 10 月 16 日，大成等 10 家基金管理公司联合发表严正声明，指出《财经》杂志在 2000 年 10 月号上所刊登的《基金黑幕——关于基金行为的研究报告解析》一文对中国基金业两年来的试点成果给予全盘否定，其中有颇多不实之词和偏颇之论，会严重误导投资者。

2000 年 11 月开始,证监会开始对各大基金公司进行调查。

2001 年 2 月初,中国证监会要求各基金公司按照要求进行自查。

2001 年 2 月 23 日,中国证监会对国内 10 家基金管理公司操作中是否存在违规行为调查结束,调查结论是,在列入检查的几家基金管理公司中,未发现相关异常交易行为的有 2 家;发生相关异常交易但情况属于偶然现象或较为轻微的有 5 家;大成、长盛两家基金管理公司的相关异常交易行为交易记录接近或超过平均水平;博时基金管理公司的相关异常交易行为明显突出。这些异常行为的共同特点是,在一段时间内,通过行为人自己控制的同一个股票账户,频繁做出既买又卖的账单。

基金黑幕的传出对证券市场产生了广泛的影响。据调查表明,在 1 092 名被调查者中,60.7% 的被调查者认为《基金黑幕——关于基金行为的研究报告解析》客观公正;17.8% 的被调查者认为反映一定现实,但也有偏激;仅有 2.1% 的被调查者认为文章歪曲诬蔑。这说明大多数投资者还是认同《基金黑幕——关于基金行为的研究报告解析》的。但我们应对“基金黑幕”进行辩证地看待,因为这张“黑幕”的“织就”是一系列因素复合作用的结果,是我国资本市场内在制度缺陷在市场上的综合反映。

——节选自《如何看“基金黑幕”》,人民日报海外版,2000-11-04

1.5 金融衍生工具

证券投资工具由早期的股票和债券发展出信托、保险、基金、期货、期权、资产证券化产品及各种复杂的金融衍生品,伴随着证券市场层出不穷的产品创新,证券市场的产品变得十分丰富。从证券市场的产品性质来划分,可分为股票、债券、基金、存款单等形成的基础证券市场和期货、期权、资产证券化产品等构成的衍生证券市场。20 世纪 70 年代以后,衍生证券市场的产品创新显著加快。

以美国为例,首先是 20 世纪 70 年代美国进入利率管制时期,货币市场基金和银行可转让支付命令账户(NOW)等相继出现,随后期权产品因为定价理论的完善开始快速发展,20 世纪 80 年代各种资产支持证券(ABS, MBS, CLO, CDO)开始兴起,证券市场的交易品种由早期的股票、债券、基金为主的基础证券为主转向基础证券和多种衍生证券齐头并进的发展格局。2008 年国际金融危机后,各国普遍加强对金融衍生产品的监管,美国在 2010 年出台《多德-弗兰克华尔街改革和消费者保护法》,对衍生品的交易建立起中央对手方机制,相关交易数据纳入监管机构的监测范围,证券市场中衍生证券的交易规模占比开始下降。

1.5.1 金融衍生工具的定义

金融衍生工具(Financial Derivative),又称金融衍生品,通常是指以杠杆或信用交易为特征,以货币、债券、股票等传统金融工具为基础衍生而来的金融工具或金融商品。它既指一类特定的交易方式,也指由这种交易方式形成的一系列金融合约,金融期货、金融期权、远期、互换等都属于金融衍生产品。20 世纪 70 年代以来发达国家的金融创新发展迅速,金融衍生品市场种类繁多,一些复杂衍生产品的盈亏机制与投资风险评估需要专业人员进行仔细分析。

20 世纪 70 年代之前,期货与期权就有了柜台方式的交易,被用于对商品价格波动的保值。但由于其交易的非标准化,交易手续复杂,成本很高,交易量一直很小,未形成有规模的金融衍生工具市场。

20 世纪 70 年代初,布雷顿森林体系正式瓦解,各国纷纷实行浮动汇率制,国际金融市场上的汇率波动频繁而剧烈,外汇风险日益增加。此外,由于石油危机的爆发,西方国家陷入严重的滞胀,各国央行纷纷利用利率杠杆控制货币供应量,使金融市场的利率波动亦变得频繁而剧烈。国际金融环境的变化,金融风险的日益增加,各种避险需求随之扩大,金融期货应运而生。

1972 年 5 月 16 日,芝加哥商业交易所开辟了国际货币市场分部,办理澳元、英镑、加元、瑞士法郎和西德马克等主要外币的期货交易,这是全世界第一个能够转移汇率风险的集中交易市场,也是金融衍生产品诞生的标志之一。1975 年,芝加哥期货交易所率先开办了抵押协会债券利率期货。1982 年,美国堪萨斯农产品交易所推出了第一份股票指数期货合约。外汇期货、利率期货与股指期货是当今金融期货市场的主要交易对象。

股票期权是金融期权最早出现的品种, 1973 年,全世界第一家期权集中交易所——芝加哥期货交易所成立,该所初期交易 16 种以股票为标的物的期权契约。1984 年,芝加哥商业交易所开办期货合同的期权交易,期货与期权两种衍生交易方式组合到一起,后面又发展出期货的期货、期货的期权、期权的期货以及期权的期权等各种复杂产品。股票期权、股指期权的盈亏机制与投资风险还相对容易理解,而期货与期权交织产生的复杂衍生品其投资风险往往超出了普通投资者的认知范围。

1.5.2 金融衍生工具的特点

随着金融国际化和自由化的发展,金融衍生工具的发展引人注目,其交易量迅速增长,市场规模急速扩大,交易手段日趋多样化、复杂化。金融衍生工具派生于金融原生工具,尽管其产生的历史并不长,但在 2008 年国际金融危机之前以惊人的速度迅速发展,成为证券市场的重要组成部分。

金融衍生工具的发展,既丰富了证券市场的内容,活跃了市场交易,也造成了金融市场过度脱离实体经济、金融风险快速传播甚至酿成国际金融危机的不良后果。金融衍生工具具有下列四个显著特性:

1)跨期性

金融衍生工具是交易双方通过对利率、汇率和股价等因素变动趋势的预测,约定在未来某一时间按照一定条件进行交易或选择是否交易的合约。无论是哪一种金融衍生工具,都会影响交易者在未来一段时间内或未来某时间点上的现金流,跨期交易的特点十分突出,这就要求交易双方对利率、汇率和股价等价格因素的未来变动趋势作出判断,而判断的准确与否直接决定了交易者的交易盈亏。

2)杠杆性

金融衍生工具交易一般只需要支付少量的保证金或权利金就可以签订远期大额合约或互换不同的金融工具。例如,若期货交易保证金为合约金额的5%,则期货交易者可以控制20倍于所投资金额的合约资产,实现以小博大的效果。在收益可能成倍放大的同时,投资者所承担的风险与损失也会成倍放大,基础工具价格的轻微变动也许就会带来投资者的大盈大亏。金融衍生工具的杠杆效应在一定程度上决定了它的高投机性和高风险性。

3)联动性

这里是指金融衍生工具的价值与基础产品或基础变量紧密联系、规则变动。通常,金融衍生工具与基础变量相联系的支付特征由衍生工具合约规定,其联动关系既可以是简单的线性关系,也可以表达为非线性函数或者分段函数。

4)高风险性(不确定性)

金融衍生工具的交易后果取决于交易者对基础工具未来价格的预测和判断的准确程度。基础工具的变幻莫测决定了金融衍生工具交易盈亏的不稳定性,这是金融衍生工具高风险性的重要诱因。基础金融工具价格的不确定性仅仅是金融衍生工具风险性的一个方面,金融衍生工具可能还会伴随着以下几种风险:

①交易中对方违约,没有履行承诺造成损失的信用风险;

②因资产或指数价格不利变动可能带来损失的市场风险;

③因市场缺乏交易对手导致投资者不能平仓或变现所带来的流动性风险;

④因交易对手无法按时付款或交割可能带来的结算风险;

⑤因交易或管理人员人为错误、系统故障等造成的操作风险;

⑥因合约不符合所在国法律,无法履行或合约条款遗漏及模糊导致的法律风险。

经典案例: 百年老店巴林银行的破产

巴林银行集团成立于1762年,是英国伦敦城内历史最久、名声显赫的商人银行集团,素以发展稳健、信誉良好而驰名,其客户也多为显贵阶层,包括英国女王伊丽莎白二世。到1993年底,巴林银行的全部资产总额为59亿英镑。1995年2月26日巴林银行遭受巨额损失,无力继续经营而宣布破产。从此,这个有着233年经营史和良好业绩的商业银行在伦敦城乃至全球金融界消失。目前,该行已由荷兰国际银行保险集团接管。

巴林银行破产的直接原因是新加坡巴林公司期货经理尼克·里森错误地判断了日本股市的走向。1995年1月,里森看好日本股市,分别在东京和大阪等地买了大量期货合同,期望在日经指数上升时赚取大额利润。但日本阪神地震打击了日本股市的回升势头,股价持续下跌。巴林银行最后损失金额高达14亿美元,亏损巨额难以抵补,这座曾经辉煌的金融大厦就这样倒塌了。

从理论上讲,金融衍生产品并不会增加市场风险,若能恰当地运用(比如利用它套期保值),可为投资者提供一个有效地降低风险的对冲方法。但在具有积极作用的同时,也有其致命的危险,即在特定的交易过程中,投资者纯粹以买卖图利为目的,垫付少量的保证金炒买炒卖大额合约来获得丰厚的利润,而往往无视交易潜在的风险,如果控制不当,这种投机行为就会招致不可估量的损失。新加坡巴林公司的里森,正是对衍生产品操作无度才毁灭了巴林集团。里森在整个交易过程中一味盼望赚钱,在已遭受重大亏损时仍孤注一掷,增加购买量,对于交易中潜在的风险熟视无睹,结果使巴林银行成为金融衍生产品的牺牲品。

巴林事件警示银行业必须加强银行内部管理的重要性和必要性,合理运用衍生工具并建立必要的风险防范措施。随着国际金融业的迅速发展,金融衍生产品日益成为银行、金融机构及证券公司投资组合中的重要组成部分。因此,凡从事金融衍生产品业务的银行应对其交易活动制定一套完善的内部管理措施——包括交易头寸(指银行和金融机构可动用的款项)的限额,止损的限制,内部监督与稽核。银行应扩大银行资本,进行多方位经营。随着国际金融市场规模的日益扩大和复杂化,资本活动的不确定性也愈发突出。现代化的银行集团,应努力扩大自己的资本基础,进行多方位经营,作出合理的投资组合,不断拓展自己的业务领域,这样才能加大银行自身的安全系数并不断盈利。

——资料来源:马小南主编《金融学》,北京:高等教育出版社,2004 年

1.5.3 金融衍生工具的分类

随着金融创新的发展,金融衍生工具经过不断地衍生再衍生、组合再组合,品种不断增加。按照不同的分类标准,金融衍生工具有不同的分类。根据交易方法分类,可以分为金融远期、金融期货、金融期权和金融互换;根据基础工具种类的不同,可分为股权式衍生工具、货币衍生工具、利率衍生工具;根据金融衍生工具交易性质的不同,可分为远期类工具、选择权类工具;还有诸如认股权证、可转换债券等衍生工具。在这里将重点介绍金融期货和金融期权。

1)金融期货

金融期货(Financial Futures)是指以金融工具为标的物的期货合约。金融期货作为期货交易中的一种,具有期货交易的一般特点,但与商品期货相比较,其合约标的物不是实物商品,而是传统的金融商品,如证券、货币、汇率、利率等。常见的金融期货有外汇期货、利率期货和股票指数期货等。金融期货是在 20 世纪 70 年代世界金融体系发生重大变革、世界金融市场动荡不安的背景下诞生的。目前,金融期货基本上可分为三大类:外汇(汇率)期货、利率期货和股票指数期货。

(1)外汇期货

外汇期货(Foreign Exchange Futures)是指协约双方同意在未来某一时期,根据约定

价格,买卖一定标准数量的某种外汇的可转让的标准化协议。外汇期货涉及以下外汇币种,日元、英镑、欧元、瑞士法郎、荷兰盾、加拿大元、美元等。主要交易场所包括芝加哥商品交易所国际货币市场分部、中美商品交易所、费城期货交易所等。

(2)利率期货

利率期货(Interest Rate Futures)是指协议双方同意在约定的将来某个日期按约定条件买卖一定数量的某种长短期信用工具的可转让的标准化协议。利率期货交易的对象有长期国库券、政府住宅抵押证券、中期国债、短期国债等,除了这些债券期货外,还有各种利率期货。主要交易场所包括芝加哥期货交易所、芝加哥商品交易所国际货币市场分部、中美商品交易所等。

(3)股票指数期货

股票指数期货(Stock Index Futures)是指协议双方同意在将来某一时期按约定的价格买卖股票指数的可转让的标准化合约,最具代表性的股票指数有美国的道·琼斯股票指数和标准普尔500种股票指数、英国的金融时报工业普通股票指数、香港的恒生指数、日本的日经指数等。主要交易场所包括芝加哥期货交易所、芝加哥商品交易所、纽约证券交易所、堪萨斯市期货交易所。

2)金融期权

金融期权(Financial Option)是指以金融商品或金融期货合约为标的物的期权交易。具体地说,其购买者在向出售者支付一定费用后,就获得了能在规定期限内以某一特定价格向出售者买进或卖出一定数量的某种金融商品或金融期货合约的权利。金融期权是赋予其购买者在规定期限内按双方约定的价格(简称协议价格)或执行价格购买或出售一定数量的某种金融资产(称为潜在金融资产或标的资产,如股票、外汇、短期和长期国库券及外币期货合约、股票指数期货合约等)的权利的合约。

金融期权可按期权的权力、期权的交割时间、期权合约的标的进行分类:

(1)按期权的权利可分为看涨期权和看跌期权

看涨期权,又称买入期权(Call Option),是指期权的买方向期权的卖方支付一定数额的权利金后即拥有在期权合约的有效期内,按事先约定的价格向期权卖方买入一定数量的期权合约规定的特定资产的权利,但没有必须买进的义务。而期权卖方有义务在期权规定的有效期内,应期权买方的要求,以期权合约事先规定的价格卖出期权合约规定的特定资产。

看跌期权,又称卖出期权(Put Option),是指期权的买方向期权的卖方支付一定数额的权利金后,即拥有在期权合约的有效期内,按事先约定的价格向期权卖方卖出一定数量的期权合约规定的特定资产的权利,但没有必须卖出的义务。而期权的卖方有义务在期权规定的有效期内,应期权买方的要求,以期权合约事先规定的价格买入期权合约规定的特定资产。

(2)按期权的交割时间分为美式期权、欧式期权和百慕大期权

美式期权(American Option)是指可以在成交后有效期内任何一天被执行的期权,多

为场内交易所采用。美式期权合同在到期日前的任何时候或在到期日都可以执行合同，结算日则是在履约日之后的一天或两天，大多数的美式期权合同允许持有者在交易日到履约日之间随时履约，但也有一些合同规定一段比较短的时间可以履约，如“到期日前两周”。

欧式期权(European Option)是指买入期权的一方必须在期权到期日当天才能行使的期权。欧式期权合同要求其持有者只能在到期日履行合同，结算日是履约后的一天或两天。

百慕大期权(Bermuda Option)是指一种可以在到期日前所规定的一系列时间行权的期权。比如规定期权可以有3年的到期时间，但只有在3年中每一年的最后一个月才能被执行，它的应用常常与固定收益市场有关。百慕大期权可以被视为美式期权与欧式期权的混合体。

(3)场内交易的金融期权主要包括股票期权、利率期权和外汇期权

股票期权(Stock Option)一般是指经理股票期权，即企业在与经理人签订合同时，授予经理人未来以签订合同时约定的价格购买一定数量公司普通股的选择权，经理人有权在一定时期后出售这些股票，获得股票市价和行权价之间的差价，但在合同期内，期权不可转让，也不能得到股息。在这种情况下，经理人的个人利益就同公司股价表现紧密地联系起来。股票期权制度是上市公司的股东以股票期权方式来激励公司经理人员实现预定经营目标的一套制度。

利率期权(Interest Rate Option)是一项关于利率变化的权利，买方支付一定金额的期权费后，就可以获得这项权利：在到期日按预先约定的利率，按一定的期限借入或贷出一定金额的货币，这样当市场利率向不利方向变化时，买方可固定其利率水平；当市场利率向有利方向变化时，买方可获得利率变化的好处。利率期权的卖方向买方收取期权费，同时承担相应的责任。

外汇期权又称货币期权(Foreign Exchange Option)，它是一种选择契约，其持有人即期权买方享有在契约届期或之前以规定的价格购买或销售一定数额某种外汇资产的权利，而期权卖方收取期权费，则有义务在买方要求执行时卖出(或买进)期权买方买进(或卖出)的该种外汇资产。

延伸阅读：　　掉期(互换)交易

掉期(互换)交易(Swap Transaction)是指交易双方约定在未来某一时期相互交换某种资产的交易形式。更为准确地说，掉期交易是当事人之间约定在未来某一期间内相互交换他们认为具有等价经济价值的现金流(Cash Flow)的交易。较为常见的是货币掉期交易和利率掉期交易。货币掉期交易，是指两种货币之间的交换交易。在一般情况下，它是指两种货币资金的本金交换。利率掉期交易，是指同种货币资金的不同种类利率之间的交换交易，一般不伴随本金的交换。掉期交易与期货、期权交易一样，是近年来发展迅猛的金融衍生产品之一，成为国际金融机构规避汇率风险和利率风险的重要工具。

1981年,IBM公司和世界银行进行了一笔瑞士法郎和德国马克与美元之间的货币掉期交易(图1.1)。当时,世界银行在欧洲美元市场上能够以较为有利的条件筹集到美元资金,但是实际需要的却是瑞士法郎和德国马克。此时持有瑞士法郎和德国马克资金的IBM公司,正好希望将这两种货币形式的资金换成美元资金,以回避利率风险。在所罗门兄弟公司的中介下,世界银行将以低息筹集到的美元资金提供给IBM公司,IBM公司将自己持有的瑞士法郎和德国马克资金提供给世界银行。通过这种掉期交易,世界银行以比自己筹集资金更为有利的条件筹集到了所需的瑞士法郎和德国马克资金,IBM公司则回避了汇率风险,低成本筹集到美元资金。这是迄今为止正式公布的世界上第一笔货币掉期交易。通过这项掉期交易,世界银行和IBM公司在没有改变与原来的债权人之间的法律关系的情况下,以低成本筹集到了自身所需的资金。

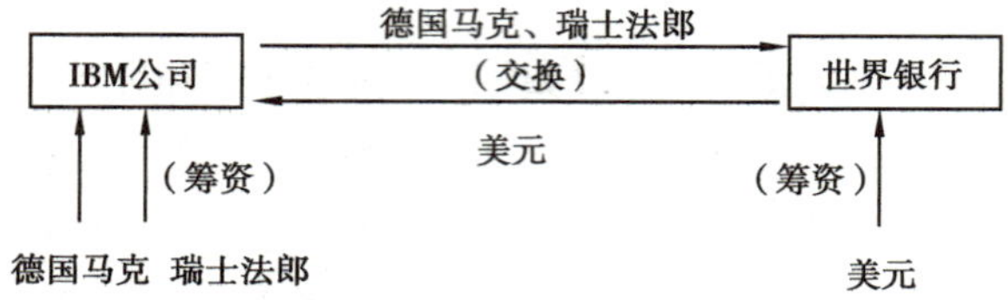

图1.1 IBM公司与世界银行的货币掉期交易

在国际金融市场一体化潮流的背景下,掉期交易作为一种灵活、有效的避险和资产负债综合管理的衍生工具,越来越受到国际金融界的重视,用途日益广泛,交易量急速增加。近来,这种交易形式已逐步扩展到商品、股票等汇率、利率以外的领域。由于掉期合约内容复杂,多采取由交易双方一对一进行直接交易的形式,缺少活跃的二级市场和交易的公开性,具有较大的信用风险和市场风险。因此,从事掉期交易者多为实力雄厚、风险控制能力强的国际性金融机构,掉期交易市场基本上是银行同业市场。国际清算银行(BIS)和掉期交易商的国际性自律组织国际掉期交易商协会(ISDA),近年来先后制订了一系列指引和准则来规范掉期交易,其风险管理越来越受到交易者和监管者的重视。

本章小结

本章较为系统地介绍了证券投资工具的基本知识,分别阐述了债券、股票、证券投资基金及衍生金融工具的概念、特点以及分类等基础知识,方便学习者掌握这些最基础的证券市场投资工具。

本章重要术语

股票　有价证券　优先认股股票　记名股票　国家股　法人股　金融债券　抵押

债券　开放型基金　封闭型基金　成长型基金　交易所交易基金　期货　期权

本章思考题

1. 简述股票的性质、特征和种类。
2. 简述债券的性质与功能。
3. 简述证券投资基金的特点及分类。
4. 简述金融期货与金融期权的区别。

第2章 证券市场

证券市场是证券发行和交易的场所。从广义上讲,证券市场是指一切以证券为对象的交易关系的总和。从金融学的角度又可以将证券市场定义为:通过自由竞争的方式,根据供需关系来决定有价证券价格的交易场所。在发达的市场经济中,证券市场是完整的市场体系的重要组成部分,它不仅反映和调节货币资金的运动,而且对整个经济体系的资源配置效率和生产力发展具有重要影响。

案例:凯恩斯为剑桥大学国王学院理财,成为高等教育机构证券投资先驱

英国经济学家梅拉德·凯恩斯一生的职位众多,几乎每年都更换重要的国内外职责。1909年他被指派为剑桥大学国王学院的账户督查员(Inspector of the Accounts),1912年被选入国王学院的管理委员会,1918年第一次世界大战(简称“一战”)后成为“副司库”(Second Bursar),1924年成为“首席司库”。直到1946年过世,都没离开过这个职位,这是他担任时间最长久的工作。

剑桥大学国王学院(King's College)创立于1441年,在剑桥大学众多学院中财力最雄厚。第一次世界大战后,凯恩斯参与学院的资产管理与投资,他最大胆也最激进的改革,是把收益来源从地产转入证券。此事的成败与投资的时机密切相关,他的成果盈亏互现。其间最重大的失误在于,未能预见到1929年10月的纽约股市崩盘,以及之后持续几年的世界性大萧条。于是他改变策略,买入后耐心等待度过大萧条,也让他从原本的短期进出买卖,转为长期投资者,让国王学院的资产得以长期受益。

凯恩斯的新策略有两大特点:①把传统的收益来源,从农业性不动产转向高流动性、高风险、高变现的证券市场;②他秉持“动物精神”,勇于投资、敢于投机。过程中有得有失,有成有败,但他以国王学院的“终身院友”为荣,忠诚为其管理资产。在第二次世界大战结束前,剑桥大学31个学院中国王学院的经济状况一直最好。

为什么19世纪二三十年代国王学院的资产管理实践对现代还有意义?因为在那个历史转折的阶段(“一战”后到19世纪30年代的大萧条),凯恩斯对大学资产的投资策略,做了方向性与策略性的大转向。今日各国的高等教育机构,都面临经费与资产收益的庞大压力。虽然环境各异,但面临的转折压力和19世纪二三十年代类似。凯恩斯的胆识、独树一帜、特立独行,在国王学院也遭到保守力量阻挠,但事后证明这是高明的创见,值得现代借鉴。

20世纪20—40年代的哈佛、耶鲁大学，资产管理还是传统的不动产收益，直到20世纪下半叶，美国高等教育机构才改采凯恩斯式的投资：长期投入有价证券。凯恩斯可以说是高等教育机构证券投资的先驱者。

1882年国王学院首次公布收支状况：不动产收益约3.64万英镑，证券收入只有1 600英镑。学院对证券的消极态度，原因很简单：条文规定不得处置不动产，所以没有足够资产转投资本市场，只能购入少量政府公债。19世纪末，牛津剑桥的这项规定松绑了：可以处理不动产，也可以投入证券市场。国王学院因而在20世纪80年代，买入印度政府公债（由英国政府保证），也买了英国铁路债券，20世纪90年代又买了英国政府债券、殖民政府债券。这些都是证券信托业名单上的"一级债券"。

换言之，1893年与1900年的投资信托法条，赋予学院有更高的管理资产自由度。但在"一战"前，还是以持有安全性高的公共部门债券为主，尚未能多元化经营。这些保守投资所赚取的利息收入，只占全部收益的10%，无法抵消农业萧条带来的冲击。

1918年后，凯恩斯被选为学院"副司库"，1924年升为"司库"（First Bursar），全权负责投资政策直到1946年过世。在这段完全自由自主、不受挑战的22年间，凯恩斯将学院大部分资产调配至证券市场，国王学院比美国名校更早走向证券化。20世纪20年代主掌国王学院资产时，凯恩斯替学院购入的证券总值约两万英镑，1946年凯恩斯过世时已超过82万镑。这项丰硕的成果，甚至比他在其他公职的成就更引人注目。他过世时捐赠44万英镑给国王学院，遗赠包括财务投资、艺术品、善本古书、名人手稿等（以牛顿手稿最重要）。捐赠中的艺术品1946年约值3万英镑，1988年时增值到约1 700万英镑，今日的价值当然更高。

凯恩斯是国王学院有史以来最有价值的校友，终身为母院奉献心力，为学院赚取巨额财富，逝后又大方遗赠私产。对国王学院而言，凯恩斯的财务贡献可谓前无古人，也很难出现超越他的后来者。

资料来源：南方周末网络版，作者：赖建诚（编者有删改），2017-08-18

2.1 证券市场概述

2.1.1 西方证券市场的形成与发展

1）证券市场的形成阶段（17世纪初—18世纪末）

回顾资本主义经济社会发展的历史，证券市场的最初萌芽可以追溯到16世纪初资本主义原始积累时期的西欧。当时法国的里昂、比利时的安特卫普已经有了证券交易活动，最早进入证券市场交易的是国家债券。17世纪初，随着资本主义经济的发展，出现了所有权与经营权相分离的生产经营方式，即股份公司开始出现和发展。股份公司的形成使股票、债券开始发行,从而使股票、公司债券等进入了有价证券交易的行列。

1602 年,在荷兰的阿姆斯特丹成立了世界上第一家股票交易所。1773 年,英国的第一家证券交易所在"乔纳森咖啡馆"成立,1802 年获得英国政府的正式批准。这家证券交易所即为现在伦敦证券交易所的前身。该交易所的交易品种最初是政府债券,此后公司债券和矿山、运河股票进入交易所交易。1790 年,美国第一家证券交易所——费城证券交易所宣布成立,从事政府债券等有价证券的交易活动。1792 年 5 月 17 日,24 名经纪人在华尔街的一棵梧桐树下聚会,商订了一项名为"梧桐树协定"的协议,约定每日在梧桐树下聚会,从事证券交易,并订出了交易佣金的最低标准及其他交易条款。1817 年,这些经纪人共同组成了"纽约证券交易会",1863 年改名为"纽约证券交易所",这便是著名的纽约证券交易所的前身。在 18 世纪资本主义产业革命的影响下,包括铁路、运输、矿山、银行等行业中股份公司成为普遍的企业组织形式,其股票以及各类债券都在证券市场上流通,这一切标志着证券市场已基本形成。

延伸阅读:　　　　梧桐树协定(Button wood Agreement)

1653 年,一群荷兰移民忙忙碌碌地在纽约市曼哈顿岛接近南端的地方竖起了一排高 12 英尺的原木墙,目的是保护自己免于遭受印第安人和英国人的袭击和骚扰。32 年后,一群测量人员沿着这排木墙画下了建设街道的白线,并给这条街道起了一个名字——Wall Street。

在此之后的 100 多年里,华尔街一直默默无闻,直到 1792 年 5 月 17 日。美国 24 名证券户外交易商自行组织起来,在华尔街 68 号楼的一棵梧桐树下聚会,开始讨论起有价证券交易的条件和规则,讨论的结果就是举世闻名的《梧桐树协议》(Buttonwood Agreement)。

协议要求在场的人在证券买卖中遵守协定中的公平原则,每日在梧桐树下聚会,从事证券交易,并订出了交易佣金的最低标准及其他交易条款。

协议行文十分简短和明了,只表达了三个交易守则:

第一,只与在梧桐树协议上签字的经纪人进行有价证券的交易。

第二,收取不少于交易额 25% 的手续费。

第三,在交易中互惠互利。

于是,这 24 位在协议上签了字的经纪人组成了一个独立的、享有交易特权的有价证券交易联盟。这就是后来纽约证券交易所的雏形,1792 年 5 月 17 日这一天也因此而成为纽约证券交易所的诞生日。

梧桐树协定包含的规则成为数年后成立纽约证券交易委员会的基础,也标志了美国金融行业自律的开始。可以说,"梧桐树协定"是美国银行业第一个行业自律文件。此后的 200 多年的时间,世界各地相继成立了自己的银行业协会(英国和中国香港叫作银行公会),制定了相应的行业自律守则。

华尔街 68 号前的那棵梧桐树于 1865 年 6 月 21 日在闪电和雷鸣中被狂风夹着暴雨

所击倒,然而金融华尔街这一现代金融市场中心的大树却已经根深叶茂,不断发展和壮大。

这一时期证券市场的特点是:信用工具较为单一,主要是股票、债券两种形式;证券市场规模小,主要采用手工操作;证券市场行情变动较大,投机、欺诈、操纵行为十分普遍;证券市场立法很不完善,证券市场也较为分散。

2)证券市场的发展阶段(19世纪初—20世纪20年代)

到19世纪中叶,工业革命已在各主要的资本主义国家相继完成,工业革命推动了机器制造业的迅速发展,并使股份公司在机器制造业中普遍建立起来。如英国的产业革命在19世纪30年代末40年代初完成。机器大工业取代了传统的工场手工业,机器制造业在工业体系中逐渐取得了优势地位。从19世纪70年代到80年代,股份公司有了极大的发展。1862年英国有165家股份公司,20世纪80年代中期,登记的股份公司达1.5万多家,发生在英国的这一进程,无一例外地发生于其他资本主义国家。美国、法国、德国等欧美资本主义国家在产业革命后,股份公司迅速成为企业的主要组织形式。股份公司的建立和发展,使有价证券发行量不断扩大。

据统计,世界有价证券发行额1871—1880年为761亿法郎,1881—1890年为645亿法郎,1891—1990年为1 004亿法郎,1911—1920年为3 000亿法郎,1921—1930年为6 000亿法郎。与此同时,有价证券的结构也发生了变化,在有价证券中占有主要地位的已不是政府公债,而是公司股票和企业债券。1900—1913年发行的有价证券中,政府公债占有价证券发行总额的40%,公司债券和各类股票则占60%。

这一时期证券市场的主要特点是:第一,股份公司逐渐成为经济社会中的主要企业组织形式;第二,有价证券发行量不断扩大,已初具规模;第三,一些国家开始加强证券管理,引导证券市场规范化运行,如英国在1862年颁布了股份公司条例,德国1892年通过的有限责任公司法,法国1867年的公司法,1894年日本制定的证券交易法等;第四,证券交易市场得到了发展,如日本东京证券交易市场形成于1878年,苏黎世证券交易所创建于1877年,1891年中国香港成立了股票经纪协会,1914年易名为香港证券交易所,等等。

3)证券市场的完善阶段(20世纪30年代以来)

1929—1933年的经济危机是资本主义世界最严重、深刻且破坏性最大的一次经济危机。这次危机严重地影响了证券市场,当时世界主要证券市场股价一泻千里,市场崩溃,投资者损失惨重。到1932年7月8日,道·琼斯工业股票价格平均数只有41点,仅为1929年最高水平的11%。大危机使各国政府清醒地认识到必须加强对证券市场的管理,于是世界各国政府纷纷制定证券市场法规和设立管理机构,使证券交易市场趋向法治化。美国1933—1940年先后制定了证券交易法、证券法、信托条款法、投资顾问法、投资银行法等。其他国家也都通过加强立法对证券市场的证券发行和证券交易实行全面控制和管理。

第二次世界大战结束后,随着资本主义各国经济的恢复和发展以及各国经济的增长,证券市场也迅速恢复和发展。20 世纪 70 年代以后,证券市场出现了高度繁荣的局面,证券市场的规模不断扩大,证券交易也日益活跃。这一时期证券市场的运行机制发生了深刻的变化,出现了一些明显的新特点。

(1)金融证券化

证券在整个金融市场上所占的比例急剧上升,地位越来越突出。尤其是在美国,随着新的金融工具的纷纷出现,证券投资活动广泛而卓有成效地进行;在日本,20 世纪 60 年代企业的资金主要依靠银行贷款,证券筹资占筹资总额的比重不到 20%,而到 1978 年,发行证券筹资所占比例已上升到 44%。同时,居民储蓄结构也出现了证券化倾向。由于保持和增加收益的需要,人们将储蓄从银行存款转向证券投资。

(2)证券市场多样化

证券市场多样化主要表现为:各种有价证券的发行种类、数量及其范围不断扩大;交易方式日趋多样化,除了证券现货交易外,还出现了期货交易、期权交易、股票价格指数期货交易、信用交易等多种交易方式。

(3)证券投资法人化

第二次世界大战后,证券投资有所变化。除了社会公众个人认购证券外,法人进行证券投资的比重日益上升。尤其是 20 世纪 70 年代后,随着养老基金、保险基金、投资基金的大规模入市,证券投资者法人化、机构化速度进一步加快。法人投资者从过去主要是金融机构扩大到各个行业。据估计,法人投资在世界各国的证券市场占 50% 左右。

(4)证券市场法治化

第二次世界大战后,西方国家更加重视证券市场的法治化管理,不断制定和修订证券法律、法规,不断推进证券市场的规范化运行。同时,还通过各种技术监督和管理活动,严格证券市场法规的执行,证券市场行情趋于稳定,证券市场的投机、操纵、欺诈行为逐渐减少。

(5)证券市场网络化

计算机系统从 20 世纪 50 年代下半期开始应用于证券市场。1970 年初,伦敦证券交易所采用市场价格显示装置。1972 年 2 月,美国建成"全国证券商协会自动报价系统"。1978 年,纽约证券交易所创设"市场间交易系统",利用电子通信网络,把波士顿、纽约、费城、辛辛那提等交易所连接沟通,使各交易所每种股票的价格和成交量在荧屏上显示,经纪人和投资者可在任何一个证券市场上直接进行证券买卖。至今,世界上各主要证券市场基本上已实现了网络化,从而大大提高了证券市场的运行效率。在以计算机为基础的网络技术的推动下,证券市场的网络化迅速发展,这主要体现在网上交易的突飞猛进上。

与传统交易方式相比,网上交易的优势是:第一,突破了时空限制,投资者可以随时随地交易;第二,直观方便,网上不但可以浏览实时交易行情和查阅历史资料(公告、年报、经营信息等),而且还可以进行在线咨询;第三,成本低,无论是证券公司还是投资者,其成本都可以大大降低。毫无疑问,证券市场的网络化将是证券市场最基本的发展趋势之一。

(6)证券市场国际化

现代证券交易越来越趋向于全球性交易。电脑系统装置被运用于证券业务中,世界上主要证券市场的经纪人可以通过设在本国的电子计算机系统与国外的业务机构进行昼夜不间断的24小时业务活动联系,世界上各主要的证券交易所都成为国际性证券交易所,它们不仅在本国大量上市外国公司的证券,而且在国外设立分支机构,从事国际性的股票委托交易。1990年在伦敦证券交易所上市的外国公司达500家,纽约证券交易所有110家,东京证券交易所有80多家。越来越多的公司到本国以外的证券市场上发行股票、债券。有关资料显示,1975年美国220家销售额在10亿美元以上的大公司中,有80家在国外的证券交易所挂牌出售股票。证券投资国际化和全球一体化已成为证券市场发展的一个主要趋势。

(7)金融创新不断深化

在第二次世界大战之前,证券品种一般仅有股票、公司债券和政府债券,而在第二次世界大战后,西方发达国家的证券融资技术日新月异,证券品种不断创新。浮动利率债券、可转换债券、认股权证、分期债券、复合证券等新的证券品种陆续涌现。特别是在20世纪的后20年,金融创新获得了极大的发展,金融期货与期权交易等衍生品种的迅速发展使证券市场进入了一个全新的阶段。融资技术和证券种类的创新,增强了证券市场的活力和对投资者的吸引力,加速了证券市场的发展。证券品种和证券交易方式的创新是证券市场生命力的源泉。实际上,从20世纪70年代开始,金融创新就形成了加速发展的态势并成为金融企业在激烈的竞争中求得生存和发展的关键因素。在世界经济一体化的推动下,随着证券市场物质技术基础的更新和投资需求多元化的进一步发展,21世纪会形成新的证券创新浪潮。

延伸阅读:　　世界上最昂贵的股票

世界上最昂贵的股票——美国Berkshire Hatheway(伯克希尔·哈撒韦)投资公司的股票在交易所的股价最高。伯克希尔·哈撒韦公司由沃伦·巴菲特亲自出任董事长和首席执行官,核心业务是投资和保险业,并持有联邦快递、可口可乐等多家大公司的股票。Berkshire Hatheway公司A类股份的股价在2021年10月22日的收盘价格为每股435 721.5美元。

2.1.2 证券市场的构成要素

证券市场的构成要素主要包括证券市场参与主体、证券市场交易工具和证券交易的法律法规及证券市场监督管理等方面。

证券市场参与者包括如下几类:

1)证券发行人

证券发行人是指为筹措资金而发行债券、股票等证券的政府及其机构、金融机构、公司和企业。证券发行人是证券发行的主体。证券发行是把证券向投资者销售的行为。证券发行可以由发行人直接办理,这种证券发行称为自办发行或直接发行。自办发行是比较特殊的发行行为,也比较少见。20世纪末以来,由于网络技术在发行中的应用,自办发行开始增多。证券发行一般由证券发行人委托证券公司进行,又称承销或间接发行。按照发行风险的承担、所筹资金的划拨及手续费高低等因素划分,承销方式有包销和代销两种,包销又可分为全额包销和余额包销。

2)证券投资者

证券投资者是证券市场的资金供给者,也是金融工具的购买者。证券投资者类型甚多,投资的目的也各不相同。证券投资者可分为机构投资者和个人投资者两大类。

(1)机构投资者

机构投资者是指相对于中小投资者而言,拥有资金、信息、专业知识等优势,能影响某个证券价格波动的投资者,包括企业、商业银行、非银行金融机构(如养老基金、保险基金、证券投资基金)等。各类机构投资者的资金来源、投资目的、投资方向等虽各不相同,但一般都具有投资的资金量大、收集分析市场信息的能力强、注重投资的安全性、可通过有效的资产组合以分散投资风险以及对证券市场价格走势具有一定影响等特点。

(2)个人投资者

个人投资者是指从事证券投资的社会自然人,他们是证券市场最广泛的投资者。个人投资者的主要投资目的是追求盈利,谋求资本的保值和增值,所以十分重视本金的安全和资产的流动性。

3)证券市场中介机构

证券市场中介机构是指为证券的发行与交易提供服务的各类机构,包括证券公司和其他证券服务机构,通常把两者合称为证券中介机构。中介机构是连接证券投资者与筹资人的桥梁,证券市场功能的发挥,在很大程度上取决于证券中介机构的活动。通过它们的经营服务活动,加强了证券需求者与证券供应者之间的联系,不仅保证了各种证券的发行和交易,还起到了维持证券市场秩序的作用。

(1)证券公司

证券公司,是指依法设立可经营证券业务的、具有法人资格的金融机构。证券公司的主要业务有承销、经纪、自营、投资咨询、购并、受托资产管理、基金管理等。证券公司一般分为综合类证券公司和经纪类证券公司。

(2)证券服务机构

证券服务机构是指依法设立的从事证券服务业务的法人机构,主要包括财务顾问机构、证券投资咨询公司、会计师事务所、资产评估机构、律师事务所、证券信用评级机构等。

4）自律性组织

自律性组织包括证券交易所、证券业协会及证券登记结算机构。

（1）证券交易所

根据《中华人民共和国证券法》的规定，证券交易所是提供证券集中竞价交易场所的不以营利为目的的法人。其主要职责有：提供交易场所与设施；制定交易规则；监管在该交易所上市的证券以及会员交易行为的合规性、合法性，确保市场的公开、公平和公正。

（2）证券业协会

证券业协会是证券行业的自律性组织，是社会团体法人。证券业协会的权力机构为由全体会员组成的会员大会。根据《中华人民共和国证券法》规定，证券公司应当加入证券业协会。证券业协会应当履行协助证券监督管理机构组织会员执行有关法律，维护会员的合法权益，为会员提供信息服务，制定规则，组织培训和开展业务交流，调解纠纷，就证券业的发展开展研究，监督检查会员行为以及证券监督管理机构赋予的其他职责。

（3）证券登记结算机构

证券登记结算机构是为证券交易提供集中登记、存管与结算业务，不以营利为目的的法人。按照《证券登记结算管理办法》，证券登记结算机构实行行业自律管理。我国的证券登记结算机构为中国证券登记结算有限责任公司。

5）证券监管机构

在中国，证券监管机构是指中国证券监督管理委员会及其派出机构。它是国务院直属的证券管理监督机构，依法对证券市场进行集中统一监管。它的主要职责是：负责行业性法规的起草，负责监督有关法律法规的执行，负责保护投资者的合法权益，对全国的证券发行、证券交易、中介机构的行为等依法实施全面监管，维持公平而有秩序的证券市场。

在证券市场的参与主体之间进行证券市场活动，必须借助一定的工具或手段来实现，这就是证券交易工具，也即证券交易对象。证券交易工具主要包括：政府债券（包括中央政府债券和地方政府债券）、金融债券、公司（企业）债券、股票、基金及金融衍生证券（远期、期货、期权和互换）等。

证券交易场所包括场内交易市场和场外交易市场两种形式。场内交易市场是指在证券交易所内进行的证券买卖活动，这是证券交易场所的规范组织形式；场外交易市场是在证券交易所之外进行证券买卖活动，它包括柜台交易市场（又称店头交易市场）、第三市场、第四市场等形式。

2.1.3　证券市场的特征

证券市场具有以下三个显著特征：

第一，证券市场是价值直接交换的场所。有价证券是价值的直接代表，其本质上只是价值的一种直接表现形式。虽然证券交易的对象是各种各样的有价证券，但由于它们是价值的直接表现形式,因此证券市场本质上是价值的直接交换场所。

第二,证券市场是财产权利直接交换的场所。证券市场上的交易对象是作为经济权益凭证的股票、债券、投资基金券等有价证券,它们本身仅是一定量财产权利的代表,所以代表着一定数额财产的所有权或债权以及相关的收益权。证券市场实际上是财产权利的直接交换场所。

第三,证券市场是风险直接交换的场所。有价证券既是一定收益权利的代表,同时也是一定风险的代表。有价证券的交换在转让出一定收益权的同时,也把该有价证券所特有的风险转让出去。所以,从风险的角度分析,证券市场也是风险的直接交换场所。

证券市场与一般商品市场的区别主要表现在:

1)交易对象不同

一般商品市场的交易对象是各种具有不同使用价值、能满足人们某种特定需要的商品。而证券市场的交易对象是作为经济权益凭证的股票、债券、投资基金券等有价证券。

2)交易目的不同

证券交易的目的是实现投资收益或筹集资金。而购买商品的目的主要是满足某种消费的需要。

3)交易对象的价格决定因素不同

商品市场的价格,其实质是商品价值的货币表现,取决于生产商品的社会必要劳动时间。而证券市场的证券价格实质上是预期收益的市场表现。

4)市场风险不同

一般商品市场由于实行的是等价交换原则,价格波动较小,市场前景的可预测性较强,因此风险较小。而证券市场的影响因素复杂多变,价格波动性大且有不可预测性,投资者的投资能否取得预期收益具有较大的不确定性,所以风险较大。

2.1.4 证券市场的功能

证券市场的实质是资金的供给方和资金的需求方通过竞争决定证券价格的场所。证券市场是市场经济发展到一定阶段的产物,是为解决资本供求矛盾和流动而产生的市场。证券市场有如下几个最基本的功能。

证券市场的融资功能是指证券市场为资金需求者筹集资金的功能。融通资金是证券市场的首要功能,这一功能的另一个作用是为资金的供给者提供投资对象。一般来说,企业融资有两种渠道:一是间接融资,即通过银行贷款而获得资金;二是直接融资,即发行各种有价证券使社会闲散资金汇集成为长期资本。前者提供的贷款期限较短,适合解决企业流动资金不足的问题,而长期贷款数量有限,条件苛刻,对企业不利;后者弥补了前者的不足,使社会化大生产和企业大规模经营成为可能。当然,政府也可以通过发行债券筹集长期巨额资金,用于生产建设或弥补财政赤字。

证券市场的第二个基本功能就是为资本决定价格。证券是资本的存在形式,所以证券的价格实际上是证券所代表的资本的价格。证券的价格是证券市场上证券供求双方共同作用的结果。证券市场的运行形成了证券需求者和证券供给者竞争的关系，这种竞争的结果是：能产生高投资回报的资本，市场的需求就大，其相应的证券价格就高；反之，证券的价格就低。因此，证券市场是资本的合理定价机制。

证券市场的第三个功能是资本配置功能。证券价格可以引导资本流动，从而实现资本合理配置。证券投资者对证券的收益十分敏感，而证券收益率在很大程度上取决于企业的经济效益。从长期来看，经济效益好的企业发行的证券拥有较多的投资者，这种证券在市场上买卖也很活跃。相反，经济效益差的企业的证券投资者越来越少，市场上的交易也不旺盛。所以，社会上部分资金会自动地流向经济效益好的企业，远离效益差的企业。这样，证券市场就引导资本流向能产生高报酬的企业或行业，从而使资本产生尽可能高的效率，进而实现资源的合理配置。

以上是证券市场的三个最基本的功能，还有三个功能是在这基础上派生出来的，它们分别为：转换企业机制、宏观调控和分散风险。

企业如果要通过证券市场筹集资金，必须改制成为股份有限公司。股份公司的组织形式是社会化大生产和现代市场经济发展的产物，这种企业组织形式对企业所有权和经营权进行了分离，并且有一系列严格的法律、法规对其进行规范，使企业能够自觉地提高经营管理水平和资金使用效率。而且企业成为上市公司之后，会一直处于市场各方面的监督和影响之中，有利于形成"产权清晰，权利明确，政企分开，管理科学"的治理结构，有利于企业经营管理的规范化、科学化和制度化，有利于健全企业的风险控制机制和激励机制。

证券市场是国民经济的晴雨表，它能够灵敏地反映社会政治、经济发展的动向，为经济分析和宏观调控提供依据。证券市场的动向是指市场行情的变化，通常用证券价格指数来表示。如果在一段时间内，国家政治稳定，经济繁荣，整体发展态势良好，证券价格指数就会上升；反之，如果政治动荡，经济衰退或发展前景难以预测，证券价格指数就会下跌。

政府可以通过证券市场行情的变化对经济运行状况和发展前景进行分析预测，并且利用证券市场对经济实施宏观调控。政府利用证券市场进行宏观调控的手段主要是运用货币政策的三大工具：法定存款准备金率、再贴现率和公开市场业务。特别是公开市场业务，完全依托证券市场来运作，通过证券的买入卖出调节货币的供给，影响和控制商业银行的经营，进而实现调节和控制整个国民经济运行的目的。如中央银行大量买进证券，商业性金融机构就可以扩大信用规模，流通中的现金量就会增加，而且证券价格会随之提高，利率水平会相应下降，这些都会起到刺激投资，扩张经济的作用；反之，当中央银行大量卖出证券时，就会对经济产生紧缩效应，可以有效地抑制投资膨胀和经济过热。

证券市场不仅为投资者和融资者提供了丰富的投资融资渠道，而且还具有分散风险的功能。对于上市公司来说，通过证券市场融资可以将经营风险部分地转移和分散给投资者,公司的股东越多,单个股东承担的风险就越小。另外,企业还可以通过购买一定的证券,保持资产的流动性和提高盈利水平,减少对银行信贷资金的依赖,提高企业对宏观经济波动的抗风险能力。对于投资者来说,可以通过买卖证券和建立证券投资组合来转移和分散资产风险。投资者往往把资产分散投资于不同的对象,证券作为流动性、收益性都相对较好的资产形式,可以有效地满足投资者的需要,而且投资者还可以选择不同性质、不同期限、不同风险和收益的证券构建证券组合,分散证券投资的风险。

2.1.5 我国证券市场发展简述

1)旧中国的证券市场

证券在我国属于“舶来品”,最早出现的股票是外商股票,最早出现的证券交易机构也是由外商开办的“上海股份公所”和“上海众业公所”。上市证券主要是外国公司股票和债券。从19世纪70年代开始,清政府洋务派在我国兴办工业,随着这些股份制企业的兴起,中国自己的股票、公司债券和证券市场便应运而生了。1872年设立的轮船招商局是我国第一家股份制企业。1914年北洋政府颁布的《证券交易所法》推动了证券交易所的建立。1917年北洋政府批准上海证券交易所开设证券经营业务。1918年夏天成立的北平证券交易所是中国人自己创办的第一家证券交易所。1920年7月,上海证券物品交易所得到批准成立,是当时规模最大的证券交易所。此后相继出现了上海华商证券交易所、青岛市物品证券交易所、天津市企业交易所等,逐渐形成了旧中国的证券市场。

2)新中国的证券市场

新中国的证券市场又大致可分为两个阶段。

(1)新中国成立初期的证券市场

一是新中国成立初期鉴于证券市场仍有一定的存在基础,在先后接收官僚资本的基础上,天津证券交易所于1949年6月1日成立;1950年2月1日北京证券交易所成立。其中天津交易所的经纪人有39家,总计资本845万元;北京证券交易所经审查合格的法人经纪人有5家,个人经纪人有17家。直至1952年,因两家证券交易所交易量极度萎缩,经纪人亏损严重,天津证券交易所并入天津市投资公司,北京证券交易所宣告停业。京津证券交易所的历史虽然不长,但它们不仅在吸收游资、稳定市场方面发挥了积极作用,而且为我们今天证券市场的发展提供了宝贵的经验:要发展我国的证券市场必须首先发展商品经济、股份制和信用制度。

二是鉴于经济建设的需要,利用国债市场筹措了一定数量的财政资金。利用国债市场筹措资金又大体上分为两个阶段:第一阶段是1950—1958年,发行了人民胜利折实公债和国家建设公债;第二阶段是1959—1978年,全国性的公债停止发行,但允许省、自治区、直辖市在必要的时候发行地方建设公债。

(2)改革开放后的证券市场

①探索起步时期。中国内地证券市场是在20世纪70年代末确立改革开放政策后重

新恢复和起步的，尽管存在市场结构不均衡、市场运作不规范、法治建设起步稍晚等问题，但证券市场的恢复对国民经济的改革开放仍发挥了积极作用。1978—1990 年中国证券市场上各种证券累计发行 2 861 亿元，其中，股票 45.90 亿元，债券 1 870.42 亿元，大额可转让存单（CDs）704.59 亿元。这期间，累计流通转让证券总额 187 亿元，其中以国债为主体的债券达 167.82 亿元，大额可转让存单 0.67 亿元。流通转让方式主要是私下交易和柜台交易等场外交易方式。

②交易所市场的形成和证券市场快速发展。1990 年 12 月和 1991 年 7 月，上海证券交易所和深圳证券交易所分别正式运营，这标志着中国证券集中交易市场的形成，证券市场进入快速发展时期。1992 年春，邓小平在深圳视察时发表了对证券市场至关重要的谈话，谈话为改革开放的进一步深化统一了思想，为证券市场的发展创造了良好的舆论环境和政治气候。当年 10 月，党的“十四大”报告明确提出，要“积极培育包括债券、股票等有价证券的金融市场”，证券市场作为国民经济的重要组成部分已在政治上得到认可，它在中国经济成长与发展的进程中已呈不可逆转之势。

1992 年 10 月，国务院证券委员会（简称“证券委”）及其监管执行机构中国证监会宣布成立，标志着全国证券市场进行统一监督管理的专门机构产生。1993 年国务院先后发布了《股票发行与交易管理暂行条例》和《企业债券管理条例》，此后又陆续出台若干法规和行政规章，初步构建了最基本的证券法律法规体系。1993 年以后，股票市场试点由点及面，扩大到全国，并以 B 股、H 股等方式开始发行，债券市场品种多样化，发债规模逐年递增。与此同时，证券中介机构在种类、数量和规模上迅速扩大。

③《中华人民共和国证券法》（简称《证券法》）出台与监管体制的逐步完善。1998 年 4 月，根据国务院机构改革方案，决定撤销国务院证券委员会，其职能划归中国证监会。同时，中国人民银行对证券监管机构的监管职能也划归中国证监会。中国证监会作为国务院直属事业单位，是全国证券、期货市场的主管部门，行使建立统一的证券、期货监管体系，对证券、期货监管机构实行垂直管理和对证券、期货业进行监管的职能。中国证监会接收和设立全国各省市证管办和特派员办事处，建立了由中国证监会及其派出机构组成的集中统一的监管体系。1998 年 12 月，全国人大常委会通过《证券法》，并于 1999 年 7 月 1 日正式实施，奠定了我国证券市场基本的法律框架，使我国证券市场的法治建设进入了一个新的历史阶段。在这一时期，证券监管机构制定了包括《中华人民共和国证券投资基金法》（2003 年）在内的一系列的法规和政策措施，完善上市公司治理结构，大力培育机构投资者，不断改革完善股票发行、交易制度，促进了证券市场的规范发展和对外开放。

延伸阅读： **《证券法》（Securities Law）**

《证券法》是新中国成立以来第一部按国际惯例，由国家最高立法机构组织而非由政府某个部门组织起草的经济法。《证券法》起草工作始于 1992 年。促成《证券法》出台的重要原因之一是 1998 年亚洲“金融危机”的爆发。这一事件使国家对金融风险的重视程度大大提高,尽快出台相关法律,以规范证券市场的意愿占取上风。因此,防范风险成为《证券法》主导性立法思想。也因此业内一直有批评声音,主要可归结为两个方面:一是过多强调了防范风险,限制性条款和禁止性的条款比较多;二是在维护投资者合法权益方面规定不够,有关民事赔偿方面的条文更是没有具体实施规定。

《证券法》修改工作的启动以2003年7月18日人大财经委成立证券法修改起草工作机构为标志。2005年10月27日,全国人大常委会通过对证券法修正案草案的审议。这次修改《证券法》有多处新意值得关注。

其一,"股市黑嘴"将依法承担赔偿责任。

修改后的证券法明确规定,投资咨询机构及其从业人员从事证券服务业务,不得利用传播媒介或者通过其他方式提供、传播虚假信息或者误导投资者的信息。有此类行为给投资者造成损失的,依法承担赔偿责任。

其二,突破"单边市"的法律障碍。

修改后的证券法对这一条款进行了调整,规定证券交易以现货和国务院规定的其他方式进行交易。业内人士认为,这一调整为中国股市日后的发展留出了很大的政策空间。

其三,券商和客户之间有了"防火墙"。

此次证券法修改,花大力气从机制上根除证券公司存在的隐患问题,在第6章中就证券公司的条款进行了大幅度修改,并使现行证券法关于"证券公司"的第6章,由29条增至修改后的33条。

其中关于"明确客户交易资金所有权,严格禁止任何单位或者个人以任何形式挪用客户的交易结算资金和证券"的条款,格外引人注目。这一规定,意味着券商和客户之间有了一道"防火墙",券商便无法挪用客户的交易资金,有效地保护了投资者的切身利益。

修改后的证券法规定,证券公司不得将客户的交易结算资金和证券归入其自有财产。禁止任何单位或者个人以任何形式挪用客户的交易结算资金和证券。证券公司破产或者清算时,客户的交易结算资金和证券不属于其破产财产或者清算财产。非因客户本身的债务或者法律规定的其他情形,不得查封、冻结、扣划或者强制执行客户的交易结算资金和证券。

其四,证券市场改革深化与稳步发展。

2004年1月31日,国务院发布《关于推进资本市场改革开放和稳定发展的若干意见》,充分肯定了我国资本市场取得的巨大成就,明确了资本市场发展的指导思想和任务,提出了支持资本市场发展的有关政策。根据证券市场的发展需要,2004年8月和2005年11月,全国人大常委会对《证券法》进行了两次修订,进一步夯实了中国证券市场发展的法律基础。

2004年以来,中国证券市场发生了若干重大的制度变迁,2004年5月起深交所在主板市场内设立中小企业板块,上海证券交易所和深圳证券交易所分别推出交易型开放式指数基金(ETF)和上市型开放式基金(LOF)、权证等创新品种,交易机制、交易技术也不断完善。2005 年 4 月，经国务院批准，中国证监会发布了《关于上市公司股权分置改革试点有关问题的通知》，启动股权分置改革试点工作。截至 2006 年年底，沪、深两市已完成或者进入股权分置改革程序的上市公司共 1 301 家，占应改革上市公司的 97%，对应市值占比 98%，未进入改革程序的上市公司仅 40 家。同时，上市公司大股东占用资金的清欠工作也基本完成。

延伸阅读：　股权分置改革

股权分置改革是我国资本市场发展历史中的重要事件。“股权分置”是因为我国股票市场建立之初将上市公司股票分为两类：一类是上市公司向社会公开发行的股份，在证券交易所上市交易，称为流通股；而公开发行前的股份暂不上市交易，称为非流通股。这种同一上市公司股份分为流通股和非流通股的股权分置状况，为中国内地证券市场所独有。

而关于股权分置的提法最初提的是“国有股减持”，后来提“全流通”，最后又提出解决股权分置，其实三者的含义是完全不同的。“国有股减持”包含的是通过证券市场变现和国有资本退出的概念；“全流通”包含了不可流通股份的流通变现概念；而解决股权分置问题是一个改革的概念，其本质是要把不可流通的股份变为可流通的股份，真正实现同股同权，这是资本市场基本制度建设的重要内容。

改革之前，股权分置问题一直都是困扰我国股市发展的主要问题。股权分置不对等、不平等基本包括三层含义：一是权利的不对等，即股票的不同持有者享有权利的不对等，集中表现在参与经营管理决策权的不对等、不平等；二是承担义务的不对等，即不同股东承担的为企业发展筹措所需资金的义务不对等、不平等；三是不同股东获得收益和所承担的风险的不对等、不平等。股权分置使产权关系无法理顺、企业结构治理根本无法有效进行，企业管理决策更无法实现民主化、科学化，独裁和内部人员控制在所难免，甚至成为对外开放、企业产权改革和经济体制改革深化的最大障碍。

中国证券市场的开拓者们最初设计和创立的时候，让国有股、法人股暂不流通，是在当时还是计划经济的大框架下，为回避不必要的麻烦，不致引出国有股流通后的企业控股权问题的一个权宜之计。

1992 年 5 月，《股份公司规范意见》及 13 份配套文件出台，明确我国证券市场国家股、法人股、公众股、外资股四种股权形式并存。

1998 年下半年到 1999 年上半年，为了推进国有企业改革发展的资金需求和完善社会保障机制，开始国有股减持的探索性尝试。但由于实施方案与市场预期存在差距，试点很快被停止。

1999 年 9 月 22 日，党的十五届四中全会提出，“在不影响国家控股的前提下，适当减持部分国有股”。

1999 年 12 月，中国嘉陵和黔轮胎首次通过配售方式进行国有股减持试点。

2001年6月12日,国务院颁布《减持国有股筹集社会保障资金管理暂行办法》也是该思路的延续。但同样由于市场效果不理想,于当年10月22日宣布暂停。

2001年10月22日,中国证监会紧急暂停《减持国有股筹集社会保障基金管理暂行办法》的有关规定。

2001年11月,中国证监会在其网站公开征集国有股减持方案,共收到4 100多个方案。

2002年6月24日,国务院发出通知,停止通过国内证券市场减持国有股。

2004年1月31日,国务院发布《国务院关于推进资本市场改革开放和稳定发展的若干意见》,明确提出"积极稳妥解决股权分置问题"。

2004年2月,《国务院关于推动资本市场改革开放和稳定发展的若干意见》提出,"积极稳妥解决股权分置问题"。

2005年4月29日,中国证监会启动股权分置试点工作。

2005年5月,"三一重工"推出股权分置改革方案,由此拉开了股权分置改革的序幕。经过召开临时股东大会,股东对股改方案进行投票等程序后,"三一重工"的股改方案顺利通过。

2005年9月6日,沪深证交所和中国证券登记结算公司联合发布实施《上市公司股权分置改革业务操作指引》。同时,沪深证交所还分别发布了《上市公司股权分置改革说明书格式指引》。由此,股权分置改革的相关政策和业务操作程序已经明确,全面股改进入实施阶段。

2005年9月12日,上海、深圳证券交易所宣布上海汽车、民生银行等40家上市公司开始股权分置改革,这标志着中国资本市场的这项重大制度变革在经过为期4个月的试点后正式全面推开。

资料来源:百度百科

2005年以后,中国证监会还大力推进交易结算资金第三方独立存管、对证券公司全面实行净资本管理,适时推出投资者保护基金、加快风险券商处置进度,基本完成高风险券商处置工作,若干长期困扰中国资本市场发展的问题逐步得到解决。2006年9月8日,经国务院同意、中国证监会批准,由上海期货交易所、郑州商品交易所、大连商品交易所、上海证券交易所和深圳证券交易所共同发起设立中国金融期货交易所,该交易所的成立有力地推进了中国金融衍生产品的发展,对健全中国资本市场体系结构具有划时代的重大意义。

2009年3月31日,中国证监会发布《首次公开发行股票并在创业板上市管理暂行办法》,自5月1日实施。10月23日,中国创业板开板仪式在深圳证券交易所举行,创业板市场正式启动。10月30日,第一轮三批共28只已成功发行的新股集中在深圳证券交易所创业板挂牌上市。

2010年1月8日,中国证监会宣布,国务院已原则同意开展证券公司融资融券业务试点和推出股指期货品种。1月22日，中国证监会发布《关于开展证券公司融资融券业务试点工作的指导意见》，要求证券公司开展融资融券业务，按照“试点先行、逐步推开”的步骤有序进行，并于3月19日宣布了首批融资融券业务试点证券公司名单，国泰君安、国信、中信、光大、海通和广发6家证券公司获得首批融资融券业务试点资格。2010年3月26日，中国金融期货交易所发布《关于沪深300股指期货合约上市交易有关事项的通知》，4月8日，股指期货启动仪式在上海举行，筹备多时的股指期货正式启动。这两项金融工具的推出，使中国股市从此告别“单边市”，在证券市场的发展上具有划时代意义。

2013年6月1日，修订后的《证券投资基金法》正式实施。新《基金法》在四个方面实现了突破：适当扩大调整范围，构建了非公开募集基金的基本法律框架；对公募基金松绑的同时，发挥市场内在约束功能，提高基金业核心竞争力；改变了“基金公司强势、投资者弱势”的状况，强调投资者权益的保护；突破了“监管滞后”的弊病，实现了政府、行业、市场三位一体的监管。

2014年4月10日，中国证监会正式批复开展沪港通试点，并于11月17日正式开闸。沪港通试点中，两地投资者可以委托上交所会员或者香港联交所参与者，通过上交所或者联交所在对方所在地设立的证券交易服务公司，买卖规定范围内的对方交易所上市股票，中国上海结算、中国香港结算相互成为对方的结算参与人，为沪港通提供相应的结算服务。沪港通包括沪股通和港股通两部分，开通初期每日交易额度上限分别为130亿元人民币和103亿元人民币，后期交易额度会跟随市场发展情况而调整，以适应两地投资者的需求。2016年12月，连接深圳证券交易所与香港交易所的深港通正式开通，内地资本市场对外开放迈出新的一步。

2015年年中，在经历急速上涨之后，A股上证指数攀升至5 178点，创下金融危机之后的最高指数点位。随后A股迎来暴跌，在不到一个月的时间里，上证指数跌至3 373点，沪指暴跌近30%，深成指、创业板指大跌近40%，两市市值蒸发20多万亿元。此后，我国金融监管部门为防范系统性金融风险，展开一系列救市措施。中国证监会暂停28家企业IPO进程，清理违规场外配资业务，并联合公安部打击恶意做空。在经历了一系列措施后，A股逐步回归平稳。

2019年3月1日，中国证监会发布《科创板首次公开发行股票注册管理办法（试行）》和《科创板上市公司持续监管办法（试行）》。2019年7月22日，上海证券交易所科创板首批公司上市。

2019年5月和7月，我国先后宣布了19条对外开放新措施，包括在内外资一致原则上进一步放宽持股比例限制、大幅削减对外资设立机构和开展业务的总资产、经营年限等数量型要求，扩大投资入股外资银行保险机构的股东范围等。

2018年以来，中国没有因为中美贸易冲突而关闭对外开放的大门，而是通过扩大开放来强化与世界经济体系的互动。这些政策的出台和落实释放了中国金融市场坚持对外开放的信号，有助于进一步满足国外投资者对人民币资产的配置需求，促进中国金融领域的改革与发展。

截至2020年底,我国沪深交易所共有上市公司(含A股、B股)4 154家,上市公司总市值和流通市值分别达到79.72万亿元和64.36万亿元,流通市值占比约为80.37%。2020年,我国证券市场累计成交股票206.83万亿元,较2019年增长62.32%;累计成交基金13.62万亿元,同比增长48.53%;交易所债券市场实现307.10万亿元的成交额,同比增长24.62%。2020年年末,沪深两市投资者数量达到17 777.49万人,其中自然人17 735.77万人,非自然人41.72万人。在2020年新冠肺炎全球流行的背景下,我国证券市场总体表现平稳,交易仍然活跃。

3)我国发展证券市场的作用

证券市场的建立和发展是我国社会主义市场经济体制改革的重要成果之一,证券市场已经成为我国社会主义市场经济体系的一个重要的有机组成部分,为我国的经济体制改革和国民经济发展发挥了重要作用。

自1990年上海、深圳两地的证券交易所成立以来,中国证券市场已经走过30多年发展历程。三十多年来,以沪深交易所、新三板和区域股权市场为主体的多层次资本市场体系初步成型,从主板、中小板、创业板,到科创板、新三板精选层、创业板改革,再到注册制落地,一系列制度、规则逐步与国际接轨,一大批科创企业生根发芽,多层次资本市场持续完善,市场有效性明显提升,有力地支持了实体经济的发展。截至2022年6月,沪深两市上市公司超过5 000家,总市值超过50万亿,总市值、筹资额等核心指标均位列全球前三。其中,科创板作为注册制改革的"试验田",支持实体经济提质增效和企业科技创新的作用进一步发挥。2021年,科创板全年累计申报企业178家,上市162家,IPO融资额达到2 029亿元。

目前,我国股票、债券市场规模均居全球第二,商品期货交易额连续多年位居世界前列,国际影响力与日俱增,为加快建设现代金融体系、服务经济社会高质量发展贡献了积极力量。我国资本市场始终坚持以服务实体经济为依归,围绕不同历史条件下经济发展、体制改革和对外开放的战略需要,不断深化资本市场改革,完善市场体系结构,提升治理能力,增强市场的包容性和适应性,培育了一批在国民经济中具有重要地位的优秀企业。资本市场日益成为经济要素市场化配置、推动储蓄转化为投资的重要平台,有力地促进了经济结构转型升级和效率提升。实践充分证明,无论是股权分置改革的紧要关头,还是防范化解重大金融风险攻坚战的吃劲阶段,我国资本市场都能够攻坚克难,化危为机,始终保持蓬勃生机。站在全面建设社会主义现代化国家的新起点,打造一个规范、透明、开放、有活力、有韧性的资本市场,对于加快构建新发展格局,实现更高质量、更有效率、更加公平、更可持续、更为安全的发展具有重要意义。

2.2　证券发行市场

2.2.1　证券发行市场的构成与发行方式

1)证券发行市场的特点与结构

证券发行市场是证券从发行人手中转移到认购人手中的场所,又称为初级市场或一级市场。证券发行市场是整个证券市场的基础。证券发行是直接融资的实现形式,而证券发行市场是个无形市场。通常不存在具体的市场形式和固定场所,是一个抽象的、观念上的市场。其发行的证券具有不可逆转性,只能由发行人流向认购人。这是证券发行市场与证券交易市场的一个主要区别。

证券发行市场由证券发行人、证券认购人、证券承销商和专业服务机构构成。

证券发行人(Securities Issuers):证券发行人是指为筹措资金而发行债券、股票等证券的政府及其机构、金融机构、公司和企业。证券发行人是证券发行的主体,如果没有证券发行人,证券发行及其后的证券交易就无从展开,证券市场也就不可能存在。证券发行人根据需要决定证券的发行,证券发行则是将证券向投资者销售的行为。证券发行可以由发行人直接办理,这种证券发行称为自办发行。

证券认购人(Securities Subscribers):证券认购人就是以取得利息、股息或资本收益为目的而根据发行人的招募要约,将要认购或已经认购证券的个人或机构。

证券承销商(Securities Underwriter):证券承销商是指与发行人签订证券承销协议,协助公开发行证券,借此获取相应承销费用的证券经营机构。

2)证券发行方式

(1)按发行对象分类可分为公募发行和私募发行

①公募发行(Public Placement)。公募发行也称公开发行,是指发行人向不特定的社会公众投资者发售证券的发行方式,这种方式的优势在于:以众多投资者为发行对象,发行数量多,筹资潜力大;投资者范围大,可避免证券过于集中或被少数人操纵。只有公开发行的证券可申请在证券交易所上市。

公募发行是证券发行中最常见、最基本的发行方式,适合于发行数量多、筹资额大、准备申请上市的发行人。

②私募发行(Private Placement)。私募发行也称不公开发行或私下发行、内部发行,是指以少数特定投资者为对象的发行。私募发行的对象有两类:一类是老股东或员工;另一类是投资基金、社会保险基金、保险公司、商业银行等金融机构以及与发行人有密切业务往来关系的企业等机构投资者。

(2)按有无发行中介分类可分为直接发行和间接发行

①直接发行(Direct Placement)。直接发行的发行成本较低,发行由发行者负担发行责任和风险,比较适合于公司内部集资,主要面向与发行者有业务往来关系的机构。

②间接发行(Indirect Placement)。间接发行能在较短的时间内筹足所需资金,但发行成本较高,比较适合筹资额大的公司。

(3)按证券发行条件及投资者的决定方式划分为招标发行和议价发行

①招标发行。

A. 竞争性投标。由各证券经营商主动出价投标,按出价多少从高到低的次序配售,直到售完。

从确定中标的规则看,有单一价格的荷兰式招标(Dutch Bidding)与多种价格的美国式招标(American Bidding)。

B. 非竞争性投标。投资者只申请购买证券数量,由证券发行单位根据申请时间的先后,按当天成交最高价与最低价的中间价进行配售。

招标发行是公开进行的,也称"公募招标"。招标发行不允许投资者议价。

②议价发行。

证券发行者与证券承销商就证券发行价、手续费等权责事项充分商讨后再发行或推销的一种发行方式。这种方式兼顾到多方利益。

延伸阅读:　　美国式招标和荷兰式招标

美国式招标(American Bidding)是指中标价格为投标方各自报出的价格。标的为利率时,全场加权平均中标利率为当期国债的票面利率,各中标机构依各自及全场加权平均中标利率折算承销价格;标的为价格时,各中标机构按各自加权平均中标价格承销当期国债。

荷兰式招标(Dutch Bidding)又称单一价格招标,是指按照投标人所报买价自高向低(或者利率、利差由低而高)的顺序中标,直至满足预定发行额为止,中标的承销机构以相同的价格(所有中标价格中的最低价格)来认购中标的国债数额。荷兰式招标是以所有投标者的最低中标价格作为最终中标价格,全体中标者的中标价格是单一的。标的为利率时,最高中标利率为当期国债的票面利率;标的为利差时,最高中标利差为当期国债的基本利差;标的为价格时,最低中标价格为当期国债的承销价格。

(4)担保发行(Secured Issuance)

担保发行是指发行证券的单位为了提高证券信誉,增加投资人的安全感和吸引力,采用某种方式承诺,保证到期支付证券收益(股票为股息红利,债券为本息)的一种发行方式。主要是债券发行采用此方式。

①信用担保发行。证券的发行没有任何担保品,仅凭债券发行者的信用。这有两种形式:一是以自身的信用能力作为担保;另一种是凭借他人的信用作为担保,即依托某一

担保人的信用担保发行。

②实物担保发行。债券发行者用实物作抵押或补偿,保证债券到期还本付息的方式。发行者一旦到期不能或无法按约支付债券本息,则应用担保实物进行清偿。

③产品担保发行。发行债券的企业或公司将产品作为担保品的发行方式。

④证券担保发行。债券发行者用自己所持有的其他有价证券作为发行债券的担保品。用于担保的有价证券包括股票、企业(公司)债券、政府债券、金融债券等。

3)股票的初次发行与增资方式

股票发行方式按发行目的不同,可分为初次发行和增资发行。新组建股份公司或原非股份制企业改制为股份公司,或者原私人持股公司要转为公众持股公司时都涉及初次发行股票,前两种情形又称设立发行,后一种发行又称首次公开发行(IPO)。通过初次发行,发行人不仅募集到所需资金,而且完成了股份有限公司的设立或转制。

增资发行是指随着公司的发展,业务的扩大,为达到增加资本金的目的而发行股票的行为。股票增资发行,按照取得股票时是否缴纳股本金来划分,可分为有偿增资发行、无偿增资发行和有偿无偿混合增资发行。

(1)有偿增资发行

股份公司通过增发股票吸收新股份的办法增资。具体方式有股东配股、公募增资和私人配售。

(2)无偿增资发行

公司原股东不必缴纳现金就可无代价地获得新股的发行方式,发行对象仅限于原股东。三种类型为:公积金转增资、红利增资和股票分割。

(3)有偿无偿混合增资发行

公司对原股东发行新股票时,按一定比例同时进行有偿无偿混合增资。在这种增资方式下,公司对增发的新股票一部分由公司的公积金转增资,是无偿的;一部分由原股东以现金认购,按原股东的持股比例进行,是有偿的。其方式为:有偿无偿并行发行,有偿无偿搭配发行。

2.2.2 证券发行的条件与程序

按照各国对证券发行管理的不同要求,可将证券发行制度分为注册制和审核制,具体含义如下。

注册制(Registered System):实行公开管理原则,要求发行人在准备发行证券时,必须将依法公开的各种资料完全、准确地向证券主管机关呈报并申请注册,只要具有证券发行资格,并做到完全准确披露相关信息,就具备了证券发行条件。因此,注册制下,对证券发行的条件要求相对来说是比较宽松的。

审核制(Verification System):发行人在申请发行证券时,不仅要以真实状况的充分公开为条件,而且必须符合有关法律和证券管理机关规定的必备条件,并经过证券主管机关对证券发行申请的严格审核,经过批准后才能发行。审核制的证券发行条件要求比较严格。

无论是哪一种发行管理制度，证券发行条件至少包括以下几个方面：

①发行人具备证券发行的主体资格；

②企业生产经营要符合国家的产业政策；

③企业资本要达到一定规模；

④企业要有营业记录或盈利记录，财务状况良好。

证券发行也应遵循基本的程序，一般有发行准备、发行申请、核准审批、组织承销四个阶段。

证券发行准备包括创造发行主体资格和条件，发行承销商对发行人及市场有关情况进行调查，承销商对拟发行股票并上市的公司人员进行培训，对发行人进行发行上市辅导，聘请中介机构对企业财务和资产进行审计和评估。

证券发行申请包括制作申报文件，将文件报送证券主管机关审核批准。经主管机关批准后，由证券承销商组成承销团进行承销，并签订承销协议。证券承销方式主要有承购包销、余额包销与代销三种方式。发行承销期结束后，发行成功的可以选择在证券交易所挂牌交易。

1）我国股票发行制度发展历程

（1）审批制（1990—1999 年）

审批制是指由地方政府或部门根据发行额度或指标推荐发行上市，证券监管部门行使审批职能的发行制度。我国审批制具有浓厚的计划经济色彩，先后经历过额度管理和指标管理两个阶段。1993 年 4 月 22 日，《股票发行与交易管理暂行条例》规定“在国家下达的发行规模内，地方政府或中央企业主管部门、证监会、上市委对企业的发行申请先后进行审批，审批通过后方可发行股票”，审批制正式确立。《关于 1996 年全国证券期货工作安排意见》提出将新股发行办法改为“总量控制，限报家数”的管理办法，即股票发行总规模由国家计委和证券委共同制定，证监会在确定的总规模内，向各地区、各部门下达发行企业个数，并对企业进行审核。

审批制是在我国计划经济体制下产生的。股票市场发展初期，制度环境和法制不健全、市场运作不规范，政府的宏观调控和严格审查有利于及时纠正市场出现的偏差。但是，随着经济的发展，市场化程度的提高，审批体制下市场不透明、资源配置低下的问题逐渐显现，发展到后期权力寻租现象也时有发生，这些都制约了经济的发展。

（2）核准制（1999—2019 年）

核准制是指股票发行人在申请发行股票时，既要满足证券发行的管理制度，也要通过证券监管机构的价值判断审查，即股票发行人需要通过形式上和实质上的双重审核，才可上市。相较于以计划和行政手段为主的审批制，核准制倾向于市场化运行。1999 年 7 月 1 日《证券法》规定股票发行实行核准制，2001 年 3 月 17 日，证监会宣布取消审批制，正式施行核准制。核准制下，我国股票发行经历了通道制、保荐制两个阶段。

2001—2004 年实行通道制，即证券监管部门赋予具有主承销资格的证券公司一定数量的发股通道，一条通道一次只能推荐一家企业，证券公司按照发行一家、递增一家的程序来推荐公司上市的制度。通道制将审核制下政府的行政分配权下放给了主承销商、发审委和证监会三方，是股票发行制度由计划机制向市场机制转变的重大改革。但是，通道制赋予的上市通道有限，并不能解决上市资源供不应求的问题，同时对券商缺乏相应的风险约束，这些缺陷注定了其只是核准制的初级形式。

2004 年开始实行保荐制，即有保荐资格的保荐人对符合条件的企业进行辅导，推荐股票发行上市，并对发行人的信息披露质量承担责任。2004 年 2 月 1 日，《证券发行上市保荐制度暂行办法》施行，股票发行保荐制正式实施。保荐制明确了保荐机构和保荐代表人的责任，建立了责任追究机制，较通道制增加了连带责任，促使证券公司增强风险和责任意识，完善内控制度。

（3）注册制（2019 年至今）

注册制是指申请股票发行的公司依据相关规定将信息充分真实披露，将申请文件提交给证券监管机构进行形式审查的一种股票发行制度。证券监管机构只对发行人进行形式上的审核，不对发行人进行价值判断等实质性审核。

注册制改革的本质就是处理好政府与市场的关系，即把选择权交给市场，减少政府对企业上市过程的干预，让市场投资者用脚投票决定企业的优胜劣汰。我国新股发行注册制改革是一项牵一发而动全身的“牛鼻子”工程，涉及多个部门，牵涉多方利益主体，不可能一蹴而就，经历了以下提出、暂缓、试点、逐步推行等过程。

2013 年 11 月 15 日，十八届三中全会通过的《关于全面深化改革若干重大问题的决定》首次提出“推进股票发行注册制改革”，11 月 30 日，证监会发布《关于进一步推进新股发行体制改革的意见》，启动注册制改革。2014 年 5 月 8 日，国务院发布《关于进一步促进资本市场健康发展的若干意见》，提出“积极稳妥推进股票发行注册制改革”。

2019 年 1 月 23 日，全面深化改革委员会第六次会议审议通过了《在上海证券交易所设立科创板并试点注册制总体实施方案》《关于在上海证券交易所设立科创板并试点注册制的实施意见》。2019 年 3 月《科创板首次公开发行股票注册管理办法（试行）》《科创板上市公司持续监管办法（试行）》《保荐人通过上海证券交易所科创板股票发行上市审核系统办理业务指南》《科创板创新试点红筹企业财务报告信息披露指引》先后发布实施，科创板发审系统上线。7 月 22 日，科创板正式开市。

逐步推行。2020 年 3 月 1 日，新修订的《证券法》明确了全面推行证券发行注册制度。4 月 27 日中央深改委审议通过《创业板改革并试点注册制总体实施方案》，6 月 12 日证监会发布《创业板首次公开发行股票注册管理办法（试行）》《创业板上市公司证券发行注册管理办法（试行）》《创业板上市公司持续监管办法（试行）》和《证券发行上市保荐业务管理办法》。与此同时，证监会、深交所、中国结算、证券业协会等发布相关配套规则，宣告证监会创业板改革和注册制试点开始。8 月 24 日，创业板注册制首批企业在深交所上市。

2023 年 2 月 1 日，中国证监会就全面实行股票发行注册制主要制度规则向社会公开征求意见，全面实行股票发行注册制改革正式启动。2023 年 2 月 17 日，证监会发布全面实行股票发行注册制相关制度规则，相关配套制度规则同步实施，标志着全面注册制的制度安排基本完成，从此我国股票市场彻底告别核准制，进入注册制时代，这是我国证券市场的又一个发展里程碑。全面注册制改革有三个关键要点：第一，优化发行上市条件，降低上市门槛，将核准制下的实质性门槛尽可能转化为信息披露要求，政府审核部门不再对企业的投资价值作出判断；第二，保证信息披露质量，审核工作督促发行人真实、准确、完整披露信息，运用多要素校验、现场督导、现场检查等方式，鞭策发行人和中间机构承担信息披露责任；第三，公开透明，审核注册的标准、程序、内容、过程、结果全部向社会公开，权力运行全程透明，接受社会监督。这一改革有效克服了核准制的缺点，对于我国资本市场走向成熟具有重要意义。注册制改革有效优化了上市审核机制，提高了注册效率，增强了市场活力；改革有助于形成脉络清晰、特色鲜明的多层次资本市场格局，提高资源优化配置，服务实体经济；将选择权交给了市场，政府放管结合，有助于营造健康良好的市场生态环境。

延伸阅读：　　　　深圳“8.10”新股认购事件

继 1992 年初上海证券交易所采用无限量发售认购证的方式发行新股之后，地处深圳的我国另一家证券交易所于 1992 年 8 月采用有限量发售新股认购抽签表的方式发行新股。正是这一新股发行方式酿成了中国证券史上的重大事件——“8.10”事件，这一事件是新中国证券市场上第一起从业人员集体违法犯罪事件，它直接促成了中国证券监督管理委员会的诞生。

1992 年 8 月 7 日，中国人民银行深圳市分行，深圳市工商行政管理局、公安局和监察局发布了《1992 年深圳市新股认购抽签表发售公告》，宣布深圳市 1992 年将发行国内公众股 5 亿股，自 1992 年 8 月 9 日至 8 月 11 日，发售新股认购抽签表 500 万张，以身份证为认购凭证，每张身份证可买一张抽签表，每张抽签表价格为 100 元；中签率为 10%，中签表为 50 万张，每张中签表可认购新股 1 000 股。

从 8 月 7 日下午开始，为了抢购新股认购抽签表，有 100 多万的当地及全国其他各地的投资者在深圳市 302 个新股认购抽签表发售网点陆续排起认购新股的队伍。两个通宵过后，至 9 日形成了 302 条长长的“巨龙”，最高峰时总人数超过 120 万人。

8 月 9 日上午，开始正式发售新股认购抽签表。刚开始发售时尚能维持一定的秩序，但后来因为一些网点出现了严重舞弊违纪的情况，加上谣言四起，致使组织工作发生问题，造成多数发售网点秩序混乱，并发生小规模冲突。当天晚上，虽然绝大多数网点已经贴上“新股认购抽签表已售完”的告示，但是仍然聚集着大批没有买到抽签表却又不甘心散去的人群。

8 月 10 日上午，有关方面宣布 500 万张抽签表全部售完。几乎是与此同时，有些发售网点门口出现了一些倒卖新股认购抽签表的“神秘人物”，原价为 1 000 元的 10 张新股认购抽签表，要价低的 3 000 元左右，高的则达 5 000 ~6 000 元，而且有的人倒卖的抽签表几十张甚至上百张是连号的,显然这些抽签表是从内部流出的。由于很多人排队三天三夜也未购到抽签表,加上对新股认购抽签表的发售过程不认同,于是,8 月 10 日傍晚,有数千名没有买到抽签表的投资者在深圳市内的深南中路游行,打出反腐败和要求"公开、公平、公正"的标语,并形成对深圳市政府和中国人民银行深圳市分行围攻的局面。入夜后,少数人使用暴力,严重破坏社会治安,并逐渐演变成一场震惊全国的骚乱。这一天共有 2 辆汽车、4 辆摩托车被烧毁,4 辆汽车被推翻,多名干警被打伤。

为应对突如其来的紧张局面,8 月 11 日凌晨,深圳市政府召开紧急会议,宣布为满足广大投资者的需要,再增发 500 万张新股认购抽签表(计 50 万张中签表)。当晚,深圳市市长郑良玉发表电视讲话后,事态逐渐稳定,人们又上街排队去购买新股认购抽签表。至 8 月 12 日凌晨 4 时半,绝大部分增发的新股认购抽签表已经售出,8 月 12 日深圳市终于恢复了正常秩序。

"8. 10"事件之前,我国的证券市场处于初始发展阶段,证券市场基本上是在当地政府的推动下进行运作的,仅仅是区域性的资本市场。在监管上以地方分散监管为主,而证券市场的迅猛发展对加强集中统一管理提出了内在要求。加上 1992 年 8 月以前,中国的证券市场只有上海和深圳的地方政府颁布了一些法规,它们显然难以适应全国性证券市场的发展需要。在缺乏监管的情况下,证券市场成为创造一夜暴富神话的场所,从投机到疯狂直至引发社会动荡。"8. 10"事件的发生,对中央的震动非常大。事件平息后,中央立即作出决定,成立专门的证券监管部门,以改变时而多头管理、时而无人管理的无序状态。经过两个月的筹备,国务院证券委员会(简称国务院证券委)和中国证券监督管理委员会(以下简称中国证监会)于 1992 年 10 月正式成立,可以说"8. 10"事件是国务院证券委和中国证监会成立的直接原因,也是中国证券监管体制从以地方监管为主向集中统一监管方向演进的导火线。

"8. 10"事件对于二级市场走势的影响非常深远,以这一事件为契机,中国证券市场开始了有史以来第一次深幅调整,让广大投资者第一次实实在在地体会到了证券市场的风险。以上海市场为例,1992 年 8 月 10 日,股市一开盘便全线飘绿,16 只 A 股全线下跌,当日上证指数以 964. 77 点收盘,比上个交易日下跌 4%。8 月 11 日,深圳前一天局面失控的消息传到上海,当日上证指数比前一日暴跌 10. 44%。8 月 12 日虽有机构奋力托市,仍下跌 8. 5%。短短 3 天,上海股市猛跌 22. 2%,经历了第一次大规模的行情调整。这与全面放开股价后不久的 5 月 25 日的高点 1 429 点相比,净跌 640 点,两个半月内跌幅达到 45%。这波下探行情直到 1992 年 11 月中旬才告一段落,上证指数最低曾一度下探到 386 点,最大跌幅接近 73%。

资料来源:中国证券网"深圳 8. 10 抢购股票事件始末",2010-09-29

2)股票公开发行的条件

在 2021 年 9 月北京证券交易所宣布成立后,我国 A 股市场形成了北京、上海和深圳三家证券交易所鼎足而立的格局。当前,上海证券交易所设有主板和科创板,深圳证券交易所设主板和创业板（2021 年 4 月深圳中小板与主板合并，不再单设中小板）。科创板是面向世界科技前沿、面向经济主战场、面向国家重大需求，主要服务于符合国家战略、突破关键核心技术、市场认可度高的科技创新企业。创业板除了关注科技创新之外，更加注重对于发行人模式创新、业态创新、新旧产业融合促进作用，即成长性高、科技含量高，以及新经济、新服务、新农业、新材料、新能源和新商业模式的"两高六新"企业，并不局限于"硬科技"企业。

新成立的北京证券交易所定位于深化新三板改革、打造服务创新型中小企业的主阵地，将总体平移新三板精选层各项基础制度，并坚持上市公司由创新层公司产生，维持新三板基础层、创新层与北京证券交易所"层层递进"的市场结构，同步试点证券发行注册制。

当前我国资本市场上，不同证券交易所、不同板块进行了差异化的战略定位，拟上市企业在不同板块挂牌上市和公开发行股票的条件并不一致。

在上海证券交易所和深圳证券交易所 A 股市场的主板市场首次公开发行股票的基本条件如下：

①发行人自股份有限公司成立后，持续经营时间应当在 3 年以上，但经国务院批准的除外；

②发行人的生产经营符合法律、行政法规和公司章程的规定，符合国家产业政策；

③发行人已经依法建立健全股东大会、董事会、监事会、独立董事、董事会秘书制度，相关机构和人员能够依法履行职责；

④最近一期期末无形资产（不含土地使用权）占其所折股本数的比例不得低于 20%；

⑤公司发行前股本总额不少于人民币 3 000 万元；

⑥最近 3 个会计年度净利润均为正数且累计超过人民币 3 000 万元，净利润以扣除非经常性损益前后较低者为计算依据；

⑦公开发行的股份不少于公司股本总额的 25%；公司股本总额超过 4 亿元的，公开发行比例不得低于 10%；

⑧发起人在近三年内没有重大违法行为。

2019 年 6 月推出的科创板在我国 A 股市场率先推行股票发行注册制，随后 2020 年 8 月创业板全面实行注册制改革，改革后科创板、创业板的发行条件非常类似，和主板相比而言有较大区别。

在上市门槛方面，创业板与科创板大致相同，允许符合一定条件的红筹企业以及同股不同权的企业上市。对于不存在表决权差异的境内企业来说，创业板的上市门槛略低于科创板。具体而言，对于已实现连续两年累计盈利超过 5 000 万元的企业创业板不再设置市值要求，更加突出对于成长型企业的支撑作用。但对于最近一年实现营收规模超 3 亿元，尚未实现盈利的公司而言，创业板的市值要求为 50 亿元，要远远高于科创板的 30 亿元。

另外，对于红筹企业以及存在表决权差异安排的境内企业来说，创业板仍存在盈利限制，增加了“最近一年净利润为正”的要求。

就首次公开发行的条件来看，创业板注册制与科创板在主营业务、控制权、独立性、发行后股本结构等方面规定相同。其中，在财务指标方面，创业板同样允许企业存在尚未盈利或最近一期存在累计未弥补亏损的情况，这体现出注册制更加注重企业的持续经营能力，对公司业绩“硬条件”有所放松。但对于差异投票权企业及红筹企业来说，创业板相比对科创板而言还是有“已盈利”条件。

新三板企业上市的条件比较宽松，尤其是在新三板基础层挂牌的公司，没有盈利要求，只需要满足如下条件：存续满两年（公司根据《公司法》登记，并有《企业法人营业执照》，公司设立的主体、程序以及公司股东的出资合法合规，公司有两个完整的会计年度）、有稳定持续经营能力、主营业务突出、公司治理结构健全、股份发行和转让合法合规。

新三板创新层的挂牌上市条件，企业需满足以下三个条件之一：规模为2年平均净利润2 000万元以上，6个月平均股东人数200人以上，净资产收益率10%以上；规模为2年平均营收5 000万元以上，总股本4 000万元以上，增长为2年复合增长率50%以上；规模为6个月市值6亿元以上，最近一期股东权益5 000万元以上，做市商6个以上。总结来说，就是有规模优势就不要求成长性，没有规模优势则对收入要求增长率达标，对利润方面要求净资产收益率达标。

2020年7月，全国中小企业股份转让系统（新三板）对挂牌公司进一步分离出精选层公司，并明确精选层公司挂牌上市需满足以下四个条件之一：规模为市值15亿元以上，2年研发投入合计不低于5 000万元；规模为市值8亿元以上，营收2亿元以上，2年研发投入合计占营收比例8%以上；规模为市值4亿元以上，2年平均营收1亿元以上，增长率30%以上，经营现金流净额为正；规模为市值1亿元以上，2年平均净利润1 500万元以上，平均净资产收益率8%以上，或者最近1年净利润2 500万元以上，平均净资产收益率8%以上。总结起来就是有市值优势仅要求研发投入规模，市值低一些则要求营收以及研发投入比例，市值再低一些则要求营收增长和现金流，市值低于4亿则要求净利润和净资产收益率达标。

新三板基础层公司挂牌条件最为宽松，所有未入选创新层的公司，全部列入基础层。基础层没有市值财务要求，只有公司经营、治理、信息披露方面的要求。

根据《上市公司向社会公开募集股份暂行办法》第四条，上市公司以公开募集方式增发新股，必须具备以下条件：

①具有完善的法人治理结构，与对其具有实际控制权的法人或其他组织及其他关联企业在人员、资产、财务上分开，保证上市公司的人员、财务独立以及资产完整；

②公司章程符合《公司法》的规定；

③股东大会的通知、召开方式、表决方式和决议内容符合《公司法》及有关规定；

④本次新股发行募集资金用途符合国家产业政策的规定；

⑤本次新股发行募集资金数额原则上不超过公司股东大会批准的拟投资项目的资

金需要数额;

⑥不存在资金、资产被具有实际控制权的个人、法人或其他组织及其关联人占用的情形或其他损害公司利益的重大关联交易;

⑦公司有重大购买或出售资产行为的,应当符合中国证监会的有关规定;

⑧前一次发行的股份已募足,并间隔一年以上;

⑨公司在最近三年内连续盈利,本次发行完成当年的净资产收益率不低于同期银行存款利率水平,且预测本次发行当年加权计算的净资产收益率不低于配股规定的净资产收益率平均水平,或与增发前基本相当;

⑩公司在最近三年内财务文件无虚假记载。

延伸阅读: 创业板注册制8月24日开市

2020年8月14日,深交所发布消息,创业板注册制首批公司上市时间为8月24日。截至目前,创业板注册制下已有18家首发公司完成新股发行,静待上市时刻。而这距离6月22日首批受理企业出炉不到2个月,在深圳特区40周年之际,深圳速度再次在资本市场完美演绎。

18家公司全透视

首批18家公司注册地分布广泛,分别来自13个省市自治区。其中,广东省公司最多,有3家。其次是浙江省、江苏省、安徽省,均各有2家公司。另外,北京、天津、四川省、陕西省、湖南省、湖北省、河北省、福建省、西藏自治区分别占据1席。

从行业分布看,根据证监会行业分类,18家公司遍及专用设备制造、医药制造、文化艺术、汽车制造、生态保护等行业。前4大行业是计算机通信制造(3家)、专用设备制造(3家),以及医药制造(2家)、生态保护(2家)。

融资方面,首批18家公司原计划募资合计156.82亿元,最终募资金额达200.66亿元。其中募资金额最高为安克创新的27.19亿元,最低为卡倍亿的2.59亿元,18家企业平均募资金额为11.15亿元。

从保荐机构来看,龙头券商的保荐数量领先。中信建投保荐了3家,其次是中金公司和国金证券,保荐数量各有2家。

首批公司业绩"杠杠滴"

去年净利均值1.67亿元,总体盈利规模不小。

从上市标准看,首批18家公司均采用了"最近两年净利润均为正,且累计净利润不低于5 000万元"这一指标。

总量上来看,首批18家公司的盈利规模不小。Wind数据显示,2019年前述公司营收均值10.74亿元,净利润均值1.67亿元。

其中,安克创新营收最为瞩目,2017—2019年营业收入分别为39.03亿元、52.32亿元以及66.55亿元,是唯一一家三年营收均超30亿元的企业,在18家公司中排名领先。

以2019年营收观察,紧随其后的是欧陆通,2019年实现营收13.13亿元。另外,

2019 年营收超 10 亿元的公司还有美畅股份、天阳科技。

从过去三年营业收入复合增长率观察，锋尚文化最高达 110.3%。锋尚文化以创意设计为核心业务，业务范围涵盖大型文化演艺活动、文化旅游演艺、景观艺术照明及演绎等多个领域的创意、设计及制作服务。其次为捷强装备（90.79%）和南大环境（50.56%）。

净利润指标上，18 家企业中共有 11 家 2019 年净利润超过 1 亿元，最高的仍然是安克创新，2019 年净利润达到 7.21 亿元。此外，美畅股份、锋尚文化 2019 年净利润分别为 4.08 亿元和 2.54 亿元，紧随其后。

从增长速度看来，蓝盾光电过去三年净利润复合增长最高达 118.38%，其次的是锋尚文化 116.9% 和捷强装备 101.28%。过去三年净利润复合增长率超过 50% 的公司就有 7 家。

中一签最多赚 15 万

从发行价观察，创业板注册制首批 18 家公司中，最高价为锋尚文化的 138.02 元，最低为康泰医学的 10.16 元。发行市盈率方面，18 家公司均值为 39.25 倍，最高的为康泰医学(59.74 倍)，最低为卡倍亿(19.03 倍)。目前已发行的 18 家公司网上申购平均中签率为 0.017 7%。网上发行认购倍数方面，捷强装备最高达 7 461.53 倍，最低的是圣元环保为 4 626.12 倍。

前述 18 家创业板注册制新股打新收益又会如何？中信证券梳理了 2019 年以来创业板上市新股的回报情况，其平均一字板涨幅 218%。若以此计算，18 家首发公司中，发行价最高的锋尚文化中一签将大赚超 15 万，发行价最低的康泰医学中一签也可赚 1.1 万。

值得注意的是，创业板注册制上市委 7 月 8 日召开首场审议会议至今，除一家企业上会前取消了上市审议外，其余 49 家上会企业全部获得上市委审议通过，其中 37 家企业已提交证监会申请注册，23 家已获批注册正在陆续发行之中。

创业板注册制下第一只新股上市后，整个创业板的交易机制将随之发生变化。根据创业板交易特别规定，创业板注册制下，新上市股票前 5 个交易日不设涨跌幅，之后涨跌幅限制从目前的 10% 调整为 20%。

创业板存量公司走势如何？

创业板改革并试点注册制是首次将增量与存量改革同步推进的资本市场重大改革，在存量涨跌幅变化的同时，也面临着增量新股上市。

资深投行人士王骥跃表示，并不太关注首日 18 只新股的表现，创业板 800 只老股才应该是那天的焦点，创业板改革的最大意义，是存量市场的改革，不在于 IPO。

除新股外，创业板 850 多只存量股票也将纳入 20% 涨跌幅的交易范围。中山证券首席经济学家李湛认为，这将进一步提高市场活跃度，给予市场较为充分的定价空间，对资本市场长期发展来看，是市场制度更趋向于成熟化的标志。

市场人士指出，20% 涨跌幅实施首日会相对比较平稳，但从长远来看，市场的涨跌幅度会变得更加迅速猛烈，对于投资者来说，是一种考验。

结合首批科创板上市企业特点来看，科创板首日成交额表现较为火爆，其成交突破485亿元，全日平均涨幅140%，换手率超77%。此次创业板新股上市前5个交易日在不设涨跌幅限制的背景下，有望延续科创板平稳开局的态势。

交易新规则：必须要了解

创业板注册制下第一只新股上市后，整个创业板的交易机制，将向现在的科创板靠拢，投资者必须提前熟悉，最明显的就是涨跌停板将变为20%。

①新股前5个交易日不设涨跌幅。

根据创业板交易特别规定，创业板注册制下，新上市股票前5个交易日不设涨跌幅，之后涨跌幅限制从目前的10%调整为20%。

②所有股票涨跌幅变为20%。

必须要注意的是，在第一家创业板注册制股票上市当天，所有存量的创业板股票涨跌幅自动由10%变为20%。

③增加临时停牌机制。

这个机制规定，在无涨跌幅限制下，较开盘首次上涨或下跌达到或超过30%和60%的，各停牌10分钟。

④增加了盘后定价交易。

申报时间为每个交易日上午9:15至11:30，和下午13:00至15:30，交易时间为15:05至15:30。

⑤新股上市首日起即可作为融资融券标的。

战略投资者配售股票纳入可出借范围。

⑥新增股票特殊字母标识。

创业板注册制实施之后，部分股票名称中可能会出现字母标识，比如"N""C""U""V""W"等。股票简称中的字母N，代表股票上市首日；字母C代表股票上市后次日至第五日；股票简称中如果标有字母U，表示这家公司尚未盈利；若实现盈利，这个标识就会取消。股票简称中标有字母W，代表股票发行人具有表决权差异安排；而字母V则代表股票发行人具有协议控制架构或者类似特殊安排。

⑦实施ST风险警示。

目前创业板没有ST风险警示制度，注册制之后，其他风险警示的，冠以ST；存在退市风险警示和其他风险警示的，冠以*ST。

⑧优化退市机制。

取消暂停上市、恢复上市环节；交易类退市不再设置退市整理期。

资料来源：证券时报e公司，2020-08-15

3）债券发行的条件

债券是政府、金融机构、工商企业等机构直接向社会借债筹措资金时，向投资者发行，并且承诺按一定利率支付利息并按约定条件偿还本金的债权债务凭证。债券购买者与发行者之间是一种债权债务关系，债券发行人即债务人，投资者(或债券持有人)即债权人。债券发行条件是指债券发行者在以债券形式筹集资金时所必须考虑的有关因素，包括发行金额、票面金额、期限、偿还方式、票面利率、付息方式、发行价格、发行费用、税收效应以及有无担保等项内容。

2015年以前，我国公司债券市场和企业债券市场是独立的，它们的主管部门及交易场所都有区别。公司债券一般是指由上市公司在证券交易所发行的债券，由交易所和证监会审批发行。企业债券则是非上市公司在银行间债券市场或场外市场发行的债券，由国家发改委审批发行。各自的发行基本条件如下。

①公司债券：第一，股份有限公司的净资产额不低于3 000万元，有限责任公司的净资产额不低于6 000万元；第二，累计债券发行总额不超过公司净资产额的40%；第三，最近三年平均可分配利润足以支付公司债券一年的利息；第四，筹集的资金用途符合国家产业政策；第五，债券的利率不得超过限定的水平等。

②企业债券：第一，企业规模达到国家规定的要求；第二，企业财务会计制度符合国家规定；第三，具有偿债能力；第四，企业经济效益良好，发行企业债券前连续三年盈利；第五，所筹资金用途符合国家产业政策。

2015年中国证监会出台《公司债券发行与交易管理办法》，对公司债券的发行主体、发行方式、发行条件、发行流程和交易场所进行大幅放松与简化，例如将发行主体由原来的上市公司拓展至所有公司制法人，简化公开发行和非公开发行债券的审核程序及发行流程，将交易场所由沪深交易所扩展至全国中小企业股份转让系统、机构间私募产品报价与服务系统和证券公司柜台等，同时新出台的管理办法还强化了信息披露、承销、评级、募集资金使用等重点环节监管要求，并对私募债的行政监管作出安排。这些新的措施对公司债券市场规模提升和交易规范化具有明显促进作用。2015年10月，国家发改委也对其主管的企业债发行市场作出了简化审批的改革，为企业债和公司债的融合发展打下了基础。

2.2.3 证券发行定价

1)债券发行定价

债券的发行价格是以票面金额为基础的，主要取决于票面利率以及票面利率与市场收益率的关系，同时还与发行成本、发行者与承销机构的信誉、市场供求状况等有关。

发行价格与票面面额是两个不同的概念，债券面额是指用于计算利率的金额。发行价格可以低于或高于债券的票面金额：折价发行(Under Par)、溢价发行(At Premium)、平价发行(At Par)。债券发行价格经常地与票面面额不一致，主要是由债券票面利率(Face Interest Rate)与市场收益率(Market Profitability)的变动关系决定的。债券发行者在准备发行债券时，通常要按市场收益率来确定债券的票面利率。如果仍按票面价值发行债券，会使投资者得到的实际收益率与市场收益率不相等，就需要调整债券发行价格，使投资者得到的实际收益率与市场收益率相等。

2)股票发行定价

(1)股票的主要发行价格

①折价发行。又称低价发行,即以低于面额的价格出售新股或按面额打一定折扣后发行股票。我国开始股份制发展试点时,第一批发行股票的企业,如上海豫园商场、沈阳金杯汽车股份有限公司都采用了折价发行方式。

②平价发行。等价发行或面值发行,即股票发行价格与股票面值相等。这种发行方式较为简便易行,且不受股市变动的影响。但缺点是:不能根据市场上股票价格波动水平及时合理地确定适宜的股票发行价格,即缺乏灵活性和市场性。

③溢价发行。以高于其股票面额的发行价格发行,可分为两种方式:间价发行与市场发行。

④设定价格发行。是指无面额股票的发行时,不标明每张股票的面额,仅将公司资本分若干股份,其发行价格是根据公司章程或董事会决议确定的,按最低发行价格对外发行。

我国《公司法》第一百二十八条明确规定:"股票发行价格可以按票面金额,也可以超过票面金额,但不得低于票面金额。"以超过票面金额为股票发行价格的,须经国务院证券管理部门批准。

(2)股票发行价格的确定方法

议价法是指股票发行人直接与股票承销商议定承销价格和公开发行的价格。承销价格与公开发行价格之间的差价为承销商的收入。议价法通常有利于证券承销商。证券承销商对股票发行人的经营状况、业务状况和财务状况加以考查,再商议应当发行何种股票、数量多少、承销及发行价格的高低等。

竞价法是指由各股票承销商或者投资者以投标方式相互竞争确定股票发行价格。

拟价法指的是在股票出售之前,由股票发行公司与股票承销商共同拟订一个承销价格并加以推销。这种方法主要流行于我国台湾地区。

3)我国股票发行定价的演变

我国主要采用"市盈率"法确定股票发行价格。计算公式为:

$$市盈率 = 股票市价 \div 每股净盈利$$

$$每股净盈利 = \frac{税后利润}{股份总额}$$

发行当年每股税后利润的计算有两种不同的方法。

(1)完全摊薄法

用发行当年预测全部税后利润除以总股本:

$$每股税后利润 = \frac{全年利润总额}{总股本}$$

(2)加权平均法

$$每股税后利润 = 新股发行后每股月利润 \times 12$$

其中,新股发行后每股月利润 = 发行后公司税后利润总额 ÷ 发行后当年剩余月份 ÷

发行后的股本总额，每股税后利润确定采用加权平均法较合理。

发行价计算公式为：

$$发行价 = 每股净盈利 \times 发行市盈率$$

我国在实践中有几种不同的计算方法：

①新股发行价 = 发行上一年每股税后利润 × 市盈率（1996 年之前）

②新股发行价 = 当年每股税后利润（预测）× 市盈率（1996 年之前）

③新股发行价 = 前三年已实现每股税后利润算术平均值 × 市盈率（1996—1998 年）

④新股发行价 = $\frac{发行当年预测利润}{发行当年加权平均股本数}$ × 市盈率（1998—1999 年）

⑤由承销商、发行人与主要机构投资者三方协商定价（1999 年至今，主要用于国企大盘股的发行定价）。

⑥竞价确定法（2001 年之后增发新股的主要定价方法）。其一是在申购价格区间内竞价申购；其二是仅设定发行底价，按限购比例或数量进行竞价申购。

2.3　证券交易市场

2.3.1　证券交易市场的特点与类型

1）证券交易市场的特点

（1）证券交易市场参与者的广泛性

证券交易市场的参与者主体是各类投资者，包括政府部门、投资银行、商业银行、证券公司、基金公司、保险公司、信托公司、投资公司和广大的社会个人。二级市场的投资者一般无须经过资格责任审核就可参与流通市场活动，只要达到市场交易的最低限额。绝大多数投资者是通过经纪人参与证券市场的交易活动。

（2）证券交易市场的多层次性

多层次市场包括：全国性统一的交易市场，区域性的局部的交易市场；集中的、高度组织化的、有固定地点的场内交易市场，分散的、组织性较弱的、无固定交易地点和场所的场外交易市场。不同的交易市场适应不同层次的证券交易活动。

（3）证券交易方式的规范化和手段的现代化

证券交易活动执行的交易规则和交易方式在不同市场上基本相同。证券交易所都制订交易方式和交易行为规则，约束参与者的行为，以保证交易市场的稳定。证券交易市场都采用现代化的通信设施、计算机网络系统辅助交易，及时发布证券交易信息和价格行情，以及储存证券交易材料等。

（4）交易时间的确定性与交易价格的不确定性

证券交易所内交易时间是严格规定的。如我国上海证券交易所与深圳证券交易所规定每周一至周五开市,每日开市时间,上午9:30—11:30为前市,下午1:00—3:00为后市。证券交易市场的价格行情始终处于变动之中,并且有时波动非常剧烈,这正是证券交易市场投资存在风险的原因所在。

(5)证券交易市场交易的连续性

证券交易在时间上是连续性的。目前,世界证券交易市场已形成一个24小时都可以进行交易的市场:东京-香港、新加坡-苏黎世-芝加哥、纽约、美国证券交易所。它们在时间和地域上都连成一条线。

(6)证券交易市场交易的投机性

证券交易市场只要有交易就有价差,就有投机产生。证券交易市场投机有两类人:一类是专门进行投机的交易者;另一类是主要进行投资的交易者。世界各国的证券监管部门都通过一系列法律法规,规范证券市场交易行为,限制过度投机以保证市场交易的有序化。

2)证券交易市场的类型

证券交易市场由两部分组成:一是场内交易市场,即证券交易所,它是高度组织化的市场,是证券市场的主体与核心;二是分散的、非组织化的场外交易市场,是证券交易所的必要补充。此外还有第三市场、第四市场等,实际上仍属于场外交易市场。

(1)证券交易所(场内交易)

证券交易所是证券买卖双方公开交易的场所,是一个有组织、有固定地点、集中进行证券交易的市场。证券交易所本身并不买卖证券,也不决定证券价格,而是为证券交易提供一定的场所和设施,为证券交易的顺利进行提供一个稳定、公开、高效的市场。

证券交易所的组织形式主要有公司制和会员制两种。公司制证券交易所是以股份有限公司形式设立并以营利为目的的法人团体;吸收各类证券挂牌上市,但本身的股票可转让但不得在本所交易。而会员制证券交易所是由成为其会员的证券商自愿出资共同组成的、不以营利为目的的社会法人团体。会员大会和理事会是会员制证券交易所的决策机构。会员大会是最高权力机构,决定交易所经营的基本方针。理事会为执行机构,执行具体"自律"职责。我国上海、深圳证券交易所均实行会员制。

延伸阅读:　　世界上著名的证券交易所

纽约证券交易所。纽约证券交易所是世界规模最大的买卖有价证券的交易市场,创立于1792年,设在纽约的华尔街和威廉街的西北角,后几经搬迁,现定址于华尔街11号。交易所的交易市场是一个大厅,厅内设有19座马蹄形的交易台。其中12座平均每台交易10种以上的股票;6座平均每台交易70种以上的股票;另有一座专门经营200余种优先股股票,它以10股为一成交单位(一般的股票是以100股为单位)。交易时间每天5小时。该交易所规定,只有会员才可以在交易所内进行交易。其会员分为四类:①佣金经纪人,专门代客买卖,在交易中收取佣金。②次经纪人,在交易频繁时接受佣金经纪人的委托从事交易。③专家经纪人,接受佣金经纪人的委托而经营业务。它与次经纪人的差别是,他专驻在某一交易台旁,专门研究和等候所委托的股票的行市涨落,以期在适当时候进行买卖。④零股经纪人,专办零股交易,委托经纪人进行交易。

东京证券交易所(Tokyo Stock Exchange)。东京证券交易所是日本的证券交易所之一,简称"东证",总部位于东京都中央区日本桥兜町。其事业体分为"株式会社东京证券交易所"及"东京证券交易所自主规制法人"等两个法人。东京证券交易所发展的历史虽然不长,但却是世界上最大的证券交易中心之一。东京证券交易所与大阪证券交易所、名古屋证券交易所并列为日本三大证券交易所,其市场规模位居世界前三,同时也是日本最重要的经济中枢。

香港交易及结算所有限公司(Hong Kong Exchanges and Clearing Limited,缩写 HKEX,简称"港交所")。港交所是一家控股公司,全资拥有香港联合交易所有限公司、香港期货交易所有限公司和香港中央结算有限公司三家附属公司,主要业务是拥有及经营香港唯一的股票交易所与期货交易所,以及其有关的结算所。目前,香港交易所是唯一经营香港股市的机构,在未得到特区政府财政司同意的情况下,任何个人或机构不得持有港交所超过5%的股份。2006 年 9 月 11 日,港交所成为恒生指数成分股。作为一个成熟的国际化市场,香港交易所衍生产品交易较为活跃,产品品种齐全,可满足投资者交易、对冲、套期保值等各项需求。香港目前有期货及期权产品四类:①股市指数产品系列。包括:恒生指数期货及期权、小型恒指期货、中国外资自由投资指数期货。②股票类产品。包括:29 只股票期货、31 只股票期权、20 只国际股票期货和 20 只期权。③利率产品。包括:1 个月港元利率期货、3 个月港元利率期货、3 年期外汇基金债券期货。④外汇产品。包括:日元、英镑、欧元的日转期汇。其中,恒生指数期货于1986 年5 月6 日推出,历史最为悠久,交易量也最大,占交易所期货交易总量的40%左右,为参与者最多的产品。

伦敦证券交易所(London Stock Exchange,缩写:LSE,简称"伦敦证交所")。伦敦证券交易所是世界四大证券交易所之一。作为世界上最国际化的金融中心,伦敦不仅是欧洲债券及外汇交易领域的全球领先者,还受理超过三分之二的国际股票承销业务。伦敦的规模与位置,意味着它为世界各地的公司及投资者提供了一个通往欧洲的理想门户。在保持伦敦的领先地位方面,伦敦证券交易所扮演着中心角色。伦敦证交所是国际化程度最高的股票市场,其外国股票的交易超过其他任何证交所。

上海证券交易所。上海证券交易所是国际证监会组织、亚洲暨大洋洲交易所联合会、世界交易所联合会的成员。经过多年的持续发展,上海证券市场已成为中国内地首屈一指的市场,上市公司数、上市股票数、市价总值、流通市值、证券成交总额、股票成交金额和国债成交金额等各项指标均居首位。

2020 年 12 月 19 日,上海证券交易所成立 30 周年。30 年间,上交所从一个规模较小的区域性市场,发展成为在服务实体经济和国家战略中发挥重要作用的全国性市场;从仅有股票、债券的单一市场,发展成为产品线涵盖股票、债券、基金、衍生品的综合性市场;从一个仅可对内服务的封闭市场,发展成为可以推动市场化配置境内外两种资源的开放市场。截至 2021 年底,上交所累计为上市公司提供超过 9.1 万亿元的股权融资,上市公司达到1 799家,股票总市值45.5万亿元,位居全球第三,仅次于纽约证券交易所和纳斯达克股票市场。累计发行公司债券近13万亿元、地方政府债6.4万亿元、资产支持证券3万亿元,有效分散了社会融资的系统性风险。截至2021年末,沪市上市公司数为2 037家,相比2020年末同比增长13.17%,其中,IPO公司数为249家,同比增长6.87%,股票总市值高达52亿元。

2019年7月22日,上海证券交易所正式推出科创板试点股票发行注册制,截至2021年7月21日两周年时,科创板挂牌上市企业达到313家,总市值5.38万亿元,为企业募集资金3 858亿元。科创板的推出是我国资本市场改革的重要举措,也是资本市场与国际接轨的重要标志。

(2)场外交易市场

场外交易市场(OTC)是在证券交易所以外的证券交易市场的总称。在证券市场发达的国家,其证券成交量远远超过证券交易所的成交量,在证券交易市场中占有极其重要的位置。

在早期银行业与证券业未分离前,由于证券交易所尚未建立和完善,许多有价证券的买卖都是通过银行进行的,投资者买卖证券直接在银行柜台上进行,称为柜台交易。实行分业制后,这种以柜台进行的证券交易转由证券公司承担,因此有人称之为柜台市场或店头市场。随着通信技术的发展,许多场外交易市场并不直接在证券公司柜台前进行,而是由客户与证券公司通过电话、传真、计算机网络进行交易,故又称为电话市场。进入交易所交易的必须是符合一定上市标准的证券,为规避较严格的法律条件,降低交易成本,产生了场外交易的需求。

场外交易市场主要有以下特征:

①场外交易市场是一个分散的、无固定交易场所的无形市场,也没有统一的交易时间和交易章程,而是由许多各自独立经营的证券经营机构分别进行交易。

②场外交易市场是一个投资者可直接参与证券交易过程的“开放性”市场,其组织方式采取做市商制。场外交易市场区别于证券交易所的最大特征在于不采用经纪制方式,投资者可以直接和证券商进行交易。证券交易通常在证券经营机构之间或是证券经营机构与投资者之间直接进行,不需要中介人。在场外证券交易中,证券经营机构先行垫入资金买进若干证券作为库存,然后开始挂牌对外进行交易。

证券经营机构既是交易的直接参加者,又是市场的组织者,他们制造出证券交易的机会并组织市场活动,维持市场的流动性,满足公众投资者的投资需求。因此,证券交易商被称为“做市商”(Market Maker),柜台交易组织形式又称为做市商制度。

③场外交易市场是一个拥有众多证券种类和证券经营机构的市场,以未能在证券交易所批准上市的股票、债券和开放式基金的收益凭证为主。

④场外交易市场是一个交易商报价驱动的市场。在场外交易市场上,证券买进或卖出采用的是“一对一”(一种证券一个做市商)交易方式,这样对同一种证券的买卖就不

可能同时出现众多购买者或出售者,也就不存在竞争性的要价和报价机制。因此,场外市场证券交易价格不是以竞价方式确定的,而是由证券公司同时挂出同种证券的买进价与卖出价,并根据投资人是否接受加以调整而形成的。

⑤场外交易市场管理比较宽松。场外市场分散,缺乏统一的组织和章程,不易管理和监督,其交易效率也不及交易所市场。但是,美国的 NASDAQ 市场借助计算机将分散于全国的场外交易市场联成网络,在管理和效率上都有很大提高。

延伸阅读: 中美场外交易市场的对比

美国的 OTC 市场包括四个层次:NASDAQ 全国资本市场、NASDAQ 小型资本市场、OTCBB 和 Pink Sheets。NASDAQ 建立于 1971 年,是"全国证券商协会自动报价系统"的简称。目前在 NASDAQ 挂牌的股票大致可分为工业股、其他金融股、电脑股、银行股、通信股、生化股、保险股、运输股八大类。这八大类中有 80% 的公司与高科技产业相关,这就使 NASDAQ 指数代表了高科技的领先指标。

让 NASDAQ 与众不同原因还有:首先 NASDAQ 发达的计算机和通信网络系统形成了一个庞大的电子交易网络。通过这个网络,所有投资者都被紧密地联系在一起。纳斯达克另外一个令人瞩目之处在于它的柜台交易板,因为这个交易板块由多位做市商操作,使市场为买卖随时作好准备,即使在市场上无人提出买卖时也是如此。而在向纽约和多伦多股票交易所这样的拍卖市场中,做市商只能作为买卖中间人。纳斯达克没有一个集中交易大厅,除有一个大型行情显示屏外,交易数据都是通过电脑系统同步传送到全世界上万台的电脑终端上,电脑撮合的速度,加上网络联系的不断发展,使投资者能够从四面八方迅速注入资金,也使纳斯达克的吸引力远远超过了像纽约股票交易所这样靠人工跑单的传统交易所。纳斯达克包括两个层次,其中最活跃、资本也最雄厚的要属纳斯达克全国资本市场,在这里挂牌交易的要求也相对较高,包括要求在这个板块上市的公司要有一个独立的董事会,要按时召开股东大会,增发新股需要股东认可,并且不能剥夺股东的选举权。第二个层次是纳斯达克小型资本市场。在此上市的公司,资本没有上一层次那么雄厚,并且资产和收益水平也相对较低。另外,这些公司的股票发行量较小,股价也较低。这个市场层次上的投机性也特别大。

另外,除去 NASDAQ 的这两个层次外,再下面的一个层次是那些列在柜台交易板(OTCBB)的股票。OTCBB 建立于 1990 年,是一套实时报价的场外电子交易系统,它和 NASDAQ 市场一样,同样在 NASD 的监管之下,它主要为中小型企业提供有价证券交易服务,除股票外,这里还有认股权证、美国存托凭证的交易服务。OTCBB 市场是现货交易市场,不能融资,且股价跳动的最小单位为 1/32。

在 20 世纪,我国的场外市场主要由金融市场报价、信息和交易系统(NET)与全国证券自动报价系统(STAQ)组成,两者已于 1999 年 9 月停止运行。金融市场报价、信息和交易系统(NET)于 1993 年 4 月由中国人民银行总行建立。该报价系统是经营证券交易和资金拆借业务的金融机构,根据互惠互利、共同发展的原则组建的会员制组织,是以计算机网络为依托,各种通信手段相结合的系统。它的主要功能有:集散市场信息的功能、市场统计分析功能、交易功能、清算和交割功能。报价系统的会员之间进行直接交易和自动清算和交割。全国自动报价系统(STAQ)于1992年7月形成,是由中国证券市场研究中心(SEEC)的前身“证券交易所研究设计办公室”的9家全国性的非金融机构发起和集资成立,并得到政府有关部门支持的非营利性、民间性、会员制事业单位。它是依托计算机网络从事证券交易的综合性场外交易市场。通过计算机通信网络,连接国内证券交易活跃的大中城市,为会员公司提供有价证券的买卖价格信息和交易、清算等方面的服务,使分布在各地的证券经营机构相互之间高效、安全地开展业务。STAQ系统的主要功能是即时报价、辅助交易、信息分析和统一清算等。STAQ和NET系统是20世纪90年代我国证券交易的场外市场,只是市场规模较小,交易不够活跃。

(3)第三市场

第三市场是指在证券交易所登记上市,但在场外交易的证券买卖市场。这一市场原属柜台市场的范围,近年来由于交易量增大,其地位日益提高,以至于许多人都认为应该把它看成一个独立的市场。

第三市场产生于20世纪60年代的美国。美国证券市场的固定佣金制、费用较高、难以及时过户等对大额投资者不利。为降低交易成本,便出现了挂牌上市股票交易由非交易所成员的经纪商在交易所外交易的渠道,参与交易的主要是银行信托部、保险公司、互助储蓄机构、养老基金会、互助基金等金融机构,大证券经纪商和其他大投资者。

第三市场在美国出现并迅速发展起来,这种现象反映了20世纪60年代以来美国证券市场的重要变化,主要表现在两个方面:第一,证券交易日益分散化;第二,机构投资者在证券市场上的地位日益提高,据统计,美国各种团体投资者持有的股票占发行股票的一半以上,参与交易的股票数额占总交易量的60%以上。

第三市场的交易特点是:佣金便宜,成本较低;价格和佣金由双方议定,往往能得到一个较好的成交价;交易手续简便,能迅速成交。

第三市场的出现,使证券市场形成了多层次的交易局面,加强了证券业务的竞争,促使证券交易所也采取相应措施来吸引顾客。

(4)第四市场

第四市场是指证券交易不通过经纪人进行,而是通过电子计算机网络直接进行大宗证券交易的场外的交易市场。

第四市场的经纪人不需要向政府有关当局注册,也不公开其交易情况,佣金也比其他市场低。近年来,我国定向募集公司法人股的转让,就其交易方式而言,与第四市场有相似之处,但就其产生的原因而言则不尽相同。

第四市场这种交易形式的优点在于:第一,交易成本低;第二,由于买卖双方直接谈判,因此可望获得双方都满意的价格,且成交迅速;第三,交易不必公开报道,有利于保持交易的秘密性;第四,不会冲击证券市场。第四市场所进行的一般都是大宗证券交易,可以避免对证券行情产生压力。

但第四市场也有其不利的一面,会给金融管理带来很大困难。

延伸阅读: **我国的新三板市场**

为了丰富、完善我国多层次资本市场建设,同时,为解决主板市场退市公司与两个停止交易的法人股市场公司的股份转让问题,2000 年,由中国证券业协会出面,协调部分证券公司设立了代办股份转让系统,被称为“三板”。由于在“三板”中挂牌的股票品种少,且多数质量较低,要转到主板上市难度也很大,因此很难吸引投资者,多年被冷落。

2006 年 1 月 23 日,中关村科技园区非上市股份公司进入代办股份转让系统。因为挂牌企业均为高科技企业而不同于原转让系统内的退市企业及原 STAQ、NET 系统挂牌公司,故形象地称为“新三板”。2012 年,经国务院批准,决定扩大非上市股份公司股份转让试点范围,首批扩大试点新增上海张江高新技术产业开发区、武汉东湖新技术产业开发区和天津滨海高新区。全国中小企业股份转让系统有限责任公司(简称“全国股转公司”)作为新三板市场的运营机构,为新三板市场提供场所和设施,组织新三板市场的具体运营,监督和管理新三板市场,于 2012 年 9 月 20 日在国家工商总局注册,2013 年 1 月 16 日正式揭牌运营。

2013 年底,新三板市场进一步扩容,新三板不再局限于中关村科技园区非上市股份有限公司,也不局限于天津滨海、武汉东湖以及上海张江等试点地的非上市股份有限公司,而是全国的非上市股份有限公司股权交易平台,主要服务创新、创业和成长型的中小微型企业。

为贯彻落实党中央、国务院关于深化金融供给侧结构性改革的要求,提高资本市场服务中小企业和民营经济能力,2019 年 10 月 25 日,中国证监会正式启动全面深化新三板改革。本次改革围绕改善市场流动性、强化融资功能、优化市场生态、加强多层次资本市场有机联系等四条主线,重点推出向不特定合格投资者公开发行并设立精选层、优化定向发行、实施连续竞价交易、建立差异化投资者适当性制度、引入公募基金、确立转板上市制度和深化差异化监管等改革举措。2020 年 7 月 27 日,精选层正式设立并开市交易。随着改革举措陆续落地,新三板市场定位进一步明晰、市场结构进一步完善、市场功能进一步提升、市场生态进一步优化、市场韧性活力进一步显现。根据《证券时报》公布的数据,2021 年全年,新三板挂牌公司成交金额 2 148.16 亿元,换手率为 17.66%。2021 年新三板股票发行次数共计 587 次,融资金额共 259.67 亿元。截至 2021 年底,新三板挂牌公司总计 6 932 家,总市值为 22 845.4 亿元,市盈率 20.48 倍。

从长远发展目标来看,未来我国资本市场架构的设计应分为主板市场、创业板市场、科创板、新三板市场以及地方性的产权交易市场的多层次资本市场。目前,新三板的市场定位是为中小企业提供股权交易平台,从而形成一个高效、便捷的企业投融资平台。多层次资本市场中的创业板与新三板(全国中小企业股份转让系统),都是服务于创新型、科技型中小企业。这两个市场在服务对象上虽然有交叉,但也有差异。按生命周期来划分，企业可分为初创期、成长期和成熟期。创业板面向成长后期、接近成熟期的中小企业，新三板针对初创后期、有产品、有一定盈利模式、接近于成长初期的中小企业。

企业在新三板市场挂牌后，给企业带来的直接变化是：第一，形成了有序的股份退出机制；第二，企业的运作将在证券监管部门、主办报价券商的监管之下，在公众投资者的监督下进行。具体而言，包括便利融资、股份转让、转板上市、价值发现、公司发展、宣传效应六个方面。

便利融资：有利于完善企业的资本结构，促进企业规范发展。挂牌后可实施定向增发股份，也可提高公司信用等级。

股份转让：股东股份可以合法转让，提高股权流动性。

转板上市：2021 年 9 月北京证券交易所成立后，新三板精选层将整体迁移至北交所，而且按照规划未来北交所上市公司也将主要来自新三板创新层与基础层的挂牌公司。

价值发现：公司股份挂牌后的市场价格创造财富效应，提高公司对人才吸引力。

公司发展：有利于完善企业的资本结构，促进企业规范发展。

宣传效应：“新三板”市场聚集一批优质高成长性高新技术企业，成为高新技术企业便利高效的投融资平台，有利于树立企业品牌，促进企业开拓市场，扩大企业宣传。

3）二板市场

二板市场是相对于主板市场而言的，是指在主板市场之外专为中小企业和新兴公司提供筹资途径的新型市场。二板市场与主板市场的根本差异在于其不同的上市标准，并且上市对象多是具有潜在成长性的新兴中小企业，因此，二板市场又被称为创业板市场、小型公司市场或新兴公司市场等。

2000 年，中国证监会为了筹备在深圳证券交易所推出创业板，深圳主板 IPO 被暂停。但创业板酝酿多时却未推出，深交所一直没有新股上市。直到 2004 年 5 月 27 日，深圳证券交易所推出了中小企业板市场，才恢复了企业在深交所挂牌上市的渠道。为了维护深交所“中小板”的特色，沪深交易所有个“默契”：凡是发行股本在 5 000 万股以下的公司，在深交所挂牌；凡是发行股本在 8 000 万股以上的公司，则在上交所挂牌；凡是发行股本在 5 000 万股至 8 000 万股之间的公司，则可以自由选择在深交所或上交所挂牌。除了发行股本的区别，中小板市场的企业上市标准与主板市场并无其他差异。截至 2021 年 2 月 5 日深交所发布公告将合并主板与中小板之时，深交所上市公司共有 2 375 家，总市值为 26.64 万亿元，其中主板公司 468 家，中小板 1 001 家，创业板 906 家。中小板的数量最多，中小板市值规模占 51.6%。2021 年 4 月 6 日，深交所主板与中小板正式合并，中小板自此退出我国资本市场的历史舞台。对来自深交所主板和中小板的上市公司，合并之后将实现统一业务规则、统一运行监管模式，并保持发行上市条件不变、投资者门槛不变、交易机制不变和证券代码及简称不变，对深交所一级市场和二级市场的运行不会造成实质性影响。

国际上成熟的证券市场绝大部分都设有二板市场，美国的 NASDAQ（纳斯达克）市场是二板市场的鼻祖，其他国家的二板市场基本都是借鉴 NASDAQ 市场而建立起来的。

二板市场都具有共同的特点，具体表现为：第一，在服务对象上，二板市场是以新兴高科技公司为主的市场，满足进行高科技、高风险投资的中小型企业的融资需要；第二，在上市标准上，对其上市条件要求相对较低，如对上市公司经营业绩水平和资产规模的要求，都显著低于主板市场；第三，在交易方式上，二板市场既可以按照主板市场的交易模式，通过证券交易所进行交易，也可以没有交易大厅、没有固定地点，完全依托计算机网络交易系统，按照场外市场方式进行交易；第四，在投资者构成上，由于二板市场具有较高的交易风险，一般不宜成为向所有投资者开放的大众市场，而是以专业机构投资者为主要参与者，个人投资者则通过投资基金间接参与二板市场；第五，在监督与管理上，由于在二板市场上市的企业规模小、设立时间短、业绩要求不高等，因此二板市场投资风险和交易风险都大于主板市场，因此对二板上市公司的信息披露等要求更加严格。

目前我国上海证券交易所设有主板和科创板两个板块，深圳证券交易所设有主板和创业板两个板块，科创板与创业板在上市公司的准入方面采取注册制，上市条件相对宽松，有利于科技型和创新型企业挂牌上市。随着北京证券交易所的成立，未来新三板也可视为北交所的二板市场。如此架构之下，我国证券市场的规模与深度会更大更好。

延伸阅读：　　数说上交所科创板两周年

2019 年 7 月 22 日，科创板首批 25 家上市企业正式在上交所敲钟，正式宣布这一新设立的上市板块在筹划了不到一年的时间里正式亮相中国多层次的资本市场。

从科创板首批企业上市至今，已整整过去两年，在这两年里，科创板共有 313 家上市企业，总市值达到 5.38 万亿元，多家半导体、生物制药和电子行业的企业成功登陆科创板，充实了中国的多层次的资本市场。

科创板共 313 家上市企业，总市值为 5.38 万亿元

根据东方财富 Choice 的数据显示，2019 年共有 70 家企业登陆科创板，2020 年全年为共 145 家企业在科创板上市，2021 年至 7 月 21 日为 98 家，总共为 313 家。总共募集资金为 3 858 亿元。

截至 2021 年 7 月 22 日，A 股总共有 4 402 家上市企业，科创板的 313 家占全部上市企业的比例为 7%；科创板上市企业总市值为 5.38 万亿元，占 A 股上市企业总市值 93.97 万亿元的 6%。

从上面的数据来看，科创板上市公司的数量和总市值占 A 股的比例还是比较小。但是从 2021 年上半年的数据来看，科创板共有 86 家企业上市，占上半年 A 股上市企业的比重为 35%；深交所主板为 20 家，占比为 8%；创业板为 85 家，占比为 35%；上交所主板为 54 家，占比为 22%。

从募集资金总额来看，科创板上半年 IPO 共募集 692 亿元，占上半年 A 股 IPO 募集资金总额的 33%；创业板募集资金总额为 527 亿元，占比 25%；上交所主板募集资金 741 亿元，占比 36%，深交所主板为 133 亿元，占比为 6%。

这也说明了，在同一时间段的对比中，科创板上市数量和募集资金占A股的比例在不断增加，在中国资本市场上的作用也在不断加大。

科创板上市企业地域分布

从科创板上市企业的地域分布来看，排名第一的是江苏，共有61家企业在科创板上市，广东为51家，上海和北京分列第三和第四，为44和43家。

科创板上市企业行业分布

从科创板这313家上市企业的行业来看，根据申万行业二级分类，在科创板上市的企业中最多的行业是专用设备，有37家专用设备企业在科创板上市，其次是计算机应用，为34家，医疗器械也为34家。其中数量较多的行业还包括半导体、化学制品和化学制药。数据正好印证了证监会对科创板要重点支持新一代信息技术、高端装备、新材料、新能源、节能环保以及生物医药等高新技术产业和战略性新兴产业的板块定位。

科创板上市企业募集资金前十

从募集资金来看，首发募集资金最多的是2020年7月16日上市的中芯国际，总共募集资金达到了532.3亿元。这个数字不仅仅是科创板募集资金的头名，就是算上整个A股历史上的募集资金额，也能排到第五，排在中芯国际前面的四家企业分别为农业银行，IPO募集资金为685.3亿元，排名A股上市公司募集资金的第一，排在第二的是中国石油，为668亿元，排在第三的是中国神华，为665.8亿元，排在第四的是建设银行，为580.5亿元。

科创板上市企业市值前十

从市值来看，科创板总共有8家企业市值超过千亿，其中遥遥领先的是中芯国际，截至7月22日收盘，中芯国际总市值达到4 188亿元，排在第二的是金山办公，为1 793亿元，其次是康希诺，为1 472亿元。

同时，从股价来看，科创板截至7月22日共有79家百元股企业，排在第一的是石头科技，7月22日收盘价为1 136.05元，与贵州茅台为A股仅有的两家股价超千元的公司。而整个A股百元股上市公司共有187家，科创板百元股数量占整个A股的42.25%。

科创板的正式开板和注册制的稳步推行，是我国资本市场改革进程中的重大事件，也是新时代建设中国多层次资本市场的重要举措之一，股票发行注册制在A股市场全面推行的脚步声已越来越近。

资料来源：金融界，2021-07-22，作者：资本邦

2.3.2 证券交易程序

在我国证券交易所场内进行的证券交易程序一般分为以下几个步骤：开户、委托、竞价成交、清算、交割、过户。

开户是指投资者在进行买卖证券前，应当先在具有证券交易经纪资格的证券公司开立证券账户和资金账户，并与证券公司签订证券交易委托协议。协议生效后，投资者即成为该证券公司经纪业务的客户，通过其在证券交易所的会员席位参与证券交易。在关

联的资金账户上转入资金后,投资者方可在自己的证券账户进行证券买卖。

投资者可以通过书面或电话、自助终端、互联网等委托方式下达交易指令,指令通过证券公司传送至交易所进行证券交易。交易所接受会员竞价交易申报的时间为每个交易日 9:15 至 9:25(集合竞价时段)、9:30 至 11:30、13:00 至 15:00(连续竞价时段)。

投资者在证券公司的交易系统中下达的交易指令可分为限价指令和市价指令。限价指令应当包括证券代码、买卖方向、数量、价格等内容。限价指令下,买入成交价不能高于投资者申报的买入价格,卖出成交价不能低于投资者申报的卖出价格。市价申报指令应当包括申报类型、证券代码、买卖方向、数量等内容。市价指令下,投资者以系统中的最新成交价为投资者买入或卖出证券。买卖有价格涨跌幅限制的证券,在价格涨跌幅限制以内的申报为有效申报,超过价格涨跌幅限制的申报为无效申报。买卖无价格涨跌幅限制的证券,集合竞价阶段和连续竞价阶段的有效申报价格规定需参照交易所的详细规定。

投资者通过竞价交易买入股票、基金、权证的,交易申报数量应当为 100 股(份)或其整数倍;卖出股票、基金、权证时,余额不足 100 股(份)的部分,应当一次性申报卖出。债券交易的申报数量应当为 1 手或其整数倍,债券质押式回购交易的申报数量应当为 100 手或其整数倍,债券买断式回购交易的申报数量应当为 1 000 手或其整数倍。债券交易和债券买断式回购交易以人民币 1 000 元面值债券为 1 手,债券质押式回购交易以人民币 1 000 元标准券为 1 手。股票、基金、权证交易单笔申报最大数量应当不超过 100 万股(份),债券交易和债券质押式回购交易单笔申报最大数量应当不超过 10 万手,债券买断式回购交易单笔申报最大数量应当不超过 5 万手。

证券竞价交易采用集合竞价和连续竞价两种方式。集合竞价是指在规定时间内接受的买卖申报一次性集中撮合的竞价方式。连续竞价是指对买卖申报逐笔连续撮合的竞价方式。

证券竞价交易按价格优先、时间优先的原则撮合成交。成交时价格优先的原则为:较高价格买入申报优先于较低价格买入申报,较低价格卖出申报优先于较高价格卖出申报。成交时时间优先的原则为:买卖方向、价格相同的,先申报者优先于后申报者。先后顺序按交易主机接受申报的时间确定。

投资者的交易指令被系统撮合成交后,会即时在投资者证券账户内进行资金和证券的交割,证券的过户一般在当日交易结束后通过证券登记结算有限公司来完成。

2.3.3 证券交易方式

证券交易方式是从简单到复杂、从低级到高级、从单一到复合地发展起来的。从证券流转买卖的时间讲,即以证券交易双方当事人从订约到履约期限长短为标准,可以把证券交易方式分为证券现货交易、证券期货交易、证券期权交易、证券信用交易和证券回购交易五种形式。

其中期货交易方式和期权交易方式被认为是20 世纪70 年代西方金融市场创新的产

物,并得以在新兴的证券市场上迅速推广发展。

1)证券现货交易

(1)证券现货交易的概念与特点

证券现货交易是指证券交易双方在成交后即办理证券与价款的清算、交割的一种交易方式。简言之,这种交易方式就是一手交钱,一手交货,即卖方交出证券,买方付出钱款,即时交割,钱货两清。"即时"可以指协议成交的当时,也可以是证券交易所规定的或交易习惯上的指定日期。

具体按照各证交所的规定或惯例办理。例如,美国纽约证券交易所的交割日期定为成交后的第五个营业日,日本东京证券交易所规定在成交后的第四个营业日交割,伦敦证券交易所买卖政府债券则采取成交后当日交割的方式。我国证券交易所在不同时期对不同种类证券,曾经采取过 T+0,T+1,T+3 等交收方式。目前上海、深圳证券交易所实行的都是次日交割的现货交易。

(2)即期现货交易与远期现货交易

从证券市场发展史上看,最初的证券交易都是即期现货交易,即通常所说的证券买卖成交后即行办理证券交割手续。

远期现货交易又称远期交易,是指证券交易双方成交后签订契约,按约定的价格,在约定的日期进行交割的证券交易方式。在这种交易方式中,买卖双方成交后,就交易证券的数量、成交价格、交割日期签订合同,交易双方按约定在交割日进行交割。所以,远期现货交易中买卖的订约与履约是相分离的。这也使得交易双方在成交时不需具有相应的资金或证券,这样在进行交割前,买卖双方可以卖出或买进与原交割期相同和数量相等的同类证券进行对冲,实际的交割只需要清算买卖的差额。

远期现货交易是在证券交易活动中,人们越来越发现现货交易有很多缺陷,借鉴商品市场交易方式的成功经验,在证券现货交易的基础上形成的一种具有现货交易和期货合约交易双重特性的交易方式。

远期现货交易既是传统现货交易的进一步发展,也可以说是初级的期货交易,是现代期货交易的基础。

2)证券期货交易

(1)证券期货交易的概念与特点

①证券期货与证券期货交易。从广义上说,证券期货交易包括证券远期交易和证券期货合约交易两种方式。证券期货合约交易是在证券远期现货合约的基础上产生的。证券期货合约交易并不是买卖证券本身,而是买卖代表一定数量证券的合约,通过证券期货合约的买卖最终买进或卖出一定数量的证券。证券期货作为金融期货的重要组成部分,是在商品期货的基础上产生和发展起来的,并运用了商品期货的交易原理。

②证券期货交易的特点。证券期货实际上是以期货合约为交易对象,一般在有组织的证券交易所或商品期货交易所进行:

第一，交易的对象不是证券本身，而是以证券为标的的买卖合约。且合约是标准化的，规定了期货品种、交易数量、交割日和期限等条件。

第二，交易场所是期货交易所。按照交易所的交易规则，通过交易双方公平竞争形成交易价格。

第三，交割期限相对固定。一般是3个月、6个月、9个月和12个月，最长的可以达到2年。

第四，实行保证金制度。即交易前必须缴纳一定比例的保证金，作为履行合约的保障，且要根据期货合约价格的升降而追加保证金。

第五，期货交易的投机性强。证券期货交易对象是虚拟化的证券合约，而非具有实物形态的商品，并且一般也不履行实物交割，或者在交割期到来之前进行对冲了结，或者进行现金交割，因此具有很强的投机性。

延伸阅读：　　　　　　　　　　金融期货

金融期货是在20世纪70年代初期产生的，最早的金融期货是1972年在美国芝加哥商品交易所国际市场出现的外汇期货合约交易。1975年10月芝加哥谷物交易所又推出了第一种利率期货合约，即抵押证券期货合约。不久，短期国债期货合约在芝加哥商品交易所的国际货币市场出现。1982年2月美国堪萨斯农产品交易所首开股票指数期货交易。同年4月，芝加哥商品交易所也开始了股票指数期货交易。继美国之后，其他国家相继仿效，各种金融期货交易迅速发展起来，并不断创新。

广义的金融期货包括货币期货、利率期货和指数期货以及黄金期货。狭义金融期货，则仅限于为转移利率变动所引起的证券价格变动的风险而形成的证券期货合约。一般应包括短期利率期货、中长期利率期货、股价指数期货等。

(2)证券期货交易的种类

①债券期货交易。

A.债券期货的含义。债券期货就是习惯上所称的利率期货，即金融市场上以附息债券为标的的标准化合约。利率期货交易是为了固定资金的利率，通过市场公开竞价，买卖未来规定日按约定利率交割的有价证券，以避免利率变动带来的风险。由于债券交易是以收益率报价的，因此又把债券期货叫作利率期货。

债券作为债权性质的证券，不仅可以在现货市场买卖，而且能够在期货市场上进行交易，债券期货的产生与债券交易价格和市场利率的关系紧密相关。由于附息债券有期限，并注明有票面上的名义利率，投资者买卖证券是以债券收益率即市场利率为决策依据，其价格变动由市场利率水平决定。当市场利率高于名义利率时，因投资者抛售债券而使其价格低于面值；当市场利率低于名义利率时，因投资者抢购债券而使债券价格高于面值。

由于市场利率受多种因素的影响，处于不断变化之中，导致债券投资者蒙受损失，而临利率风险。为避免因利率突然和不可预料的变化而造成的损失,利率期货交易作为避险工具应运而生。

B. 债券期货的类型。经过20多年的发展,以美国为代表的期货市场发达国家,逐渐形成了短期利率期货和中长期利率期货两大类。短期利率期货主要包括短期国债期货、欧洲美元期货、定期存单期货等类型。中长期利率期货主要包括长期国债期货、中期国债期货、市政债券期货、政府抵押协会债券期货等多种形式的期货。

C. 债券期货交易原理。在期货市场上,债券交易人采取与现货市场相反的交易行为,买进或卖出利率期货合约,来冲抵现货市场上现行或预期资产以确保其收益率的买卖活动,此即套期保值(Hedging)。一般需要在期货市场和现货市场上同时进行交易,但方向相反。

利率期货套期保值是根据各种附息债券的价格和市场利率反方向变动的原理来进行的,因此有空头(Short Position)套期保值和多头(Long Position)套期保值两种交易类型。

如果在现货市场有空头头寸,应该在预期利率会下降时买进相关的利率期货,这就是多头套期保值交易;如果在现货市场上有多头头寸,当预期利率上升时在期货市场上卖出利率期货,即为空头套期保值交易。

我国曾为活跃国债现货市场、促进国债发行的顺利进行,在1993年10月上海证券交易所首先正式推出国债期货交易,但由于国债期货在全国发展速度过快,监管措施不到位,交易中违规现象时有发生,特别是1995年的"327事件",导致国债期货交易于1995年5月被迫关闭。

经典案例:　　"327"国债期货事件

"327"是国债期货合约的代号,对应1992年发行、1995年6月到期兑付的3年期国库券,该券发行总量是240亿元人民币。

在20世纪90年代初,我国主要的证券投资市场就是股票市场与国债市场。国债由政府发行保证还本付息,风险度小,被称为"金边债券",具有成本低、流动性更强、可信度更高等特点。在国债二级市场上做多做空,做的只是国债利率与市场利率的差额,上下波动的幅度很小。我国国债期货交易于1992年12月28日首先出现在上海证券交易所。1993年10月25日,上证所国债期货交易向社会公众开放,北京商品交易所在期货交易所中率先推出国债期货交易。当时我国国债发行难,未被投资者所认识,靠行政性摊派。1992年发行的国库券,发行一年多后,二级市场的价格最高时只有80多元,连面值都不到。

为了吸引股市资金合理投资国债市场,以及缓解高达两位数的通货膨胀率,1994年10月以后,中国人民银行提高3年期以上储蓄存款利率和恢复存款保值贴补,国库券利率也同样保值贴补,保值贴补率的不确定性为炒作国债期货提供了空间,大量机构投资者由股市转入债市,国债期货市场行情火爆。1994年全国国债期货市场总成交量达2.8万亿元,占上海证券市场全部证券成交额的74.6%。1994年至1995年春节前,全国开设国债期货的交易场所陡然增至14家，成交总额达28 000亿元。这种态势一直延续到1995年，与全国股票市场的低迷形成鲜明对照。

形势似乎一片大好。但问题出在327国债期货合约上。1992年3年期国库券到期的基础价格已经确定，为票面价值100元加上3年合计利息28.50元（年息为9.50%），合计为128.50元。但是，“327”国债的价格却一直在148元上下波动，因为市场流传的一种说法是，财政部认为与同期银行储蓄存款利率12.24%相比，“327”的回报太低，可能到时会提高利率，以148元的面值兑付。

支持这一说法的是在“327”品种上做多的财政部全资子公司中国经济开发信托投资公司（简称“中经开”），它的首任董事长是财政部原副部长，历任总经理均出自财政部，1995年的总经理也是财政部原综合计划司司长。

将万国证券公司自诩为“证券王国”的总经理管金生偏偏不以为然，他认为，让财政部掏出16亿元补贴“327”，无疑是天方夜谭。他伙同向来在市场上横行霸道的辽宁国发（集团）有限公司（简称“辽国发”）等公司做空“327”。

1995年2月23日，财政部发布提高“327”国债利率的消息，多方趁此逼空。2月23日上午一开盘，中经开率领的多方，借财政部的利好用80万口将前一天148.21元的收盘价一举攻到148.50元，接着又以120万口攻到149.10元，又用100万口攻到150元。

在这期间，空方主力万国证券一直在拼死抵抗，试图以自己的顽强来动摇多方的信心。但事情正相反，3.27国债从148.21元一路劲升，攻到151.98元时，原与“万国证券”结盟做空的辽国发突然倒戈，空翻多！在其掌控的“无锡国泰”交易席位上，10分钟内327国债竟猛冲至155.75元！327国债在1分钟内上涨了2元，10分钟后共上涨了3.77元。

这意味着327国债每涨1元，“万国证券”就赔十几亿元；涨了6元，整个万国证券全赔进去也是资不抵债。以当时的持仓量和价格，一旦合约到期进行交割，万国将亏损60亿以上——万国将万劫不复。

正在多方胜券在握之时，下午4时22分风云突变。为了维护自己的正当利益，万国在148.5价格封盘失败后，在交易最后8分钟，大量透支操作。空方先以50万口把价位从151.30元打到150元，然后连续用几十万口的量级把价位打到148元，最后一个730万口的巨大卖单狂炸尾市，把价位打到147.40元。“327”合约暴跌3.8元，当日开仓的多头全部爆仓。如果按照此价格交割，中经开在1995年就已经消失了。（注：在国债期货买卖中1口为200张合约，1张合约为1 000元面值国债，尾市报出共730万口的卖单共14 600亿，而327国债一共才750亿。）

当天晚上，上交所关门磋商，在财政部等部门的干预下，取消了最后的违规交易，万国证券一下子亏损了13亿元。上海第一中级人民法院于1997年判处管金生17年徒刑，罪名是行贿并在期货市场成立前数年里滥用公共资金，总额达人民币269万元。万国证券与申银证券在1996年7月合并，成为当时内地最大的证券公司，注册资本也只有13.2亿元。许多年后，申银证券的总经理阚治东仍心有余悸，他回忆当时公司中有人也想在当天做空，却无法联系到在香港出差的阚治东，申银因此逃过一劫。中经开虽然是大赢家,但流入账面的利润连1个亿都没有,巨大的财富转移到哪里去了至今仍是个谜。

“327”事件之后,国债期货市场仍是动荡不安。5月17日,中国证监会暂停国债期货交易试点。于是巨量的投机资金没有了方向,一下子全进入股票市场,催生了著名的5.18短命的3天井喷行情。5月18日,深沪股市人气鼎沸,巨量暴涨。当日沪市以741点跳空130点开盘、收于763点,比上日收盘高出180点,涨幅达40%。深市也不示弱,以1 233点跳空190点开盘,尾市收于1 287点,较前日上涨244点,涨幅达23%。其后两天,股市继续猛涨,到5月22日星期一,上证指数收于897点,深成指收于1 425点。不久之后,尉文渊辞去上交所总经理的职务。

“327”事件影响到中国证券市场的发展进程,大大阻碍了证券市场新产品尤其是衍生品发展的进程。

②股价指数期货(股指期货)交易。

A. 股价指数期货及其特点。股价指数期货交易就是以股票市场上股票价格指数合约为买卖对象的期货交易方式。股价指数期货合约是买卖双方通过期货交易所,以将来一定日期、价格交割等为内容的股票价格指数交易协议。股价指数期货交易与其他期货交易的最大区别就是它以现金方式做最终结算,并不进行实际的股票交割。

股价指数期货交易与其他期货交易相比,具有以下特点:第一,它以股价指数为基础,而不是一般意义上的金融工具,交易者根据指数的升降决定交易的盈亏;第二,它代表买卖双方同意交易的市场价值,每份合约代表一种虚拟的股票资产,而非某种特定的股票;第三,它的价格是以股价指数的“点”来表示的,即股价指数的点数是该指数的期货价格,点数与确定金额的乘积就是合约的价值;第四,因股价指数是所有股票价值的代表,无具体实物,股价指数期货交易只能用现金结算而不是进行实物交割。

B. 股价指数期货的交易原理。股价指数期货交易有空头套期保值交易、多头套期保值交易和投机交易。

空头套期保值:投资者如预期股价下跌,又不愿抛售手中股票,这时就可以运用空头套期保值交易,投资者在期货市场上卖出与股票市值相等的股价指数期货。如果股价下跌,指数也会下滑,现货市场上股票市值的损失,会因低价补进期货合约进行平仓的营利来弥补。

多头套期保值:先在现货市场卖出股票,期货市场买进,或者目前资金不足,但又对某股票看涨,也可以在期货市场上买进,然后到时再在期货市场上作与以前相反的操作,通过期货市场的盈利来弥补现货市场的亏损。

投机交易:如果预计股价指数将上升,可以先买进指数期货合约,希望到期前或到期时能以较高的价格售出期货合约而获利;如果预计股价指数将要下跌,可以先卖出指数期货合约,在到期前或到期时能以较低的价格买入期货合约而获利。

(3)证券期货交易的功能

价格发现、套期保值和投机等重要功能。

①价格发现。期货合约交易价格在交易过程中,不断报出、修正和传递,形成证券发行人、承销商、投资者在市场中能够接受的、公开的均衡价格。

价格发现是证券期货市场的基本功能,它不仅反映证券市场的供求状况,而且成为证券发行、承销和交易行情的重要信息。在证券期货交易中,期货价格是由众多的买者与卖者通过公开竞价形成的,并且通过买卖关系的对比或者供求关系的变化调整。

由于市场联系非常密切,现代化的通信手段、传播媒介使证券期货价格行情可以迅速地在整个市场范围内传递,从而使潜在的价格信息揭示得更加充分、合理,能够更真实地反映证券作为金融工具未来价格的综合预期。证券期货市场这种通过交易者公开竞价,揭示价格信息,形成统一的价格信息就是所谓的价格发现。

证券期货交易所形成的价格之所以为社会公众所承认,一是期货交易的参与者不仅有资金实际需求者和供给者,而且还有众多的投机者,他们从不同的角度对未来的资金价格作出判断,使之具有广泛性和综合性;二是期货交易是在集中的场所内进行,通过集中报价、公开竞争,避免交易中的欺诈和垄断行为,更能反映实际的供求关系;三是期货交易所形成的价格,不仅反映过去和现在的状况,更基于众多供求者对未来供求状况的预测,更能反映价格的动态趋势。

②套期保值。套期保值又叫转移风险,就是资金供求双方为防止价格波动带来风险而进行的交易活动。套期保值需要分别在现货市场和期货市场,利用现货价格与期货价格的趋同性,在现货市场上买进(或卖出)某种金融证券的同时,在期货市场上卖出(或买进)同种、同量金融证券的期货合约,使期货市场的盈利(或亏损)与现货市场的亏损(盈利)相互抵消,从而防止价格波动的风险,并将这一风险进行转移。

一般来讲,套期保值者都拥有未来的应收债权或应偿债务,他们的目的是通过套期保值交易逃避价格不利变动带来的风险,而不是为了赚取利润。

③投机获利。期货市场上的投机是与套期保值相对而存在的,投机者以承接套期保值者转移的风险为代价赚取投机利润,如果没有投机者的存在就不可能实现套期保值。投机者在期货交易中,根据对证券期货价格变动的判断,不断地买进或卖出期货合约,以博取较高的利润。由于证券期货价格波动非常频繁,投机者往往承担较大的风险。

投机获利者对于期货交易,一方面可以起到润滑市场的作用,因为投机者在市场经常变换其交易部位,有时做空头,有时做多头,使套期保值才有可能实现,同时也使市场更具有流动性,另一方面,投机活动也可能加剧市场价格的波动,甚至会导致证券期货市场的畸形发展。

(4)证券期货交易与证券现货交易的比较

①期货交易与即期现货交易。

第一,交易对象不同。现货交易的对象是证券实物,代表一定价值的虚拟资本;期货交易对象是标准化合约,代表一定数量的证券(价值)。

第二,交易目的不同。现货交易目的是证券所有权的转移(获得或放弃),买卖成交后要办理证券实物交割手续;期货交易是为了保值或投机,因此买卖成交后一般不进行实物交割,在交割日前对冲了结,或进行现金交割。

第三,交易方式不同。现货交易可以在交易所内进行,也可以在场外市场成交,成交价格可以是竞争形成,也可以是议价形成;期货交易则集中在期货交易所进行,并通过公开竞价方式形成交易。

第四,保障制度不同。现货交易一般是委托代理关系,受合同法的约束和保障;而期货交易一般是通过保证金制度保障交易行为。

②期货交易与远期现货交易。期货交易实际上是期货合约的交易。证券期货合约就是根据交易双方同意的价格,买进或卖出一定标准数量和质量的某一金融工具,在约定的将来某一月份交割的可转让的法律约束性协议。

期货合约交易与远期交易有许多相似之处,不仅是由于它是由远期交易演变、发展而来,带有远期交易的痕迹。同时,都是交易双方约定在将来某一特定时间内以约定的价格买卖证券及衍生品的行为,是成交后过一段时间进行交割的交易方式,因此两者有着必然的联系。

但期货合约交易是在克服了远期交易的弊端的基础上发展起来的,是交易方式的一次重大变革,两者有着重大区别:

第一,在交易对象上,远期交易以证券实物为交易对象,并由交易双方签订成交合同;期货交易以标准化合约为交易对象,由期货交易所制定。

第二,在交易合约内容上,远期合约由交易双方制订,合约的品种、面额、期限、交割日、数量等内容,均由交易双方协商确定,是非标准化的合约;而期货合约的制订由期货交易所完成,合约中明确规定了上述内容,唯一可变的只有成交价格。

第三,在交易价格形成机制上,远期交易一般在场外市场进行,成交价格一般双方协商确定,并非市场均衡价格;期货交易一般在交易所内,由众多交易参与者集中竞价形成交易价格。

第四,在交易信用保证上,远期交易通常需要通过征信方式,在了解交易双方的信用状况和商誉程度后才能进行,交易成本较高;而期货合约交易不需要征信,通过期货交易所的保证金制度和严格的交易制度维持交易信用,交易成本较低。

第五,在交易参与者上,远期交易的交易参与者具有专业性特征,多是机构投资者参与交易;期货合约交易参与者更加广泛。

3)证券期权交易

(1)证券期权交易的概念与特点

①证券期权与证券期权交易。期权(Option)又称选择权,是指在确定的日期或在这个日期之前,按照事先确定的价格买卖一种特定商品或金融工具的权利。金融期权交易就是在未来一定时期内按一定价格买进或卖出一定数量证券或期货合约权利的交易。期权交易的对象是买卖一定数量证券或合约的权利,这种权利通过买卖双方签订的合同而确定。

期权合同赋予买方的是在确定的时间内按照一定的执行价格购买或售出证券(或合

约)的权利,但并不承担必须购买或出售的义务。因此,期权购买者可以在该项期权合同到期时或之前行使、转卖或放弃这项权利。对于期权合同的出售者来说,赋予他的则是一项义务,他要承担期权合同到期时或之前由购买方选择履行出售或购买的义务。

②证券期权交易的特点。

第一,期权交易的对象是买卖一定数量标的证券的权利。

第二,期权交易具有很强的时间性,只能在合同规定的时间内行使,超过期限,就放弃行使权。

第三,期权买卖双方权利与义务不对等;买者为权利,卖者为义务。

第四,期权交易承担的风险较低,最大的风险就是期权费。

第五,期权交易既可以在有形的期权交易所内进行,也可以在交易所之外的柜台市场进行,股票期权和期货期权一般在期权交易所内进行交易。

③证券期权交易的要素。

A. 期权合约。就是期货期权交易双方进行期权交易的合约,一般包括交易单位、最小变动单位、每日价格最大波动限制、合约月份、交易时间等方面的内容。

B. 期权期限。也叫履约日、有效期限,由买卖双方通过合同确定或由交易所规定。有规定具体日期(欧式期权),也有规定期限(美式期权)。

C. 期权费。也叫权利金或保险金,就是期权购买者支付的代价——期权价格。期权费一般取决于期权有效期的长短、期权行使价格高低、证券价格走势以及期权供求关系等因素。

D. 履约价格。也叫期权协议价格、执行价格或敲定价格,取决于当时证券市场价格及对未来价格走势的判断。

E. 履约保证金。期权卖出者缴纳的一定比例的保证金。

经典案例:　　期权给交易双方带来了什么?

投资者 A 和投资者 B 分别是看涨期权的买方与卖方,他们就 X 股票达成看涨期权交易,期权协议价格为 50 元/股。期权费 3 元/股,试分析未来三个月中该期权的执行情况。

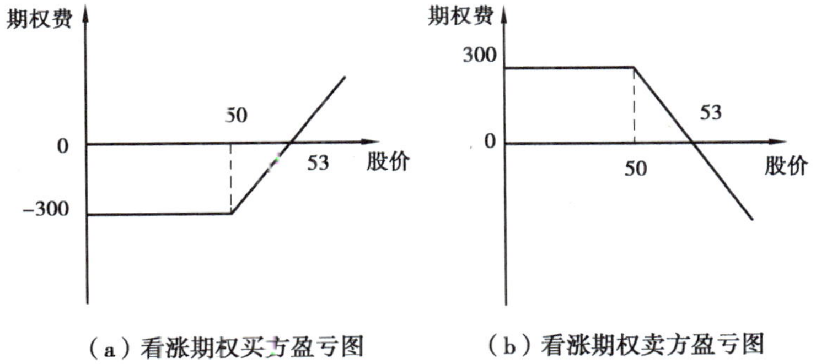

图 2.1　期权双方的盈亏图

我们考虑了几种情况，分别就买方和卖方的操作进行了分析。当未来三个月中，每股股价是小于50元的，那么证明看涨期权买方判断失误，因为价格并未超过协定价，因此买方必定不执行期权，放弃权利，损失期权费300元。因为每个期权对应的股票是100股，300元的期权费是买方最大的亏损值。而这是卖方最愿意看到的，买方不执行，他就可以稳收期权费了，在这时，他的盈利也达到最大。如果股价停滞不前，依然在每股50元，那么期权的执行与不执行对买方而言都无多大意义，因为他无法从中获利，执行与不执行的结果都是亏损全部期权费，而卖方收入全部期权费。

如股价在三个月中的确上升了，但是没有超过协定价加上期权费（即53元每股），那么只要后市朝买方的预计发展，买方就会执行权利。例如股价为52元每股，买方先以协定价50元/股的价格向卖方买入股票，然后再到股票市场以52元/股的市价出售，获得200元的盈利，除去期权费300元，亏损缩小到100元，也就是买方行使权利可以部分弥补期权费损失。

对应在图2.1(a)我们可以看到，从50元到53元的价位，买方的盈亏线有了上倾的斜率，也就是说买方的亏损在这个区域内，随着价格的上升而不断缩小。而对应的卖方因为买方期权的执行，他也不得不履约，如果市场价格为52元每股，为了卖给买方一定数量的股票，他必须到股市上以市价52元/股买入，然后又无可奈何地以协定价50元/股出售给买方，损失200元，这个损失是由于他自身判断失误造成的。期权费300元收入，履约亏损200元，因此净收入缩水到100元。对应在图2.1(b)也可以看到，从50元到53元的价位，卖方的盈亏线有了下倾的斜率，也就是卖方的盈利在这个区域内，随着价格的上升而不断缩小。

当股价达到53元/股的时候，买方仍旧执行期权，而这时他的盈利完全可以弥补期权费的损失，因此不亏不盈。但是卖方为了执行期权，也付出了代价，他所得到的期权费统统被履约损失而抹去了，因此在图上也是不盈不亏。

如果股价再向上涨，超过53元/股，那么买方就要开始盈利，卖方就有了亏损。当然，还有一种情况，我们也在最后罗列了出来，就是随着股价的上扬，期权费也开始上涨，买方执行期权的所得不如直接出售这份期权所得高，因此买方就直接出售期权。比如我们例子中，期权费上涨到4.5元/股，出售期权的净收入150元，此时虽然股价也上扬到54元/股，但是若执行期权，得到的净收入为100元，小于前者，所以投资者会选择出售期权。

以上我们用列举法观察了看涨期权买方和卖方的操作及盈亏。从买方图中看出，合约在价位53元时，执行结果盈利与成本相抵持平，盈亏线穿越横轴点即为平衡点，而股价一旦跌进50元，则买方最大损失为300元，这也是他的投资停损点。当股价在50元至53元盘整，投资者的成本则在0至300元相对应，即亏损额随价位增高而减少。

当股价一旦冲破53元，投资者开始获利。随着股价不断攀升，看涨期权买方的盈利不断增大。因为股价理论上说没有最高价格，所以看涨期权买方亏损是有限的，盈利空间是无限的。从看涨期权卖方图看，股价只要不高于50元，他稳获全部期权费，这是他的最大收入。

在50元至53元区间，期权费收入随股价上升而减少，一旦价位突破53元，期权的卖方开始亏损，股价越高，亏损越大，从理论上分析，因为股价不存在最高价，所以看涨期权的卖出方盈利是有限的，亏损是无限的。我们将这两个图合在一起，如图2.2所示。

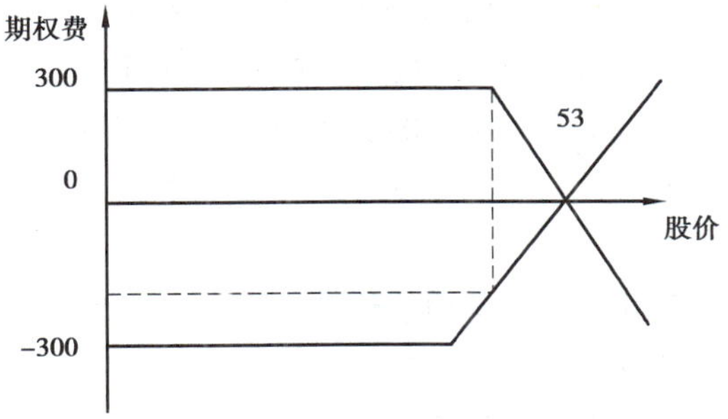

图2.2 看涨期权买卖双方的盈亏图

根据合并图，可以提出这样的问题，即在什么价位，投资者总体不盈不亏？我们说，看涨期权买卖双方的平衡点就在协定价加期权费这个数值上。如本例中协定价50元/股，期权费3元/股，两者相加，盈亏平衡点就在53元/股。

(2)证券期权交易的价格

①证券期权交易价格的含义。证券期权的交易价格即期权价格或期权费，是以"权利"为交易对象形成的价格，在期权买卖双方达成交易后由买方向卖方支付。场外市场上的期权价格由双方协商确定，场内的期权价格由交易双方在交易所内通过竞价的方式确定。一般来说，期权价格是由市场供求关系决定的，它反映出期权的买卖双方对这一权利作出的价值判断。

履约价格即执行价格，是在期权交易完成后，期权购买者履行其权利从而买进或卖出标的证券(或期货合约)的价格。

期权价格或期权费 = 内在价值 + 时间价值

②证券期权的内在价值。期权的内在价值是期权价格中与标的证券(或期货合约)市价之间关系的那部分价值。

对于看涨期权：

内在价值 = 市场价格 - 执行价格(最小为零)

对于看跌期权：

内在价值 = 执行价格 - 市场价格(最小为零)

③证券期权的时间价值。时间价值又称外在价值，是指期权到期前，期权价格超过内在价值的部分，即：

时间价值 = 期权价格 - 内在价值

时间价值反映这样一种意愿：买入者愿意为期权所赋予的权利付款超出卖出者承担期权义务的部分。期权的时间价值代表期权的有效剩余期。时间价值与期权有效期的长短成正比:有效期越长,时间价值越大;随着期权最后交易日的临近,时间价值越来越小;到期权到期,时间价值也就为零。因此,时间价值是一个从大到小、从有到无的过程。

④决定和影响证券期权价格的因素。证券期权交易价格除决定于内在价值和时间价值的大小外,还有:

A. 履约价格。看涨期权的履约价格越低,或看跌期权履约价格越高,则期权被履约的可能性越大;这时期权价格中的内在价值也越多,期权价格就越高。

B. 期权有效期。由于期权到期时间的长短直接与期权履约的可能性有关,到期时间越长,则无论是看涨期权还是看跌期权,履约的可能性越大,期权价格中包含的时间价值也越多。

C. 期权标的金融资产市场价格变动趋势和波动性。价格看涨(跌)时,看涨期权的期权费就上升(下降),看跌期权的期权费就下降(上升);价格变动范围越大,可能的获利机会越多,期权费越高;反之,价格越平稳的金融资产期权费越低。

D. 市场利率。利率提高,股票和债券的市场价格降低,会减少看涨期权的内在价值和相应的期权费,增加看跌期权的内在价值及相应的期权费。

(3)证券期权交易的种类

按照期权履约期限,分为欧式期权和美式期权。

按照标的资产性质,分为现货期权(股票期权、债权期权、指数期权)、期货期权(债券期货期权,股价指数期货期权)。

按照期权交易性质,分为买进期权和卖出期权。

①买进期权。即看涨期权,是在期权有效期内,期权购买者按规定的履约价格和数量买进某种证券资产的权利。因为预期未来标的资产价格可能上涨,期权购买者可以从未来价格上涨中获利。如果在期权有效期内,期权的价格上涨,期权的购买者可以通过直接出售期权盈利。

②卖出期权。即看跌期权,是在期权有效期内,期权购买者按规定的履约价格和数量卖出某种证券资产的权利。因为,预期证券资产价格下跌时,期权购买者可以从未来价格下降中获利。同买进期权一样,在期权有效期内,如果卖出期权的价格上升,买主就不必再通过买卖股票盈利,而可以直接通过卖出期权,达到既转嫁风险又盈利的双重目的。

(4)证券期权交易与证券期货交易的比较

①证券期权交易与证券期货交易的联系。在期权交易中,期权购买者可以在合同有效期内履行这种权利,也可以放弃或转让该权利,这种回避风险的特征与期货交易的功能一致。

在期货市场上,期权价格总是围绕着期货价格的波动而变化。期货价格上涨,则买入期权价格也上涨,卖出期权价格下跌;期货价格下跌,则买入期权价格下跌,卖出期权价格上涨。

②证券期权交易与证券期货交易的区别。

第一,买卖标的不同。期货交易的标的是合约所规定的证券;而期权交易的标的是买卖证券的权利，不是证券或合约本身。

第二，交易方式不同。期货交易实行保证金交易，交易者现实支付的资金较少；期权交易是现金合约，成交时全额交付期权费。

第三，履约方式不同。期货交易一般是通过对冲或平仓方式了结合约，实物交割比例低，且可以现金交割；期权交易的履约是买进或卖出一定证券或（期货合约），也可以放弃或转让履约权。

第四，保障责任制度不同。期货交易要求交易双方都按规定缴纳保证金，并根据价格波动追加保证金；期权交易只要求期权卖出者缴纳保证金，期权购买者不需要缴纳保证金。

第五，交易双方的权利与义务关系不同。期货交易双方权利和义务相同；期权交易的购买者拥有买卖证券的权利，卖出者有卖出或买进义务。

第六，交易双方的风险与收益不同。期货交易双方获得的收益和承担的风险一样，机会均等；期权交易中购买者仅承担有限的风险，最大限度的风险是损失期权费，但对于期权卖出者承担的风险是无限的，收益是期权费。

4）证券信用交易

信用交易也称垫头交易或保证金交易，是指投资者凭借自己的信誉，通过交纳一定数量的现款或证券作为保证金，而由证券公司提供融资或者融券进行交易，其应当支付的价款和应交付的证券不足时由证券公司进行垫付。信用交易具体分为融资买进和融券卖出两种。

在我国，“证券信用交易”又称“融资融券”，是指投资者向具有上海证券交易所或深圳证券交易所会员资格的证券公司提供担保物，借入资金买入本所上市证券或借入本所上市证券并卖出的行为。包括券商对投资者的融资、融券和金融机构对券商的融资、融券。

“融资”是投资者对某证券价格看涨，因此向证券公司借钱买入证券，证券公司借款给客户购买证券，客户到期偿还本息，客户向证券公司融资买进证券称为“买多”。“融券”则是看空，借证券来卖，然后以证券归还，证券公司出借证券给客户出售，客户到期返还相同种类和数量的证券并支付利息，客户向证券公司融券卖出称为“卖空”。目前，国际上流行的融资融券模式基本有四种：证券融资公司模式、投资者直接授信模式、证券公司授信的模式以及登记结算公司授信的模式。

延伸阅读： **融资融券交易**

2011 年 10 月 26 日，中国证监会发布《证券公司融资融券业务管理办法》（证监会公告〔2011〕31 号），下文简称《管理办法》。2011 年 11 月 25 日，经中国证监会批准，《上海证券交易所融资融券交易实施细则》正式发布，并自发布之日起施行，融资融券交易在我国证券市场上正式拉开帷幕。证监会和交易所对投资者进行融资融券交易的基本要求如下。

对投资者的要求:投资者参与融资融券交易前,证券公司应当了解该投资者的身份、财产与收入状况、证券投资经验和风险偏好等内容。

投资者的准备工作:投资者向证券公司融资、融券前,应当按照《管理办法》等有关规定与证券公司签订融资融券合同以及融资融券交易风险揭示书,并委托证券公司为其开立信用证券账户和信用资金账户。根据《管理办法》的规定,投资者只能选定一家证券公司签订融资融券合同,在一个证券市场只能委托证券公司为其开立一个信用证券账户。

结算融资交易:投资者融资买入证券后,可以通过直接还款或卖券还款的方式偿还融入资金。投资者卖出信用证券账户内证券所得资金,须优先偿还其融资欠款。

融资融券具体操作:融资买入、融券卖出的申报数量应当为100股(份)或其整数倍。投资者在交易所从事融资融券交易,融资融券期限不得超过6个月。投资者卖出信用证券账户内证券所得价款,须先偿还其融资欠款。融资融券暂不采用大宗交易方式。

融资买入:例如,假设某投资者信用账户中有100元保证金可用余额,拟融资买入融资保证金比例为50%的证券B,则该投资者理论上可融资买入200元市值(100元保证金÷50%)的证券B。

融券卖出:例如,某投资者信用账户中有100元保证金可用余额,拟融券卖出融券保证金比例为50%的证券C,则该投资者理论上可融券卖出200元市值(100元保证金÷50%)的证券C。

申报价格的限制:为了防范市场操纵风险,投资者融券卖出的申报价格不得低于该证券的最近成交价;如该证券当天还没有产生成交的,融券卖出申报价格不得低于前收盘价。融券卖出申报价格低于上述价格的,交易主机视其为无效申报,自动撤销。投资者在融券期间卖出通过其所有或控制的证券账户所持有与其融入证券相同证券的,其卖出该证券的价格也应当满足不低于最近成交价的要求,但超出融券数量的部分除外。

融资融券期限与限制:为了控制信用风险,证券公司与投资者约定的融资融券期限最长不得超过6个月。投资者信用证券账户不得用于买入或转入除担保物及本所公布的标的证券范围以外的证券。同时,为了避免法律关系混乱,投资者信用证券账户也不得用于从事债券回购交易。

2.3.4 股票价格指数

股票价格指数是衡量股票市场总体价格水平及其变化趋势的尺度,也是反映一个国家或地区社会政治经济发展状况的灵敏信号。

股票价格指数(简称股价指数)是指由金融服务机构编制的,通过对股票市场上一些有代表性的公司发行的股票交易价格进行平均计算和动态对比后得出的数值,是对股市动态的综合反映。股票价格指数能从总体上来衡量股市价格水平和涨跌情况,因此被公认为股票市场行情的“晴雨表”。

延伸阅读：国内主要股票价格指数

①上证综合指数。上证综合指数是上海证券交易所股票价格综合指数的简称。上海证券交易所从1991年7月15日起编制并公布上证综合指数，它以1990年12月19日为基期，基期值为100，以全部上市股票为样本，以股票发行量为权数按加权平均法计算。

②深证成份股指数。深证成份股指数由深圳证券交易所编制，按一定标准选出40家有代表性的上市公司作为成份股，以成份股的可流通股数为权数，采用加权平均法编制而成。包括深证成份指数、成份A股指数、成份B股指数、工业分类指数、商业分类指数、金融分类指数、地产分类指数、公用事业指数、综合企业指数共9项。成份股指数以1994年7月20日为基日，基日指数为1 000点。

③上证180指数。上证180指数是上海证券交易所编制的一种成份股指数，其前身是上证30指数。上证180指数样本股是在所有A股股票中抽取最具市场代表性的180种样本股票，自2002年7月1日起正式发布。作为上证指数系列核心的上证180指数的编制方案，目的在于建立一个反映上海证券市场的概貌和运行状况、具有可操作性和投资性、能够作为投资评价尺度及金融衍生产品基础的基准指数。上证30指数是由上海证券交易所编制，以在上海证券交易所上市的所有A股股票中最具市场代表性的30种样本股票为计算对象，并以流通股数为权数的加权综合股价指数，取1996年1月至1996年3月的平均流通市值为指数基期，基期指数定为1 000。

④上证50指数：上证50指数是挑选上海证券市场规模大、流动性好的最具代表性的50只股票组成样本股，以综合反映上海证券市场最具市场影响力的一批龙头企业的整体状况。上证50指数自2004年1月2日起正式发布。以2003年12月31日为基日，基期指数定为1 000点。

⑤央视财经50指数。央视财经50指数是由深圳证券信息有限公司和中央电视台财经频道宣布的指数，于2012年6月6日发布，指数代码为“399550”，简称“央视50”。指数基日为2010年6月30日，基点为2 563.07点。央视财经50指数从“成长、创新、回报、公司治理、社会责任”5个维度对上市公司进行评价，每个维度选出10家，合计50家A股公司构成样本股。在指数中，5个维度具有相同的初始权重，均为20%。在维度内，单只样本股的权重不超过30%。

延伸阅读：国际市场主要股票价格指数

①道琼斯股价指数。道琼斯股价指数，是世界上最早、最享盛誉和最有影响的股票价格指数，由美国道琼斯公司计算并在《华尔街日报》上公布。最早为1884年7月3日道琼斯公司的创始人查尔斯·亨利·道和爱德华·琼斯根据当时美国有代表性的11种股票编制股票价格平均数，以后样本股扩大至65种。现在的道琼斯指数实际上是一组股价平均数，包括5组指标。

A. 工业股价平均数：30 家。平时所说的道·琼斯指数就是指道琼斯工业股票价格平均指数。

B. 运输业股价平均数：以 20 家有代表性的运输业公司股票为编制对象。

C. 公用事业股价平均数：以 15 种具有代表性的公用事业大公司股票为编制对象。

D. 以上述 65 家公司股票为编制对象的综合平均数。

E. 以 700 种不同规模或实力的公司股票作为编制对象的道琼斯公正市价指数，1988 年 10 月首次发表。由于该指数所选的股票不但考虑了广泛的行业分布，而且兼顾了公司的不同规模和实力，因此很具有代表性。

道琼斯股价平均数以 1928 年 10 月 1 日为基期，基期指数为 100。道琼斯指数的计算方法原为简单算术平均法，由于这一方法的不足，从 1928 年起采用除数修正的简单平均法，使平均数能连续、真实地反映股价变动情况。

②金融时报指数。金融时报指数是英国最具权威性的股价指数，由《金融时报》编制和公布。这一指数包括以下三种：

一是《金融时报》工业股票指数，又称 30 种股票指数。该指数包括 30 种最优良的工业股票价格，它以 1935 年 7 月 1 日为基期，基期指数为 100。

二是 100 种股票交易指数，又称“FT-100 指数”，该指数自 1984 年 1 月 3 日起编制并公布。这一指数挑选了 100 家有代表性的大公司股票，该指数基值定为 1 000。

三是综合精算股票指数。该指数从伦敦股市上精选 700 多种股票作为样本股加以计算，它自 1962 年 4 月 10 日起编制和公布，并以这一天为基期，该基期指数为 100。

③日经 225 股价指数。该指数是《日本经济新闻社》编制公布以反映日本股票市场价格变动的股价指数。该指数从 1950 年 9 月开始编制，最初根据东京证券交易所第一市场上市的 225 家公司的股票算出修正平均股价，称为“东证修正平均股价”。1975 年 5 月 1 日《日本经济新闻社》向道·琼斯公司买进商标，采用道·琼斯修正指数法计算，指数也改称为“日经道式平均股价指标”。1985 年 5 月合同期满，经协商，又将名称改为“日经股价指数”。

④恒生指数。恒生指数由香港恒生银行于 1969 年 11 月 24 日起编制公布，是系统反映香港股票市场行情变动最有代表性和影响最大的指数。它挑选了 33 种有代表性的上市股票为成份股，用加权平均法计算。恒生指数的成份股并不固定。恒生指数最初以 1964 年 7 月 31 日为基期，基期指数为 100，后由于技术原因将基期改为 1984 年 1 月 13 日，并将该日收市指数的 975.47 点定为新基期指数。恒生指数是衡量香港股市变动趋势的主要指标。

⑤标准普尔股票价格指数。标准普尔（Standard & Poor's）股票价格指数，是由美国最大的证券研究机构标准普尔公司编制发表的反映纽约证券交易所行情的股价指数。该指数是从 1923 年开始编制，最初的采样股票共 233 种，1957 年将采样股票调整扩大到 500 种，即 S&P500。标准普尔股票价格指数采用的是加权平均法。它以 1941—1943 年的平均市价总额为基期值，以 10 作为基期的指数值。

⑥纳斯达克综合指数。该指数涵盖了所有在NASDAQ市场上市的本国和外国的上市公司，并以各只股票的市值大小为权数，按其最新的出售价与股票数额进行加权。该指数是在1971年2月5日起用的，基期指数为100点。

本章小结

1. 证券发行市场是证券从发行人手中转移到认购人手中的场所，又称为初级市场或一级市场。证券发行市场是整个证券市场的基础。证券发行是直接融资的实现形式，而证券发行市场是个无形市场。证券发行有两个最基本的条件，其中又细分为股票发行的条件和债券发行的条件。证券的发行定价是又一个重要的问题。一般来说，债券的发行价格是以票面金额为基础，主要取决于票面利率以及票面利率与市场收益率的关系，同时还与发行成本、发行者与承销机构的信誉、市场供求状况等有关。股票的定价在我国主要采用“市盈率法”来确定。

2. 证券交易市场是指已发行并被投资者认购的证券进行转让、买卖的场所，也称证券次级市场或二级市场。证券交易市场为一级市场发行的证券提供了交易、变现的条件，是证券发行得以维持、发展的重要保证。从一定意义上讲，证券交易市场是整个证券市场的灵魂，是证券市场生命力的体现。

3. 股票价格指数是衡量股票市场总体价格水平及其变化趋势的尺度，也是反映一个国家或地区社会政治经济发展状况的灵敏信号。股票价格指数，简称股价指数，是指由金融服务机构编制的、通过对股票市场上一些有代表性的公司发行的股票交易价格进行平均计算和动态对比后得出的数值，是对股市动态的综合反映。股票价格指数能从总体上来衡量股市价格水平和涨跌情况，因此被公认为股票市场行情的“晴雨表”。

本章重要术语

证券发行人　证券认购人　证券承销商　荷兰式招标　美国式招标　担保发行　注册制　审核制　折价发行　溢价发行　平价发行　债券票面利率　市场收益率　竞价法　拟价法　证券评级　场外交易市场　做市商　第三市场　第四市场　证券二板市场　证券期货交易　套期保值

本章思考题

1. A和B分别为看跌期权的买方和卖方，就Y股票达成看跌期权，协议价100元/

股,期权费4元/股,试问今后三个月中合约的执行情况。

2. 场外交易市场的特点有哪些?

3. 比较公司制的证券交易所和会员制的证券交易所。

4. 证券交易市场的功能体现在哪些方面?

第3章　证券价值分析

证券分析(Security Analysis)是指对可能会包含在资产组合中的证券进行的价值评估。本章主要介绍债券和股票的基本定价原理。

案例：　　国债行情收益率

表3.1是我国交易所部分国债行情收益表(2022年7月25日)，你能否看懂其中每项信息的含义？根据该表，如何进行债券投资决策？

表3.1　我国交易所部分国债行情收益表(2022年7月25日)

名称	全价	净价	期限(年)	剩余期限(天)	应计利息(元)	应计天数(天)	付息方式	年利率(%)	到期收益率(%)	修正久期	凸性
国债08	111.00	108.96	20.00	4 929	2.039 4	182	半年付	4.09	3.26	10.30	130.07
国债(4)	107.44	105.59	20.00	1 297	1.846 7	164	半年付	4.11	2.45	3.26	12.79
国债13	104.02	102.44	50.00	16 270	1.581 4	156	半年付	3.70	3.59	21.69	716.62
国债07	104.44	102.87	50.00	17 732	1.573 8	154	半年付	3.73	3.60	22.38	781.09
国债02	101.52	99.98	2.00	111	1.537 0	255	年付	2.20	2.21	0.30	0.38
国债26	99.69	98.18	50.00	16 452	1.506 4	158	半年付	3.48	3.56	22.13	743.82
国债(19)	101.82	100.35	15.00	21	1.469 3	164	半年付	3.27	-3.15	0.06	0.03
国债11	103.12	101.68	10.00	575	1.444 6	156	半年付	3.38	2.28	1.51	3.09
国债05	98.47	97.38	5.00	1 261	1.090 4	200	年付	1.99	2.79	3.25	13.95
国债17	108.42	107.39	30.00	9 761	1.033 3	95	半年付	3.97	3.54	16.64	373.49
国债16	104.16	103.18	10.00	1 359	0.980 9	102	半年付	3.51	2.60	3.45	14.13
国债19	97.17	96.59	30.00	9 061	0.582 3	65	半年付	3.27	3.48	16.65	359.41
国债20	103.06	102.65	7.00	676	0.414 4	55	年付	2.75	1.29	1.80	5.05
国债04	96.76	96.39	30.00	10 352	0.371 5	40	半年付	3.39	3.59	17.86	427.02
国债18	108.44	108.11	20.00	3 987	0.325 8	29	半年付	4.10	3.21	8.84	92.65
国债(3)	101.68	101.60	20.00	539	0.083 8	9	半年付	3.40	2.29	1.44	2.79
国债24	109.04	109.00	30.00	9 852	0.044 7	4	半年付	4.08	3.56	16.77	377.90

资料来源：红顶金融研究中心债券频道，http://bond.jrj.com.cn/data/

3.1 债券估值与定价原理

3.1.1 货币时间价值(Time Value of Money)

对任何一种金融工具进行分析时,都应当考虑到货币的时间价值。货币具有时间价值是因为使用货币按照某种利率进行投资的机会是有价值的,考虑货币有时间价值,也可以说是使用货币的机会成本。货币的时间价值主要有终值和现值两种表现形式。

1)终值(Future Value)和现值(Present Value)

终值又称复利未来值或本利和,是指现期投入一定量的资金,若干期后可以得到的本金和利息的总和。终值一般采用复利来计算,但我国居民储蓄还本付息时长期采用单利公式,不承认利息可以产生利息,也就是否认了作为利息的货币与作为本金的货币一样具有时间价值。这种单利的计息方式在研究债券定价时是不可取的。考虑复利的终值计算公式为:

$$P_n = P_0(1+r)^n$$

其中,n 是时期数;P_n 是从现在开始 n 个时期的未来价值,即终值;P_0 是初始的本金;r 是每个时期的利率。

代数式 $(1+r)^n$ 表示今天投入一个单位货币,按照复利 r 在 n 个时期后的价值。

通过终值的计算公式可知,如果利率越高,复利计算的期数越多,一定量投资的未来值将越大。

现值是终值计算的逆运算,是指未来年份的收入或支出的现在价值,即在未来年份取得一定量的收入或支出一定量的资金相当于现在取得多少收入或支出多少资金量。

投资决策在许多时候都需要在现在的货币和未来的货币之间作出选择,也就是将来所获得的现金流量折现与目前的投资额相比较来测算盈亏。由终值求现值的过程叫作折现,在折现时所用的利息率叫折现率。现值的计算公式为:

$$PV = \frac{P_n}{(1+r)^n}$$

如果用 PV 表示现值代替 P_0,公式可重写为:

$$P_0 = \frac{P_n}{(1+r)^n}$$

由于计算现值的过程叫贴现,所以现值也常被称为贴现值,其利率 r 被称为贴现率,代数式 $1/(1+r)^n$ 被称为贴现因子。

由现值计算公式可知,当贴现率提高,收取未来货币的机会成本提高,现值会下降;同样,收到货币的未来时间越远,它今天的价值就越小。

2）普通年金（Ordinary Annuity）的价值

在了解了终值和现值的计算之后，再引入年金的概念。年金（Annuity）一般指在一定期数的时期中，每期相等的系列现金流量。比较常见的年金支付形式是支付发生在每期末，这种年金称为普通年金。

每一笔年金的未来值，实际上是对一个等比数列求和。根据等比数列求和公式，一笔普通年金的未来值的计算公式为：

$$P_n = \frac{A[(1+r)^n - 1]}{r}$$

一笔年金的现值是对一个未来价值序列的贴现，其公式为：

$$PV = \sum_{t=1}^{n} \frac{P_t}{(1+r)^t}$$

运用等比数列求和公式，可以得到一笔普通年金现值的公式：

$$PV = \frac{A\left[1 - \frac{1}{(1+r)^n}\right]}{r}$$

式中，A 为每期年金额，r 为贴现率，n 为从支付日到期末所余年数。

3.1.2 债券的估价

在评价债券时，有两种方法：第一，以债券现值来表示，即现值模型，它是以一个单一的贴现率来计算债券的现值；第二，以债券的收益率表示，即收益率模型，它是利用债券的现行价格来计算它能提供的收益率。

1）现值模型

现值模型是将债券所提供的现金流以一个贴现率进行折现，所得的现值的总和即为此债券的价值。债券所提供的现金流包括每期支付的利息和到期支付的本金，贴现率即为市场上该种债券现行的到期收益率。

为简化分析，现做三个假设：

①债券每年付息一次；

②下一次支付利息恰好是从现在开始的 12 个月后收到；

③债券期限内的票面利率固定不变。

此时，债券现值模型的表达式可写为：

$$P_m = \sum_{t=1}^{n} \frac{C_t}{(1+i)^t} + \frac{P_P}{(1+i)^n}$$

其中，C_t 为债券的年支付利息额；P_m 为债券的估值（或理论价格）；i 为年贴现率；n 为债券的期限（年）；P_p 为债券的面值。

这种估价方法要求债券的持有期等于债券的期限，即投资者要持有该债券直到到期为止。由算式可以看出债券的理论价格由两部分构成：一是各期所支付利息的贴现值；

二是到期归还本金的现值。

如果上述假设条件改为每半年支付一次利息,且下一次支付利息是从现在起六个月后收到,其他假设条件不变,则在此条件下,债券现值模型的表达式将变为:

$$P_m = \sum_{t=1}^{2n} \frac{C_t/2}{(1+i/2)^t} + \frac{P_P}{(1+i/2)^{2n}}$$

2)收益率模型

收益率模型就是利用债券的现行价格和它提供的未来的现金流来计算该债券的预期收益率,来评价此种债券的投资价值。

对于每年付息一次的债券而言,其预期收益率的计算公式如下:

$$P_m = \sum_{t=1}^{n} \frac{C_t}{(1+i)^t} + \frac{P_P}{(1+i)^n}$$

而对于每半年支付一次利息的债券,其预期收益率的计算公式如下:

$$P_m = \sum_{t=1}^{2n} \frac{C_t/2}{(1+i/2)^t} + \frac{P_P}{(1+i/2)^{2n}}$$

式中,P_m, P_p 和 C_t 是已知的,因此计算出 i 即可。这里 i 的含义是使未来现金流贴现值等于该债券现在的市场价格的贴现率。得出相应的预期收益率后,投资者会把这个预期收益率与其心理期望的预期收益率相比较,如果计算出的收益率等于或大于他所期望的预期收益率时,他会购买这种债券,若计算出的收益率小于他所期望的预期收益率时,他就会放弃对这种债券的投资。

3.1.3 债券定价原理

由债券价格的决定可以看出,债券的到期收益率与债券价格、票面利率、到期期限等因素有密切关系。伯顿·麦基尔(Burton G. Malkiel)在对债券价格、债券利息期限以及到期收益率之间的关系进行研究后,提出了债券定价的五个定理。至今,这几个定理仍被视为债券定价理论的经典,现分述如下。

定理一:债券的市场价格与到期收益率成反比。即到期收益率上升时,债券价格下降;反之,到期收益率下降时,债券价格上升。

定理二:当债券的收益率不变,即债券的息票率与收益率之间的差额固定不变时,债券的到期时间与债券价格的波动幅度之间成正比。即到期时间越长,价格波动幅度越大;反之,到期时间越短,价格波动幅度越小。

定理三:随着债券到期时间的临近,债券价格的波动幅度减少,并是以递增的速度减少;反之,到期时间越长,债券价格波动幅度增加,并且是以递减的速度增加。

定理四:对于期限既定的债券,由收益率下降导致的债券价格上升的幅度大于同等幅度的收益率上升导致的债券价格下降的幅度。

定理五:对于给定的收益率变动幅度,债券的息票率与债券价格的波动幅度之间成反比关系。即息票率越高,债券价格的波动幅度越小。

3.1.4 可转换债券定价理论

可转换债券(Convertible Bond)是债券持有人可按照发行时约定的价格将债券转换成公司的普通股票的债券。如果债券持有人不想转换,则可以继续持有债券,直到偿还期满时收取本金和利息,或者在流通市场出售变现。如果持有人看好发债公司股票增值潜力,在宽限期之后可以行使转换权,按照预定转换价格将债券转换成为股票,发债公司不得拒绝。该债券利率一般低于普通公司的债券利率,企业发行可转换债券可以降低筹资成本。可转换债券持有人还享有在一定条件下将债券回售给发行人的权利,发行人在一定条件下拥有强制赎回债券的权利。

可转换债券的条款主要包括票面利率、转换价格、转换比例、转换期限、赎回条款、回售条款等。

在可转换债券中,最核心的就是认股权证价格的确定以及风险调整。随着布莱克-斯科尔斯期权定价理论的问世,利用期权定价方法对可转换债券定价模型的研究已经成为主流方向。接下来,我们会比较详细地介绍这种估值方法。

1)运用布莱克-斯科尔斯(Black-Scholes)期权定价公式计算可转换债券的价值

可转换债券可看成由以下两部分构成:普通债券加上债券持有者将债券转换为普通股票的期权。由此,可转换债券的价值可分为三个部分:普通债券的价值、转换价值和期权价值。

债券的转换价值等于它立即转换为股票的市场价值。显然,可转换债券的价值不能低于其转换价值,否则投资者就可以购买可转换债券,然后立即将其转换,并获得无风险的利润。众多投资者采取这种策略必然导致可转换债券的价值不会低于转换价值。同理,可转换债券的价值不会低于其作为普通债券的价值。因此,可转换债券的价值至少不会低于以下两者中的较高者:普通债券的价值或转换价值。

可转换债券的价值通常会超过纯粹债券的价值与转换价值之和。原因在于,可转换债券的投资者不必立即转换债券;相反,投资者可以通过等待并在将来利用普通债券的价值和转换价值两者孰高来选择对己有利的策略(即是将其转换为普通股还是当作普通债券持有),这种可选择等待而获得的期权也是有价值的,它是可转换债券"普通债券的价值"与"转换价值"中的较大者。

假设可转换债券无违约风险,普通债券的价值不依赖于股票价格,则可转换债券的价值等于其普通债券的价值和转换价值两者之间的较大值与期权价值之和:

$$\text{可转换债券的价值} = \max(\text{普通债券的价值},\text{转换价值}) + \text{期权价值}$$

当公司的股票价格比较低的时候,可转换债券的价值主要取决于普通债券的价值。当股票价值比较高时,即转换价值高于普通债券的价值时,可转换债券的价值主要取决于转换价值。

从理论上说,我们可以将可转换债券看作普通债券加上看涨期权。因此,我们可以分别计算普通债券的价值和转换价值的较大值以及期权价值,然后将两者加总就可以得到可转换债券的价值。但是实际中很难运用这种方法。这是因为应用布莱克-斯科尔斯期权定价公式需要严格的假设前提,而可转换债券的期权很难满足这些前提条件。

2)运用二叉树(Binomial Tree)定价方法计算可转换债券的价值

可转换债券的价值主要取决于股票的价格,而股票的价格在未来不断变化。我们可以对股票价格未来的变化过程做出合理假设,然后构造出可转换债券价值的二叉树,再利用二叉树计算可转换债券的价值。

股票的价格变化只有两种可能:上升或下降。假设在整个期限内,股票价格每次上升的幅度相同,股票价格每次下降的幅度也相同。如果在某个时期内股票价格上升,下一期的股票价格就是上一期股票价格的 u 倍,$u>1$,称为上涨系数;如果股票价格下降,下一期的股票价格就是上一期股票价格的 d 倍,$d<1$,称为下降系数。将目前(今天)的股票价格表示为 S,下个时期分别用 uS 和 dS 表示上升后的股票价格和下跌后的股票价格。经过两个时期后,连续上升两次的股票价格变为 u^2S,连续下降两次的股票价格变为 d^2S,上升和下降各一次的股票价格变为 udS,依此类推。如果经过 n 个时期,经历过 t 次价格上升和 $n-t$ 次价格下降,则股票价格变为 $u^t d^{n-t} S$。

从本质上看,可转换债券就是一种期权,故可以用二叉树定价思路计算其价值。首先,构建可转换债券价值的二叉树。在确定每一个节点的价值时要考虑各种附加条件对可转换债券的影响,投资者和发行者都会追求自己的利益最大化,在对自己有利的情况下行使权利。投资者有可能将债券转换为股票或提前将债券返售给发行者。发行者中有可能提前赎回债券。应该综合考虑所有的附加条款,选择最有可能的价值作为该节点处的价值。节点处的价值可以用公式表示如下:

$$\text{某节点的价值} = \max[\min(Q_1,\ Q_2,\ Q_3]$$

式中,Q_1 为普通债券的价值,Q_2 为赎回价格,Q_3 为转换价值。

也就是说,某节点的价值应该按照如下原则确定:首先选择普通债券的价值和赎回价格中的较小值,然后在上述较小值和转换价值中选择较大值作为该节点的价值。这是因为,如果赎回价格小于普通债券的价值,发行者将会赎回自己的债券。而投资者在接到提前赎回通知后,会对赎回价格和转换价值进行比较,选择对自己最有利的策略。

3.2 久期与凸性

3.2.1 久 期

债券主要有两大风险:一是利率风险;二是信用风险。其中,债券价格利率风险大小的因素主要包括偿还期和息票利率。为了解决债券多次支付的“期限”含糊不清的问题,我们需要某种较为简洁的方法,以便准确直观地反映出债券价格的利率风险程度。为此，人们提出“久期”（Duration）的概念，把所有影响利率风险的因素全部考虑进去。这一概念最早是由经济学家麦考利（F. R. Macaulay，1938）提出的。他在研究债券与利率之间的关系时发现，到期期限（或剩余期限）并不是影响利率风险的唯一因素；事实上，票面利率、利息支付方式、市场利率等因素都会影响利率风险。基于这样的考虑，麦考利提出了一个综合了以上四个因素的利率风险衡量指标，并称其为久期（或持续期），用 D 表示，单位以“年”来表示。

久期表示了债券或债券组合的平均还款期限，即债券在未来产生现金流的时间的加权平均，其权重是各期现金流现值在现金流现值总和中所占的比重。久期越短，债券对利率的敏感性越低，利率风险越小；反之，债券对利率的敏感性越高，风险越大。

久期在金融风险管理中被广泛地用来进行资产风险的分散化管理，其主要应用可归纳为以下方面：一是当利率发生变化时，对债券价格变化或对债券资产组合的价格变化迅速作出大致的估计；二是对债券的现金流量特征，如息票率、期限和到期收益率等的影响进行总体的评估，从而提出债券价格相对易变性的估计值；三是达到获取某种特定的债券资产组合的目标，如消除利率变动对资产组合的不利影响（如构造免疫策略）。

1）麦考利久期的计算

麦考利久期提供了一种比债券期限更恰当的衡量债券偿还期特征的指标。

权重 w_t 与在时间 t 所发生的现金流（ CF_t ）有关，可表示为：

$$w_t = \frac{CF_t/(1+y)^t}{\sum_{t=1}^{T} \frac{CF_t}{(1+y)^t}}$$

式中，y 代表债券到期收益率。公式右边的分子代表在时间 t 所发生现金流的现值，分母代表债券的价格。

用这些值来计算债券所有支付时间的加权平均，就可以得到麦考利久期公式，表示为：

$$D = \sum_{t=1}^{T} t \times w_t$$

从上式可以看出，麦考利久期是现金流入时间的加权平均数，权重是每期现金流入现值占债券价格的比重。麦考利久期不仅考虑了最后本金的偿还时间，而且还考虑了债券到期前的利息支付，所以它反映了债券的平均偿还期限。

2）修正久期

修正久期（Modified Duration）是对麦考利久期稍加变动后得到的。对于给定的到期收益率的微小变动，债券价格的相对变动与麦考利久期成比例关系，可用公式表示如下：

$$\frac{\Delta P}{P} = -D \times \frac{\Delta(1+y)}{1+y}$$

债券价格的变化率对于久期乘以（1+债券收益率）的变化率。

为了更精确地描述债券价格对于到期收益率变动的灵敏性，我们引入修正久期，用它来衡量债券的利率敏感性,修正久期定义为 $D^* = D/(1+y)$,这里 $\Delta(1+y)=\Delta y$,于是上式改写为:

$$\frac{\Delta P}{P} = -D^* \times \Delta y$$

债券价格的变化率正好是修正久期和债券到期收益率变化的乘积。因为债券价格的变化率与修正久期成正比例,故修正久期可用来测度债券在利率变化时的风险敞口。当然,这种比例关系只是一种近似的比例关系,它的成立是以债券的到期收益率较小或局部变化为前提的。

3)久期法则

久期法则1:零息债券的久期等于它的到期时间。

因为零息债券只在期末提供一次现金流。与之不同的是,附息债券的麦考利久期小于它的到期时间,因为债券在到期前就开始支付利息了。

久期法则2:到期时间不变时,久期与息票率成反比。

票面利率越高,早期支付权重也越高,则加权支付平均期限就越短。

久期法则3:票面利率不变时,债券的久期与到期时间成正比。

债券以面值或者超出面值销售,久期总是随期限增加而增加,但是对于贴现率很高的债券,久期不会总是随期限增加而增加。然而,事实上所有可以交易的债券都可以安全地假定久期随到期时间的增加而增加。

久期法则4:久期以递减的速度随到期时间的增加而增加。

可以理解为债券价格的波动幅度随期限的增加而增加,但增加的速度递减。因为本金是最大数量的现金流,受到市场利率的影响最大。当期限增加时,本金不断后移,其现值占总现值的比重变小,重要性程度下降。所以债券价格受利率影响虽然变大,但增速递减。

久期法则5:保持其他条件不变时,久期与到期收益率成反比。

较高的收益率降低所有债券支付的现值,同时会较大幅度地降低远期支付的价值。因此,在收益率较高时,债券总值的更多部分会依赖于它的早期支付,这样就降低了有限期限。当然,对于零息债券,久期等于到期时间,与到期收益率无关。

久期法则6:终身年金的久期如下公式所示。

$$\text{终身年金的久期} = \frac{1+y}{y}$$

3.2.2 凸 性

1)债券凸性的含义

在前面介绍了债券价格变化率近似等于修正久期与债券收益率变化的乘积,债券价格变化率作为它的收益率变化的函数的图形将是一条直线。但是实践中,债券价格随着利率变化而变化的关系接近一条凸函数而不是线性函数。对于债券收益率的较小或局部变化，久期可以给出良好的近似值，但是对于较大的变化，它给出的数值就不太精确。

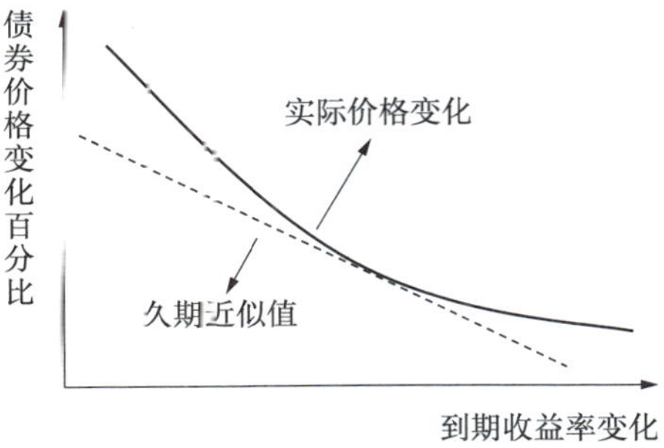

图 3.1　债券价格变化与到期收益率变化之间的关系

如图 3.1 所示，久期近似值总是低于债券的价值。当收益率下降时，它低估了债券价格的上升程度；当收益率上升时，它高估了债券价格的下降程度。这正是因为真实价格-收益关系的曲率。价格-收益曲线的曲率被称为债券的凸性(Convexity)。凸性的作用在于可以弥补债券价格计算的误差，更准确地度量债券价格对收益率变化的敏感度。

通过债券定价公式对到期收益率的二阶求导可以得到债券凸性的表达式为：

$$c = \frac{1}{P} \cdot \frac{\mathrm{d}^2 P}{\mathrm{d}y^2} = \frac{1}{P} \cdot \frac{1}{(1+y)^2} \cdot \sum_{t=1}^{T} \frac{t(t+1)CF_t}{(1+y)^t}$$

式中，c 为凸性；P 为债券初始价格；CF_t 为在日期 t 支付给债券持有人的现金流。

2) 凸性与债券价格

在了解了凸性的含义之后，债券凸性对债券价格变化的影响可以通过下式计算：

$$\frac{\Delta P}{P} = -D^* \times \Delta y + \frac{1}{2} \times c \times (\Delta y)^2$$

等式右边的第一项与久期法则相同，第二项是对凸性的修正。注意，如果债券的凸性是正的，不管收益率是涨还是跌，第二项都是正的。即当收益率变化时，久期法则总是会低估债券的新价值。如果收益变化很小，上式中凸性这一项乘以 $(\Delta y)^2$ 得出的积极其小，使久期的近似不会有什么增加。在这种情况下，久期法则给出的线性近似将是足够精确的。因此，凸性在利率有一个很大的潜在变动时才会作为一个更重要的实际因素。

在债券投资实践中，对于久期相同的债券，投资者一般偏好凸性高的债券。这是因为当到期收益率下降时，凸性高的债券的价格上涨幅度比凸性低的债券的价格上涨幅度更大；而当到期收益率上涨时，凸性高的债券的价格下跌幅度比凸性低的债券的下跌幅度更小。当然，如果凸性是我们希望得到的，那它肯定也不是免费的午餐。对凸性较大的债券而言，投资者必须付出更高的价格，并接受更低的到期收益。

3.3 普通股估值

3.3.1 红利贴现模型

1)红利贴现的基本模型

红利贴现模型(又称为 Gondon 模型)是运用收入资本化原理来决定普通股内在价值的方法。按照收入资本化原理,任何资产的内在价值取决于持有该资产期望带来的未来净现金流入的现值的和。由于未来的现金流取决于投资者的预期,其价值采用未来值的形式,所以需要用贴现率将未来现金流调整为它们的现值。因此,可以将收入资本化原理运用于股票价值分析中,持有股票预期可获得的未来现金流包括红利现金流和资本利得(即股票买卖差价),将其按照一定的贴现率转化为现值并加总即可得到对股票内在价值的估值。投资者将股票市价与按照模型估算的内在价值进行对比,即可作出理智的投资决策。

对于永久拥有某种股票的股东来说,公司提供给他的是一系列的红利流量直到永远,所以股票价值对他而言就是一系列无穷的红利流量的现值之和。但对于大多数投资者而言,持有股票的时间总是有限的。即使投资者有限持有股票也不会改变以上对股票价值的判断,因为未来股票的售价取决于股票未来可产生的预期红利的现值总和,所以对于投资者而言,他购买股票一段时间后卖出,其所得到的现金流量就包含了红利和股票售价两个部分。因此,不管投资者是否永远拥有股票,红利贴现模型都可以用来评价股票的内在价值,除非公司被清算、终止营业。因此,股票在期初的内在价值与该股票的投资人在未来是否出售股票无关。

(1)红利贴现模型的一般表达式

假设某投资者购买了某公司股票,计划持有一年,那么该股票的内在价值就等于第一年末收到的红利 D_1 和预期的出售价格 P_1 的折现值,用公式表示就是:

$$V_0 = \frac{D_1 + P_1}{1 + k}$$

式中,V_0 为股票的内在价值;D_1 为第一年末可以获得的红利;P_1 为第一年末预期的出售价格;k 为预期贴现率,是一定风险条件下现金流的合适贴现率,它也是股票的必要收益率,即大多数投资者预期的投资收益率,通常称为市场资本化比率,为了简化问题、一般假定贴现率在未来各期均相等。

同样地,第一年末股票的内在价值为:

$$V_1 = \frac{D_2 + P_2}{1 + k}$$

如果假设第一年末股票的出售价格等于其内在价值,即 $P_1 = V_1$,那么,公式就可以改写为：

$$V_0 = \frac{D_1 + P_1}{1 + k} = \frac{D_1}{1 + k} + \frac{D_2 + P_2}{(1 + k)^2}$$

该式表示股票的内在价值等于持有该股票前两年的股利所得与第二年末出售该股票的价格所得的折现值之和。

同样地，可以求出第二年的股票内在价值，并假设第三年末的股票出售价格等于其内在价值。按这种思路推导下去，可以得到：

$$V_0 = \frac{D_1}{1 + k} + \frac{D_2}{(1 + k)^2} + \frac{D_3}{(1 + k)^3} + \cdots = \sum_{t=1}^{\infty} \frac{D_t}{(1 + k)^t}$$

该式表明股票的内在价值由其未来所有的红利现值所决定，等于所有预期红利的现值之和。该公式被称为红利贴现模型。

由此式可以推出净现值法和内部收益率法两种进行股票投资决策的方法。

①净现值法。净现值（Net Present Value，NPV）等于股票的内在价值 V 与 $t=0$ 时股票市场价格（P）之差，用公式表示为：

$$\text{NPV} = V - P = \sum_{t=1}^{\infty} \frac{D_t}{(1 + k)^t} - P$$

如果 NPV > 0，意味着股票的价值被低估，即所预期的现金流的净现值之和大于投资成本，因此此种股票的价格是可以接受的，应当购买或继续持有。

如果 NPV < 0，意味着股票的价值被高估，即所预期的现金流的净现值之和小于投资成本，因此此种股票的价格是不能接受的，不应当购买或卖出。

②内部收益率法。内部收益率（Internal Rate of Return，IRR）是股票的未来红利现值之和恰好等于当前股票市场价格时的贴现率，它是进行股票投资决策的另一种方法。

用 k' 代表内部收益率，代入上述计算 NPV 的算式中，并令等式的右侧等于零，则有：

$$\sum_{t=1}^{\infty} \frac{D_1}{(1 + k')^t} - P = 0$$

变形后得：

$$P = \sum_{t=1}^{\infty} \frac{D_1}{(1 + k')^t}$$

从该式中解出内部收益率 k^*，将 k^* 与具有同等风险水平股票的必要收益率上相比较，可以评判一个股票是否值得去投资。

如果 $k^* > k$，则表明该股票的价值被低估，值得买进；如果 $k^* < k$，则表明该股票的价值被高估，不值得买进。

（2）红利贴现模型的具体应用

红利贴现模型的一般表达式在股票内在价值的评估实践中应用性并不强，因为它要求预测所有未来时期红利的支付水平，这是一件相当困难的事情。

所以，通常分析师会根据所考察公司的发展特征的不同，对未来无穷多个时期的红

利做一些假定以便简化问题,这些假定通常是用红利增长率 g 来进行的。一般来说,在时点 t 的红利可以表示为:

$$D_t = D_{t-1}(1 + g_t)$$

其中,

$$g_t = \frac{D_t - D_{t-1}}{D_{t-1}}$$

不同红利增长率的假定派生出了不同类型的贴现现金流模型。

2)零增长模型

零增长模型是红利贴现模型的一种特殊形式,也是最为简单的一种。假定未来每期的红利是固定不变的,即红利的增长率 g 为零,此时有 $D_0 = D_1 = D_2 = \cdots$,则:

$$V_0 = \sum_{t=1}^{\infty} \frac{D_t}{(1 + k)^t} = D_0 \sum_{t=1}^{\infty} \frac{1}{(1 + k)^t}$$

因为,折现率 k 通常大于零,按照无穷级数的性质,可知:

$$\sum_{t=1}^{\infty} \frac{1}{(1 + k)^t} = \frac{1}{k}$$

因此,可得到零增长模型的表达式为:

$$V_0 = \frac{D_0}{k}$$

其中,V_0 为股票的内在价值;D_0 为在未来每期支付的股息红利水平;k 为贴现率。

零增长模型的应用似乎受到相当的限制,毕竟假定对某一种股票永远支付固定的红利是不合理的,但在特定的情况下,对于决定普通股股票的价值仍然是有用的。而在决定优先股的内在价值时,这种模型相当有用,这是因为大多数优先股支付的红利是固定的。

3)固定增长模型

(1)固定增长模型的假定与推导

固定增长模型是红利贴现模型的第二种特殊形式,由于该模型是由戈登推广普及,因此又称为戈登模型。戈登模型隐含着下列几个假设:

①红利增长率是一个常数;

②所评估的股票会支付红利,并且是永久性的;

③市场资本化比率(k)保持不变,且必须大于红利增长率,即 $k > g$ 。

根据以上三个假设,得出固定增长模型为:

$$V_0 = \frac{D_1}{1 + k} + \frac{D_2}{(1 + k)^2} + \frac{D_3}{(1 + k)^3} + \cdots = \frac{D_0(1 + g)}{k - g}$$

其中,D_0 为上一年支付的红利。

当红利增长率 g 等于零时,固定增长模型就变成零增长模型,因此零增长模型是固定增长模型的一种特殊形式。

另外根据公式可知股票的内在价值由以下三个因素决定：D_0 为上一年支付的红利，市场资本化率 k，预期的红利增长率 g。这些因素对股票内在价值有以下影响：在其他因素不变的情况下，D_0 越大，股票的内在价值越高；公司的市场资本化比率越低，股票的内在价值越高；红利增长率越高，股票的内在价值就越高。

(2)应用固定增长模型需要注意的事项

使用戈登模型评测股票的内在价值需要满足上述三个假定，但是这三个假定的使用都有一定的局限性。

第一个假定对于成熟型的公司，比如公用事业公司来说是合理的，这些公司的现金流比较稳定，红利的增长比较稳定，可以假设红利是按固定增长速度增长的。但对于成长型的公司来说，比如互联网业和通信业的公司就不太合适了，因为这些公司现在的红利偏低，甚至没有红利，但是这些公司未来的盈利增长潜力很大，未来的红利增长率会比较高。因此，固定增长率的假设一般不符合对成长型公司的估值。

第二个假定意味着公司被假定是永续经营的，在所有权和经营权分开之后，公司的经营不会因为所有者的消亡而消亡。持续经营假设为评估公司价值奠定了基础，公司的价值是未来永续经营期内产生的现金流的净现值。但是很少有公司能够存活 100 年以上，在美国纳斯达克上市的公司有 50% 以上存活不到 5 年。如果公司不能够永续经营，投资者得到的红利就是有限的而不是无限的。显然，这个模型不适合评估陷入财务困境中的公司的股票内在价值。

第三个假定是折现率必须大于红利增长率，否则无法得到股票的估值，这在理论上没有意义。但在实际中，如果我们考察诸如微软、雅虎等公司的增长率，就会发现在一定时期，公司的增长率可能高达 30% 以上，增长率远远超出了必要回报率。因此，对于高增长的公司，固定增长率的红利折现模型也是不适用的。

4) 多阶段增长模型

前面介绍的戈登模型有一个重要的假设，那就是红利增长率是一个常数，这使得戈登模型(Gordon Model)只适用于对红利呈固定增长的公司进行估价。而公司(行业)是存在生命周期的，在生命周期的不同阶段，公司的红利政策会存在或大或小的差异。一般来说，在公司的早期，因为有广阔的高收益的再投资机会，公司的红利发放率会比较低，但此时的红利增长率却相当的高；当公司进入成熟阶段，随着竞争对手的不断加入，市场需求趋于饱和，公司很难发现比较好的再投资机会，此时公司就会提高红利发放率，红利水平也会有相应的提高，但因投资机会较少，红利增长率比较小。

从上面的分析中可以看出，当公司处在生命周期的不同阶段时，其所采用的股利政策会有所不同。因此，为了评估具有暂时高增长率的公司，分析专家使用多阶段红利贴现模型。先预测早先高增长时期的红利，并计算它们综合的贴现值。一旦预计公司进入稳定增长阶段，就用固定增长的红利贴现模型来对剩下的红利流估价。

(1)两阶段增长模型

考虑到公司在早期通常都具有较高收益的投资机会，具有较高的增长率，两阶段红利贴现模型假设公司最初几年呈现较高的增长率 g_1，之后增长率稳定在一个比较低的水平 g_2 上。因此，两阶段红利贴现模型的公式可以表示如下：

$$P_0 = \sum_{t=1}^{n} \frac{D_t}{(1+k)^t} + \sum_{t=n+1}^{\infty} \frac{D_t}{(1+k)^t} = \sum_{t=1}^{n} \frac{D_0(1+g_1)^t}{(1+k)^t} + \sum_{t=n+1}^{\infty} \frac{D_n(1+g_2)^{t-n}}{(1+k)^t}$$

式中，n 表示公司以较高的比率 g_1 增长的年份，g_n 表示 n 年后稳定增长的比率。因此，式子右边的第一项是公司在前 n 年以较高比率 g_1 增长的价值，第二项是 n 年以后以 g_2 稳定增长的公司价值。其实，第二项也就是公司在第 n 年的现值再折现到当前的现值，因此：

$$\sum_{t=n+1}^{\infty} \frac{D_n(1+g_2)^{t-n}}{(1+k)^t} = \frac{1}{(1+k)^n} \times \frac{D_{n+1}}{k-g_t}$$

从而：

$$P_0 = \sum_{t=1}^{n} \frac{D_n(1+g_t)^t}{(1+k)^t} + \frac{1}{(1+k)^n} \times \frac{D_{n+1}}{k-g_t}$$

在上述两阶段增长模型中，式中前面的 g_t 实际上是 g_1，而后面的 g_t 实际上则是 g_2。

(2)三阶段增长模型

虽然两阶段增长模型相对来说比固定增长模型有更强的适用性，但两阶段增长模型也存在着缺陷。两阶段模型假设公司的红利在前面 n 年以较高的比率 g_1 增长，而从第 n+1 年起，增长率直接从 g_1 下降到稳定增长率 g_2，而不是在几年的时间里逐步下降到 g_2。为了使红利贴现模型能更适用于一些公司的红利实际增长情况，可以对其做进一步修正。三阶段增长模型将红利增长分为了三个不同的阶段：在期限为 n 年的第一个阶段，红利以比率 g_1 增长；在第二个阶段，即 n 年之后，红利增长率从 g_1 以线性方式降至 g_2 年；在第三个阶段，红利以一个稳定的比率 g_2 永久性地增长。这种模型适用于最初呈快速增长、最终呈稳定的红利增长，而中间或过渡期的红利增长，则从最初的高速增长下降到较低的可持续增长的状态。

而在 n_1 和 n_2 年间的红利增长率 g_t 可以由下式来计算：

$$g_t = g_1 - (g_1 - g_2) \times \frac{t-n_1}{n_2-n_1}$$

其中，$n_1 \leqslant t \leqslant n_2$，当 $t = n_1$ 时，红利增长率为 g_1；当 $t = n_2$ 时，红利增长率为 g_2。

如果公司红利增长满足三阶段模型的假设条件，并且 g_1、g_2、n_1、n_2 及 D_0 都是已知，就可以计算出所有各期的红利水平，从而计算出公司股票的内在价值。三阶段增长模型的计算公式如下：

$$V_0 = D_0 \sum_{t=1}^{n_1} \left(\frac{1+g_t}{1+k}\right)^t + \sum_{t=n_1+1}^{n_2-1} \frac{D_{t-1}(1+g_t)}{(1+k)^t} + \frac{D_{n_2-1}(1+g_2)}{(1+k)^{n_2-1}(k-g_2)}$$

公式右边的三项分别对应于红利增长中的三个阶段。

3.3.2 市盈率模型

1)市盈率的基本模型

市盈率模型是一种较为常用的比例估价法。现实中,经常有部分公司不支付红利或者投资者对红利的未来变化很难估计,在这种情况下,对股票估计的简便方法可用市盈率估计法。市盈率(PE)是指每股价格与每股收益(EPS)的比值,也称为价格收益乘数(Price-earnings Multiple)。

$$\mathrm{PE}=\frac{P}{\mathrm{EPS}}$$

如果每股收益(EPS)采用最近一个财政年度的每股盈利(Last Year Ratio, LPR)计算,由此得出的市盈率称为静态市盈率(Trailing P/E);如果采用最近12个月(即4个季度)的每股盈利(Trailing Twelve Months, TTM)计算,由此得出的市盈率称为滚动市盈率;如果用预期下一年度的每股盈利计算,由此得出的市盈率称为动态市盈率(Leading P/E)。

公司股权价值 = 可比公司市盈率 × 公司每股收益

由于股票实际价格(P_0)与内在价值(V_0)常常存在差异,由此计算出来的市盈率也应该不同。为了便于区分,我们将用股票实际价格计算出来的市盈率称为实际市盈率($\mathrm{PE_S}$),将用股票内在价值计算出来的市盈率称为理论市盈率($\mathrm{PE_T}$),即

$$\mathrm{PE_S}=\frac{P_0}{\mathrm{EPS}} \qquad \mathrm{PE_T}=\frac{V_0}{\mathrm{EPS}}$$

在每股收益确定的条件下,实际市盈率 $\mathrm{PE_S}$ 是由市场交易价格确定的,理论市盈率 $\mathrm{PE_T}$ 是由股票内在价值确定的。当 $\mathrm{PE_S}>\mathrm{PE_T}$ 时,表明市场价格被高估,投资者面临较大风险;当 $\mathrm{PE_S}<\mathrm{PE_T}$ 时,表明市场价格被低估,投资者面临的风险较小。

在有效资本市场中,股票实际价格应该等于其内在价值,股票实际市盈率也就应该等于其理论市盈率。但是对中国股票市场这样的新兴市场而言,实际市盈率与理论市盈率可能相差很远。

确定理论 P/E 的基准标杆有多种方法,通常使用的有:

①在同类行业内,风险因素和经营状况相似的企业;

②上市公司所在行业的平均值;

③上市公司的历史平均值。

市盈率会由于证券所处市场的不同、行业的不同、经营状况的不同而产生较大的差异。下面,我们从理论上讨论理论市盈率 $\mathrm{PE_T}$ 与增长机会、股票风险等的关系。

2)市盈率与增长机会

将 $V_0=E_1/k+\mathrm{PVGO}$ 变形,我们可以看到增长机会是如何反映在市盈率中的:

$$\mathrm{PE_T}=\frac{V_0}{E_1}=\frac{1}{k}\left(1+\frac{\mathrm{PVGO}}{\frac{E_1}{k}}\right)$$

在上式中,k 为必要增长率,E_1/k 为公司在零增长情况下的价值,PVGO 与 E_1/k 的比率就是公司价值中增长机会贡献的部分与现有资产贡献的部分(即零增长模型中公司的价值)之比。当未来增长机会价值在公司总价值中占主导地位时,PVGO 与 E_1/k 的比率较大,公司的市盈率也就较高;这表明,未来增长机会将带来高市盈率,高市盈率又反过来说明公司拥有大量的增长机会。

当增长机会价值 PVGO 为 0,即没有增长机会时,公司理论市盈率为:

$$V_0 = \frac{E_1}{k} \qquad \mathrm{PE_T} = \frac{V_0}{E_1} = \frac{1}{k}$$

其中,E_1 为预期的次年每股收益,其在无增长机会时,每股收益等于每股股利,即 $E_1 = D_1$;k 为必要收益率。

上式表明,当无增长机会时,公司市盈率等于必要收益率的倒数。

接下来讨论股利固定增长的情况。回顾前面固定增长的股利贴现模型公式,$P_0 = D_1/(k-g)$,股利等于公司未用于再投资的盈利,即 $D_1 = E_1(1-b)$,又有 $g = \mathrm{ROE} \times b$。因此代换 D_1 和 g 可得:

$$V_0 = \frac{D_1}{k-g} = \frac{E_1(1-b)}{k - b \times \mathrm{ROE}} \qquad PE_T = \frac{V_0}{E_1} = \frac{1-b}{k - b \times \mathrm{ROE}}$$

通过上式容易证明,市盈率随净资产收益率 ROE 的增加而增加。原因在于,ROE 高的公司拥有较大的增长机会,也就具有较大的内在价值和理论市盈率。同时,当 ROE>k 时,市盈率随留存收益率的增加而增加;当 ROE<k 时,市盈率随留存收益率的增加而降低;当 ROE=k 时,市盈率不随留存收益率变化而变化。原因在于:当公司有好的投资机会(即 ROE>k)时,如果公司能够更大胆地利用这些机会将更多的盈利用于再投资,那么市场将给予其更多的回报,进而提高公司的内在价值和理论市盈率;当 ROE<k 时,投资者更希望公司把盈利以股利形式发放给自己,而不是再投资于低收益项目,公司违背股东意愿增加再投资比例的行为显然将使公司内在价值和理论市盈率降低;当 ROE=k 时,对投资者而言,无论公司将盈利用于再投资,还是以股利形式发放给自己投资于具有相同市场资本化率的项目,都没有任何差别,不会影响公司的内在价值,因而也就不会对理论市盈率产生任何影响。

3)市盈率与股票风险

所有的股票估值模型都包含一个重要含义:其他条件相同时,公司风险越高,投资者要求的必要收益率 k 就越大,公司理论市盈率就应该越低。从固定增长的股利贴现模型可以清楚看到这一点:

$$\frac{P}{E} = \frac{1-b}{k-g}$$

事实上,当人们认为某公司风险比较大时,其内在价值和市盈率就会比较低。这个结果似乎与一些小型高科技(高风险)公司拥有高市盈率的现实情况相悖,经过仔细分析,二者其实并不矛盾。原因在于,市盈率不仅与风险因素 k 负相关,同时还与股利(收益)增长率 g 正相关,这是风险因素和股利增长率共同作用的结果。一些小型高科技(高风险)公司拥有高市盈率正是说明这些公司拥有很高的增长机会。

4)对市盈率模型的评价

由于盈利能力是反映投资价值的主要因素,所以市盈率指标得到了投资者的广泛认可和使用。市盈率估值法具有很多优点,主要如下:

①可通过会计收益数据和市场股价数据计算得到,方法简单,内涵明确;

②同行业公司的市盈率可以直接进行比较,不同行业的市盈率可以在整个市场盈率平均水平的基础上做向上(高增长、高科技等行业)或向下(成熟、资源类等行业)调整,进而可以判断行业估值水平的高低。

当然,市盈率估值法也有以下缺点:

①对于收益为负值的上市公司,市盈率也为负值,因而不具有经济含义;

②管理层可以操纵盈利,报告的盈利中可能包括临时收益。

大多数上市公司高管人员为了在股东面前展示其高超的经营能力,都有提高经营业绩的动机,盈余管理为其从账面上提高经营绩效提供了可行的手段。

市盈率并没有将企业的估值与未来收益的增长情况建立直接联系,因而无法直观地判断不同增长前景企业的估值水平。

计算市盈率所用的每股收益是会计利润,会计利润在某种程度上不可避免地会受到会计准则的影响。例如,相对于前一年度的每股收益,计算市盈率时的公司收益可能已经发生了重大变化;另外,在高通胀时期,用历史成本计提折旧和进行存货估值,显然会低估成本和产生虚拟的高收益,进而导致市盈率降低。

市盈率估值法适用于周期性较弱的企业,如公共服务业、食品行业、道路运输业的企业,因为这些企业的盈利相对稳定。

3.3.3 自由现金流模型(Free Cash Flow For the Firm, FCFF)

1)自由现金流贴现模型的理论基础

(1)自由现金流的财务解释

资产价值等于其全部预期收益的现值之和的现值恒等式说明为了得到现值,必须估计预期收益和贴现率。人们估计预期收益需要首先回答两个问题:如何选取能够恰当代表预期收益的指标,以及如何预测这些指标。

现金流时常在估价中作为预期收益替代。在前面介绍的红利贴现模型中,红利是一种实际发生的现金流,虽然估计红利比较容易,但是由于红利政策在很大程度上被公司管理层的主观意志所左右,因此红利贴现模型在大多数情况下并不能得到正确的结论。

自由现金流是指扣除资本性支出后可由公司或股东支配的现金流。这种方法特别适用于那些不派发股利的公司,因为无法使用股利贴现模型对这些公司估值。但是自由现金流模型适用于任何公司,并且可以提供一些红利贴现模型无法提供的有用信息。

(2) MM(Modigliani-Miller)定理

红利贴现模型和市盈率模型都隐含着一个前提假设，即留存收益是公司唯一的融资渠道。如果允许对新项目进行外部融资，包括发行新股和负债，那么公司的价值就会发生变化。MM定理认为，在完美的市场条件下，公司资本结构的组成或变化及公司的红利政策都不会对公司的价值产生影响，但是当存在赋税和交易成本的时候，却会影响公司的价值。因为一个公司股票的内在价值就是由股东能够获得的由公司现有资产所能产生的现金流的现值以及公司未来投资所能产生的净现值这两部分价值所组成。在给定公司现有资产和未来投资的情况下，公司的红利政策与融资政策都只能影响股东获得投资回报的方式（即是以红利方式获得还是以资本利得方式获得），而不会影响投资回报的现值。此外，根据MM理论，红利贴现模型和市盈率模型以及本节所要介绍的自由现金流贴现模型，这三个模型在评估一个公司的股票价值时其效果是一样的。

2) 自由现金流

(1) 自由现金流的含义

自由现金流(FCF)就是企业产生的、在满足了再投资需要之后剩余的现金流量，这部分现金流量是在不影响公司持续发展的前提下可供分配给企业资本供给者的最大现金额。简单地说，自由现金流是指企业经营活动产生的现金流量扣除资本性支出(CE)的差额。

这里资本性支出是指取得的财产或劳务的效益可以给予多个会计期间所发生的那些支出。因此，这类支出应予以资本化。先计入资产类科目，然后再分期按所得到的效益转入适当的费用科目。在企业的经营活动中，供长期使用的、其经济寿命将经历许多会计期间的资产，如固定资产、无形资产、递延资产等都要作为资本性支出，即先将其资本化，形成固定资产、无形资产、递延资产等，而后随着他们为企业提供的效益，在各个会计期间转销为费用，如固定资产的折旧、无形资产、递延资产的摊销等。

自由现金流表示的是公司可以自由支配的现金。如果自由现金流丰富，则公司可以偿还债务、开发新产品、回购股票、增加股息支付等。同时，丰富的自由现金流也使得公司成为并购对象。

(2) 自由现金流的计算

科普兰(Tom Copeland, 1990)比较详尽地阐述了自由现金流量的计算方法："自由现金流量等于企业的税后净营业利润（即将公司不包括利息收支的营业利润扣除实付所得税税金之后的数额）加上折旧及摊销等非现金支出，再减去营运资本的追加和物业厂房设备及其他资产方面的投资。它是公司所产生的税后现金流量总额，可以提供给公司资本的所有供应者，包括债权人和股东。"可以表示为：

自由现金流量 =（税后净营业利润 + 折旧及摊销）−（资本支出 + 营运资本增加）

(3) 自由现金流量的两种表现形式

自由现金流量可分为股权自由现金流量(FCFE)和公司自由现金流量(FCFF)。

FCFE是公司支付所有营运费用、再投资支出、所得税和净债务支付（即利息、本金支

付减发行新债务的净额)后可分配给公司股东的剩余现金流量,其计算公式为:

FCFE = 净收益 + 折旧 - 资本性支出 - 营运资本追加额 - 债务本金偿还 + 新发行债务

FCFF是公司支付了所有营运费用、进行了必需的固定资产与营运资产投资后可以向所有投资者分派的税后现金流量。FCFF是公司所有权利要求者,包括普通股股东、优先股股东和债权人的现金流总和,其计算公式为:

FCFF = 息税前利润 ×(1 - 税率)+ 折旧 - 资本性支出 - 追加营运资本

3)自由净现金流贴现模型

在自由净现金流贴现模型下,公司的价值就是公司在未来永续经营期间产生的所有新增现金流的净现值之和。这些价值减去债权人所拥有的价值,就是股东的价值,也就是公司权益资本的总价值。这些价值除以公司股本总数,就可以得到每股的理论价值。这种估计股票理论价值的方法被称为基于自由净现金流的股票估值方法,它强调了公司的价值等于公司未来所有自由净现金流之和。

基于自由净现金流贴现模型,公司的内在价值就是公司永续经营期内产生的自由净现金的净现值。用公式表示:

$$V_0 = \sum_{t=1}^{\infty} \frac{FCF_t}{(1+k)^t}$$

式中,FCF_t 为公司未来第 t 年的自由现金流;k 为市场资本化比率。

如果公司未来自由现金流以一固定比率 g 增长($FCF_t = FCF_0(1+g)^t$),那么上式则可以表示为:

$$V_0 = \frac{FCF_1}{k-g} = \frac{FCF_0(1+g)}{k-g}$$

用这个模型估计股票的内在价值,需要做以下几方面工作:

①估计公司的自由净现金;

②估计公司的贴现率,即市场资本化率;

③把公司未来的现金流折算成现值加总,得到公司的总体价值(内在价值);

④公司的总价值减去公司债务的价值就是公司权益资本的价值;

⑤公司的权益价值除以公司的股本数就得到每股的内在价值。

需要强调的一点是,自由现金流贴现模型中的市场资本化比率与红利贴现模型中的市场资本化比率有所不同。前者适用于评估无负债时的权益,而后者适用于评估存在负债情况下的权益。由于杠杆比率会影响公司股票的 β 系数,因此这两个市场资本化比率会存在差异。

本章小结

1. 债券估值的现值模型是将债券所提供的现金流以一个贴现率进行折现,所得现值的总和即为此债券的价值；收益率模型就是利用债券的现行价格和它提供的未来的现金流来计算该债券的预期收益率，多用于评价此种债券的投资价值。

2. 久期表示债券或债券组合的平均还款期限，即债券在未来产生现金流的时间的加权平均，它可准确直观地反映出债券价格的利率风险程度。价格-收益曲线的曲率被称为债券的凸性，凸性可更准确地度量债券价格对收益率变化的敏感度。通常，对于久期相同的债券，投资者会偏好凸性高的债券。

本章重要术语

货币的时间价值　贴现率　到期收益率　年金　现值模型　可转换债券　久期　凸性　红利贴现模型　零增长模型　固定增长模型　两阶段增长模型　多阶段增长模型　市盈率　自由现金流　MM 定理

本章思考题

1. 什么是货币的时间价值？影响货币时间价值的因素有哪些？
2. 贴现率和到期收益率有什么区别？
3. 久期与凸性在债券估值分析中的含义是什么？
4. 股票市盈率如何计算？如何评价市盈率估值模型？
5. 自由现金流模型和红利贴现模型的差异是什么？

第4章 证券投资基本分析

投资者投资证券的目的是在承担相应的风险后获得预期回报。众所周知，一项投资的预期回报率与风险之间是一种正相关关系。投资者所承担的风险越小，预期回报率就越低；投资者所承担的风险越大，预期回报率就越高。每一种证券的风险-回报率特性都处于与该证券相关的各种因素的共同作用之下，随着相关条件的变化而变化。投资者通过对证券的风险和回报率特性进行观察分析，确定证券的风险大小，从而选择与自己投资风格相适应的证券，即为证券投资分析的过程。

在证券市场的发展过程中，无数投资者为了提高投资收益率和控制投资风险，对证券市场的发展规律和投资方法不断进行研究，积累形成了多种证券投资理论和证券投资分析方法。投资分析方法大体上可分为三大类：基本分析法、技术分析法、组合分析法。其中技术分析法相对缺乏理论基础，但发展和演变最为丰富；而基本分析和组合分析法具有比较扎实的理论基础，分析方法比较固定。本章着重介绍证券投资的基本分析法。

延伸阅读：　科学家牛顿折戟于股市泡沫，感叹市场难以预料

艾萨克·牛顿（1643—1727）是世界上最伟大的科学巨人之一。他18岁时进入剑桥大学，极快地通晓了当时已知的自然与数学知识。21岁后，牛顿对万有引力和三大运动定律进行了描述，奠定了此后三个世纪里物理世界的基本科学观点。他通过论证开普勒行星运动定律与他的引力理论间的一致性，证明了地面物体与天体运动都遵循着相同的自然定律，从而消除了对太阳中心说的最后一丝疑虑，推动了世界科学革命。

大名鼎鼎的牛顿也曾亲身投资股票市场。1711年，为攫取蕴藏在南美东部海岸的巨大财富，有着政府背景的英国南海公司成立，并发行了最早的一批股票。当时英国人都看好南海公司，其股票价格从1720年1月的每股128英镑左右快速上涨，涨幅惊人。这期间牛顿恰巧获得了一笔款项，加上他个人的一些积蓄，于是在当年4月份投入约7 000英镑购买了南海公司股票。股票价格持续上升，仅仅两个月左右，谨慎行事的牛顿卖掉股票，获利7 000英镑！

但牛顿很快就后悔了，因为7月股票价格达到了1 000英镑，几乎增值8倍。经过认真考虑，牛顿加大投入再次入场。然而此时的南海公司已经出现了经营困境，股票的真实价格与市场价格脱钩严重；此前英国国会还通过了“反泡沫公司法”，对南海公司等企业进行限制。没过多久，南海公司股票价格一落千丈，公司总资产严重缩水。许多投资人血本无归,牛顿也未及时脱身,亏损达到2万英镑!这笔钱相当于牛顿十年的薪水——他曾做过英格兰皇家造币厂厂长的高薪职位,年薪也不过2 000英镑。

事后,牛顿感到自己枉为科学界大家,竟然测不准股市的走向,感慨道:“我能计算出天体运行的轨迹,却难以预料到人们的疯狂。”

4.1 基本分析概述

证券投资分析采用专业分析方法和分析手段,通过对影响证券回报率和风险的诸因素的客观、系统地分析,揭示其作用机制以及某些规律,用于指导投资决策,从而选择到合适的投资对象,并在情况发生变化时,通过证券交易达到转移风险的目的。影响证券投资的回报率和风险这两个指标的因素繁多,其作用机制也十分复杂,要想作出比较准确的分析和预测,需要一套完整的逻辑和方法。

证券投资基本分析法正是基于分析影响证券未来收益的基本经济要素的相互关系和发展趋势,来预测证券的收益和风险,并最终判断证券内在价值的一种分析方法。其出发点是证券具有“内在价值”,证券起伏不定的价格最终是围绕其“内在价值”而波动。基本分析方法的产生可以追溯到20世纪30年代。其标志是1934年本杰明·格雷厄姆和大卫·多德的《证券分析》一书的出版。该书的出版使投资者得以对市场上的各种证券采用系统的方法进行分析和估值。

基本分析方法的理论逻辑是证券的内在价值基于证券发行主体向投资者提供的未来收益,因而基本分析的主要任务是对影响证券未来收益的各种因素进行细致分析,从而估计证券的内在价值。进行基本分析时,证券投资分析人员要根据经济学、金融学、财务管理及投资学的基本原理,对影响证券价值及价格的基本要素,如宏观经济指标、经济政策走势、行业发展状况、公司基本状况、公司财务状况等进行分析,评估证券所代表公司或机构的未来收益情况,判断证券的内在价值,从而提出相应的投资建议。

基本分析的内容包括宏观经济分析、行业分析、公司分析三个层次。一般采用自上而下的顺序进行,即从宏观经济分析到行业分析再到公司分析。它能够比较全面地把握证券的内在价值和基本走势,结合市场价格判断和预测投资获利空间,但对短线投资者的指导作用比较弱,对短期市场价格的预测精度相对较低。因此,基本分析主要适用于相对成熟的证券市场、投资周期较长的证券价格预测以及对预测精确度要求不高的投资者。

采用基本分析法进行股票投资分析和决策的流程如图4.1所示。

基本分析法自问世以来,已成为证券投资界的主流理论之一。长期来看,一家上市公司的投资价值归根结底是由其基本面所决定的。影响公司价值的因素既包括宏观经济形势、行业发展趋势、证券市场整体氛围和投资者认知等各种外部因素,也包括公司的行业地位、产品竞争力、治理结构、经营管理水平以及公司财务表现等内部因素。只有对这些因素进行严格细致的分析,才能对上市公司的股票内在价值形成全面的认识。

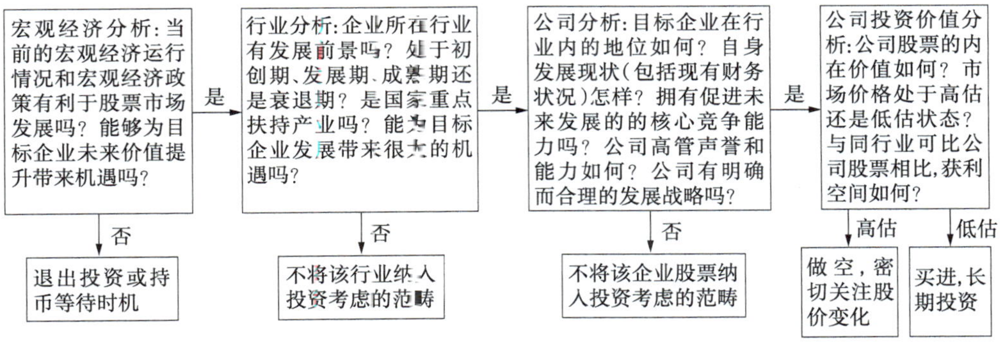

图4.1 证券投资基本分析流程

4.2 宏观经济分析

宏观经济环境是所有上市公司赖以生存和发展的基础，是证券市场系统风险的主要来源。在经济整体不景气或出现危机时，系统风险增大，几乎所有上市公司都难逃股价下跌的命运；相反，在经济繁荣时，企业持续盈利，股市也趋于繁荣。因此，宏观经济分析对于指导投资者的投资决策起着非常重要的作用。本节主要从宏观经济运行和宏观经济政策对证券市场的影响这两方面来进行分析。

4.2.1 宏观经济分析的方法

1）经济指标分析

经济指标是反映经济活动结果的一系列数据和比例关系。从反映经济状况的先后顺序可以将经济指标分为三类。

第一类是先行指标，是指高峰和低谷顺次出现在经济周期的高峰和低谷之前的一类指标，可对将来的经济状况提供预示性的信息，因此多用于对将来的经济状况进行预测。这类指标主要有货币供应量、股价指数、固定资产投资增长率、企业及消费者未偿还信贷变化、消费者和原材料新订单、消费者信心指数等。从实践来看，先行指标比宏观经济指标提前半年左右。

第二类是同步指标，是指高峰和低谷顺次出现时间和宏观经济周期相同。这类指标反映的是国民经济正在发生的情况，并不预示将来的变动。主要有实际国民生产总值、国内生产总值、失业率、工业增加值、进出口额和社会商品零售总额等。

第三类是滞后指标，是指高峰和低谷顺次出现在经济周期的高峰和低谷之后的一类指标，通常滞后期也是半年。主要包括财政收支、银行短期商业贷款利率、违约贷款规模、固定资产投资、生产成本、物价指数等。

在上述三类指标中，先行指标可以用来预测，同步指标和滞后指标可以用来验证。

2）计量经济模型

所谓计量经济模型，就是表示经济变量及其主要影响因素之间的函数关系。许多经济现象之间存在着相关或函数关系，建立计量经济模型并进行运算，可以探寻经济变量之间的平衡关系，分析影响平衡关系的各种因素。

为证券投资而进行宏观经济分析，主要运用宏观计量经济模型。宏观计量经济模型主要研究宏观经济指标间的相互依存关系，描述国民经济各部门和社会再生产过程各环节之间的联系。由于宏观计量经济模型提供的是一组宏观经济变量的预测数据，因此它不仅可以用来分析和预测宏观经济运行的阶段性质，而且可以用来预测其具体水平，并可用于宏观经济结构分析、政策模拟、决策研究以及发展预测等功能。

3）概率预测

概率预测是用概率论的方法对宏观经济活动进行的预测。由于宏观经济运行的复杂性，宏观经济变量的变化并不一定像计量经济模型所描述的那样稳定，而是常常在一定的区间内按某种概率发生。这样，总结宏观经济运行的过去和现状，揭示其规律性，从而在一定的置信水平下预测未来宏观经济变量的水平，就成为一种行之有效的方法。

在实践中，概率预测方法用得较多也比较成功的是对宏观经济的短期预测，如对实际 GDP 增长率、通货膨胀率、失业率、利息率、个人收入、个人消费、企业利润及对外贸易差额等指标的下一时期水平或变动率的预测。由此可见，概率预测比较适合于宏观经济运行的短周期阶段性判断。

上述三种分析方法各有千秋，不同的投资者可根据自身掌握资料的丰富程度，按照成本收益的原则灵活选择使用。

4.2.2 宏观经济分析的主要内容

证券投资的宏观经济分析主要有两方面的内容，即宏观经济运行和宏观经济政策对证券市场的影响分析。

1）宏观经济运行对证券市场的影响

分析宏观经济运行对证券市场的影响可以从两个方面进行：第一，通过各类经济指标对宏观经济状况进行评价和预测，并对这些经济指标如何影响证券市场进行分析；第二，宏观经济的运行往往呈现出一种周期性的繁荣和萧条，通过宏观经济的周期分析，正确地判断经济目前所处的状态以及将要运行的态势，并对这种经济态势对股市的周期影响进行分析。

2）宏观经济指标分析

①国内生产总值与经济增长率。国内生产总值（GDP）是指一定时期内（一般按年统计）一个国家或地区在其经济领土范围内生产的所有最终物品和提供劳务的市场价值的总和。其增长速度，也称经济增长速度或经济增长率，是反映一定时期经济发展水平变化程度的动态指标，也是反映一个国家经济是否具有活力的基本指标。GDP 的规模和

GDP 的增长速度是衡量一国经济水平和经济增长速度的综合指标。它们的变化对股票投资有着至关重要的影响。

②失业率。按照国际惯例，失业率(Unemployment Rate)是指劳动力有效供给中没有就业，正在寻找工作的人占劳动人口的百分比，通称名义(公开、显性)失业率，我国官方公布的失业率就是这种名义失业率(Nominal Unemployment)。失业率的高低往往与经济发展的兴衰反向变动，经济繁荣昌盛时，失业率下降，股票市场繁荣发展；经济萧条疲软时，失业率上升，股票市场则低迷不振。

③通货膨胀率。通货膨胀(Inflation)是指用某种价格指数衡量的一般价格水平的持续上涨。通货膨胀常被视为经济发展的头号大敌，它对社会经济产生的影响主要有：收入和财富的再分配、扭曲商品相对价格、降低资源配置效率、触发泡沫经济乃至损害一国的经济基础和政权基础。通货膨胀从程度上有温和的、严重的和恶性的三种：CPI 涨幅在 3% ~5% 之间时称为温和的通货膨胀，CPI 涨幅在 6% ~9% 之间时称为严重的通货膨胀，而 CPI 涨幅达到 10% 及以上则称为恶性通货膨胀。

一般来说，政府对通货膨胀进行控制的宏观政策往往只能以一定的代价(比如增加失业率)来实现。如为抑制通货膨胀而采取的货币政策和财政政策通常会导致高失业和国民生产总值(Gross National Product，GNP)的低增长。然而，适度的通货膨胀对股票投资有一定的益处，此时人们更愿意通过股票投资获得资金的保值和增值，弥补通货膨胀所带来的损失。若出现过度通货膨胀，则会增大股票投资的风险，股票价格下跌，因为这时任何资本市场的投资都难以保值，人们纷纷将资金撤出股票市场。

④利率。利率或称利息率(Interest Rate)，是指在借贷期内所形成的利息额与所贷资金额的比率。利率直接反映的是信用关系中债务人使用资金的代价，也是债权人出让资金使用权的报酬。因此，从宏观经济分析的角度看，利率的波动反映出市场资金供求的变动状况。在经济发展的不同阶段，市场利率有不同的表现。在经济持续繁荣增长时期，资金供不应求，利率上升；当经济萧条、市场疲软时，利率会随着资金需求的减少而下降。

利率对股票投资活动有着十分直接的影响。利率的升降从两个方面直接传递其对股票价格的影响力。比如利率提高时，投资者投资于股票的比较优势下降，便会将其投资转向储蓄，股票价格因供求关系的改变而下降；利率提高还会使企业的成本开支增加、利润下降，企业发行的股票价格便会因业绩欠佳而下降。负债比例高的企业尤为明显。利率变动对股票价格的影响固然直接，但也是有限的，当投资者对利率变动不敏感时，利率的这种直接影响也便失去了意义。

⑤汇率。汇率(Exchange Rate)是外汇市场上一国货币与他国货币相互交换的比率，即以本国货币表示的外国货币的价格(直接标价法)。一国的汇率会因该国的国际收支状况、通货膨胀率、利率、经济增长率等变化而波动；反之，汇率波动又会影响一国的进出口额和资本流动，并影响一国的经济发展。特别是在当前国际分工异常发达、各国间经济联系十分密切的情况下，汇率的变动对一国的国内经济、对外经济以及国际间的经济

联系都具有重大影响。

汇率对股票投资活动的影响比较复杂,它从多方面影响股票的价格。通常来讲,一国的经济开放程度越高,股票市场的国际化程度也越高,股票市场受汇率的影响也越大。当外币汇率下降,本币升值时(直接标价法),股票的价格可能因为企业出口的减少而下降,也可能因为资本的流入而上升,这种变化对不同行业、不同部门会有不同的影响。

⑥财政收支。财政收支(State Revenues and Expenditures)包括财政收入和财政支出两个方面。财政收入是国家为了保证实现政府职能的需要,通过税收等渠道集中的公共性资金收入;财政支出则是为满足政府执行职能需要而使用的财政资金。核算财政收支总额是为了进行财政收支状况的对比。收大于支是盈余,收不抵支则出现财政赤字。如果财政赤字过大,就会引起社会总需求的膨胀和社会总供求的失衡。

财政收支对股票投资的影响主要体现在财政收支总额的平衡状况上。如果财政收支基本平衡,略有结余或赤字,则不会对股票投资有直接影响;如果财政收支出现大量赤字,则要么增加货币供给,引起通货膨胀,导致股票市场的价格虚假上涨,要么发行国债,使资金流出股票市场,而导致股市下跌。

⑦国际收支。国际收支(International Balance of Payment)一般是一国居民在一定时期内与非居民在政治、经济、军事、文化及其他往来中所产生的全部交易的系统记录。这里的"居民"是指在国内居住一年以上的自然人和法人。国际收支包括经常项目和资本项目。经常项目主要反映一国的贸易和劳务往来状况;资本项目则集中反映一国同国外资金往来的情况,反映着一国利用外资和偿还本金的执行情况。全面了解和掌握国际收支状况,有利于从宏观上对国家的开放规模和开放速度进行规划、预测和控制。

国际收支对股票投资的影响则主要体现在国际收支总额的平衡状况上。如果国际收支出现巨大顺差,会导致本国货币供应量被迫增加,本币流动性过剩,同时国际游资涌入国内,从而导致股市需求变大,供给相对不足,股票价格普遍上涨。从短期来看,国际收支的巨大顺差对股市是利好消息;但从长远来看,这并不是有利于股市健康发展的宏观经济环境。

3)宏观经济周期分析

理论研究和经济发展的实践均表明,由于受多种因素的影响,宏观经济运行总是呈现出周期性的变化。这种周期性变化一般经历四个阶段,即萧条、复苏、繁荣和衰退。如果从国内生产总值的下降开始算起,直到其下降到最低点为萧条阶段,然后经过不断回升的复苏阶段,达到欣欣向荣的繁荣阶段,繁荣之中又孕育着衰退的再次来临。如此循环往复,每四个阶段构成一个经济周期。

经济周期对股票市场的具体影响体现如下:从股票市场的情况来看,股票价格的变动大体上与经济周期相一致。一般是经济繁荣,股票价格上涨;经济衰退,股票价格下跌。

在萧条阶段,经济不景气,百业不振,公司经营情况不佳,股票价格低位徘徊。由于预期未来经济状况不佳,公司业绩得不到改善,大部分投资者都离场观望,只有那些富有远见且在不断地搜集和分析有关经济形势并合理判断经济形势即将好转的投资者在默默地吸纳。

当经济走出萧条、步入复苏阶段时，公司经营状况开始好转。此时，由于先知先觉的投资者的不断吸纳，股票价格实际上已经回升至一定水平，初步形成底部反转之势。随着各种媒介开始传播萧条已经过去、经济日渐复苏的消息，投资者的认同感不断增强，投资者自身的境遇也在不断改善，从而推动股票价格不断走高，完成对底部反转趋势的确认。

随着经济日渐活跃，繁荣阶段就会来临，公司业绩也在不断提高，并通过增资扩大生产规模，占有市场。由于经济的好转和股票市场上升趋势的形成得到了大多数投资者的认同，投资者的投资回报也在不断增加，整个经济和股票市场均呈现一派欣欣向荣的景象。此时，一些有识之士在充分分析宏观经济形势的基础上认为经济高速增长的繁荣阶段即将过去，经济将不会再创高潮，因而悄悄地卖出所持的股票。股票价格仍在不断上扬，但多空双方的力量在逐渐发生变化，因此价格的上扬已成为强弩之末。由于繁荣阶段的过度扩张，社会总供给开始超过总需求，经济增长减速，存货增加，同时经济过热造成工资、利率等大幅上升，使公司运营成本上升，公司业绩开始出现停滞甚至下降之势，繁荣之后衰退的来临不可避免。

在衰退阶段，更多的投资者基于对衰退来临的共同意识加入到抛出股票的行列，从而使整个股票市场完成中长期筑顶，形成向下的趋势。

股票市场价格的变动周期虽然大体上与经济周期相一致，但在实践上并不与经济周期相同。从前述可以看出，股票市场完成中长期底部、形成上升趋势、完成中长期顶部、形成向下趋势在实际上比经济周期的四个阶段皆有提前。从实践上来看，股票市场走势比经济周期的提前量约为几个月到半年。也就是说，股票价格走势对宏观经济运行具有预警作用。这就是通常所说的“股票市场是经济的晴雨表”的原因所在。当然，股票市场的“晴雨表”功能是就其中长期趋势而言的，股票市场的每一次波动，特别是短期波动，并不表示宏观经济状况的变化。

延伸阅读：　　2021年前三季度中国国民经济运行情况

10月17日，国家统计局官网发布2021年前三季度国民经济运行数据显示，初步核算，前三季度国内生产总值823 131亿元，按可比价格计算，同比增长9.8%，两年平均增长5.2%，比上半年两年平均增速回落0.1个百分点。分季度看，一季度同比增长18.3%，两年平均增长5.0%；二季度同比增长7.9%，两年平均增长5.5%；三季度同比增长4.9%，两年平均增长4.9%。

分产业看，前三季度第一产业增加值51 430亿元，同比增长7.4%，两年平均增长4.8%；第二产业增加值320 940亿元，同比增长10.6%，两年平均增长5.7%；第三产业增加值450 761亿元，同比增长9.5%，两年平均增长4.9%。从环比看，三季度国内生产总值增长0.2%。

总的来看,前三季度国民经济总体保持恢复态势,结构调整稳步推进,推动高质量发展取得新进展。但也要看到,当前国际环境不确定性因素增多,国内经济恢复仍不稳固、不均衡。下一步,要坚持稳中求进工作总基调,完整准确全面贯彻新发展理念,加快构建新发展格局,强化宏观政策跨周期调节,着力促进经济持续健康发展,着力深化改革开放创新,不断激发市场活力、增强发展动力、释放内需潜力,努力保持经济运行在合理区间,确保完成全年经济社会发展主要目标任务。

资料来源:人民网,2021-10-18(作者有删改)

4)宏观经济政策对证券市场的影响

(1)财政政策

财政政策(Fiscal Policy)是指政府为了达到一定的经济目标,采取的调整财政收支的一系列政策和措施的总称。财政政策是当代市场经济条件下国家干预经济、与货币政策并重的一项手段。

①财政政策的手段及其对证券市场的影响。财政政策手段主要包括国家预算、税收、国债、财政补贴、财政管理体制、转移支付制度等。这些手段可以单独使用,也可以结合起来使用。

A. 国家预算。国家预算是财政政策的主要手段。作为政府的基本财政收支计划,国家预算能够全面反映国家财力规模和平衡状态,并且是各种财政政策手段综合运用结果的反映,因此在宏观调控中具有重要的作用。国家预算收支的规模和收支平衡状态可以对社会供求的总量平衡发生影响。在一定时期,当其他社会需求总量不变时,财政赤字具有扩张社会总需求的功能,财政采用结余政策和压缩财政支出具有缩小社会总需求的功能。国家预算的支出方向可以调节社会总供求的结构平衡。财政投资主要运用于能源、交通及重要的基础产业、基础设施的建设,财政投资的多少和投资方向直接影响和制约国民经济的部门结构,因此具有造就未来经济结构框架的功能,也有矫正当期结构失衡状态的功能。

B. 税收。税收是国家凭借政治权力参与社会产品分配的重要形式。税收具有强制性、无偿性和固定性的特征。税收既是筹集财政收入的主要工具,又是调节宏观经济的重要手段。税制的设置可以调节和制约企业间的税负水平。税收还可以根据消费需求和投资需求的不同对象设置税种或在同一税种中实行差别税率,以按照需求数量和调节供求结构。比如进口关税政策和出口退税政策对于国际收支平衡就具有重要的调节功能。

C. 国债。国债是国家按照有偿信用原则筹集财政资金的一种形式,同时也是实现政府财政政策、进行宏观调控的重要工具。国债可以调节国民收入的使用结构和产业结构,用于农业、能源、交通和基础设施等国民经济的薄弱部门和瓶颈产业的发展,调整固定资产投资结构,促进经济结构的合理化。政府还可以通过发行国债调节资金供求和货币流通量。另外,国债的发行对证券市场资金的流向格局也有较大影响。如果一段时间内，国债发行量较大且具有一定的吸引力，将会分流证券市场的资金。

D. 财政补贴。财政补贴是国家为了某种特定需要，将一部分财政资金无偿补助给企业和居民的一种再分配形式。我国财政补贴主要包括价格补贴、企业亏损补贴、财政贴息、房租补贴、职工生活补贴和外贸补贴等。

E. 财政管理体制。财政管理体制是中央与地方、地方各级政府之间以及国家与企事业单位之间资金管理权限和财力划分的一种根本制度，其主要功能是调节各地区、各部门之间的财力分配。

F. 转移支付制度。转移支付制度是中央财政将集中的一部分财政资金，按一定的标准拨付给地方财政的一项制度。其主要功能是调整中央政府与地方政府之间的财力纵向不平衡，调整地区间财力横向不平衡。

②财政政策的种类及其对证券市场的影响。财政政策分为扩张性财政政策、紧缩性财政政策和中性财政政策。实施紧缩财政政策时，政府财政在保证各种行政与国防开支外，并不从事大规模的投资。而实施扩张性财政政策时，政府积极投资于能源、交通、住宅等建设，从而刺激相关产业如水泥、钢材、机械等行业的发展。总的来说，紧缩财政政策将使得过热的经济受到控制，证券市场也将走弱，因为这预示着未来经济将减速增长或走向衰退；而扩张性财政政策将刺激经济发展，证券市场则将走强，因为这预示着未来经济将加速增长或进入繁荣阶段。

财政政策是一种直接的、有效的经济调控手段。但是，这种手段也有它的局限性，通常它可以从以下几个方面对经济造成不同程度的危害。其一，政府支出对私人部门有一种"挤出"效应。政府发行国债，等于减少了流通中货币供应量，从而提高利率，降低私人部门投资的积极性。这种"挤出"效应在一定程度上降低了财政政策的有效性。其二，由于政府支出不是以营利为目的，其效率可能不高。一些学者的研究表明，政府投资存在很大的浪费，对经济的长期增长不利。其三，大规模的财政赤字有可能造成通货膨胀、本币贬值和经济不稳定等，加剧经济运行的风险。

(2)货币政策

货币政策(Monetary Policy)是指中央银行为了实现既定的经济目标，运用各种政策工具控制和调节货币供应量的方针和措施的总称。如果说财政政策是直接影响总需求的政策，货币政策则是通过货币供应量的调整间接地影响总需求。

①货币政策工具。货币政策工具是指中央银行为实现货币政策目标所采用的政策手段。货币政策工具可分为一般性政策工具(包括法定存款准备金率、再贴现政策、公开市场业务)和选择性政策工具(包括直接信用控制、间接信用指导等)。

一般性政策工具是指中央银行经常采用的三大政策工具。

A. 法定存款准备金率。法定存款准备率是指中央银行规定的金融机构为保证客户提取存款和资金清算需要而准备的在中央银行的存款占其存款总额的比例。当中央银行提高法定存款准备金率时，商业银行可运用的资金减少，贷款能力下降，货币乘数变小，市场货币流通量便会相应减少。所以，在通货膨胀时，中央银行可提高法定准备金率;反之,则降低法定准备金率。由于货币乘数的作用,法定存款准备金率的作用效果十分明显。人们通常认为这一政策工具效果过于猛烈,它的调整会在很大程度上影响整个经济和社会的心理预期,因此,一般对法定存款准备金率的调整都持谨慎态度。

B. 再贴现政策。再贴现政策是指中央银行对商业银行用持有的未到期票据向中央银行融资所做的政策规定。再贴现政策一般包括再贴现率的确定和再贴现的资格条件。再贴现率主要着眼于短期政策效应。中央银行根据市场资金供求状况调整再贴现率,以影响商业银行借入资金成本,进而影响商业银行对社会提供的信用量,从而调整货币供给总量。在传导机制上,若商业银行需要以较高的代价才能获得中央银行的贷款,便会提高对客户的贴现率或提高放款利率,其结果就会使整体信用量收缩,市场货币供应量减少;反之则相反。中央银行对再贴现资格条件的规定则着眼于长期的政策效用,以发挥抑制或扶持作用,并改变资金流向。

C. 公开市场业务。公开市场业务是指中央银行在金融市场上公开买卖有价证券,以此来调节市场货币供应量的政策行为。当中央银行认为应该增加货币供应量时,就在金融市场上买进有价证券(主要是政府债券);反之,就出售所持有的有价证券。

选择性货币政策工具主要有两类:直接信用控制和间接信用指导。

A. 直接信用控制。直接信用控制是指以行政命令或其他方式,直接对金融机构尤其是商业银行的信用活动进行控制。其具体手段包括规定利率限额与信用配额、信用条件限制、规定金融机构流动性比率和直接干预等。

B. 间接信用指导。间接信用指导是指中央银行通过道义劝告、窗口指导等办法来间接影响商业银行等金融机构行为的做法。

②货币政策的运作。货币政策的运作主要是指中央银行根据客观经济形势采取适当的政策措施调控货币供应量和信用规模,使之达到预定的货币政策目标,并以此影响整体经济的运行。通常,将货币政策的运作分为紧缩型货币政策和宽松型货币政策。

A. 紧缩型货币政策。紧缩型货币政策的主要政策手段是:减少货币供应量,提高利率,加强信贷控制。如果市场物价上涨,需求过度,经济过度繁荣,被认为是社会总需求大于总供给,中央银行就会采取紧缩型货币政策以减少需求。

B. 宽松型货币政策。宽松型货币政策的主要政策手段是:增加货币供应量,降低利率,放松信贷控制。如果市场产品销售不畅,经济运转困难,资金短缺,设备闲置,被认为是社会总需求小于总供给,中央银行则会采取扩大货币供应的办法增加总需求。

总的来说,在经济衰退时,总需求不足,采取宽松的货币政策;在经济扩张时,总需求过大,采取紧缩的货币政策。但这只是一个方面的问题,政府还必须根据现实情况对松紧程度作科学、合理的把握,必须根据政策工具本身的利弊及实施条件和效果选择适当的政策工具。

③货币政策对证券市场的影响。中央银行的货币政策对证券市场的影响,可从以下几个方面加以分析。

A. 利率。中央银行调整基准利率的高低,会对证券价格产生影响。一般来说,利率下降时，股票价格就上升；而利率上升时，股票价格就下降。原因有：

第一，利率是计算股票内在投资价值的重要依据之一。当利率上升时，同一股票的内在投资价值下降，从而导致股票价格下跌；反之，则股价上升。

第二，利率水平的变动直接影响到公司的融资成本，从而影响股票价格。利率低，可以降低公司的利息负担，增加公司盈利，股票价格也将随之上升；反之，利率上升，股票价格下跌。

第三，利率降低，部分投资者将把储蓄投资转成股票投资，需求增加，促成股价上升；反之，若利率上升，一部分资金将会从证券市场转向银行存款，致使股价下降。

B. 中央银行的公开市场业务对证券价格的影响。当政府倾向于实施较为宽松的货币政策时，中央银行就会大量购进有价证券，从而使市场上货币供给量增加。这会推动利率下调，资金成本降低，从而企业和个人的投资和消费热情高涨，生产扩张，利润增加，这又会推动股票价格上涨；反之，股票价格将下跌。我们之所以特别强调中央银行公开市场业务对证券市场的影响，还在于中央银行公开市场业务的运作是直接以国债为操作对象，从而直接关系到国债市场的供求变动，影响到国债市场的波动。

C. 调节货币供应量对证券市场的影响。中央银行可以通过法定存款准备金率和再贴现政策调节货币供应量，从而影响货币市场和资本市场的资金供求，进而影响证券市场。如果中央银行提高法定存款准备金率，这在很大程度上限制了商业银行体系创造派生存款的能力，就等于冻结了一部分商业银行的超额准备。由于法定存款准备金率对应着数额庞大的存款总量，并通过货币乘数的作用使货币供应量更大幅度减少，证券市场价格便趋于下跌。同样，如果中央银行提高再贴现率，对再贴现资格加以严格审查，商业银行资金成本增加，市场贴现利率上升，社会信用收缩，证券市场的资金供应减少，使证券市场行情走势趋软。反之，如果中央银行降低法定存款准备金率或降低再贴现率，通常都会导致证券市场行情上扬。

D. 选择性货币政策工具对证券市场的影响。为了实现国家的产业政策和区域经济政策，我国对不同行业和区域采取区别对待的方针。一般说来，该项政策会对证券市场整体走势产生影响，而且还会因为板块效应对证券市场产生结构性影响。当直接信用控制或间接信用指导降低贷款限额、压缩信贷规模时，从紧的货币政策使证券市场行情呈下跌走势，但如果在从紧的货币政策前提下，实行总量控制，通过直接信用控制或间接信用指导区别对待，紧中有松，那么一些优先发展的产业和国家支柱产业以及农业、能源、交通、通信等基础产业及优先重点发展的地区的证券价格则可能不受影响，甚至逆势而上。总的来说，此时贷款流向反映当时的产业政策与区域政策，并引起证券市场价格的比价关系作出结构性的调整。

总之，货币政策对证券市场的影响可以归结为：货币政策通过调整货币供应量影响证券市场，证券市场的调整对实体经济产生影响，进一步影响证券价格。具体来说，降低存款准备金率、降低再贴现利率、通过公开市场业务投放基础货币，以及直接调低商业银行的各种利率等宽松的货币政策使得货币供应量增加，证券价格倾向于上涨，而后通过各种传导途径刺激实体经济,总需求扩大,证券价格会进一步上涨。反之,像调高存款准备金率、调高再贴现利率、通过公开市场业务回收基础货币等政策倾向于使证券价格下跌。但是,货币政策对经济的调整是短期的,政府通过货币政策增加货币供应量、降低利率、刺激总需求的确在短期内起到扩张经济的作用,但是经过一段时间的经济扩张,居民收入增加,物价水平和通货膨胀率开始上升,结果使原来下降的利率重新上升,甚至超过原来的水平,这时会导致通货膨胀,通货膨胀的预期会使得证券价格回落。

(3)汇率政策

汇率政策(Exchange Rate Policy)是指一个国家(或地区)政府为达到一定的目的,通过金融法令的颁布、政策的规定或措施的推行,把本国货币与外国货币比价确定或控制在适度的水平而采取的政策手段。

汇率对证券市场的影响是多方面的。一般来讲,一国的经济越开放,证券市场的国际化程度越高,证券市场受汇率的影响越大。汇率对证券市场的影响分析如下(这里汇率用单位外币的本币标值来表示):

若汇率上升,本币贬值,本国产品竞争力强,出口型企业将增加收益,因此企业的股票和债券价格将上涨;相反,依赖于进口的企业成本增加,利润受损,股票和债券价格将下跌。另一方面,本币贬值,将导致资本流出本国,资本的流失将使得本国证券市场需求减少,从而证券市场价格下跌。此外,汇率上升,为维持汇率稳定,政府可能动用外汇储备,抛售外汇,从而将减少本币的供应量,使得证券市场价格下跌,直到汇率回落恢复均衡,反向效应可能使证券价格回升。另外,政府可能利用债市与汇市联动操作达到既控制汇率的升势又不减少货币供应量,即抛售外汇,同时回购国债,则将使国债市场价格上扬。

(4)收入政策

收入政策(Income Policy)是指国家为实现宏观调控总目标和总任务在收入分配方面制定的原则和方针。与财政政策、货币政策相比,收入政策具有更深层次的调节功能,它制约着财政政策和货币政策的作用方向和作用力度,而且收入政策很多时候也要通过财政政策和货币政策来实现。

收入政策目标包括收入总量目标和收入结构目标。收入总量目标着眼于近期的宏观经济总量平衡,主要通过财政、货币政策来进行调控,因此通过财政政策和货币政策的传导对证券市场产生影响。收入政策的结构目标则着眼于中长期的产业结构优化和经济与社会协调发展,着重处理积累与消费、公共消费与个人消费、各种收入的比例和个人收入差距等关系。

随着社会主义市场经济体制的建立和完善,我国收入分配格局(即结构)发生了根本性的变化。农民收入增加,城镇居民收入增加,企业留利增加,国家财政在总收入中的比重逐步下降,从而导致了我国民间金融资产大幅度增加,并具有相当的规模。随着收入分配格局的进一步完善,这种增加的趋势是十分明显的。由于社会积累资金向民众倾斜,向社会分散,这部分资金必然要寻找出路,或者储蓄,或者投资。由于资金分散,直接的实业投资很难普遍进行，大部分投资须借助于金融市场来实现。民间金融资产的规模增长和社会总积累向社会分配的趋向，将导致储蓄增加，同时增加证券市场需求，促进证券市场规模的发展和价格水平的逐步提高。

总而言之，通过对宏观经济指标和宏观经济政策的分析，可以大致判断宏观经济因素对证券市场具有多大影响，在投资方向上是“利多”还是“利空”，这是投资决策中的重要环节之一。如果一个国家的证券市场受宏观政策影响显著，在该市场进行证券投资时对宏观经济政策的分析就显得更为重要。

4.3　行业分析

经济活动中不同行业的市场环境、经营现状和未来发展前景各不相同，行业及相关公司的投资价值自然存在很大差异。证券投资基本分析法中进行行业分析的目的是通过对行业的市场结构、行业与经济周期的关系、行业生命周期、影响行业发展的因素等的分析和预测，选择收益高、风险小、处于成长阶段和具有良好发展前景的行业作为投资对象。

进入21世纪后，以计算机、智能手机、互联网、新能源和新材料为代表的新兴行业增长迅猛，在全球范围内涌现出众多著名企业并受到投资者的广泛追捧。这些明星企业在证券市场的交易非常活跃，股票价格屡创新高，给坚定持有相关公司股票的投资者带来了极高的回报率。相比之下，一些历史悠久的传统行业如供水供电、铁路公路以及钢铁建材等领域的公司，因为行业缺乏成长性，相关公司在证券市场的表现比较平淡，投资者也很难从中获取高额回报。

经典案例：　腾讯控股上市17年，市值最高上涨超过1 200倍

从1998年推出即时通信软件QQ的早期版本，到2003推出QQ秀作为第一款收费的互联网增值服务，再到2004年进军网络游戏业务，以及2010年移动互联网呼啸而来时腾讯在互联网巨头中第一个转身并于2011年推出微信，腾讯最擅长的就是后来居上。随着业务的不断延伸和高速增长，腾讯控股在香港股票市场的股价表现一路高歌猛进，自2004年上市以来17年中公司市值最高时上涨超过1 200倍。

腾讯控股在资本市场市值变化的主要时间节点如下：

2004年6月16日腾讯控股上市，市值约为62亿港元。

2014年1月30日，腾讯公司总股本约为18.93亿股，股价突破540港元，公司市值突破1万亿港元。从上市之初到公司市值超过1万亿港元，腾讯用时将近10年。

2016年9月6日，腾讯公司总股本为94.66亿股，当天股价最高上冲到216港元，公司市值突破2万亿港元。市值从1万亿港元到2万亿港元，腾讯用时31个月。

2017年4月5日，腾讯控股市值突破2 790亿美元，超越美国的富国银行，成为全球第十大市值公司。

2017 年 8 月 1 日,腾讯公司总股本 94.98 亿股,股价达到 315.86 港元,市值突破 3 万亿港元。市值从 2 万亿港元到 3 万亿港元,腾讯只用了 11 个月。

2021 年 2 月 18 日,腾讯股价最高达到 773.90 港元,市值达到 74 300 亿港元,当日收盘价为 745.90 港元。截至 2021 年底,腾讯股价为 467.40 港元,市值为 44 848 亿港元。

作为我国互联网领域的龙头企业,腾讯控股的市值在 2021 年 2 月最高峰时刻约为 9 525 亿美元,在全球资本市场上市公司市值排名榜中名列前茅。从营业收入和利润规模来看,2019 年腾讯公司的年度净利润已经超 1 000 亿港元。从 1998 年腾讯创立之初迄今 23 年的时间,腾讯控股已成长为当之无愧的巨型互联网企业。

——资料来源:编者根据网络数据整理

4.3.1 行业分析概述

1)行业的定义

行业(Industry),也称产业,是指从事国民经济中同类型产品的生产或其他经济社会活动的经营单位和个体等构成的群体或组织体系,如农业、林业、采矿业、汽车制造业、银行业、房地产业等。

2)行业划分的方法

(1)道琼斯分类方法

道琼斯分类法是在 19 世纪末为选取在纽约证券交易所上市的有代表性的股票而对各公司进行的分类,它是证券指数统计中最常用的分类法之一。道琼斯分类法将大多数股票分为三类:工业、运输业和公用事业,然后选取有代表性的股票。虽然入选的股票并不涵盖这类行业中的全部股票,但所选择的这些股票足以表明行业的一种趋势。

在道琼斯指数中,工业类股票取自工业部门的 30 家公司,包括了采掘业、制造业和商业。运输业类股票包括了航空、铁路、汽车运输和航运业。作为计算道琼斯股价指数的股票类别,公用事业行业直到 1929 年才被确认添加进来。公用事业类股票最初取自 20 家公用事业的样本公司,主要包括能源公司、电力公司和多元化公用事业公司。公用事业公司的增长率一般是稳定的。

(2)标准行业分类法

为便于汇总各国的统计资料并进行互相对比,联合国经济和社会事务统计局曾制定了一个《全部经济活动国际标准行业分类》(简称《国际标准行业分类》),建议各国采用。它把国民经济划分为 10 个门类:

①农业、畜牧狩猎业、林业和渔业;

②采矿业及土、石采掘业;

③制造业;

④电、煤气和水;

⑤建筑业；

⑥批发和零售业、饮食和旅馆业；

⑦运输、仓储和邮电通信业；

⑧金融、保险、房地产和工商服务业；

⑨政府、社会和个人服务业；

⑩其他。

对每个门类再划分大类、中类、小类。例如，制造业部门分为食品、饮料和烟草制造业等9个大类。食品、饮料和烟草制造业又分为食品业、饮料工业和烟草加工业3个中类。食品业中再分为屠宰、肉类加工和保藏业，水果、蔬菜罐头制作和保藏业等11个小类。各个类目都进行编码。各个门类用1个数字代表，如制造业为3；各个大类用2个数字代表，如食品、饮料和烟草制造业为31；各个中类用3个数字代表，如食品业为311和312（因食品业有11个小类，第三位数不够用，所以占了2个代码）；各个小类用4个数字代表，如屠宰、肉类加工和保藏业为3 111。根据上述编码原则，在表示某小类的4位数代码中，第1位数字表示该小类所属的部门，第1位和第2位数字合起来表示所属大类，前3位数字表示所属中类，全部4个数字就表示某小类本身。

（3）我国国民经济的行业分类

为正确反映国民经济内部的结构和发展状况，需要一部既能准确反映我国现阶段经济活动状况，又能与国际分类相衔接的国民经济行业分类标准。国家统计局《国民经济行业分类》国家标准于1984年首次发布，分别于1994年和2002年进行修订，2011年第三次修订，2017年第四次修订。该标准（GB/T 4754—2017）由国家统计局起草，国家质量监督检验检疫总局、国家标准化管理委员会批准发布，于2017年10月1日实施。该行业分类采用经济活动的同质性原则，将社会经济活动划分为门类、大类、中类和小类四级。小类是国民经济的核心层，其活动性质的同质性最高，构成了全社会经济活动中可观察和度量的最小的行业活动类别；中类是活动性质相近的小类行业的综合类别；大类构成国民经济重要的经济部门；门类是国民经济行业分类中活动性质相近的经济部门的综合类别。

2017年的新行业分类标准共分为20个门类，97个大类，473个中类，1 381个小类。其代码结构是：门类由字母表示，大类由前两位数字组成，中类代码由前三位数字组成，第三位数字是中类的顺序码，小类代码由四位数字组成，第四位是小类的顺序码。如“J6712”中的J表示金融业，67代表金融业中的资本市场服务，671中类代码代表证券市场服务，6712表示证券经纪交易服务。

大的门类分为从A到T共20类：

A. 农、林、牧、渔业；

B. 采矿业；

C. 制造业；

D. 电力、燃气及水的生产和供应业；

E. 建筑业;

F. 交通运输、仓储和邮政业;

G. 信息传输、软件和信息技术服务业;

H. 批发和零售业;

I. 住宿和餐饮业;

J. 金融业;

K. 房地产业;

L. 租赁和商务服务业;

M. 科学研究和技术服务业;

N. 水利、环境和公共设施管理业;

O. 居民服务、修理和其他服务业;

P. 教育;

Q. 卫生、社会工作;

R. 文化、体育和娱乐业;

S. 公共管理、社会保障和社会组织;

T. 国际组织。

(4)我国证券市场的行业分类

①上证指数分类法。上海证券市场为编制沪市成分指数,将全部上市公司分为五类,即工业、商业、地产业、公用事业和综合类,并以 1993 年 4 月 30 日为基准期计算和公布各分类股价指数。

②深证指数分类法。深圳证券市场也将在深市上市的全部公司分成六类,即工业、商业、金融业、地产业、公用事业和综合类,同时计算和公布各分类股价指数。

需要注意的是,与美国标准普尔 1982 年起定期公布的 100 种行业的股票价格指数相比,目前我国的两个证券交易所为编制股价指数而对产业进行的分类显然是不完全的,这一方面与我国证券市场发展状况有关,我国上市公司数量少,尚未涵盖所有行业,例如,农业方面的上市公司就较为少见;另一方面,和相关行业的信息发布不完全及投资者的投资理念也有关系。

行业划分的方法多种多样,除上述划分方法外,还有其他划分方法。例如,按资源集约度来划分,可把行业分成资本集约型行业、劳动集约型行业和技术集约型行业等。

4.3.2 行业分析的内容

投资者进行行业分析的目的是发现和选择收益率较高、发展前景良好的行业,从而为投资组合决策提供依据。因此,行业的盈利能力及其未来增长性的估计和预测是行业分析的核心内容。由于相关的影响因素很多,我们主要讨论行业的市场结构、行业与经济周期的关系、行业自身的生命周期以及影响行业发展的主要因素。

1）行业的市场结构分析

市场结构就是一个行业中不同企业市场占有率的分布情况，或称为市场竞争或垄断的程度。现实中各行业的市场竞争情况不同，即存在着不同的市场结构。根据该行业中企业数量的多少、进入限制程度和产品差别，行业基本上可分为四种市场结构：完全竞争、垄断竞争、寡头垄断、完全垄断。

2）行业与经济周期的关系

各行业变动时，往往呈现出明显的、可测的增长或衰退的格局。这些变动与国民经济总体的周期变动是有关系的，但关系密切的程度又不一样。因此，可以将行业分为以下几类。

（1）增长型行业

"增长型行业"的运行状态与经济活动总水平的周期及其振幅无关。这些行业收入增长的速率相对于经济周期的变动来说，并未出现同步影响，因为它们主要依靠技术的进步、新产品推出及更优质的服务，从而使其经常呈现出增长形态。

典型的增长型行业主要有信息技术、新能源、新材料等。投资者对这些高增长的行业十分感兴趣，主要是因为这些行业对经济周期性波动来说，提供了一种财富"套期保值"的手段。然而，这种行业增长的形态却使得投资者难以把握精确的购买时机，因为这些行业的股票价格不会随着经济周期的变化而变化。

（2）周期型行业

"周期型行业"的运动状态直接与经济周期相关。当经济处于上升时期，这些行业会紧随其扩张；当经济衰退时，这些行业也相应衰落。产生这种现象的原因是，当经济上升时，对这些行业相关产品的购买相应增加，如耐用消费品业、房地产业、汽车业、钢铁业及其他需求收入弹性较高的行业，这些行业均属于典型的周期性行业，在经济扩张阶段其股票价格将明显上升，是很好的投资对象。

（3）防御型行业

还有一些行业被称为"防御型行业"。这些行业运动形态的存在是因为其产业的产品需求相对稳定，并不受经济周期处于衰退阶段的影响。正是因为这个原因，对其投资便属于收入投资，而非资本利得投资。有时候，当经济衰退时，防御型行业或许会有实际增长。例如，食品业和公用事业属于防御型行业，因为需求的收入弹性较小，所以这些公司的收入相对稳定，是保守型投资者偏好的对象。

3）行业生命周期分析

通常，每个产业都要经历一个由成长到衰退的发展演变过程。这个过程被称为行业的生命周期。一般来说，行业的生命周期可分为四个阶段，即初创阶段（也叫幼稚期）、成长阶段、成熟阶段和衰退阶段。下面分别介绍行业的不同发展阶段的情况。

（1）初创阶段

在这一阶段，由于新行业刚刚诞生或初建不久，因此只有为数不多的创业公司投资于这个新兴的产业。由于初创阶段行业的创立投资和产品的研究、开发费用较高,而产品市场需求狭小(因为大众对其尚缺乏了解),销售收入较低,因此这些创业公司财务上可能不但没有盈利,反而普遍亏损,一般没有分配股利,投资者面临很大的投资风险,甚至可能因财务困难而引发破产。所以,这类企业更适合投机者而非投资者。

在初创阶段后期,随着行业生产技术的提高、生产成本的降低和市场需求的扩大,新行业便逐步由高风险、低收益的初创期转向高风险、高收益的成长期。

(2)成长阶段

在这一时期,拥有一定市场营销和财务力量的企业逐渐主导市场,这些企业往往是较大的企业,其资本结构比较稳定,因此它们开始定期支付股利并扩大经营。

在成长阶段,公司开始获利。新行业的产品和服务经过广泛宣传和消费者的试用,逐渐以其自身的特点赢得了大众的欢迎或偏好,市场需求不断增加,新行业也随之繁荣起来。与市场需求变化相适应,供给方面相应地出现了一系列的变化。由于市场前景良好,投资于新行业的厂商大量增加,产品也逐步从单一、低质、高价向多样、优质和低价方向发展。因此新行业出现了生产厂商和产品相互竞争的局面。这种状况会持续数年或数十年。由于这一原因,这一阶段有时被称为投资机会时期。这种状况的继续将导致生产厂商随着市场竞争的不断发展和产品产量的不断增加而相应增加,市场的需求日趋饱和。生产厂商不能单纯地依靠扩大生产量、提高市场份额来增加收入,而必须依靠追加生产,提高生产技术,降低成本,以及研制和开发新产品的方法来争取竞争优势,战胜竞争对手和维持企业的生存。但这种方法只有资本和技术力量雄厚、经营管理有方的企业才能做到。那些财力与技术较弱、经营不善或新加入的企业(因产品的成本较高或不符合市场的需要)则往往被淘汰或被兼并。因此,这一时期企业的利润虽然增长很快,但所面临的竞争风险也非常大,破产率与被兼并率相当高。

在成长阶段的后期,由于行业中生产厂商与产品竞争优胜劣汰规律的作用,市场上生产厂商的数量在大幅度下降之后便开始稳定下来。由于市场需求基本饱和,产品的销售增长率减慢,迅速赚取利润的机会减少,整个行业开始进入稳定期。

在这一阶段,由于受不确定因素的影响较小,行业的增长具有可测性,行业的波动也较小。此时,投资者蒙受经营失败而导致投资损失的可能性降低,因此,他们分享行业增长带来的收益的可能性提高。

(3)成熟阶段

行业的成熟阶段是一个相对较长的时期。在这一时期里,在竞争中生存下来的少数大厂商垄断了整个行业的市场,每个厂商都占有一定比例的市场份额。由于彼此势均力敌,市场份额比例发生变化的程度较小。厂商与产品之间的竞争手段逐渐从价格手段转向各种非价格手段,如提高质量、改善性能和加强售后维修服务等。行业的利润由于一定程度的垄断达到了很高的水平,而风险却因市场比例比较稳定、新企业难以进入而较低,其原因是市场已被原有大企业比例分割,产品的价格比较低。因此,新企业往往会由于创业投资无法很快得到补偿或产品的销路不畅、资金周转困难而倒闭或转产。

在行业成熟阶段，行业增长速度降到一个更加适度的水平。在某些情况下，整个行业的增长可能会完全停止，其产出甚至下降。由于其资本增长的丧失，致使行业的发展很难较好地保持与国民生产总值同步增长，当国民生产总值减少时，行业甚至蒙受更大的损失。但是由于技术的创新，某些行业或许实际上会有新的增长，在短期内很难识别何时进入成熟阶段。总而言之，这一阶段一开始，投资者便希望收回资金。

(4)衰退阶段

这一时期出现在较长的稳定阶段后。由于对原产品需求的转移和大量新产品或替代品的出现，原行业的市场需求开始逐渐减少，产品的销售量也开始下降，某些厂商开始向其他更有利可图的行业转移资金，因此原行业厂商数目减少、利润率下降，整个行业的增长速度远低于经济增长速度甚至出现负增长，进入衰退阶段。当正常利润无法维持或现有投资折旧完毕后，整个行业便逐渐解体了。

以上分析有助于投资者确认其投资的行业处于哪一阶段，由此估计其销售增长率和利润率。应该注意上述行业生命周期四个阶段的说明只是一个总体状况的概括性描述，这并不适用于所有行业的情况。行业的实际生命周期由于受许多因素的影响而复杂得多。

4)影响行业发展的主要因素

一般而言，影响行业发展的主要因素有：技术进步、政府政策及社会习惯的改变、产业结构的调整等。

(1)技术进步

技术进步对行业的影响是巨大的。技术是推动经济增长的决定性因素之一。每一种技术都是一种“创造性破坏”因素。在众多技术因素中，最重要的也是首先需要考虑的是产品的稳定性。通过产品稳定性分析，检验产品的性质及技术复杂性有助于判断产品的未来需求是保持不变，还是可能出现大幅度变化，而历史资料只能说明过去的行业产品需求。因此，投资者必须不断地考察一个行业产品生产线的前途，分析其被优良产品或消费需求替代的趋势。

另外，行业追求技术进步也是时代的要求。目前人类社会所处的时代正是科学技术日新月异的时代。不仅新兴学科不断涌现，而且理论科学向实用技术的转化过程也被大大缩短，速度大大加快。新兴行业能够很快地超过并代替旧行业，或严重地威胁原有行业的生存。因此，充分了解各种行业技术发展的状况和趋势，对投资者来说是至关重要的。

(2)政府政策

①政府影响的行业范围。政府的管理措施可以影响行业的经营范围、增长速度、价格政策、利润率和其他许多方面。政府较多干预和实施管理的行业主要包括：公用事业如煤炭、石油、天然气、电力、供水、排污、邮电通信、广播电视等；交通运输部门如铁路、公路、航空、航运和管道运输等；金融行业如政策性银行、政策性保险等；以及生态环保、国防军工等特殊行业。

政府实施管理的主要行业都是直接服务于公共利益，或与公共利益密切联系的。公用事业是社会的基础设施,投资大、建设周期长、收效慢,允许众多厂商投巨资竞相建设是不经济的。因此,政府往往通过授予某些厂商在指定地区独家经营某项公用事业特许权的方法来对他们进行管理。被授权的厂商也就因此而成为这些行业的合法垄断者。但这些合法的垄断者和一般的垄断者不一样,他们不能任意制定不合理的价格,其定价要受到政府的调节和管制。政府一般只允许这些厂商获得合理的利润率,而且政府的价格管理并不保证这些企业一定能够盈利,成本的增加、管理的不善和需求的变化同样会使这些企业发生亏损。

②政府对行业的促进干预和限制干预。政府对行业的促进作用可通过补贴、优惠税、限制外国竞争的关税、保护某一行业的附加法规等措施来实现。因为这些措施有利于降低该行业的成本,并刺激和扩大其投资规模。同时,考虑到生态、安全、企业规模和价格因素,政府会对某些行业实施限制性规定,这会加重该行业的负担,对某些行业的短期业绩产生了负面影响。

总的来说,政府的介入会促进或抑制某一行业的发展,影响该行业中企业的业绩进而影响行业的投资价值。不过,由于政府的各种干预措施会随着时间的推移而改变,投资者必须密切关注这些变化所产生的影响。

(3)社会习惯的改变

随着人们生活水平和受教育水平的提高,消费心理、消费习惯、文明程度和社会责任感会逐渐改变,从而引起对某些商品的需求变化并进一步影响行业的兴衰。在基本温饱解决之后,人们更注意生活的质量,不受污染的天然食品和纺织品备受人们青睐;对健康投资从注重保健品转向健身器材;在物质生活丰富后注重智力投资和丰富的精神生活,旅游、音响成了新的消费热点;快节奏的现代生活使人们更偏好便捷的交通和通信工具;高度工业化和生活现代化又使人们认识到保护生存环境免受污染的重要,发达国家的工业部门每年都要花费几十亿美元的经费来研制和生产与环境保护有关的各种设备,以便使工业排放的废渣、废水和废气能够符合规定的标准。所有这些社会观念、社会习惯、社会趋势的变化对企业的经营活动、生产成本和利润收益等方面都会产生一定的影响,足以使一些不再适应社会需要的行业衰退而又激发新兴行业的发展。

(4)产业结构调整

我国经济发展过程中存在的问题之一是产业结构不合理。产业结构包括第一、第二、第三产业之间的比例结构和各个产业内部的结构问题。随着我国经济的不断发展,经济整体转型升级和产业结构调整是大势所趋,不同的产业必然面对不同的发展机遇和挑战,关注产业结构调整对不同行业的影响将可能给投资者带来较高回报率及降低投资风险。

4.3.3 证券投资中的行业选择

1)选择的目标

一般来说,在投资决策过程中,投资者应选择增长型的行业和在行业生命周期中处于成长期和稳定期的行业，所以要仔细研究欲投资公司所处的行业生命周期及行业特征。

增长型行业的特点是增长速度快于整个国民经济的增长率，投资者可享受快速增长带来的较高股价和股息。投资者也不应排斥增长速度与国民经济同步的行业，一般来说，这些行业发展比较稳定，投资回报虽不及增长型行业，但投资风险相应也小。

在对处于生命周期不同阶段的行业选择上，投资者应选择处于成长期和稳定期的行业，这些行业有较大的发展潜力，基础逐渐稳定，盈利逐年增加，股息红利相应提高，有望得到丰厚而稳定的收益。投资者一般应避免初创期的行业，因这些行业的发展前景尚难预料，投资风险较大，同样，也不应选择处于衰退期的行业。需要说明的是，对处于不同发展水平的国家的经济，以及处于不同发展阶段的同一国家的经济而言，同一行业可能处于生命周期的不同阶段。因此在同一行业在不同国家、不同时期所处的生命周期阶段应进行具体分析，不能简单的等同对待。

2）选择的方法

选择增长型行业的方法主要有两种：一是将行业的增长情况与国民经济的增长进行比较，从中发现增长速度快于国民经济的行业；二是利用行业历年的销售额、盈利额等历史资料分析过去的增长情况，以判断处于生命周期的哪个阶段，预测该行业的未来发展趋势，为投资组合决策提供依据。

（1）行业增长比较分析

分析某行业是否属于增长型行业，可利用该行业的历年统计资料与国民经济综合指标进行对比。具体做法是：取得某行业历年的销售额或营业收入的可靠数据并计算出年变动率，与国民生产总值增长率、国内生产总值增长率进行比较，然后根据如下原则进行判断。

①确定该行业是否属于周期性行业。如果国民生产总值或国内生产总值连续几年逐年上升，说明国民经济正处于繁荣阶段；反之，则说明国民经济正处于衰退阶段。观察同一时期该行业销售额是否与国民生产总值或国内生产总值同向变化，如果在国民经济繁荣阶段行业的销售额也逐年同步增长，或是在国民经济处于衰退阶段时，行业的销售额也同步下降，说明这一行业很可能是周期性行业。

②确定该行业是否属于增长型行业。一方面，可通过比较该行业的年增长率与国民生产总值、国内生产总值的年增长率。如果在大多数年份中该行业的年增长率都高于国民经济综合指标的年增长率，说明这一行业是增长型行业；如果行业年增长率与国民生产总值、国内生产总值的年增长率持平甚至相对较低，则说明这一行业与国民经济增长保持同步或是增长过缓。另一方面，还可计算观察各年份该行业销售额在国民生产总值中所占比重。如果这一比重逐年上升，说明该行业增长比国民经济平均水平快；反之，则较慢。

通过以上分析，基本上可以发现和判断增长型行业，但要注意，统计观察数不可过少，如过少可能会引起判断失误。

(2)行业未来增长率的预测

利用行业历年销售额与国民生产总值、国内生产总值的周期资料进行对比,只是说明过去的情况,投资者还需要了解和分析行业未来的增长变化,因此还需要对行业未来的发展趋势作出预测。预测的方法有多种,如回归分析、时间序列分析等。使用较多的方法有以下两种:一种是将行业历年销售额与国民生产总值标在坐标图上,用最小二乘法找出两者的关系曲线,也绘在坐标图上,这一关系曲线即为行业增长的趋势线。根据国民生产总值的计划指标或预计值可以预测行业的未来销售额。另一种是利用行业历年的增长率计算历史的平均增长率和标准差,从而在一定的置信区间内估计未来增长率。但要求较长时间的历史数据,预计的结果才较有说服力。一般要使用行业在过去10年或10年以上的历史数据。如果某一行业是与居民基本生活资料相关的,也可利用历史资料计算人均消费量及人均消费增长率,再利用人口增长预测资料预计行业的未来增长率。

3)行业决策

通过行业分析,投资者可以选择处于成长期或稳定期、竞争实力雄厚且有较大发展潜力的行业作为投资对象。但是,并不是该行业股票在任何价位上都能购买。例如,某行业也许显示出未来增长潜力很大,但是该行业证券的价格相对来说太高,以至于不能充分证明这些证券是可以购买的。相反,一些有着适度收入的某些行业的证券,如果其价格很低,并且估计其未来收入的变动很小,那么这些证券是值得购买的。投资者可以通过价格与收益的比率(即市盈率)的高低来帮助分析股票是否处于投资价值区域。

行业投资的另一个策略是周期性投资,即投资者在经济周期内进入或退出不同的行业。周期性行业轮换的投资策略被许多投资者所采用,只有当投资者对经济周期下一个阶段的预测优于其他投资者时,才会获得成功。

在行业分析的过程中,投资者需要搜集关于行业发展的资料数据。这些数据可以在各种公开出版物上获得。如政府部门、商业性机构、行业协会等都会定期公布某些行业的统计资料、分析和调查报告,以及具有投资观点和建议的补充资料,这些信息对于投资者是十分有益的。投资者需通过对某一行业的深入研究,才能判断市场是否高估或低估了其证券及该行业的增长能力。较为常见的是,市场中的投资者和投机者之间的相互作用和影响,驱使证券的价格过高或过低,以致偏离其真实价值。事实上,大多数证券市场的变化都源于投资者对某一企业或行业真实价值的感觉,而并非产生于影响某行业未来收入基本因素的变化。

很多时候,公司股票的价格会随着某一行业的发展而相应地上升。投资者要确定某一行业证券的投资价值,就必须辨别现实价格所反映的未来收入的机会有多大,所反映的投机需求程度有多大。投资者还应该考虑其他一些因素,如消费者的偏好和收入分配的变化,某产品或许有国外竞争者的介入等。只有系统地评估这些因素,投资者才能作出比较客观全面的行业分析,从而作出明智的行业决策。

延伸阅读：　　2020年我国钢铁行业运行情况分析

钢铁行业是以从事黑色金属矿物采选和黑色金属冶炼加工等工业生产活动为主的工业行业，包括金属铁、铬、锰等的矿物采选业、炼铁业、炼钢业、钢加工业、铁合金冶炼业、钢丝及其制品业等细分行业，是国家重要的原材料工业之一。此外，由于钢铁生产还涉及非金属矿物采选和制品等其他一些工业门类，如焦化、耐火材料、碳素制品等，因此通常将这些工业门类也纳入钢铁工业范围中。

据国家统计局公布的数据，2020年，我国粗钢产量10.53亿吨，同比增长5.2%；生铁产量8.88亿吨，同比增长4.3%；钢材产量13.25亿吨，同比增长7.7%。2020年，在宏观政策的作用下，国民经济呈逐步恢复态势。特别是二季度以后，随着国家复工复产、稳经济政策逐步发力，重大项目投资启动，机械、汽车、家电等下游行业快速复苏，与钢铁消费密切相关的经济指标持续好转，钢材消费创出新高。据中国钢铁工业协会测算，2020年，我国粗钢表观消费量同比增长9%，钢材实际消费同比增长7%左右，其中建筑业增长10%、制造业增长4%。

据海关总署公布的数据，2020年，全国累计出口钢材5 367万吨，同比下降16.5%，出口均价847.2美元/吨，同比上升1.3%；累计进口钢材2 023万吨，同比增长64.4%，进口均价831.6美元/吨，同比下降27.5%。若考虑进口钢坯增加的情况，2020年我国粗钢净出口同比下降67.6%。2020年，我国累计进口铁矿石11.7亿吨，同比增长9.5%；进口均价101.7美元/吨，同比上涨7.2%。

据中国钢铁工业协会监测，2020年12月末，中国钢材价格指数(CSPI)为124.52点，同比上升17.36%。其中，长材指数为126.25点，同比上升15.09%；板材指数为126.23点，同比上升20.74%。但从全年来看，1—12月份钢材平均价格指数为105.57点，同比下降2.24%。从分月情况看，钢材价格1—8月份同比低于上年，从5月份起呈逐月回升走势，从8月份起超过上年同期，进入四季度后环比升幅加大，价格升至年内最高水平。

2020年我国钢铁行业企业经营基本情况如下：

(1)钢铁行业企业数量

至2020年12月末，我国钢铁行业规模以上企业达5 173家，与上年相比下降18家。其中，钢铁行业亏损企业数量在2020年12月末达1 247个，比上年同期下降12家。此外，统计局数据显示，2020年钢铁行业亏损企业亏损总额累计达313.1亿元。

(2)钢铁行业收入情况

数据显示，2020年钢铁行业规模以上企业实现营业务收入达72 776.9亿元，同比增长5.2%。回顾2017—2020年钢铁行业营业收入情况：近年来，我国钢行业营业收入较为稳定，2018年有小幅度回落，2019—2020年累计增长率逐渐回暖。

(3)钢铁行业利润统计

在行业利润总额方面，2018年以来，钢铁行业利润总额呈现下降态势，2020年钢铁行业利润总额跌幅有所回升。数据显示，2020年全年钢铁行业实现利润总额2 464.6亿元,同比下降7.5%。

(4)钢铁行业盈利能力

近年来,我国钢铁行业盈利能力趋于稳定,整体有小幅度下降。2020年我国钢铁行业毛利率达到7.8%,与上年相比下降0.3个百分点,钢铁行业销售利润率达到3.4%。与上年相比下降0.4个百分点。

——资料来源:中商产业研究院网站,2021.02.23

延伸阅读:黄金市场受供需基本面影响弱化,货币政策走势是影响核心

2021年10月28日,世界黄金协会公布了三季度《全球黄金需求趋势报告》,三季度全球黄金总需求(不含场外交易)为830.76吨,比2021年第二季度减少120.48吨,环比下跌13%,相对于2020年三季度黄金需求下跌7%,主要原因是黄金ETF的持仓少量外流。珠宝首饰需求和工业需求明显好于2020年同期和2021年二季度表现,在一定程度上降低了因ETF及类似产品减少带来的黄金需求的回落幅度。供给方面,三季度全球供给为1 238.92吨,相较于二季度继续增加;再生金和矿产金供给均出现上涨,带动三季度黄金供应;而央行购金方面,虽然依然是净买入降低黄金供应,但是买入量出现下滑。从全球三季度供需数据来看,仍处于供过于求的状态,供需缺口为408.16吨。

1.全球黄金供给增加继续关注央行购金变动

从世界黄金协会公布的完整数据来看,2020年黄金供应量为4 619.59吨,相较于2019年和2018年黄金供应量均有所回落。当然,尽管受到新冠病毒大流行的不利影响,但全球金产量在2020年仍达到4 600吨以上,并且随着经济继续复苏和矿商增产而有望在今年反弹。2021年前三季度全球黄金总供给达到3 505.13吨,四季度供应稳定情况下,2021年黄金总供给也会稳定在4 600吨以上。

黄金供应量具体分项来看,黄金矿产供应依然为核心,2020年供应量为3 388.7吨,占黄金总供应量的比值为73.35%;其次是再生金供应,2020年再生金供应量为1 282.77吨,占黄金总供应量的比值为27.77%;而央行购金/售金方面,2020年全球央行处于净购金的状态,购入326.27吨黄金,对黄金供应量形成负面拖累,占黄金总供应量的比值为-7.06%;另外生产商对冲对于黄金的供应亦是处于负面拖累状态,购入黄金51.88吨,占黄金总供应量的比值为-1.12%。从2021年前三季度数据来看,矿产供应依然是核心,占黄金总供应量的比值为76.43%,较2020年占比有所增加;其次是再生金供应,占黄金总供应量的比值为24.28%,较2020年再生金供应占比有所下降,主因在于黄金价格持续走弱,不利于黄金的回收再利用;央行购进和供应商对冲供给依然是处于拖累状态,拖累幅度为1.12%和0.71%,拖累程度较2020年均有所下降。

从历史数据来看,黄金矿产供应和再生金供应都相对稳定,而央行的购金/售金项和生产商对冲项变化相对较大,特别是央行购金/售金的变化对黄金市场会产生重要的影响。近期,央行一直处于购金状态,这在一定程度上支撑了黄金的价格。

2. 全球黄金 Q3 需求回落　继续关注投资需求

从世界黄金协会公布的最新数据来看，2021 年三季度，全球黄金需求量为 830.76 吨，短暂上升后再度回落，主因在于投资需求的拖累，特别是 ETF 及类似产品投资的流出或者说下降；而 2020 年黄金需求总量为 3 803.02 吨，黄金需求量连续五年回落，2021 年将会维持下降趋势。

黄金需求具体分项来看，投资需求是黄金需求中占比最大的分项，2020 年黄金投资需求为 1 773.81 吨，占 2020 年黄金总需求的比例为 46.65%；投资需求中，金条及硬币投资项和 ETF 及类似产品项基本持平，而后者则有持续增加的趋势。珠宝首饰需求为 1 400.76 吨，占 2020 年黄金总需求的比例为 36.83%，随着黄金价格持续走升，珠宝首饰需求持续回落。另外，工业用金需求为 302.18 吨，占 2020 年黄金总需求的比例为 7.9%，其在近年相对稳定，变化不大，故对黄金价格的影响有限。从 2021 年前三季度来看，珠宝首饰需求在黄金总需求中的占比为 49.7%，高于 2020 年的比值，说明黄金价格的走弱使得需求上涨；工业需求占比为 9.2%，而投资需求占比降至 26.32%，是 2021 年黄金需求的最大拖累项。

从以上分析和黄金需求历史走势来看，工业用金需求相对稳定，对黄金价格的影响有限，可以忽略不计；重点关注珠宝首饰需求和投资需求，而珠宝首饰需求会随着黄金价格的变动而出现对应的变动，黄金价格和珠宝首饰需求呈现显著的反向关系，故从需求变动来判断黄金价格，更多的应该关注黄金投资需求的变动。黄金投资需求中，金条及硬币的需求也相对稳定，ETF 及类似产品项变化较大，并且对黄金价格的影响较大。故从黄金需求来预测黄金价格，更应该重点关注 ETF 及类似产品项黄金需求。

3. 世界黄金主要消费国消费和央行购金分析

由于被压抑的需求强劲、经济活动反弹和金价走低，印度第三季度黄金总需求达到 139.14 吨，远高于 81.18 吨的前值，环比增长约 70%；而中国消费量依然是最高，达到 221.47 吨，环比增加 17.2 吨。

珠宝首饰方面，印度第三季度金饰需求涨至 96.23 吨，环比和同比均增长约 60%；中国增长至 156.81 吨，环比小幅增加。土耳其第三季度珠宝需求跃升了 41%，这是连续第三个季度同比增长。美国的需求同比增长 12%，达到 32 吨。欧洲各地的消费者信心持续改善，第三季度该地区金饰需求同比增长 19% 至 12.2 吨，大致恢复到 2019 年的水平。印度尼西亚第三季度金饰需求同比增长 56% 至 7 吨，泰国的需求同比增长 39% 至 2 吨，越南的需求同比下降一半至 1 吨，新加坡需求连续第三个季度下降至 1 吨，日本需求增长 15% 至 4 吨，韩国需求增长 6% 至 4 吨。

世界黄金协会的数据显示，2021 年第三季度，全球央行的购金步伐下滑，净买入黄金 69 吨，和第二季度相比下滑 64%，但是依然不同于 2020 年第三季度净卖出的情况。2021 年三季度，各国央行增加储备黄金 69 吨，前三季度购金量已达 393 吨，轻松超过了 2020 年的年度总购买量(255 吨)。其中巴西、乌兹别克斯坦和印度央行购金量最高。2021 年第三季度,印度央行的黄金储备增加41吨,达到745吨,巴西央行增加了9吨,乌兹别克斯坦、哈萨克斯坦和俄罗斯央行分别购买了26吨、7吨和6吨。尽管第三季度的购买量一般,但相比2020年,今年央行购买相比明显加大。

4. 全球黄金市场供需及黄金价格走势分析

2021年三季度,全球黄金总需求为830.76吨,总供给为1 238.92吨,供需缺口为+408.16吨;供过于求的状态仍在持续,这一格局自2015年以来一直维持着(除个别月份因特殊情况出现变化)。从商品属性出发,供需基本面是商品价格走势的核心影响因素,而黄金市场供过于求的格局持续,但是黄金价格并没有持续的大幅回落,主因在于黄金的商品属性对价格的影响仍在弱化,黄金的债券属性和货币属性是黄金价格走势的核心影响因素。

从黄金供需数据来看,全球黄金需求因投资需求走弱而下降,而全球黄金供给因矿产金供应增加而小幅增加,供过于求的格局再度扩大,对于黄金价格而言形成一定的利空影响。对于黄金供需面的分析,市场应该转变供需传统分析思路,需求端重点关注ETF及类似产品项黄金需求变动,供给端重点关注央行购金/售金的变化。

从黄金三大属性出发,债券属性和金融属性成为当前黄金价格的核心影响因素,工业属性对黄金价格的影响相对较弱,这也决定了全球黄金的供需小幅变动对金价影响的有限性。故2021年以来,美债收益率走势是金银行情的核心驱动因素,美元走势也影响金银;当前分析黄金价格需要更多的是关注美债收益率和美元指数的变动,全球黄金供需变动仅作为价格走势预测的参考。

——资料来源:金融界网站,2021-11-2,作者:方正中期期货

4.4 公司基本情况分析

证券市场上流通的证券,绝大部分发行主体是从事各类市场经营活动的股份有限公司。因此,在证券投资分析的过程中,宏观分析和行业分析相当于是对公司所处宏观环境和中观环境的调查分析,对具体的企业或公司进行微观层面的分析才是最关键的步骤。公司分析的内容可分为公司基本情况分析和公司财务分析,其中基本情况分析包含对公司所处的行业地位、经济区位、公司产品或服务、公司治理结构和经营管理水平以及公司经营中的重大事项等进行全面了解和调查。

1)公司行业地位分析

行业地位分析的目的是判断公司在所处行业中的竞争地位,如是否为领导企业,在价格上是否具有影响力,是否有核心竞争优势等。企业的行业地位决定了其盈利能力是高于还是低于行业平均水平,决定了其在行业内的竞争地位。衡量公司行业竞争地位的主要指标是企业综合实力排序和产品的市场占有率。

2)公司经济区位分析

经济区位,是指地理范畴上的经济增长点及其辐射范围。上市公司的投资价值与区位经济的发展密切相关,如处在经济区位内的上市公司,一般具有较高的投资价值。具体来讲,可以通过区位内的自然条件与基础条件、区位内政府的产业政策、区位内的经济特色这几个方面进行上市公司的经济区位分析。

3)公司产品分析

(1)产品的竞争能力

①成本优势(Cost Advantage)。成本优势是指公司的产品依靠低成本获得高于同行业其他企业的盈利能力。在很多行业中,成本优势是决定竞争优势的关键因素,理想的成本优势往往成为同行业价格竞争的抑制力。

②技术优势(Technical Superiority)。技术优势是指公司拥有的比同行业其他竞争对手更强的技术实力及其研究与开发新产品的能力。这种能力主要体现在生产的技术水平和产品的技术含量上。在现代经济中,公司新产品的研究与开发能力是决定公司竞争成败的关键因素。

③质量优势(Quality Advantage)。质量优势是指公司的产品以高于其他公司同类产品的质量赢得市场,从而取得竞争优势。在与竞争对手成本相等或成本近似的情况下,具有质量优势的公司往往在该行业中占据领先地位。

(2)产品的市场占有情况

通常可以从两个方面进行考察。其一,公司产品销售市场的地域分布情况。市场地域的范围能大致估计一个公司的经营能力和实力。其二,公司产品在同类产品市场上的占有率。市场占有率(Market Share)是指一个公司的产品销售量占该类产品整个市场销售总量的比例。市场占有率越高,表示公司的经营能力和竞争力越强,公司的销售和利润水平越高、越稳定。市场占有率是对公司的实力和经营能力的较精确的估计。

(3)产品的品牌战略

品牌具有产品所不具有的开拓市场的多种功能:一是品牌具有创造市场的功能;二是品牌具有联合市场的功能;三是品牌具有巩固市场的功能。品牌竞争是产品竞争的深化和延伸。

4)公司治理结构和经营管理水平分析

公司治理结构是指公司的股东结构、与关联企业的人员及业务关系以及公司董事会、监事会和高管人员的构成、业务分工、专业能力等方面的情况。公司治理结构是影响公司经营战略和业务发展情况的重要因素,良好的治理结构有利于激励和发挥员工的潜力,将精力重点放在核心业务经营和改善客户服务方面。经营管理水平体现在公司的战略是否得当、组织架构是否健全、管理制度和流程是否完善、不同部门的沟通是否顺畅、奖惩机制是否合理、企业文化是否合适等多个方面。在对公司的基本面进行分析时,须对其治理结构和经营管理水平进行深入分析,才能挑选出优秀的公司作为投资对象。

5)公司重大事项分析

在公司分析环节,公司经营活动中发生的重大事项,比如重大业务转型、资产重组、重要股东和核心高管人员的变化以及关联交易事项等,会对公司的未来收益和经济价值产生重要影响,在上市公司的信息披露中上述事项都会及时的反映,投资者一定要关注和分析其影响。

(1)公司的资产重组

资产重组是指上市公司及其控股或者控制的公司在日常经营活动之外购买、出售资产或者通过其他方式进行资产交易达到规定的比例,导致上市公司的主营业务、资产、收入发生重大变化的资产交易行为。

①资产重组方式。对于证券分析师而言,他们更关注资本市场上的公司扩张、公司调整、公司所有权和控制权转移这三大类既不相同但又互相关联的资产重组行为。在具体的重组实践中,这三类不同的重组行为基于不同的重组目的,组合成不同的重组方式。

A. 扩张型公司重组。公司的扩张通常指扩大公司经营规模和资产规模的重组行为。包括购买资产、收购公司、收购股份、合资或联营组建子公司、公司合并。

B. 调整型公司重组。公司的调整包括不改变控制权的股权置换、股权-资产置换、不改变公司资产规模的资产置换,以及缩小公司规模的资产出售、公司分立、资产配负债剥离等。

C. 控制权变更型公司重组。公司的所有权与控制权变更是公司重组的最高形式。通常公司的所有权决定了公司的控制权,但两者不存在必然的联系。常见的公司控股权及控制权的转移方式有六种,即股权的无偿划拨、股权的协议转让、公司股权托管和公司托管、表决权信托与委托书、股份回购、交叉控股。

以上对这三类行为的划分是从单一上市公司视角出发的。在实践中,一个重组行为甚至可以同时划入这三类概念。比如收购公司,对收购方来说,是一种扩张行为;而对目标公司而言,是一种控制权或所有权的转移行为;对目标公司的出让方来讲,又是一种收缩或调整行为。

②资产重组对公司的影响。一般而言,资产重组可以促进资源的优化配置,有利于产业结构的调整,增强公司的市场竞争力,从而使一批上市公司由小变大、由弱变强。但在实践中,许多上市公司进行资产重组后,其经营和业绩并没有得到持续、显著的改善。究其原因,最关键的是重组后的整合不成功。重组后的整合主要包括企业资产的整合、人力资源配置和企业文化的融合、企业组织的重构。不同类型的重组对公司业绩和经营的影响也是不一样的。

对于扩张型资产重组而言,通过收购、兼并,对外进行股权投资,公司可以拓展产品市场份额,或进入其他经营领域。但这种重组方式的特点之一,就是其效果受被收购兼并方生产及经营现状影响较大，磨合期较长，因此见效可能较慢。有关统计数据表明，上市公司在实施收购兼并后，主营业务收入的增长幅度要小于净利润的增长幅度，每股收益和净资产收益率仍是负增长。这说明，重组后公司的规模扩大了，主营业务收入和净利润有一定程度的增长，但其盈利能力并没有同步提高。从长远看，这类重组往往能够使公司在行业利润率下降的情况下，通过扩大市场规模和生产规模，降低成本，巩固或增强其市场竞争力。

由于多方面的原因，我国证券市场存在着上市公司资产质量较差、股权结构和公司治理结构不合理等客观状况，因此着眼于改善上市公司经营业绩、调整股权结构和治理结构的调整型公司重组和控制权变更型重组，成为我国证券市场最常见的资产重组类型。对于公司控制权变更型资产重组而言，由于控制权的变更并不代表公司的经营业务活动必然随之发生变化，因此，一般而言，控制权变更后必须进行相应的经营重组才会对公司经营和业绩产生显著效果。

对调整型资产重组而言，分析资产重组对公司业绩和经营的影响，首先要鉴别报表性重组和实质性重组，区分报表性重组和实质性重组的关键是看有没有进行大规模的资产置换或合并。实质性重组一般要将被并购企业50%以上的资产与并购企业的资产进行置换，或双方资产合并；而报表性重组一般都不进行大规模的资产置换或合并。

经典案例：奥瑞德41.2亿借壳上市　西南药业变身蓝宝石供应商

2014年8月11日，停牌数月的重庆上市公司西南药业在晚间公布了重组预案。公告表示，此次重组方案包括重大资产置换、发行股份购买资产、股份转让和非公开发行股份募集配套资金。

重组完成后，哈尔滨奥瑞德光电技术股份有限公司（以下简称"奥瑞德"）100%的股权即预估值约41.2亿元的蓝宝石资产将注入西南药业并实现借壳上市，公司实际控制人将由太极集团有限公司变为左洪波及褚淑霞夫妇。公司股票自8月12日起复牌交易。

公告表示，西南药业本次资产重组拟注入资产奥瑞德100%股权预估值约41.2亿元，拟置出资产预估值约为4.27亿元（为西南药业以其截至基准日2014年4月30日经评估的全部资产、负债扣除截至该日的累计未分配利润对应的等值现金约1.13亿元之后的剩余部分），差额部分约36.93亿元将由西南药业以7.42元/股的价格，向左洪波等33名自然人股东及哈工大实业总公司等12家机构共45名股东非公开发行约4.98亿股股票进行购买。上述资产置换完成后，左洪波以其获得的全部置出资产和4.13亿元现金作为对价受让太极集团所持有的西南药业29.99%的股权，即8 701.49万股。

同时，为提高本次重组绩效，增强新公司的持续经营能力，西南药业还计划以相同价格向不超过十名特定投资者非公开发行股份不超过1.39亿股股票，募集资金约10.3亿元，用于奥瑞德"大尺寸蓝宝石材料产业基地扩建项目"和全资子公司秋冠光电的"蓝宝石窗口片基地项目"。

资料显示，奥瑞德经过多年发展，已成为初具多元化发展雏形的蓝宝石单晶炉设备提供商和蓝宝石晶体材料供应商。该公司已在大尺寸蓝宝石单晶产业化技术上取得了重大进展，取得了"300毫米以上蓝宝石单晶的冷心放肩微量提拉制备法""冷心放肩微量提拉法生长大尺寸蓝宝石单晶的快速退火方法"等4项发明专利及18项实用新型专利，同时尚有多项发明专利及实用新型专利正在申请中。这些技术的成功应用，使其在生产大尺寸蓝宝石单晶领域达到了国际领先水平。

目前，奥瑞德可量产2英寸、4英寸、6英寸及以上尺寸蓝宝石晶棒和制品，是全球少数具有4英寸以上蓝宝石晶棒规模化生产能力的企业之一。2011年以前奥瑞德生产的蓝宝石晶体材料主要作为LED衬底材料，2011年开始其产品进入消费类电子产品应用领域，向手机零部件制造商蓝思科技和伯恩光学供应蓝宝石材料。

奥瑞德表示，计划通过本次交易实现借壳上市，充分利用资本市场的融资功能，抓住当前蓝宝石行业爆发式增长的机遇，快速向蓝宝石材料加工和下游应用产品发展，提升并巩固自身在行业和市场中的优势地位。

财务数据显示，2011年、2012年、2013年及2014年1—4月，奥瑞德营业收入分别为1.14亿元、2.15亿元、3.88亿元和1.12亿元，净利润分别为4 090.76万元、1 750.19万元、7 536.01万元和2 131.41万元。今年前4月公司销售收入同比已大幅增长，随着下游市场需求的持续走高，全年销售收入将有更大幅度的增长。西南药业2013年净利润约3 201万元。

本次重组完成后，西南药业主营业务将由西药制剂转变为蓝宝石晶体材料和单晶炉设备供应商。据了解，近年来，在全球各国政府的政策扶持下，蓝宝石行业全面进入了蓬勃发展周期，并且LED照明及消费电子领域的发展趋势将带动蓝宝石需求快速增长。因此，市场人士预计，重组完成后，上市公司的持续盈利能力将得到较大提升，未来发展前景乐观。

同时，公告警示本次重组业务风险。本次交易完成后，上市公司将直接持有奥瑞德100%股份。奥瑞德主要从事蓝宝石晶体材料和单晶炉设备的研发、生产和销售。由于对LED蓝宝石衬底品质和成本要求的提高，目前市场上对4寸蓝宝石晶棒的需求越来越大，同时蓝宝石在消费类电子产品上应用的不断扩大，对蓝宝石市场的格局造成了巨大的影响。但蓝宝石得到广泛应用的前提是蓝宝石具有能够被市场接受的足够低的价格，这就要求蓝宝石企业要不断进行技术升级和有效的成本控制，如果未来蓝宝石的发展趋势不能满足下游行业的要求，或者新的替代材料出现，将会对蓝宝石材料和单晶炉设备市场造成不利的影响。

2015年6月16日晚间，西南药业发布公告称，鉴于公司重大资产重组置出资产的交割工作已基本完成，经国家工商总局核准，同意公司名称变更为"奥瑞德光电股份有限公司"，并提请6月26日股东大会授权公司董事会负责办理相关工商变更事宜。西南药业最新股价报收于44.67元，公司实际控制人左洪波、褚淑霞夫妇持股2.427 6亿股，身家达到108.44亿元。通过此次重组，西南药业原大股东太极集团获得了西南药业原有的医药资产和4.13亿元现金，极大地改善了财务状况，降低了资产负债率。另外，太极集团此次让出大股东地位后，仍持有西南药业696.550 6万股，太极集团母公司太极有限还持有1 138.476 9万股，占合计1 935万股，将坐享奥瑞德光电借壳西南药业的重组收益，按照最新股价计算市值8.64亿元。

2015年7月17日，西南药业股票简称更名为奥瑞德，股票代码600666不变。至此，历时一年又三个月，哈尔滨奥瑞德光电股份有限公司借壳西南药业股份有限公司上市的重大资产重组实施完毕，上市公司主业由医药制造业变更为蓝宝石和单晶炉设备业。

——资料来源：上海证券网

经典案例： 海尔智家港股上市 海尔家电业务“二合一”落定

“二合一”终于落定

2020年12月23日，海尔智家(600690)(6690.HK)在港股挂牌交易。截至《华夏时报》记者发稿，海尔智家港股价格为25.55港元，涨6.46%。同一时间，海尔智家(600690.SH)在A股价格为27.63元人民币，涨4.58%。A股相较港股溢价近28%。

海尔集团创始人张瑞敏当天还在上市仪式上表示，作为国内第一家在三地上市的企业，海尔的目标是希望成为第一家物联网化上市公司。海尔智家实现整体上市，意味着海尔家电业务此前错综复杂的股权、财权、管理权等关键问题有望被理顺。而“二合一”的落地，是否也意味着海尔智家的股价和估值，有望与白电三巨头中的另外两家并肩？

H股完成上市后，海尔智家实现了三地资本市场同时整体上市。其中，海尔智家本次在H股上市的股票共计24.48亿股，占比约为27.12%。其在D股发行的股份数量为2.71亿，占比3%。海尔智家股票的最大发行地还是在国内A股市场。63.08亿股股份占其总发行股份的69.88%。公告还显示，海尔智家的港股市值约为619.41亿港元。而其A股流通值为1 722.23亿元人民币，总市值则为2 464.6亿元。

在H股上市完成后，海尔集团公司及其一致行动人依旧是海尔智家的最大股东。但其持股比例从此前的40.03%被稀释至35.14%。公告显示，海尔集团的一致行动人包括持有A股的海尔电器国际股份有限公司、青岛海尔创业投资咨询有限公司、青岛海创智管理咨询企业(有限合伙)、持有D股的Haier International Co., Limited，以及持有H股的HCH(HK)。

海尔智家是在今年7月末，对外抛出了欲私有化海尔电器(1169.HK)，并计划通过介绍方式在香港联交所主板上市的“二合一”方案。海尔智家当时宣布欲通过换股加现金的方式，将在港股上市的海尔电器私有化。这个私有化方案的理论总价值最高预计为440亿元。

实现H股整体上市，有利于理顺海尔家电业务复杂的股权关系

据《华夏时报》记者了解，海尔电器和海尔智家同为海尔集团旗下操盘家电业务的平

台。海尔电器主要从事洗衣机、热水器的制造销售以及海尔国内家电产品的渠道分销,国内冰箱、空调等产品制造以及海外家电产业则归属于海尔智家。

而在海尔智家完成H股上市前,两家公司实行交叉持股。其中,海尔智家及其一致行动人直接或间接持有海尔电器已发行股份的58.41%。海尔智家及全资子公司则合计持有45.68%的海尔电器股份。而在完成私有化后,海尔电器于12月23日在港股退市,并成为海尔智家的全资附属公司。

"二合一"的力量

除了股权关系外,海尔智家还期待通过这场整体上市来减少同业竞争和关联交易、提升协同效率。有业内人士对《华夏时报》记者分析称,由于历史原因海尔拥有A股和H股两个家电业务的上市公司平台。虽然规划的主营业务不同,但两个上市平台的业务仍有交叉重叠的部分,同时也存在较多复杂的内部交易结算。

这导致了海尔智家的费用成本要明显高于另外两家白电巨头。以三季报做横向对比:海尔智家今年第三季度销售费用率为15.1%,同比下降1个百分点。但同期格力电器(000651)的销售费用率为8.58%,美的集团(000333)则为9.67%。而在管理费用率方面,海尔智家今年第三季度这个数字为4.2%,同比下降0.5个百分点。而同期,格力电器的管理费用率为1.74%,美的则为2.81%。

庞杂的费用对海尔智家的利润影响明显

今年前三季度,海尔智家营收为1 544.12亿元,这个数字低于美的集团,但比格力电器1 258.89亿元的营收数字要高出近300亿元。但海尔智家今年前三季度63.01亿元的归属净利润,不足格力同期的1/2,是美的集团当期的三成左右。

海尔智家的市值与格力电器和美的集团也逐渐拉大。回看2013年底时,白电三巨头的市值均不到1 000亿元。而12月23日截至《华夏时报》记者发稿,美的集团市值约为6 540亿元,格力电器总市值则约为3 623.88亿元,分别是海尔的2.65倍和1.5倍。

家电行业资深观察人士刘步尘对《华夏时报》记者表示,此前海尔智家和海尔电器任何一家都不能代表海尔集团的家电业务,两家公司的财报也无法简单相加,因此在与格力电器和美的集团相比时,海尔集团处于明显劣势地位。他认为海尔智家整体上市"可以有效地理顺海尔家电的内部管理关系,同时也有利于降低海尔智家的管理成本,提高海尔智家决策的效率"。

而海尔智家的整体上市,以及要成为第一家物联网化上市公司的决心,又能否让格局稳固已久的白电三巨头江湖地位再次发生改变?

——资料来源:华夏时报,2020-12-23

(2)公司的关联交易

关联方交易是指关联方之间转移资源、劳务或义务的行为,而不论是否收取价款。《企业会计准则第36号——关联方披露》第三条对关联方进行了界定,即"一方控制、共同控制另一方或对另一方施加重大影响,以及两方或两方以上同受一方控制、共同控制或重大影响的，构成关联方”。

所谓控制，是指有权决定一个企业的财务和经营政策，并能据以从该企业的经营活动中获取利益；所谓共同控制，是指按照合同约定对某项经济活动所共有的控制，仅在与该项经济活动相关的重要财务和经营决策需要分享控制权的投资方一致同意时存在；所谓重大影响，是指对一个企业的财务和经营政策有参与决策的权力，但并不能够控制或者与其他方一起共同控制这些政策的制定。

从理论上说，关联交易属于中性交易，它既不属于单纯的市场行为，也不属于内幕交易的范畴，其主要作用是降低交易成本，促进生产经营渠道的畅通，提供扩张所需的优质资产，有利于实现利润的最大化等。但在实际操作过程中，关联交易有其非经济特性。与市场竞争、公开竞价的方式不同，关联交易价格可由关联双方协商决定，特别是在我国评估和审计等中介机构尚不健全的情况下，关联交易容易成为企业调节利润、避税和一些部门及个人获利的途径，往往使中小投资者利益受损。

交易价格如果不能按照市场价格来确定，就有可能成为利润调节的工具。如各项服务收费的具体数目和摊销原则因外界无法准确地判断其是否合理，因此操作弹性较大。目前通常的做法是，当上市公司经营不理想时，集团公司或者调低上市公司应缴纳的费用标准，或者承担上市公司的相关费用，甚至将以前年度已缴纳的费用退回，从而达到转移费用、增加利润的目的。又由于各类资产租赁的市场价格难以确定，租赁也可能成为上市公司与集团公司等关联公司之间转移费用、调节利润的手段。上市公司利润水平不理想时，集团公司调低租金价格或以象征性的价格收费，或上市公司以远高于市场价格的租金水平将资产租赁给集团公司使用。有的上市公司将从母公司租来的资产同时以更高的租金再转租给其他关联方，形成股份公司的其他业务利润，实现向股份公司转移利润。上市公司获得类似的贴补，从表面上看对于上市公司和投资者来说是好事，但这种贴补首先不可能持久且终究要付出代价，其次不利于上市公司核心竞争力的培育，对其长远发展不利。

资产重组中的关联交易，其对公司经营和业绩的影响需要结合重组目的、重组所处的阶段、重组方的实力、重组后的整合进行具体分析。首先，重组谈判过程一般长达几个月，其中变数颇多，因此在重组的谈判或审批阶段，难以判断重组成功的概率和绩效。如果上市公司重组目的带有短期化倾向，如为了短期业绩的改观、配股融资能力的增强等，企业经营现状的改变将是非质变性的。其次，重组后能否带来预期效益还要看后期整合的结果。由于原有企业的文化、管理模式具有一定程度的排他性，新资产从进入到正常运转还要面临一段时间的磨合。由此可见，资产重组类股票的投资不确定性较大，而带有关联交易性质的资产重组，由于其透明度较低，更需要进行较长时期的、仔细的跟踪分析。

在分析关联交易时，尤其要注意关联交易可能给上市公司带来的隐患，如资金占用、信用担保、关联购销等。证券投资分析师在分析关联交易时，应尤其关注交易价格的公允性、关联交易占公司资产的比重、关联交易的利润占公司利润的比重以及关联交易的披露是否规范等事项。

经典案例：　　利益输送——五粮液关联交易案例分析

五粮液股份有限公司由四川省宜宾五粮液酒厂独家发起成立，发起人所持资本折合为24 000万股，占公司总股份的75%，同时发行8 000万股流通股，发行价格每股14.77元，筹得11.816亿元资金，于1998年3月在深圳证券交易所上市。自1998年上市以来，五粮液股份有限公司一直是众所周知的绩优股、现金牛。公司1998年推出10股派12.5元的分红方案，创出上市公司分红之最，大股东通过分红一次套现3亿元。此后，公司便从一个极端走向另一个极端，"肥母鸡"成了一毛不拔的"铁公鸡"。在五粮液吝啬分红的背后却隐藏着与集团公司的巨额关联交易。

五粮液集团公司于1998年8月由五粮液酒厂改制设立，虽然上市前据五粮液公司披露是由五粮液酒厂独家发起设立，但是改制完成后，五粮液公司在1998年及以后的年报中都披露五粮液集团为其发起人，五粮液酒厂为发起人子公司。

五粮液的实际控制人为宜宾市国有资产经营有限公司，截至2009年12月31日，宜宾市国有资产经营有限公司持有上市公司21.3亿国有股，占公司总股本的56.07%。宜宾市国有资产经营有限公司未参与五粮液的经营决策，也未参加董事会。五粮液集团没有股权，却实际掌握了五粮液的全部经营管理。正是因为五粮液集团本身并不持有上市公司的股份，就无法通过现金股利和股票价差这两种方式获取上市公司的利益，因此通过关联方交易向集团公司输送利益成为一种最直接的方式。

利益输送是指大股东利用自己手中的控制权转移上市公司的资产和利润，损害小股东的利益。根据1998年至2009年五粮液年报所披露的数据，五粮液公司与五粮液集团之间的关联交易分析如下。

庞大的关联交易额及比重使得公司失去了以往应有的竞争地位，对关联方的依赖严重。根据五粮液股份有限公司公布的近些年的报表，2005年其营业收入为64.19亿元，关联方交易金额占41.15亿元；2006年营业收入为73.97亿元，关联方交易金额则为60.65亿元；到了2007年，其营业收入为73.29亿元，关联方交易金额达71.34亿元之多；2008年的营业收入为79.33亿元，关联交易额则为64.82亿元。

查阅历年资料可知，五粮液股份有限公司半数以上的采购和销售活动是通过与关联方的交易完成的。一方面，由于关联方交易大部分都采用的协议价，且合同长期有效，不但不利于关联方企业与同行业企业间的竞争，同时还将弱化企业自身产品的竞争力；另一方面，如此庞大的交易额使得关联方之间的相对独立性减弱，削减了五粮液股份有限公司独立对抗风险及竞争发展的能力。

五粮液股份有限公司作为一个主要经营酒类业务的上市公司，公司股票上市已十余年，却一直没有自己的生产厂房、注册商标，公司办公处所也是通过经营租赁而来；上市公司每年都要向五粮液集团缴纳巨额的商标授权使用费，厂房和经营场所房屋租赁费，以及警卫消防、环卫绿化、物业治理等综合服务费。查阅公司报表，解释内容中所披露的有关办公住所及相关物业治理合同内容，表面上看没有问题，但经过核算后五粮液股份有限公司向团体公司租赁的经营区域每平方米租金高达 89.89 元/月，物业费更是高达 148.8 元/平方米每年。此外，近年来在五粮液股份有限公司每年高达数亿至数十亿的其他应收款中，关联方所占比重都在 95% 以上。

五粮液股份有限公司，2008 年共生产 7.58 万吨五粮液系列酒，主营收入 80 亿元，利润仅为 24 亿元，每股收益 0.477 元；而其最大的竞争对手贵州茅台股份有限公司，2008 年产量为 2.5 万吨，主营收入 82 亿元，利润 53.8 亿元，每股收益 1.59 元。在主营收入基本相当的情况下，五粮液股份的利润不足茅台股份的一半，其每股收益更是只相当于茅台股份的十分之三。而作为最大关联交易方的五粮液集团则创下了销售收入 300 亿元，利税 60 亿元的历史佳绩。可见，关联方通过高价收取综合服务费、商标使用费，对原料、产成品等高卖低买的“协议”交易，从中巧妙地侵占了上市公司的大幅利益。

五粮液股份有限公司大量的关联方企业中，绝大多数都与五粮液集团有着千丝万缕的联系。五粮液股份有限公司，其前身是由 20 世纪 50 年代初几家古传酿酒作坊联合组建而成的“中国专卖公司四川省宜宾酒厂”，1959 年正式命名为“宜宾五粮液酒厂”，1998 年改制为“四川省宜宾五粮液集团有限公司”。五粮液股份有限公司于 1998 年正式上市，由于受到当时的上市额度限制，只能将部分资产装入上市公司，而其他未上市的部分资产被组建成五粮液集团，也就是被外界普遍认为的“母公司”，但五粮液集团实际上并未持有上市公司的任何股权。宜宾市国资经营公司一直是公司最大的股东，而宜宾市国资委全资拥有五粮液集团，两者同属于四川省国资委。可见，复杂的上市背景和特殊的国企资质导致了五粮液股份有限公司大额的关联交易。这种“肥水不流外人田”的交易实在让外人难以插嘴。

关联交易导致了巨额的利益流失，那么，该如何解决关联交易问题呢？

首先，上市公司应优化资金及产业结构，五粮液股份有限公司在与五粮液集团相关资产收购的过程中，应该实现真正意义上的独立，拥有自主产、销、商标权，从而不受牵制。并逐步削减国资委的持股比例，减轻政府的干预。

其次，应加快建设并完善内部审计控制系统，增加信息透明度。良好的内部审计控制系统可以帮助企业对以往的业务自主纠察，及时发现问题；透明对称的信息为企业提供了良好的经济及社会监督环境。

最后，应加强对关联方交易披露方面的建设，规范关联方的交易价格、关联方之间相互占用资金的会计处理与披露和往来账目的设立。当然，要选用信誉和专业技能出色的会计师或事务所对关联方交易进行专门审计。

4.5 公司财务分析

在证券投资分析中，在进行了宏观分析、行业分析之后，还需要对所选定行业中的各公司进行公司基本情况分析和财务分析，以便筛选出最适合投资的企业，获得最佳投资收益。公司财务分析主要基于对公司的资产负债表、利润表和现金流量表所体现的财务数据进行分析和比较，需要具备一定的会计和财务方面专业知识方能进行。

财务报表通常被认为是最能够获取有关公司信息的工具。在信息披露规范的前提下，已公布的财务报表是上市公司投资价值预测与证券定价的重要信息来源。真实、完整、详细的财务报表分析，是预测公司股东收益和现金流的各项因素的基础，也是作出具体投资建议的直接依据之一。

1）财务报表分析

上市公司最为重要的财务报表有资产负债表、利润表和现金流量表。

①资产负债表。资产负债表（Balance Sheet）是反映企业在某一特定日期财务状况的会计报表，它表明权益在某一特定日期所拥有或控制的经济资源、所承担的现有义务和所有者对净资产的要求权。

我国资产负债表按账户式反映，即资产负债表分为左方和右方，左方列示资产各项目，右方列示负债和所有者权益各项目。通过账户式资产负债表，可以反映资产、负债和所有者权益之间的内在关系，并达到资产负债表左方和右方平衡。同时，资产负债表还提供年初数和期末数的比较资料。

②利润表。利润表（Income Statement）是反映企业一定期间生产经营成果的会计报表，表明企业运用所拥有的资产进行获利的能力。利润表把一定期间的营业收入与其同一会计期间相关的营业费用进行配比，以计算企业一定时期的净利润（或净亏损）。我国一般采用“多步式”利润表格式。

③现金流量表。现金流量表（Cash Flow Statement）反映企业一定期间现金的流入和流出，表明企业获得现金和现金等价物的能力。现金流量表主要分经营活动、投资活动和筹资活动等所产生的现金流量三个部分。

延伸阅读：　　巴菲特教你看上市公司年报

截至 2012 年 4 月 26 日，沪深两市已有 2 321 家披露年报。有意思的是，巴菲特的选股经和行业表现似乎不搭界，2011 年增速最快的行业是饲料和畜禽养殖，而增速最慢的是林业和航运业，但 2012 年一季度，饲料、养殖增速明显放缓，表现最好的是火电、旅游和通信行业，而航运、钢铁依然处于低迷状态。

暴利公司 254 家，三大指标筛选“高帅富”。按毛利高于 40%、净资产收益高于

15%、净利率高于5%过滤后仅剩下75家公司。巴菲特也是这样，擅长于寻找上市公司中的“高帅富”。毛利率持续较高、长期能赚钱的公司堪称上市公司中的“高”，再加上净资产收益率高于15%、净利率高于5%，一个可供选择的“高帅富”公司就这样诞生了。

好公司一定是高毛利。按巴菲特的标准，毛利率过40%是底线。结合已披露年报上市公司2011年业绩来看，254家公司已经连续5年保持了毛利率超过40%。考虑很多上市公司上市时间不长，严格按照巴菲特要求至少十年高毛利并不切合实际。即便如此，这254家公司也并非全都是巴菲特眼里的优秀公司，很多公司连续高毛利，却并非真正意义上的“高帅富”。

高毛利是巴菲特很看重的一个财务指标，他认为只有具备持续竞争力的公司，才能保持高毛利。他投资的可口可乐毛利率一直保持60%以上，穆迪及伯灵顿北方圣太菲铁路运输公司也是如此。

相反，那些毛利率低的公司往往惨淡经营。2011年，以广汽集团、一汽夏利为代表的汽车公司，柳钢、鞍钢为代表的钢铁公司毛利率都在10%以下，且最近几年来，一直如此。在巴菲特的眼里，美国包括通用汽车、美国钢铁在内的公司毛利率多在20%以下徘徊，属于赚钱辛苦的公司，不属于巴菲特中意的类型。

高毛利受到巴菲特的看重，也难怪去年媒体总拿个别行业的高毛利说事，比较典型的案例是说一些高速公路公司毛利率超过9成，赚钱太疯狂。实际上，巴菲特绝不单纯以高毛利来衡量公司的质量。254家连续5年高毛利的公司，从毛利率指标来看光鲜照人，但只要加上净资产收益率高于15%，净利率高于5%这两个指标过滤，254家公司中，就有179家公司褪去华丽外衣，仅剩下75家公司。事实上，净利率高于5%可能仍不足以满足巴菲特的要求，因为有些时候CPI就已经超过5%了。

很多公司有很高的毛利率，但公司投资建设项目时花费很大，相关的利息费用很高，最终企业显得并不赚钱。中原高速去年的毛利率高达56%，且持续性较好，但其净资产收益率仅有4.69%。这意味着，要靠项目利润回本，要超过25年。

剩下的75家“高帅富”公司主要有白酒、医药、旅游、IT等几大类。根据巴菲特的传统观念，一般不选择投资更新步伐太快、需要不断投资开发新产品的IT类公司。此外，黄山旅游、丽江旅游等旅游类企业虽然也显现出良好的盈利能力，但景区类公司体现出一定的公益性质，在投资上争议也较大，最直接的是其门票价格的确定往往需要价格听证会，不够市场化。此外，很多景区公司的利润是与相关的政府管理部门分成，公司自己对利润掌控能力较差。在75家公司中，也有一类企业难以用行业划分，但也显现出一定的共性。比较有代表性的是三安光电、莱宝高科、南国置业等。这些公司往往在一段时间经历了行业的繁荣发展，短期一两年、甚至几年内呈现出较强的营利能力。

巴菲特之所以强调连续10年以上保持高毛利，就是要规避这种搭乘上行业高景气度浪潮的公司。例如，国内房地产公司经历了连续多年的高景气度，从财务数据上看，这些公司往往体现出很强的获利能力。但实际上，一旦脱离行业属性，很多公司就丧失了自身的护城河。

巴菲特喜欢那种能够经得起时间考验的、依靠独特竞争力立足于市场的公司。从数据上来看,初步符合巴菲特毛利指标的公司主要是白酒公司和部分制药企业、资源型企业,具体包括酒类里的贵州茅台、张裕A、泸州老窖、五粮液;医药里的双鹭药业、华兰生物;资源类企业里的盐湖集团、金岭矿业等。

当然,仅仅就毛利、净利率等指标简单筛选上市公司并不可取,实际投资过程中则需要投资者进行更为深入的研究和调查,并结合更多的财务数据来进行分析判断。多数时候,由于国内外投资环境的不同,也要求投资者在选择上市公司时更加谨慎。

2)财务指标分析

财务指标分析主要从资本结构、偿债能力、营运能力、盈利能力和投资收益这几类指标进行分析。

(1)资本结构分析

①股东权益比率。股东权益比率是股东权益总额与资产总额的比率。其计算公式如下:

$$股东权益比率 = \frac{股东权益总额}{资产总额} \times 100\%$$

也可以表示为:

$$股东权益比率 = \frac{股东权益总额}{负债总额 + 股东权益总额} \times 100\%$$

这里的股东权益总额即资产负债表中的所有者权益总额。该项指标反映所有者提供的资本在总资产中的比重,反映企业基本财务结构是否稳定。一般来说,股东权益比率越大越好,因为所有者出资不像负债存在到期还本的压力,不至于陷入债务危机,但也不能一概而论。从股东来看,在通货膨胀加剧时期,企业多借债可以把损失和风险转嫁给债权人;在经济繁荣时期,多借债可以获得额外的利润;在经济萎缩时期,较高的股东权益比率可以减少利息负担和财务风险。股东权益比率高,是低风险、低报酬的财务结构;股东权益比率低,是高风险、高报酬的财务结构。

②资产负债比率。资产负债比率是负债总额占资产总额的百分比。它反映在总资产中有多大比例是通过借债来筹资的,也可以衡量企业在清算时保护债权人利益的程度。其计算公式如下:

$$资产负债率 = \frac{负债总额}{资产总额} \times 100\%$$

公式中的负债总额不仅包括长期负债,还包括短期负债。这是因为,从总体上看,企业总是长期性占用着短期负债,可以视同长期性资本来源的一部分。本着稳健原则,将短期债务包括在用于计算资产负债比率的负债总额中是合适的。公式中的资产总额则是扣除累计折旧后的净额。这个指标反映债权人所提供的资本占全部资本的比例。这个指标也被称为举债经营比率。

③长期负债比率。长期负债比率是从总体上判断企业债务状况的一个指标，它是长期负债与资产总额的比率。用公式表示如下：

$$长期负债比率 = \frac{长期负债}{资产总额} \times 100\%$$

一般来看，对长期负债比率的分析要把握以下两点。

首先，与流动负债相比，长期负债比较稳定，要在将来几个会计年度之后才偿还，所以公司不会面临很大的流动性不足的风险，短期内偿债压力不大。公司可以把长期负债筹得的资金用于增加固定资产，扩大经营规模。

其次，与所有者权益相比，长期负债又是有固定偿还期、固定利息支出的资金来源，其稳定性不如所有者权益。如果长期负债比率过高，必然意味着股东权益比率较低，公司的资本结构风险较大，稳定性较差，在经济衰退时期会给公司带来额外风险。

④股东权益与固定资产比率。股东权益与固定资产比率也是衡量公司财务结构稳定性的一个指标，它是股东权益除以固定资产总额的比率。用公式表示为：

$$股东权益与固定资产比率 = \frac{股东权益总额}{固定资产总额} \times 100\%$$

股东权益与固定资产比率反映购买固定资产所需要的资金有多大比例是来自所有者资本的。由于所有者权益没有偿还期限，它最适宜于为公司提供长期资金来源，满足长期资金需要。该比例越大，说明资本结构越稳定，即使长期负债到期也不必变卖固定资产等来偿还，保证了企业持续稳定的经营。当然，长期负债也可以作为购置固定资产的资金来源，所以并不要求该比率一定大于100%。但如果该比率过低，则说明公司资本结构不尽合理，财务风险较大。

(2)偿债能力分析

①流动比率。流动比率是流动资产除以流动负债的比值。其计算公式为：

$$流动比率 = \frac{流动资产}{流动负债}$$

流动比率可以反映短期偿债能力。企业能否偿还短期债务，要看有多少债务，以及有多少可变现偿债的资产。流动资产越多，短期债务越少，则偿债能力越强。如果用流动资产偿还全部流动负债，企业剩余的是营运资金（流动资产-流动负债=营运资金），营运资金越多，说明不能偿还的风险越小。因此，营运资金的多少可以反映偿还短期债务的能力。但是，营运资金是流动资产与流动负债之差，是个绝对数，如果企业之间规模相差很大，绝对数相比的意义很有限。而流动比率是流动资产与流动负债的比值，是个相对数，排除了企业规模不同的影响，更适合企业间以及本企业不同历史时期的比较。

计算出来的流动比率，只有和同行业平均流动比率、本企业历史的流动比率进行比较，才能知道这个比率是高还是低。这种比较通常并不能说明流动比率为什么这么高或低，要找出过高或过低的原因还必须分析流动资产与流动负债所包括的内容以及经营上的因素。一般情况下,营业周期、流动资产中的应收账款数额和存货的周转速度是影响流动比率的主要因素。

②速动比率。速动比率是从流动资产中扣除存货部分,再除以流动负债的比值。速动比率的计算公式为:

$$速动比率 = \frac{流动资产 - 存货}{流动负债}$$

在计算速动比率时,要把存货从流动资产中剔除的主要原因是:在流动资产中存货的变现能力最差;由于某种原因,部分存货可能已损失报废还没作处理;部分存货已抵押给某债权人;存货估价还存在着成本与当前市价相差悬殊的问题。综合上述原因,在不希望企业用变卖存货的办法还债时,把存货从流动资产总额中减去计算出的速动比率,反映的短期偿债能力更加令人信服。

影响速动比率可信度的重要因素是应收账款的变现能力。账面上的应收账款不一定都能变成现金,实际坏账可能比计提的准备金要多;季节性的变化,可能使报表中的应收账款数额不能反映平均水平。这些情况,外部使用人不易了解,而财务人员却有可能作出估计。

由于行业之间的差别,在计算速动比率时,除扣除存货以外,还可以从流动资产中去掉其他一些可能与当期现金流量无关的项目(如待摊费用等),以计算更进一步的变现能力,如采用保守速动比率(或称超速动比率)。其计算公式如下:

$$保守速动比率 = \frac{现金 + 短期证券 + 应收账款净额}{流动负债}$$

③利息支付倍数。利息支付倍数(Interest Coverage Ratio)指标是指企业经营业务收益与利息费用的比率,用以衡量偿付借款利息的能力,也叫利息保障倍数。其计算公式如下:

$$利息支付倍数 = \frac{息税前利润}{利息费用}$$

公式中的“息税前利润”是指损益表中未扣除利息费用和所得税之前的利润。它可以用“利润总额加利息费用”来预测。“利息费用”是指本期发生的全部应付利息,不仅包括财务费用中的利息费用,而且应包括计入固定资产成本的资本化利息。资本化利息虽然不在损益表中扣除,但仍然是要偿还的。利息保障倍数的重点是衡量企业支付利息的能力,没有足够大的息税前利润,资本化利息的支付就会发生困难。利息支付倍数指标反映企业经营收益为所需支付的债务利息的多少倍。只要利息倍数足够大,企业就有充足的能力偿付利息,否则相反。

如何合理评价企业的利息支付倍数,这不仅需要与其他企业,特别是本行业平均水平进行比较,而且还要分析比较本企业连续几年的该项指标水平,并选择最低指标年度的数据作为标准。这是因为,企业在经营好的年度要偿债,而在经营不好的年度也要偿还大约等量的债务。某一个年度利润很高,利息支付倍数就会很高,但不能年年如此。

采用指标最低年度的数据，可保证最低的偿债能力。一般情况下应采纳这一原则，但遇有特殊情况，需结合实际来确定。

（3）营运能力分析

①应收账款周转率和周转天数。反映应收账款周转速度的指标是应收账款周转率，也就是年度内应收账款转为现金的平均次数，它说明应收账款流动的速度。用时间表示的周转速度是应收账款周转天数，也叫应收账款回收期或平均收现期，它表示企业从取得应收账款的权利到收回款项，转换为现金所需要的时间。其计算公式为：

$$应收账款周转率 = \frac{销售收入}{平均应收账款}$$

$$应收账款周转天数 = \frac{360}{应收账款周转率} = \frac{平均应收账款 \times 360}{销售收入}$$

公式中的“销售收入”数来自利润表，是指扣除折扣和折让后的销售净额（后面的计算除非特别指明，“销售收入”一词均指销售净额）。平均应收账款是资产负债表中“期初应收账款余额”与“期末应收账款余额”的算术平均数。

一般来说，应收账款周转率越高，平均收账期越短，说明应收账款的收回越快。否则，企业的营运资金会过多地滞留在应收账款上，影响正常的资金周转。影响该指标正确计算的因素有：季节性经营，大量使用分期付款结算方式，大量的销售使用现金结算，年末销售大幅度增加或下降。这些因素都会对该指标计算结果产生较大的影响。财务报表的外部使用人可以将计算出的指标与该企业前期、与行业平均水平或其他类似企业相比较，判断该指标的高低。但仅根据指标的高低分析不出上述各种原因。

②存货周转率和存货周转天数。在流动资产中，存货所占的比重较大。存货的流动性，将直接影响企业的流动比率，因此必须特别重视对存货的分析。存货的流动性，一般用存货的周转速度指标来反映，即存货周转率或存货周转天数。

存货周转率是衡量和评价企业购入存货、投入生产、销售收回等各环节管理状况的综合性指标。它是销售成本被平均存货所除得到的比率，或叫存货的周转次数。用时间表示的存货周转率就是存货周转天数。其计算公式为：

$$存货周转率 = \frac{销货成本}{平均存货}$$

$$存货周转天数 = \frac{360}{存货周转率} = \frac{平均存货 \times 360}{销货成本}$$

公式中的“销货成本”数据来自利润表，“平均存货”数来自资产负债表中的“期初存货”与“期末存货”的平均数。一般来讲，存货周转速度越快，存货的占用水平越低，流动性越强，存货转换为现金或应收账款的速度越快。提高存货周转率可以提高企业的变现能力，存货周转速度越慢则变现能力越差。

存货周转率（存货周转天数）指标的好坏反映存货管理水平，它不仅影响企业的短期偿债能力，也是整个企业管理的重要内容。企业管理者和有条件的外部报表使用者，除了分析批量因素、季节性生产的变化等情况外,还应对存货的结构以及影响存货周转速度的重要项目进行分析,如分别计算原材料周转率、在产品周转率或某种存货的周转率等。其计算公式如下:

$$原材料周转率=\frac{耗用原材料成本}{平均原材料存货}$$

$$在产品周转率=\frac{制造成本}{平均在产品存货}$$

分析存货周转率的目的是从不同的角度和环节上找出存货管理中的问题,使存货管理在保证生产经营连续性的同时,尽可能少占用经营资金,提高资金的使用效率,增强企业短期偿债能力,促进企业管理水平的提高。

③固定资产周转率。固定资产周转率是销售收入与全部固定资产平均余额的比值。其计算公式为:

$$固定资产周转率=\frac{销售收入}{平均固定资产}$$

$$平均固定资产=\frac{年初固定资产+年末固定资产}{2}$$

该比率是衡量企业运用固定资产效率的指标。该比率越高,表明固定资产运用效率高,利用固定资产效果好。

④总资产周转率。总资产周转率是销售收入与平均资产总额的比值。其计算公式为:

$$总资产周转率=\frac{销售收入}{平均资产总额}$$

$$平均资产总额=\frac{年初资产总额+年末资产总额}{2}$$

该项指标反映资产总额的周转速度。周转率越大,说明总资产周转越快,反映销售能力越强。企业可以通过薄利多销的办法,加速资产的周转,带来利润绝对额的增加。

⑤股东权益周转率。股东权益周转率是销售收入与平均股东权益的比值。其计算公式是:

$$股东权益周转率=\frac{销售收入}{平均股东权益}$$

$$平均股东权益=\frac{年初股东权益+年末股东权益}{2}$$

该指标说明公司运用所有者资产的效率。该比率越高,表明所有者资产的运用效率越高,营运能力越强。

⑥主营业务收入增长率。主营业务收入增长率是本期主营业务收入与上期主营业务收入之差与上期主营业务收入的比值。用公式表示为:

$$主营业务收入增长率=\frac{本期主营业务收入-上期主营业务收入}{上期主营业务收入}\times 100\%$$

主营业务收入增长率可以用来衡量公司的产品生命周期,判断公司发展所处的阶段。一般来说,如果主营业务收入增长率超过10%,说明公司产品处于成长期,将继续保持较好的增长势头,没有面临产品更新的风险,属于成长型公司。如果主营业务收入增长率为5%~10%,说明公司产品已进入稳定期,不久将进入衰退期,需要着手开发新产品。如果该比率低于5%,说明公司产品已进入衰退期,保持市场份额已经很困难,主营业务利润开始滑坡,如果没有已开发好的新产品,将步入衰落。

(4)盈利能力分析

①销售毛利率。销售毛利率是毛利占销售收入的百分比,也简称毛利率。其中毛利是销售收入与销售成本之差。其计算公式如下:

$$销售毛利率=\frac{销售收入-销售成本}{销售收入}\times 100\%$$

销售毛利率表示每1元销售收入扣除销售产品或商品成本后,有多少钱可以用于各项期间费用和形成盈利。毛利率是企业销售净利率的最初基础,没有足够大的毛利率便不能盈利。

②销售净利率。销售净利率是指净利占销售收入的百分比。其计算公式为:

$$销售净利率=\frac{净利}{销售收入}\times 100\%$$

"净利"一词,在我国会计制度中是指税后利润。销售净利率指标反映每1元销售收入带来的净利润的多少,表示销售收入的收益水平。从销售净利率的指标关系看,净利额与销售净利率成正比关系,而销售收入额与销售净利率成反比关系。企业在增加销售收入额的同时,必须相应地获得更多的净利润,才能使销售净利率保持不变或有所提高。通过分析销售净利率的升降变动,可以促使企业在扩大销售的同时,注意改进经营管理,提高盈利水平。

另外,销售利润率还能够分解为销售毛利率、销售税金率、销售成本率、销售期间费用率等,可作进一步分析。

③资产收益率。资产收益率是企业净利润与平均资产总额的百分比。资产收益率计算公式为:

$$资产收益率=\frac{净利润}{平均资产总额}\times 100\%$$

$$平均资产总额=\frac{期初资产总额+期末资产总额}{2}$$

将企业一定期间的净利与企业的资产相比较,表明企业资产利用的综合效果。该指标值越高,表明资产的利用效率越高,说明企业在增加收入和节约资金使用等方面取得了良好的效果,否则相反。同时,企业的资产是由投资者投入或举债形成的。收益的多少与企业资产的多少、资产的结构、经营管理水平有着密切的关系。资产收益率是一个综合指标,为了正确评价企业经济效益的高低,挖掘提高利润水平的潜力,可以用该项指标与本企业前期计划、与本行业平均水平和本行业内先进企业进行对比,分析形成差异的原因。影响资产收益率高低的因素主要有:产品的价格、单位成本的高低、产品的产量和销售的数量、资金占用量的大小等。另外,还可以利用资产收益率来分析经营中存在的问题,提高销售利润率,加速资金周转。

④股东权益收益率。股东权益收益率又称净资产收益率,是净利润与平均股东权益的百分比。其计算公式为:

$$股东权益收益率 = \frac{净利润}{平均股东权益} \times 100\%$$

该指标反映股东权益的收益水平,指标值越高,说明投资带来的收益越高。

延伸阅读:　　盈利能力的核心指标——净资产收益率

净资产收益率是反映上市公司盈利能力及经营管理水平的核心指标。该指标无论在定期报告,还是临时报告中,都时常出现,深刻理解其内涵,了解其功用,是投资者提升基本面分析能力的必由之路。

净资产收益率的计算公式是:净资产收益率=净利润÷净资产。上市公司的资产中,除去负债,其余都属于全体股东,这部分资产称为净资产(所有者权益)。净资产就如同做生意当中的本金。如果有两家上市公司,A 公司一年赚 1 亿,B 公司一年赚 2 亿,仅从这个数据,无法判断哪家公司经营得更好。因为我们不知道,A 和 B 两家公司赚这些钱时用的本金(净资产)是多少。如果 A 公司的净资产是 5 亿,B 公司的净资产是 20 亿,可以肯定地说,A 公司的盈利能力要比 B 公司强很多。因为 A 公司的净资产收益率是 20%,而 B 公司则是 10%。如果不考虑股价因素,好公司的标准当然是那些很会赚钱的公司,而净资产收益率就是用来告诉投资者,一家上市公司赚钱的能力怎么样,赚钱效率高不高。

在所有评价上市公司的常用财务指标中,净资产收益率普遍被认为是最重要的。观察净资产收益率,至少要看过去三年的指标——年报正文开始部分的"报告期末公司前三年主要会计数据和财务指标"表格中,有连续三年的数据,看起来很方便。如果公司没有经过大的资产重组,最好看看自其上市以来,每一年的净资产收益率。这是因为,由于融资、投资进度等原因,只看一两年净资产收益率,有可能无法全面反映上市公司的盈利能力,连续几年净资产收益率最能将上市公司的盈利能力暴露无遗。

观察一家上市公司连续几年的净资产收益率表现,会发现一个有意思的现象:刚刚上市的几年中,上市公司都有不错的净资产收益率表现,但之后该指标会出现明显下滑。这是因为,当一家企业随着规模扩大,净资产不断增加,必须开拓新的产品,新的市场,并辅之以新的管理模式,以保证净利润与净资产同步增长。这对于企业来说,是很大的挑战,它在考验一个企业领导者对行业发展的预测,对新的利润增长点的判断,以及他的管理能力是否可以不断提升。

有时上市公司看上去赚钱能力还不错，主要是因为领导者，熟悉某一种产品、某一项技术、某一种营销方式，或者是适合于管理某一种规模的人员、资金。当企业的发展对他提出更高要求时，他可能就捉襟见肘力不从心了。因此，当一家上市公司随着规模扩大，仍能够长期保持一个较好的净资产收益率，则说明这家公司的领导者具备了带领企业从一个胜利走向另一个胜利的潜力。

上市公司的净资产收益率多少合适呢？一般来说，上不封顶，越高越好，但下限还是有的——不能低于银行利率。

100元存在银行，一年定期的存款利率是2.75%（2010年底数据），那么这100元一年的净资产收益率就是约2.75%。如果一家上市公司的净资产收益率低于2.75%，说明这家公司经营得很一般，赚钱效率低。

投资者认购新股时，有没有想过，为什么一家上市公司的每股净资产是5元，而新股的发行价格会是15元。也就是说，为什么原来5元钱的东西能卖到15元，最重要原因，就是认购者预期，上市公司的净资产收益率可能会远远高于银行利率，于是溢价发行的新股才会被市场接受。

可以说，高于银行利率的净资产收益率是上市公司经营的及格线，偶尔一年低于银行利率，也许还可以原谅，若长年低于银行利率，这家公司上市的意义就要打一个问号。有鉴于此，证监会也对上市公司的净资产收益率保持特别关注，证监会明确规定：上市公司公开增发时，最近三年的加权平均净资产收益率平均不得低于6%。

——节选自《深交所证券教室丛书》，袁克成

⑤主营业务利润率。主营业务利润率是主营业务利润与主营业务收入的百分比。其计算公式为：

$$主营业务利润率 = \frac{主营业务利润}{主营业务收入} \times 100\%$$

该指标反映公司的主营业务获利水平，只有当公司主营业务突出，即主营业务利润率较高的情况下，才能在竞争中占据优势地位。

（5）投资收益分析

①普通股每股净收益。普通股每股净收益是本年盈余与普通股流通股数的比值。其计算公式一般为：

$$普通股每股净收益 = \frac{净利润 - 优先股股息}{发行在外的加权平均普通股股数}$$

该指标反映普通股的获利水平，指标值越高，每一股份可得的利润越多，股东的投资效益越好，反之则越差。

②股息发放率。股息发放率是普通股每股股利与每股净收益的百分比。其计算公式为：

$$股息发放率 = \frac{每股股利}{每股净收益} \times 100\%$$

该指标反映普通股股东从每股的全部净收益中分得股利的比例。就普通股投资者来讲,这一指标比每股净收益更直接体现当前利益。股息发放率高低要依据各公司对资金需要量的具体状况而定。股息发放率高低取决于公司的股利支付策略,公司要综合考虑经营扩张资金需求、财务风险高低、最佳资本结构来决定支付股利的比例。

③普通股获利率。普通股获利率是每股股息与每股市价的百分比。其计算公式为:

$$普通股获利率 = \frac{每股股息}{每股市价} \times 100\%$$

获利率又称股息实得利率,这是衡量普通股股东当期股息收益率的指标。这一指标在用于分析股东投资收益时,分母应采用投资者当初购买股票时支付的价格;在用于对准备投资的股票进行分析时,则使用当时的市价。这样既可以揭示投资该股票可能获得股息的收益率,也表明出售或放弃投资这种股票的机会成本。

投资者可以利用股价和获利率的关系以及市场调节机制预测股价的涨跌。当预期股息不变时,股票的获利率与股票市价成反方向运动。当某股票的获利率偏低时,说明股票市价偏高;反之,若获利率偏高,说明股价偏低,投资者会竞相购买,又会导致股价上升。

④本利比。本利比是每股股价与每股股息的比值。其计算公式为:

$$本利比 = \frac{每股股价}{每股股息}(倍)$$

本利比是获利率的倒数,表明目前每股股票的市场价格是每股股息的几倍,以此来分析相对于股息而言,股票价格是否被高估以及股票有无投资价值。

⑤市盈率。市盈率是每股市价与每股税后净利润的比率,也称本益比。其计算公式为:

$$市盈率 = \frac{每股市价}{每股税后净利润}$$

公式中的每股市价是指每股普通股在证券市场上的买卖价格。该指标是衡量股份制企业盈利能力的重要指标,用股价与每股税后净利进行比较,反映投资者对每元净利所愿支付的价格。这一比率越高,意味着公司未来成长的潜力越大。一般说来,市盈率越高,说明公众对该股票的评价越高。但在市场过热、投机气氛浓郁时,常有被扭曲的情况,投资者应特别小心。

⑥投资收益率。投资收益率等于公司投资收益除以平均投资额的比值。用公式表示为:

$$投资收益率 = \frac{投资收益}{平均投资额} = \frac{投资收益}{\frac{期初长、短期投资 + 期末长、短期投资}{2}}$$

该指标反映公司利用资金进行长、短期投资的获利能力。

⑦每股净资产。每股净资产是净资产总额除以发行在外的普通股股数的比值。用

公式表示为：

$$每股净资产=\frac{净资产总额}{发行在外的普通股股数}$$

其中“净资产”是资产总额与负债总额之差，即所有者权益。该指标反映每股普通股所代表的股东权益额。对投资者来讲，这一指标使他们了解每股的权益。

⑧净资产倍率。净资产倍率是每股市价与每股净值的比值，也称为市净率。其计算公式为：

$$净资产倍率=\frac{每股市价}{每股净值}$$

净资产倍率表明股价以每股净值的若干倍在流通转让，评价股价相对于净值而言是否被高估。净资产倍率越小，说明股票的投资价值越高，股价的支撑越有保证；反之则投资价值越低。这一指标同样是投资者判断某股票投资价值的重要指标。

延伸阅读：　　　　　炒股需要熟悉的五个基本面指标

“投资就像滚雪球，最重要的是发现很湿的雪和很长的坡。”巴菲特一语道出了投资的真谛。如何找到很湿的雪，让其足以在中国经济发展的长坡上滚成一颗大雪球，的确考验功夫。对普通投资者而言，要找到湿的雪，基本的功夫还在于能够熟练运用一些基本的选股指标。

①正确使用市盈率。

市盈率是估计股价水平是否合理的最基本、最重要的指标之一，是股票每股市价与每股盈利的比率。一般认为该比率保持在20～30是正常的，过小说明股价低，风险小，值得购买；过大则说明股价高、风险大，购买时应谨慎。

但是作为选股指标，投资者如何正确使用市盈率找到一只好股票呢？深圳同威资产管理有限公司董事总经理李驰在其《白话投资》一书中推荐使用PEG作为衡量股价是否合适的标准，即用市盈率除以利润增长率再乘以100，PEG小于1，表明该股票的风险小，股价便宜。

②从每股净资产看公司前景。

每股净资产重点反映股东权益的含金量，它是公司历年经营成果的长期累积。无论公司成立时间有多长，也不管公司上市有多久，只要净资产是不断增加的，尤其是每股净资产是不断提升的，则表明公司正处在不断成长之中。相反，如果公司每股净资产不断下降，则公司前景就不妙。因此，每股净资产数值越高越好。一般而言，每股净资产高于2元，可视为正常水平或一般水平。

③熊市中巧用市净率。

市净率指的是每股股价与每股净资产的比率，也是股票投资分析中的重要指标之一。对于投资者来说，按照市净率选股标准，市净率越低的股票，其风险系数越小一些。而在熊市中，市净率更成为投资者们较为青睐的选股指标之一，原因就在于市净率能够体现股价的安全边际。

④每股未分配利润值应适度。

每股未分配利润,是指公司历年经营积累下来的未分配利润或亏损。它是公司未来可扩大再生产或是可分配的重要物质基础。与每股净资产一样,它也是一个存量指标。每股未分配利润应该是一个适度的值,并非越高越好。未分配利润长期积累而不分配,肯定是会贬值的。由于每股未分配利润反映的是公司历年的盈余或亏损的总积累,因此它更能真实地反映公司的历年滚存的账面亏损。

⑤现金流指标。

股票投资中参考较多的现金流指标主要是自由现金流和经营现金流。自由现金流表示的是公司可以自由支配的现金;经营现金流则反映了主营业务的现金收支状况。经济不景气时,现金流充裕的公司进行并购扩张等能力较强,抗风险系数也较高。

经典案例:贵州茅台酒股份有限公司财务报表分析

财务报表分析是一项重要而细致的工作。目的是通过分析,找出企业在生产经营中存在的问题,以评判当前企业的财务状况,预测未来的发展趋势。本案例从投资者的角度,通过对贵州茅台2016—2020年的财务报表分析,分别从企业的盈利能力、偿债能力、营运能力、现金流状况及成长能力进行分析,得出所需要的会计信息。

贵州茅台酒股份有限公司简介

公司主要业务是茅台酒及系列酒的生产与销售。公司白酒业务占比在95%以上,主导产品是"贵州茅台酒",其销售收入是公司收入的主要来源,占到公司营业收入的85%以上,茅台酒单品销售额、盈利能力持续稳居国内酒业、全球酒业第一。根据2020年数据,贵州茅台的营收规模位居行业龙头地位,占中国白酒行业市场份额的16.79%。贵州茅台在A股上市以来,公司市值由89亿元增长至超过2万亿元。

财务指标"四维分析"

①盈利能力分析(表4.1)。

表4.1 贵州茅台2016—2020年度盈利能力

财务指标	资产收益率(%)	净资产收益率(%)	毛利率(%)	净利润(万元)
2016	18.00	24.44	91.23	1 793 000
2017	23.44	32.95	89.80	2 901 000
2018	25.69	34.46	91.14	3 783 000
2019	25.65	33.09	91.30	4 397 000
2020	24.98	31.41	91.41	4 952 000

从2016—2020年的财务数据显示，贵州茅台的盈利能力一直较稳健，ROE近五年未低于24%，2016、2017年ROE和ROA涨幅最大。公司近五年公司毛利率均在89%以上，虽然贵州茅台在整个白酒行业的市场份额只有16%，但是利润的贡献占比超过了行业40%，同属白酒行业的头部企业五粮液的利润贡献在17%左右。

②偿债能力分析（表4.2）。

表4.2　贵州茅台2016—2020年度偿债能力

财务指标	流动比率	速动比率	资产负债率(%)	有形净值债务率(%)
2016	2.44	1.88	32.79	104.88
2017	2.91	2.34	28.67	103.74
2018	3.25	2.70	26.55	103.07
2019	3.87	3.23	22.49	103.45
2020	4.07	3.43	21.40	102.96

总的来说贵州茅台偿债能力很强，近五年流动比率均超过了2，速动比率超过了1，并且逐年上升。资产负债率逐年下降且一直低于40%，说明长期偿债能力稳步提高。有形净值债务率越大，企业经营风险越高，公司该比率近五年都很稳定，且都在1左右，说明公司偿债能力很强。

③营运效率分析（表4.3）。

表4.3　贵州茅台2016—2020年度营运效率

财务指标	总资产周转率	存货周转率	存货周转天数	应收账款周转率
2016	0.40	0.18	2 034	8.27
2017	0.49	0.28	1 295	57.09
2018	0.52	0.29	1 259	82.49
2019	0.52	0.31	1 180	84.30
2020	0.49	0.30	1 196	63.37

由于白酒的产品属性，都是生产后存放几年再销售，所以白酒类企业的存货周转率一般很低。贵州茅台存货周转率低于行业水平，不是公司销售能力弱于行业水平，而是茅台酒生产工艺所致。受存货的影响，其总资产周转率低、存货周转天数较长。

公司应收账款周转率在2017年大幅增加，现金流状况得以改善，同时近4年一直保持较高的周转率，说明茅台的应收账款很少，属于赊账率很低的企业。2020年应收账款周转率略微下降，公司相应放宽了对经销商的收款政策。

④现金状况分析(表4.4)。

表4.4 贵州茅台2016—2020年度现金状况

财务指标	现金流动负债比(%)	现金债务总额比(%)	销售现金比率(%)	经营现金净流量(万元)
2016	101.16	101.12	96.37	3 745 000
2017	57.43	57.41	38.05	2 215 000
2018	97.52	97.52	56.21	4 139 000
2019	110.02	109.83	52.92	4 521 000
2020	113.13	113.12	54.44	5 167 000

除了2017年,现金流动比率均在97%以上,一方面说明该企业短期偿债能力较强,另一方面说明企业的资金利用率不是很高。2016年销售现金比率较高和2017年现金流动比率和销售现金比率明显下降,可能是因为2012—2015年限制"三公"消费政策、企业自身扩产等因素导致预收款出现较大波动。该公司的预收款从2011年的70亿下降到2014年的14.7亿,2016年又迅速增长到175亿,而2016年备货打款提前、打款节奏波动导致了2017年预收款的下降。随后几年中公司现金比率逐步上升保持稳定,与同行业公司相比处于较高水平。公司销售现金比率的上升说明现金回收率较好,财务风险较低。

贵州茅台股份有限公司收益、成长分解分析

①净资产收益率因素分解分析(表4.5)。

表4.5 贵州茅台2016—2020年度净资产收益率因素分解

财务指标	营业利润率(%)	总资产周转率	权益乘数	净资产收益率(%)
2016	44.65	0.40	1.488	24.44
2017	47.50	0.49	1.402	32.95
2018	49.00	0.52	1.361	34.46
2019	49.49	0.52	1.290	33.09
2020	50.54	0.49	1.272	31.41

贵州茅台在白酒行业处于领先的地位,净资产收益率逐年增加,同时营业利润率变动趋势与ROE变动趋势大体保持一致,可以认为,净利率是驱动ROE变动的主要因素;资产周转率低于同行业水平,贵州茅台的权益乘数也一直不到1.5,财务杠杆运用得不是很充分,资金利用率不高。因此,贵州茅台今后的发展可以从下面两方面考虑:一是提高总资产周转率;二是充分利用财务杠杆效应。

②自我可持续增长素因素分解分析(表4.6)。

表4.6 贵州茅台2016—2020年度可持续增长率因素分解表

财务指标	营业利润率(%)	总资产周转率	权益乘数	留存比率	可持续增长率(%)
2016	44.65	0.40	1.488	0.52	14.56
2017	47.50	0.49	1.402	0.52	20.68
2018	49.00	0.52	1.361	0.52	21.83
2019	49.49	0.52	1.290	0.51	20.30
2020	50.54	0.49	1.272	0.51	19.07

贵州茅台2016年的可持续增长率是14.56%,表明其2017年可支持的增长率是14.56%,但2017年实际增长49.81%,一方面是营业利润率和总资产周转率的提高,另一方面是之前提到的2012—2015年"三公"消费政策、扩产等因素,导致了周转率的下降和预收款的较大波动,在2016年低基数的基础上2017的业绩大幅增长;2017年的可持续增长率是20.68%,表明其2018年可支持的增长率是20.68%,但实际增长率是26.49%,来源于总资产周转率的提高和营业利润率的上升;2019年的可持续增长率是20.30%,表明其2020年可支持的增长率是20.30%,但2020年实际增长11.10%,增长率的同比下降,以及权益乘数的下降,降低了财务杠杆还有总资产周转率的下降。

结论和建议

①资本结构政策分析。

公司现在属低负债、低风险的资本结构。这说明公司可以适当增加负债水平,以便筹集更多的资金,扩大企业规模,或者向一些高利润高风险的产业作一些适当投资,进一步再提高股东回报率。

②营运资本政策分析。

贵州茅台的存货周转率,总资产周转率一直低于同行业水平,可适当提高;应收账款周转率一直有上升趋势,也略高于同行业水平,营运资金比较充足,也说明公司行业地位不断提升。近三年债务数额与现金储备基本持平,也就是经营活动产生的利润和现金流即可维持运营,说明其偿债能力较强,财务弹性还可提高。

③EPS分析。

贵州茅台过去5年EPS平均增长率为26.04%,公司每股盈利金额长期居酿酒行业第一位,且持续稳定增长。一方面是因为贵州茅台在白酒行业的品牌效应突出,公司具有很强的产品定价权,近几年多次对核心产品提高售价;另一方面,公司战略清晰,坚持产品高端定位,经营管理比较稳定。

④增长力分析。

贵州茅台过去五年主营业务收入平均增长率为24.48%,外延式增长合理。其过去五年盈利能力持续增强,公司净利润复合增长率为22.53%,对一家盈利规模巨大的公司来说它仍然具有良好的增长速度。

本章小结

1. 证券投资的基本分析包括宏观经济分析、行业分析、公司分析三个层次。它能够比较全面地把握证券价格的内在价值和基本走势,但对短线投资者的指导作用比较弱,对市场价格预测的精度相对较低。因此,基本分析主要适用于相对成熟的证券市场,投资周期相对较长的投资对象以及对证券价格预测精确度要求不高的投资者。

2. 宏观经济对证券市场的影响分为宏观经济运行和宏观经济政策两个方面进行分析。宏观经济运行方面可以通过一系列代表性的指标来进行测度和监控,如国内生产总值、通货膨胀率、利率、汇率等,在进行指标分析时注意不要把各个指标割裂开来,而是要结合实际情况综合考虑,还可以从经济周期的视角来分析。宏观经济政策主要包括财政政策和货币政策。财政政策直接刺激实体经济,对证券市场产生直接影响,货币政策通过收放信贷,控制市场上的货币流通量从而间接地影响证券市场。

3. 行业分析的目的是通过对行业的市场竞争结构、行业生命周期、行业与经济周期的关系、影响行业兴衰因素等方面分析和预测行业发展情况,选择收益高、风险小、处于成长阶段和有良好发展前景的行业作为投资对象。深入的行业分析被认为是成功投资的先决条件,因为每家上市公司都与它所属行业的命运息息相关。

4. 投资者一般应选择增长型的行业和在行业生命周期中处于成长期和稳定期的行业,这些行业有较大的发展潜力,有望得到丰厚而稳定的收益。可以通过比较该行业与国民经济的增长情况,从中发现增长速度快于国民经济的行业,或是利用行业历年的销售额、盈利额等历史资料分析过去的增长情况,还可以利用其他预测方法如专家意见法等预测该行业的未来发展趋势,从而为投资决策提供依据。

5. 上市公司分析是证券投资分析中的主要内容,也是选择具体投资对象的关键步骤。公司分析主要包括对公司所处行业地位、经济区位条件、公司产品特点、公司治理结构和重大事项等基本情况分析和公司财务分析。其中,公司财务分析是重点,财务状况分析包括对资产负债表、利润表和现金流量表三大报表的分析和各项财务指标(如资本结构、偿债能力、营运能力和盈利能力等各类指标)的分析,从中发现上市公司的投资价值。

6. 上市公司发生的重大事项也会对投资者投资决策产生重大影响。比较常见的重大事项有上市公司的资产重组、关联交易等。投资者应对其有一定的预见性,并能进行理性地分析。

本章重要术语

基本分析　内在价值　经济指标　经济政策　货币政策工具　行业生命周期　经济区位　净资产收益率　资产重组　关联交易

本章思考题

1. 宏观经济分析有哪些基本方法?
2. 阐述宏观经济各相关变量是如何影响证券市场的。
3. 概括宏观经济政策对证券市场的影响。
4. 论述人民币升值对中国证券市场的影响。
5. 行业生命周期可分为哪几个阶段? 各阶段都有什么特点?
6. 现实中你该如何选择增长型行业?
7. 你认为哪些行业在未来我国经济社会发展中具有快速增长的潜力?
8. 请选定一家上市公司,并收集其相关资料,对其进行详细的财务状况分析。

第5章　证券投资技术分析

案例：　　　　　　　　技术分析中非正常开盘价分析

2005年4月26日，ST天然(000683)推出了扭亏为盈的第一季度报表，同时预告中报盈利。当天该股开盘价为1.91元(当日跌停价为1.90元)，集合竞价的成交量为50多万股(三天前该股日成交量在100万股以下)。当日的K线图如图5.1所示。

图5.1　2005年4月26日ST天然K线图

由该公司的公告显然可以预期该股的基本面正在好转，然而当天该股开盘却大跌，开盘价为1.91元，离跌停价只差0.01元，集合竞价的成交量有50多万股，属于大量跳低开盘状态。

面对如此开盘，应该联想到，存在利益输送和主力对倒两种情况。

如果是利益输送，那么股价拉升只是时间问题。但如果是主力对倒，那么则存在拉升和出逃两种截然相反的情况。在此种情形下，是否入场或者离场，则成为十分关键的决定。而基于成交量等指标的技术分析，可以对这一情况给出比较合理的分析和答案。

技术分析是指以市场行为为研究对象，以判断市场趋势并跟随趋势的周期性变化来进行股票及一切金融衍生物交易决策的方法的总和。它是以股票的历史价格和交易量等数据为基础，预测未来股票市场整体趋势和单个证券的价格走向，其基本假定是证券的价格由市场的供求关系决定，各种经济、政治和市场因素都会不同程度地改变证券的供求关系，但其落脚点都在改变价格上。因此，技术分析认为只要研究证券价格的表现就可以作出正确的投资决策。

但以三大假设为理论依据、以历史数据为信息基础、以经验总结而非缜密逻辑为分析思路等特点都导致了技术分析的局限性，并在实际运用中存在技术分析对长期趋势判断无效以及“骗钱”现象等情况。

5.1　证券投资技术分析概述

5.1.1　技术分析的含义

技术分析（Technical Analysis）是指以证券市场过去和现在的市场行为为分析对象，应用数学和逻辑的方法，探索出一些典型变化规律，并据此预测证券市场未来变化趋势的技术方法。技术分析法不仅用于证券市场，而且广泛应用于外汇、期货和其他金融市场。

5.1.2　技术分析的目的和基本手段

技术分析是一系列的研究活动，它的目的只有一个，就是预测未来的价格趋势。为达到这一目的所使用的手段是分析市场过去和现在的行为。市场行为包含的内容很多，主要有价格高低变化，以及发生这些变化时伴随的成交量和完成这些变化所经过的时间。对市场行为进行分析的各种方法组成技术分析的各种类别。由市场行为得到的各种数据形成的图表是进行技术分析所要使用到的最基本的素材。

5.1.3　技术分析的意义

技术分析的意义主要在于：

①技术分析作为证券市场价格趋势行情判断的重要方法，被用来把握市场的规律；

②在判断证券市场价格目前的位置时，往往靠的是技术分析，尤其是在价格“顶部”时，技术分析的作用是明显的；

③有时价格在日内短线的波动是巨大的，而技术分析对抓到合适有利的价格意义重大。

5.2 证券投资技术分析的假设与要素

5.2.1 技术分析的基本假设

技术分析的理论基于三项合理的假设，即：市场行为涵盖一切信息；证券价格沿趋势移动；历史会重演。

1）市场行为涵盖一切信息

这条假设是进行技术分析的基础。其主要思想是：任何一个影响证券市场的因素，最终都必然体现在股票价格的变动上。外在的、内在的、基础的、政策的和心理的因素，以及其他影响股票价格的所有因素，都已经在市场行为中得到了反映。技术分析人员只需要关心这些因素对市场行为的影响效果，而不必关心具体导致这些变化的原因究竟是什么。

2）证券价格沿趋势移动

这一假设是进行技术分析最根本、最核心的条件。其主要思想是：证券价格的变动是有一定规律的，即保持原来运动方向的惯性，而证券价格的运动方向是由供求关系决定的。技术分析法认为证券价格的运动反映了一定时期内供求关系的变化。供求关系一旦确定，证券价格的变化趋势就会一直持续下去，只要供求关系不发生根本改变，证券价格的走势就不会发生反转。

3）历史会重演

该假设是从人的心理因素方面考虑的。市场中进行具体买卖的是人，是由人决定最终的操作行为，因而这一行为必然要受到人类心理学中某些规律的制约。在证券市场上，一个人在某种情况下按一种方法进行操作，如果成功了，那么以后遇到相同或相似的情况，就会按同一方法进行操作；如果失败了，那么以后就不会按前一次的方法操作，即证券市场的某个市场行为给投资者留下的阴影或快乐是会长期存在的。因此，技术分析法认为，根据历史资料概括出来的规律已经包含了未来证券市场的一切变动趋势，所以可以根据历史预测未来。

5.2.2 技术分析的要素：价、量、时、空

证券市场中，价格、成交量、时间和空间是进行技术分析的要素，这几个因素的具体情况和相互关系是进行正确分析的基础。

1）价和量

价和量是市场行为最基本的表现，也是技术分析的重点。一般认为成交量大，则说明买卖双方对价格的认同程度较大，因此会呈现价升量增、价跌量减的规律，成交量与价

格趋势的具体分析如下所示。

①股价随着成交量的递增而上涨，为市场行情的正常特性，此种量增价涨关系，表示股价将继续上升。

②在一个波段的涨势中，股价随着递增的成交量而上涨，突破前一波的高峰，创下新高后继续上涨，然而此波段股价上涨的整个成交量水准却低于前一波段上涨的成交量水准，价突破创新高，量却没突破创新水准量，则此波段股价涨势令人怀疑，同时也是股价趋势潜在的反转信号。

③股价随着成交量的递减而回升，股价上涨，成交量却逐渐萎缩，成交量是股价上涨的原动力，原动力不足显示股价趋势潜在反转的信号。

④有时股价随着缓慢递增的成交量而逐渐上涨，渐渐地，走势突然成为垂直上升的喷发行情，成交量急剧增加，股价暴涨。紧随着此波走势，随之而来的是成交量大幅度萎缩，同时股价急速下跌。这种现象表示涨势已到末期，上升乏力，走势力竭，显示出趋势反转的现象。反转所具有的意义将视前一波股价上涨幅度的大小及成交量扩增的程度而定。

⑤在一个波段的长期下跌，形成谷底后股价回升，成交量并没有因股价上涨而递增，股价上涨欲振乏力，然后再度跌落至先前谷底附近，或高于谷底。当第二谷底的成交量低于第一谷底时，是股价上涨的信号。

⑥股价下跌，向下跌破股价形态趋势线或移动平均线，同时出现大成交量，是股价下跌的信号，强调趋势反转形成空头市场。

⑦股价跌了一段相当长的时间，出现恐慌性卖出，随着日益扩大的成交量，股价大幅度下跌，继恐慌性卖出之后，预期股价可能上涨。同时，恐慌性卖出所创的低价，将不可能在极短时间内跌破。恐慌性大量卖出之后，往往是空头的结束。

⑧当市场行情持续上涨很久，出现急剧增加的成交量，而股价却上涨乏力，在高档盘旋，无法再向上大幅上涨，显示股价在高档大幅震荡，卖压沉重，从而形成股价下跌的因素。股价连续下跌之后，在低档出现大成交量，股价却没有进一步下跌，价格仅小幅变动，是进货的信号。

⑨成交量作为价格形态的确认。在以后的形态学讲解中，如果没有成交量的确认，价格形态将是虚的，其可靠性也就差一些。

⑩成交量是股价的先行指标。关于价和量的趋势，一般说来，量是价的先行者。当量增时，价迟早会跟上来；当价升而量不增时，价迟早会掉下来。从这个意义上，我们往往说“价是虚的，而只有量才是真实的”。

2）时和空

在进行行情判断时，时间有着很重要的作用。一个已经形成的趋势在短时间内不会发生根本性的改变，中途出现的反方向波动，对原来趋势不会产生大的影响。一个形成了的趋势又不可能永远不变，经过了一定时间又会有新的趋势出现。循环周期理论着重关心的就是时间因素，它强调了时间的重要性。

从某种意义上讲,波动空间可以认为是价格的一方面,指的是价格波动能够达到的极限。

5.3 证券投资技术分析主要理论

5.3.1 K 线理论

1)K 线的画法和主要形状

(1)K 线的画法及表示含义

K 线又称为阴阳线、蜡烛线或日本线,起源于日本德川幕府时代,最初被大阪米市商人用以记录一天(或一周)当中市场行情的价格波动变化。

K 线是一条柱状的线条,由“影线”和“实体”组成。影线在实体上方的部分叫上影线,在实体下方的部分叫下影线。实体表示一日的开盘价和收盘价,上影线的上端顶点表示一日的最高价,下影线的下端顶点表示一日的最低价。根据开盘价和收盘价的关系,K 线又分为阳(红)线和阴(绿)线两种,收盘价高于开盘价时为阳线,收盘价低于开盘价时为阴线(如图 5.2 所示,白为阳线,黑为阴线,下同)。

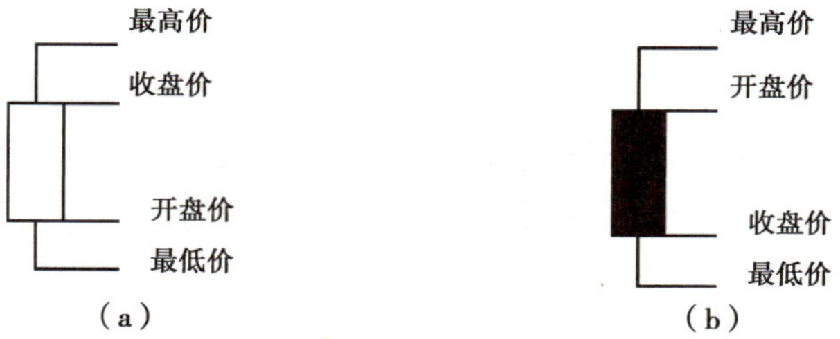

图 5.2　K 线的两种常见形状

日开盘价是指每个交易日的第一笔成交价格,日收盘价是指每个交易日的最后一笔成交价格,日最高价和日最低价是每个交易日成交股票的最高成交价格和最低成交价格。在这四个价格中,收盘价是最重要的,人们在说到目前某只股票的价格时,说的往往是收盘价。

一条 K 线记录的是某一种股票一天的价格变动情况。将每天的 K 线按时间顺序排列在一起,就可以反映该股票自上市以来的每天的价格变动情况,这就叫日 K 线图。

除了日 K 线外,我们还可以画周 K 线和月 K 线。其画法与日 K 线几乎完全一样,区别只在四个价格时间参数的选择上。周 K 线是指这一周的开盘价、这一周之内的最高价和最低价以及这一周的收盘价。月 K 线则是这一个月之内的 4 个价格。周 K 线和月 K 线的优点是反映趋势和周期比较清晰。

(2)K 线的主要形状

除了图 5.2 所画的 K 线形状外,由于 4 个价格的不同取值,还会产生其他形状的 K 线。概括起来,有下面列出的六种(图 5.3)。

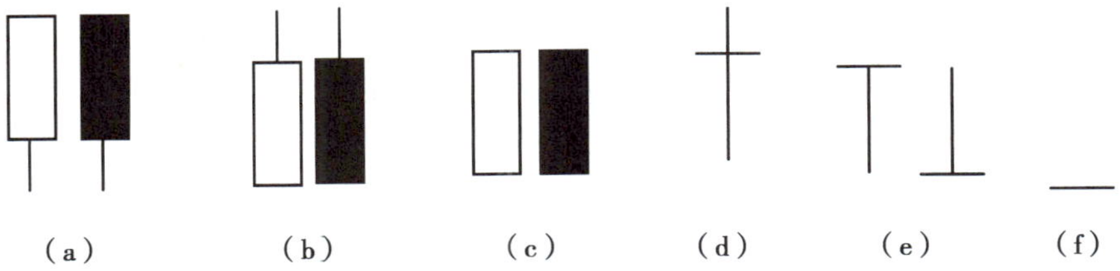

图 5.3 K 线的几种特殊形状

光头阳线和光头阴线[图 5.3(a)]。这是没有上影线的 K 线。当收盘价或开盘价正好与最高价相等时,就会出现这种 K 线。

光脚阳线和光脚阴线[图 5.3(b)]。这是没有下影线的 K 线。当开盘价或收盘价正好与最低价相等时,就会出现这种 K 线。

光头光脚的阳线和阴线[图 5.3(c)]。这种 K 线既没有上影线也没有下影线。当收盘价和开盘价分别与最高价和最低价中的一个相等时,就会出现这种 K 线。

十字星[图 5.3(d)]。当收盘价与开盘价相同时,就会出现这种 K 线,它的特点是没有实体。

T 字型和倒 T 字型[图 5.3(e)]。当收盘价、开盘价和最高价三价相等时,就会出现 T 字型 K 线图。当收盘价、开盘价和最低价三价相等时,就会出现倒 T 字型 K 线图。它们没有实体,也没有上影线或者下影线。

一字型[图 5.3(f)]。当收盘价、开盘价、最高价、最低价四价相等时,就会出现这种 K 线图。在存在涨跌停板制度时,当一只股票一开盘就封死在涨跌停板上,而且一天都不打开时,就会出现这种 K 线。同十字型和 T 字型 K 线一样,一字型 K 线同样没有实体。

2)K 线的应用

(1)单根 K 线的应用

应用单根 K 线来判断行情,主要是从实体的长短、阴阳,上下影线的长短以及实体的长短与上下影线长短之间的关系等几个方面进行的。由于 K 线的类型很多,这里仅就几种具有典型意义的单根 K 线进行分析。

①大阳线实体和大阴线实体。

A. 大阳线实体,如图 5.4(a)所示。它是大幅低开高收的阳线,实体很长以至于可以忽略上下影线的存在。这种 K 线说明多方已经取得了决定性胜利,这是一种涨势的信号。如果这条长阳线出现在一段盘局的末端,它所包含的内容将更有说服力。

B. 大阴线实体,如图 5.4(b)所示,含义正好同大阳线实体相反。这时空方已取得优势地位,是一种跌势的信号。如果这条长阴线出现在一段上涨行情的末端,行情下跌的可能性将更大。

(a)　　　　(b)

图 5.4　大阳线与大阴线实体

②有上下影线的阳线和阴线。

有上下影线的阳线和阴线,如图 5.5 所示。这是两种最为普遍的 K 线形状,说明多空双方争斗很激烈。双方都一度占据优势,把价格抬到最高价或压到最低价,但是又都被对方顽强地拉回。阳线是到了收尾时多方才勉强占优势,阴线则是到收尾时空方勉强占优势。

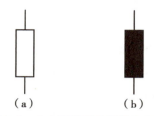

(a)　　　　(b)

图 5.5　有上下影线的阳线和阴线

③十字星。十字星的出现表明多空双方力量暂时平衡,使市势暂时失去方向,但却是一个值得警惕、随时可能改变趋势方向的 K 线图形。十字星又分为两种,一种是大十字星,如图 5.6(a)所示,它有很长的上下影线,表明多空双方争斗激烈,最后回到原处,后市往往有变化。另一种为小十字星,如图 5.6(b)所示,它的上下影线较短,表明窄幅盘整,交易清淡。

(a)　　　　(b)

图 5.6　十字星

总之,应用一根 K 线进行分析时,多空双方力量的对比取决于影线的长短与实体的大小。一般来说,指向一个方向的影线越长,越不利于股价今后朝这个方向变动。阴线实体越长,越有利于下跌;阳线实体越长,越有利于上涨。另外,当上下影线相对实体较短时,可忽略影线的存在。

(2)多根 K 线组合的应用

K 线组合的情况非常多,要综合考虑各根 K 线的阴阳、高低、上下影线的长短等。无论是两根 K 线、三根 K 线乃至多根 K 线,都是以各根 K 线的相对位置和阴阳来推测行情的。将前一天的 K 线画出,然后将这根 K 线按数字划分成五个区域(图 5.7)。

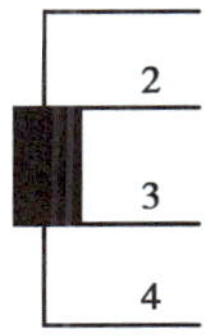

图5-7　K线区域划分

对于两根K线的组合来说，第二天的K线是进行行情判断的关键。简单地说，第二天多空双方争斗的区域越高，越有利于上涨；第二天多空双方争斗的区域越低，越有利于下跌。也就是说，从区域1到区域5是多方力量减少、空方力量增加的过程。

总之，无论K线的组合多复杂，考虑问题的方式是相同的，都是由最后一根K线相对于前面K线的位置来判断多空双方的实力大小。由于三根K线组合比两根K线组合多了一根K线，获得的信息就越多一些，得出的结论相对于两根K线组合来讲要准确些，可信度更大些。也就是说，K线多的组合要比K线少的组合得出的结论更可靠。

3）应用K线应注意的问题

无论是一根K线，还是两根、三根以至更多根K线，都是对多空双方争斗作出的一个描述，由它们的组合得到的结论都是相对的，不是绝对的。对具体进行股票买卖的投资者而言，结论只是起建议作用。

在应用时，有时会发现运用不同种类的组合会得到不同的结论。有时应用一种组合得到明天会下跌的结论，但是次日股价没有下跌，反而上涨。这时的一个重要原则是尽量使用根数多的K线组合，并将新的K线加进来重新进行分析判断。一般说来，多根K线组合得到的结果不大容易与事实相反。

案例：　　“金晶科技”股票分析实战

金晶科技（600586）注册地址山东淄博市高新技术开发区。公司是我国玻璃行业龙头企业，公司前身是山东玻璃总公司全资附属企业淄博金晶浮法玻璃厂，主要产品分为浮法玻璃和超白玻璃，超白玻璃是薄膜电池生产的原材料之一，薄膜电池行业的高速发展将带来对超白玻璃的巨大需求。

该股经过前期大幅下跌后，在4元左右的价位止跌，展开数日的盘整。盘整后，股价于2008年11月10日跳空高开，突破盘整区域，随大盘反弹，股价回升过程中成交量明显放大，显示有新的大资金开始入场抢筹。

股价在大量买盘的推动下，反弹到6元左右受阻，由于在底部区域介入的投资者已有20%以上的获利空间，当时大盘处于筑底阶段，存在很大不确定性，投资者的心理还处于恐慌状态，抱着赚点就走的心态，害怕股价再次下跌，害怕到手的盈利再失去，多数投资者选择在这个位置卖出股票。在下跌途中被套的投资者看到股价涨回来了，自己损失减少了，为了早日结束被套的噩梦，加上受到主力的压力，往往就会轻易割肉卖出股票。

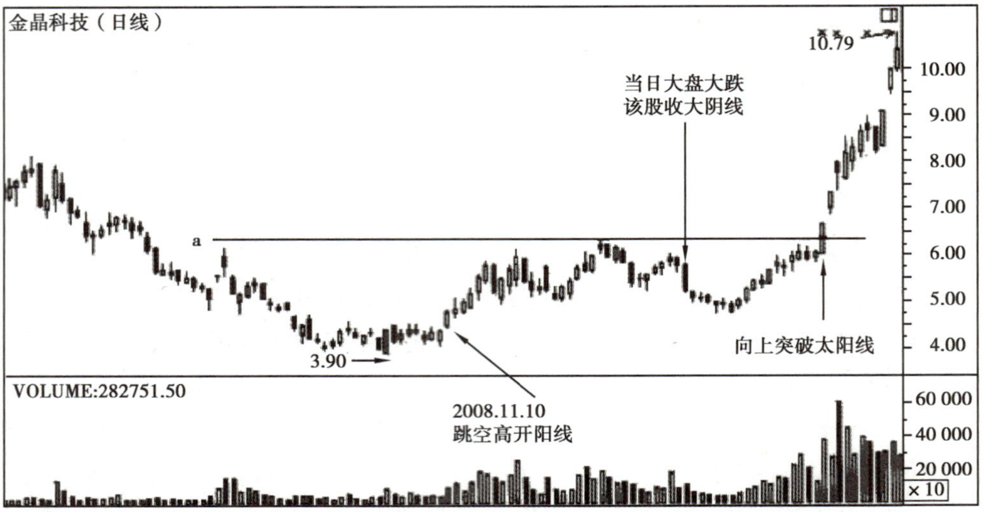

图 5.8　金晶科技日 K 线图

股价受到获利盘和套牢盘的抛售压力回调，同时操作该股的主力资金开始在这个区域大量接手抛单，经过长达 1 个月左右的盘整，主力完成建仓任务，区间换手率达 100%以上。

2008 年 12 月 23 日受大盘下跌影响，股价大幅下跌，主力顺势展开洗盘动作，连续几日的小阴线，成交量明显处于萎缩状态。当大盘经过数日调整后开始走好，该股主力顺势拉升股价，主力以小阳线缓慢拉升股价，接近前期盘整高点。此时在 K 线图中已形成不规则的双底形态。当股价突破底部形态后，放量拉升，此时是投资者跟进的好机会。当股价带量突破前期盘整高点后，主力连续拉大阳线，迅速脱离自己的成本区，完成拉升段。

盘口研判：2009 年 1 月 20 日，金晶科技开盘后，在大笔买单的推升下迅速上攻，经短暂回调后，再次拉升，盘中不断出现连续性大笔买单，每笔成交上千手，成交量同时伴随放大，在日 K 线图上股价带量突破前期盘整的区域，此时是投资者非常好的买入位置。在分时图中，股价经过二次拉升后，遇到短线获利盘的抛售压力，股价在 6.6 元左右展开短时间震荡，待短线浮筹被消化后，股价再次攀升，直至涨停，股价整日走势极强，直至收盘股价被大笔买单封住涨停板，没有及时跟进的投资者只能望股兴叹(图 5.9)。

1 月 21 日，金晶科技顺势高开，开盘后在分笔成交中显示有大笔卖单抛出，但随后即被大手笔买单吞噬，多方上攻力度很猛，股价在大量买单的拉升下，迅速封上涨停板。此时如果散户想买入股票，应在开盘后，迅速挂单，稍晚一会，只能不断撤单不断高挂，但如果涨太高了，心理上就会恐高，害怕股价突然下跌，从而失去获利的机会。个股一旦进入主力拉升段，涨速非常快，根本不给普通投资者思考的机会。此时只要把眼一闭，果断买入，即使股价回调，也不怕。买入的位置不高，在启动初期，即使股价真的回调了，调整后，还会再次拉升，获利是早晚的事(图 5.10)。

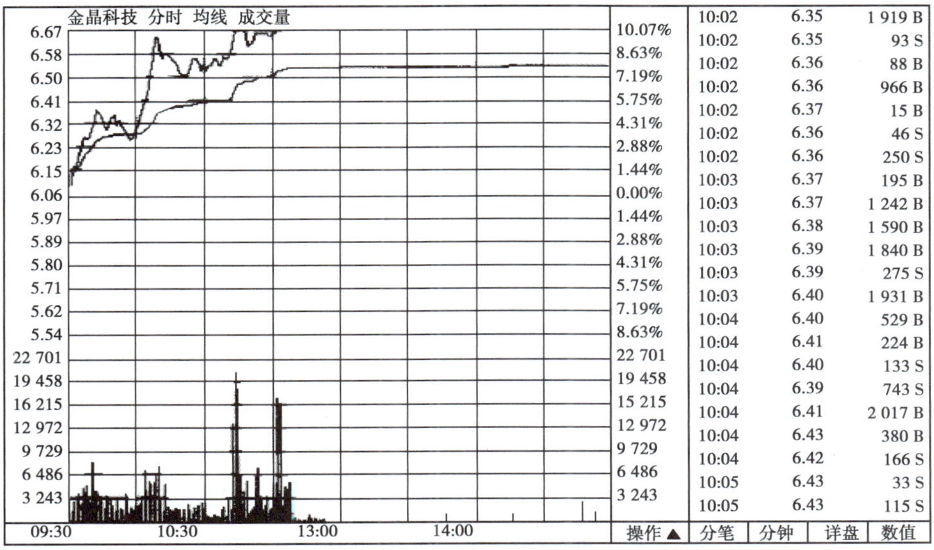

图 5.9 金晶科技 2009 年 1 月 20 日即时图

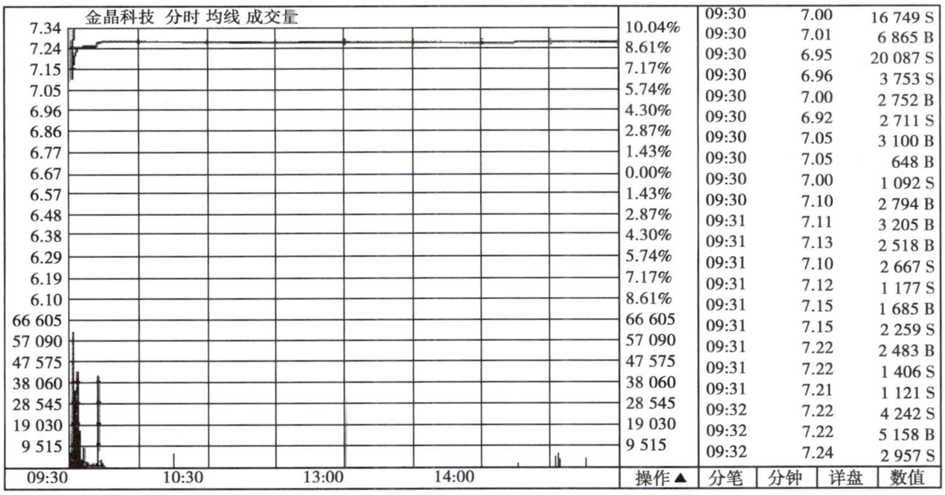

图 5.10 金晶科技 2009 年 1 月 21 日即时图

1 月 22 日，金晶科技于 2009 年 1 月 19 日、2009 年 1 月 20 日、2009 年 1 月 21 日连续三个交易日收盘价格涨幅偏离值累计达到 20%。属于股票交易异常波动。

2009 年 1 月 22 日 10:30 开盘，股价以接近涨停的位置高开，由于股价连续三天大幅上涨，短线涨幅较大，存在大量获利盘，开盘后多空双方展开激烈交战，盘口大笔买单和大笔卖单不断涌出，最终股价没能维持继续向上的势头。在大量卖单的抛售下，股价出现急跌走势。当股价跌到昨日收盘价附近时，股价被主力资金迅速拉起，回到 7.85 元的位置，反复震荡，消化短线获利筹码，同时让想介入该股的投资者买入，替主力锁定一部分筹码，当日换手率达 16.85%，在日 K 线图中，成交量创近期天量（图 5.11）。

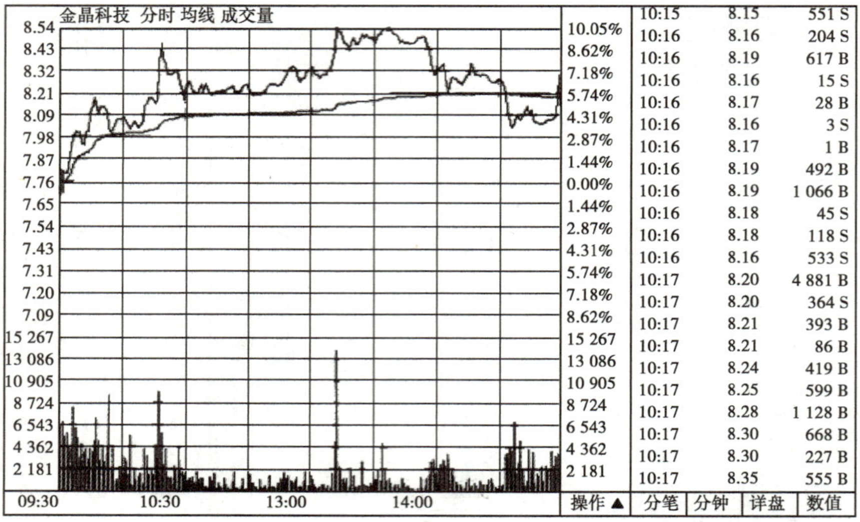

图 5.11 金晶科技 2009 年 1 月 22 日即时图

1 月 23 日,金晶科技低开,开盘后并没有展开回调动作,主力直接拉高股价,不给投资者低位买入的机会。盘中几次试图拉高至涨停,无奈抛盘较重,主力只能退守,股价回落至均线附近。收盘时,主力再次急拉股价,在 K 线图中维持该股的强势特征(图 5.12)。

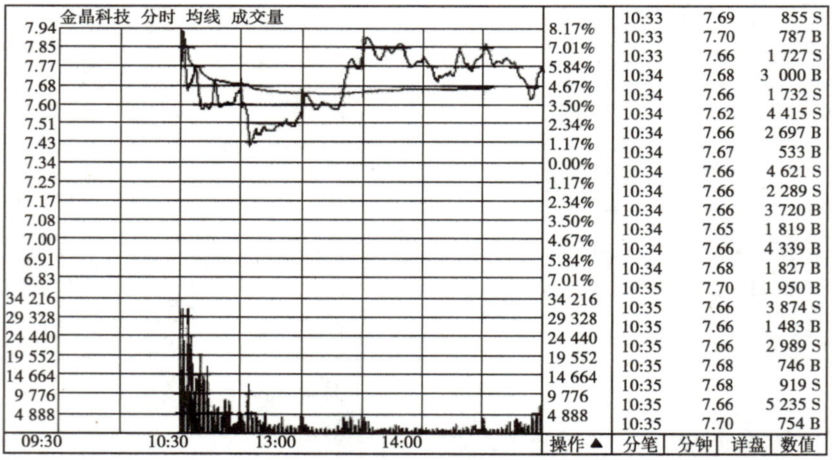

图 5.12 金晶科技 2009 年 1 月 23 日即时图

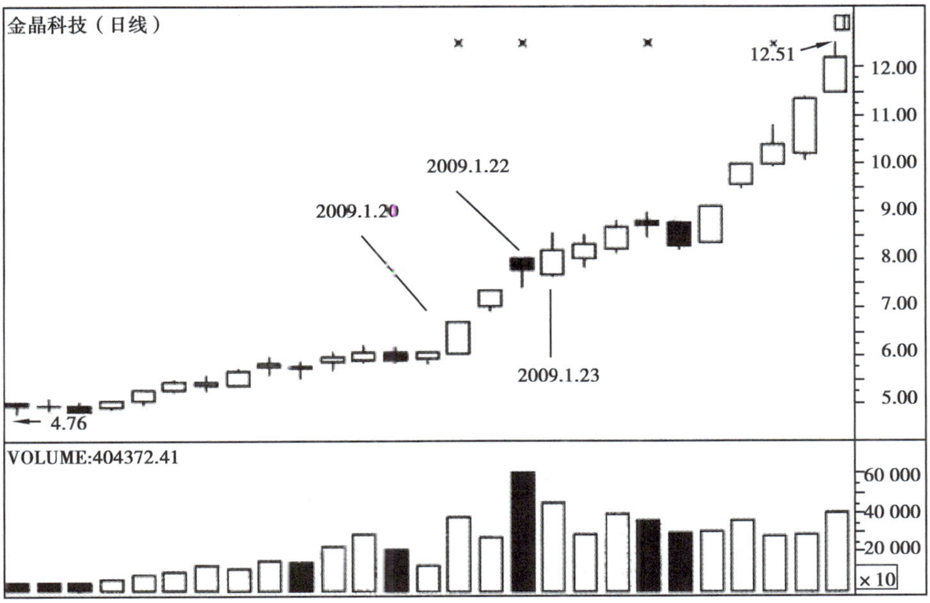

图 5.13　金晶科技 K 线走势图

5.3.2　道氏理论

道氏理论是技术分析的理论基础，许多技术分析方法的基本思想都来自于道氏理论。该理论的创始人是美国人查尔斯·亨利·道。为了反映市场总体趋势，他与爱德华·琼斯创立了著名的道琼斯平均指数。他们在《华尔街日报》上发表的有关证券市场的文章，经后人整理，成为我们今天看到的道氏理论。

1）道氏理论的主要原理

①市场价格平均指数可以解释和反映市场的大部分行为。这是道氏理论对证券市场的重大贡献。道氏理论认为，收盘价是最重要的价格，并利用收盘价计算平均价格指数。目前，世界上所有的证券交易所计算价格指数的方法大同小异，都源于道氏理论。此外，道氏理论还提出平均价格涵盖一切信息的假设。目前，这仍是技术分析的一个基本假设。

②市场波动具有某种趋势。道氏理论认为，价格的波动尽管表现形式不同，但是最终可以将它们分为三种趋势：主要趋势（Primary Trend）、次要趋势（Secondary Trend）和短暂趋势（Near Term Trend）。主要趋势是那些持续 1 年或 1 年以上的趋势，看起来像大潮；次要趋势是那些持续 3 周到 3 个月的趋势，看起来像波浪，是对主要趋势的调整；短暂趋势持续时间不超过 3 周，看起来像波纹，其波动幅度更小。

③主要趋势有三个阶段（以上升趋势为例）。第一个阶段为累积阶段，该阶段中，股价处于横向盘整时期，聪明的投资者在得到信息并进行分析的基础上开始买入股票。第二个阶段为上涨阶段，更多的投资者根据财经信息并加以分析，开始参与股市。尽管趋

势是上升的,但也存在股价修正和回落。第三个阶段为市场价格达到顶峰后出现的又一个累积期,市场信息变得更加为众人所知,市场活动更为频繁。第三个阶段结束的标志是下降趋势,并又回到累积期。

④两种平均价格指数必须相互加强。道氏理论认为,工业平均指数和运输业平均指数必须在同一方向上运行才可确认某一市场趋势的形成。

⑤趋势必须得到交易量的确认。在确定趋势时,交易量是重要的附加信息,交易量应在主要趋势的方向上放大。

⑥一个趋势形成后将持续,直到趋势出现明显的反转信号,这是趋势分析的基础。然而,确定趋势的反转却不太容易。

道氏理论中最重要部分就是评估和预测价格未来趋势。道氏理论指出价格运行是以三重运动形成向前推进的,其中价格的主要趋势是可以被预测的。

交易者在交易时首先要确认的就是市场趋势,即市场未来方向是上涨还是下跌,或者震荡整理。当价格到达顶峰状态时,往往会出现反转走跌,这也被称为"抛售";当价格跌至低谷时,往往也会出现反弹走升。而当主要趋势为上涨时,其间会经历反复的下跌回调,然后重新上行;同样地,当主要趋势为下跌时,期间也会经历多次反弹走升,然后再次下行。其间包含的就是次要趋势,或者日常波动。

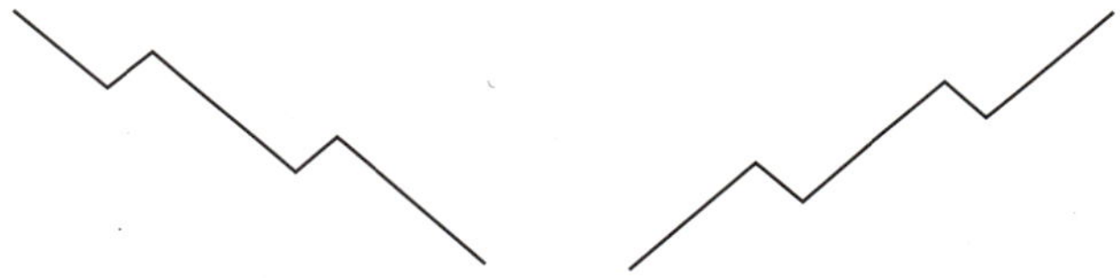

(a)三重上涨趋势　　(b)三重下降趋势

图 5.14　道氏理论价格运动趋势

2)应用道氏理论时需注意哪些问题

①道氏理论从来就不是用来指出应该买卖哪只股票,而是在相关收盘价的基础上确定出股票市场的主要趋势。因此,道氏理论对大形势的判断有较大的作用,但对于每日每时都在发生的小波动则无能为力,甚至对次要趋势的判断作用也不大。

②道氏理论的可操作性较差。一方面,道氏理论的结论落后于价格变化,信号太迟;另一方面,理论本身存在不足,使得一个很优秀的道氏理论分析师在进行行情判断时,也会因得到一些不明确的信号而产生困惑。

尽管道氏理论存在某些缺陷,有的内容对今天的投资者来说已过时,但它仍是许多技术分析的理论基础。近 30 年来,出现了很多新的技术,有相当一部分都是道氏理论的延伸,这在一定程度上弥补了道氏理论的不足。

5.3.3　波浪理论

1）波浪理论的基本思想

波浪理论的全称是艾略特波浪理论（Elliott Wave Theory），是以美国人艾略特（R. N. Elliott）的名字命名的一种技术分析理论。

艾略特的波浪理论以周期为基础。他把大的运动周期分成时间长短不同的各种周期，并指出，在一个大周期之中可能存在一些小周期，而小的周期又可以再细分成更小的周期。每个周期无论时间长短，都是以一种模式进行的，即每个周期都是由上升（或下降）的5个过程和下降（或上升）的3个过程组成。这8个过程完结以后，我们才能说这个周期已经结束，将进入另一个周期。新的周期仍然遵循上述模式。这是波浪理论最核心的内容，也是艾略特对波浪理论的最为突出的贡献。

2）波浪理论的主要原理

（1）波浪理论考虑的因素

波浪理论考虑的因素主要有三个方面：第一，股价走势所形成的形态；第二，股价走势图中各个高点和低点所处的相对位置；第三，完成某个形态所经历的时间长短，即形态、比例和时间。这三个方面中，股价的形态是最重要的，它是指波浪的形状和构造，是波浪理论赖以生存的基础。

（2）波浪理论价格走势的基本形态结构

艾略特认为，证券市场应该遵循一定的周期，周而复始地向前发展。股价的上下波动也是按照某种规律进行的。通过多年的实践，艾略特发现每一个周期（无论是上升还是下降）可以分成8个小的过程，这8个小过程一结束，一次大的行动就结束了，紧接着的是另一次大的行动。现以上升为例说明这8个小过程。

图5.15是一个上升阶段的8个浪的全过程。0～1是第一浪，1～2是第二浪，2～3是第三浪，3～4是第四浪，4～5是第五浪。这5浪中，第一浪、第三浪和第五浪称为“上升主浪”，而第二浪和第四浪则称为是对第一浪和第三浪的“调整浪”。上述5浪完成后，

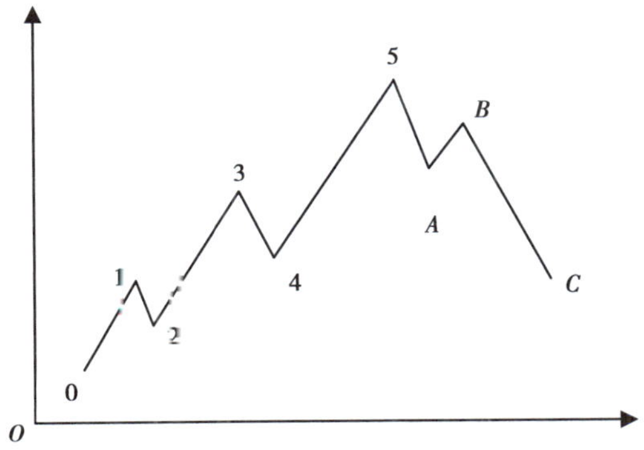

图5.15　8浪结构的基本形态图

紧接着会出现一个3浪的向下调整,这3浪是:从5到A为A浪、从A到B为B浪、从B到C为C浪。

3)应用波浪理论应该注意的问题

尽管从表面上看,波浪理论会给我们带来利益,但是从波浪理论自身的构造看,它有许多不足之处,如果使用者过分机械、教条地应用波浪理论,肯定会招致失败。波浪理论最大的不足是应用上的困难,也就是学习和掌握上的困难。波浪理论从理论上讲是8浪结构完成一个完整的过程,但是主浪的变形和调整浪的变形会产生复杂多变的形态,波浪所处的层次又会产生大浪套小浪、浪中有浪的多层次形态,这些都会使应用者在具体数浪时发生偏差。浪的层次的确定和浪的起始点的确认是应用波浪理论的两大难点。波浪理论的第二个不足是面对同一个形态,不同的人会产生不同的数法,而且都有道理,谁也说服不了谁。例如,一个下跌的浪可以被当成第二浪,也可能被当成A浪。如果是第二浪,那么紧接而来的第三浪将是很诱人的;如果是A浪,那么这之后的下跌可能是很深的。具体结果如何尚需实践的检验。

5.3.4 切线理论

1)趋势分析

(1)趋势的含义

趋势是指股票价格的波动方向。若确定了一段上升或下降的趋势,则股价的波动必然朝着这个方向运动。上升的行情中,虽然也时有下降,但不影响上升的大方向;同样,下降行情中也可能上升,但不断出现的新低使下降趋势不变。

一般说来,市场变动不是朝一个方向直来直去,中间肯定要有曲折,从图形上看就是一条曲折蜿蜒的折线,每个折点处就形成一个峰或谷。从这些峰和谷的相对高度,我们可以看出趋势的方向。

技术分析三大假设中的第二条明确说明价格的变化是有趋势的,没有特别的理由,价格将沿着这个趋势继续运动。这一点就说明趋势这个概念在技术分析中的重要地位。

(2)趋势的方向

①上升方向。如果图形中每个后面的峰和谷都高于前面的峰和谷,则趋势就是上升方向。这就是常说的一底比一底高或底部抬高。

②下降方向。如果图形中每个后面的峰和谷都低于前面的峰和谷,则趋势就是下降方向。这就是常说的一顶比一顶低或顶部降低。

③水平方向(无趋势方向)。如果图形中后面的峰和谷与前面的峰和谷相比,没有明显的高低之分,几乎呈水平延伸,这时的趋势就是水平方向。水平方向下的市场正处在供需平衡的状态,股价下一步朝哪个方向走没有规律可循,可以向上也可以向下,所以对这样的对象去预测它朝哪个方向运动是极为困难的。

2）支撑线和压力线

（1）支撑线和压力线的含义

支撑线又称为抵抗线，是指当股价下跌到某个价位附近时，会出现买方增加、卖方减少的情况，从而使股价停止下跌，甚至有可能回升[图5.16（a）]。支撑线起阻止股价继续下跌的作用。

压力线又称为阻力线，是指当股价上涨到某价位附近时，会出现卖方增加、买方减少的情况，股价会停止上涨，甚至回落[图5.16（b）]。压力线起阻止股价继续上升的作用。

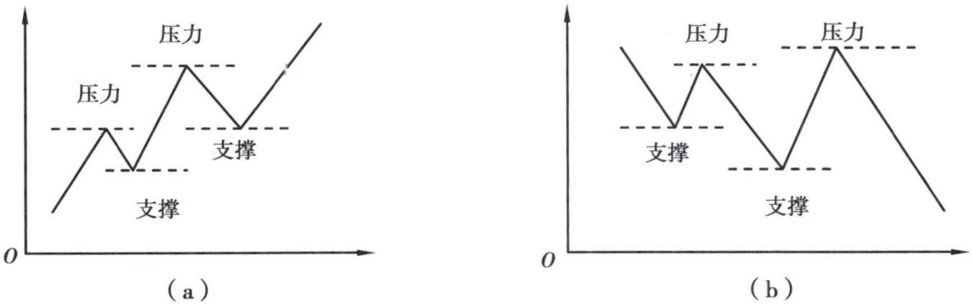

图5.16　支撑线和压力线

（2）支撑和阻力的理论依据

支撑和阻力的理论依据主要是以投资人的心理倾向考虑的。当股价已有相当的跌幅，在第一个支撑点会有三种投资者积极入市购买：第一种是在第一个支撑点卖出股票的投资者，认为可以捡回自己的股票；第二种是上一次踏空的投资者；第三种是在第一个支撑点只是部分建仓的投资者，认为第一次买得太少而再次追加购买。当股价跌至第二个支撑点时，以上三种人的购买行为就会产生共振，推动股价向上运行。

（3）支撑线和压力线的相互转化

支撑线和压力线之所以能起支撑和压力作用，两者之间之所以能相互转化，在很大程度上是由于心理因素方面的原因，这也是支撑线和压力线理论上的依据。

证券市场中主要有三种人：多头、空头和旁观者。旁观者又可分为持股者和持币者。假设股价在一个区域停留了一段时间后突破压力区域开始向上移动，在此区域买入股票的多头们肯定认为自己对了，并对自己没有多买入些股票而感到后悔。在该区域卖出股票的空头们这时也认识到自己弄错了，他们希望股价再跌回他们卖出的区域时，将他们原来卖出的股票补回来。而旁观者中的持股者的心情和多头相似，持币者的心情和空头相似。无论是这四种人中的哪一种，都有买入股票成为多头的愿望。这样，原来的压力线就转化为支撑线。

正是由于这四种人决定要在下一个买入的时机买入，因此股价稍一回落就会受到大家的关注，他们会或早或晚地进入股市买入股票，这就使价格根本还未下降到原来的位置，上述四个新的买进大军自然又会把价格推上去，使该区域成为支撑区。在该支撑区发生的交易越多，就说明很多股票投资者在这个支撑区有切身利益，这个支撑区就越重要。

以上的分析过程对于压力线也同样适用,只不过结论正好相反。可见,一条支撑线如果被跌破,那么这一支撑线将成为压力线;同理,一条压力线被突破,这一压力线将成为支撑线。这说明,支撑线和压力线的地位不是一成不变的,而是可以改变的,条件是它被有效的、足够强大的股价变动突破(图5.17)。

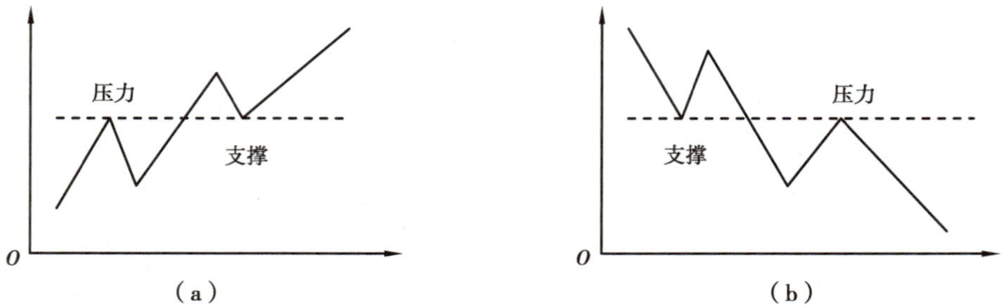

图5.17 支撑线和压力线的转化

3)趋势线和轨道线

(1)趋势线

由于证券价格变化的趋势是有方向的,因此可以用直线将这种趋势表示出来,这样的直线称为趋势线。反映价格向上波动发展的趋势线称为上升趋势线;反映价格向下波动发展的趋势线则称为下降趋势线。由于股票价格的波动可分为长期趋势、中期趋势及短期趋势三种,因此描述价格变动的趋势线也分为长期趋势线、中期趋势线与短期趋势线三种。

一般来说,趋势线有两种作用。

第一,对价格今后的变动起约束作用,使价格总保持在这条趋势线的上方(上升趋势线)或下方(下降趋势线)。实际上,就是起支撑和压力的作用。

第二,趋势线被突破后,就说明股价下一步的走势将要反转。越重要、越有效的趋势线被突破,其转势的信号越强烈。被突破的趋势线原来所起的支撑和压力作用,现在将相互交换角色(图5.18)。

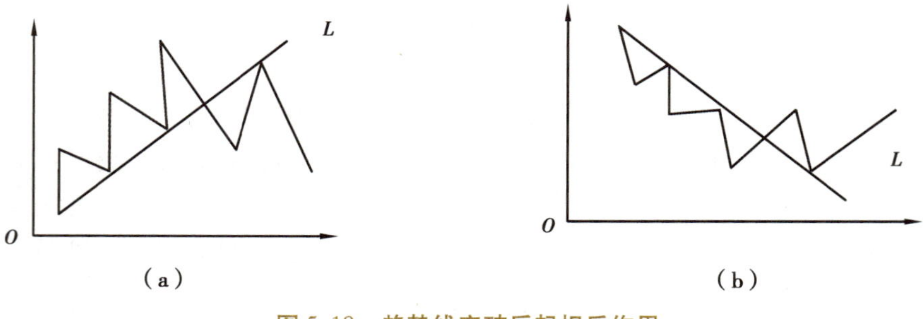

图5.18 趋势线突破后起相反作用

(2)轨道线

轨道线又称通道线或管道线，是基于趋势线的一种方法。在已经得到了趋势线后，通过第一个峰和谷可以做出这条趋势线的平行线，这条平行线就是轨道线，如图5.19中的虚线。

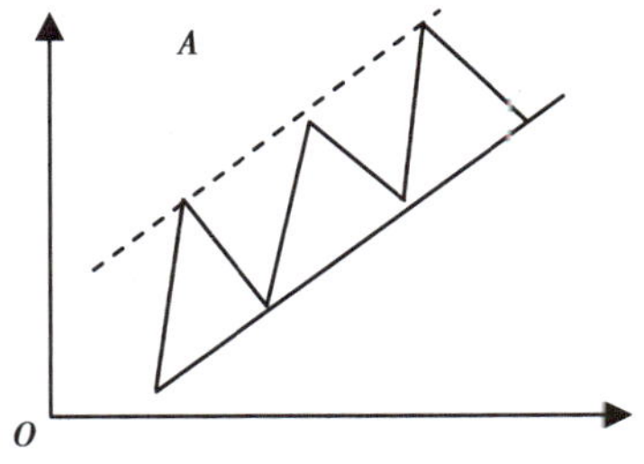

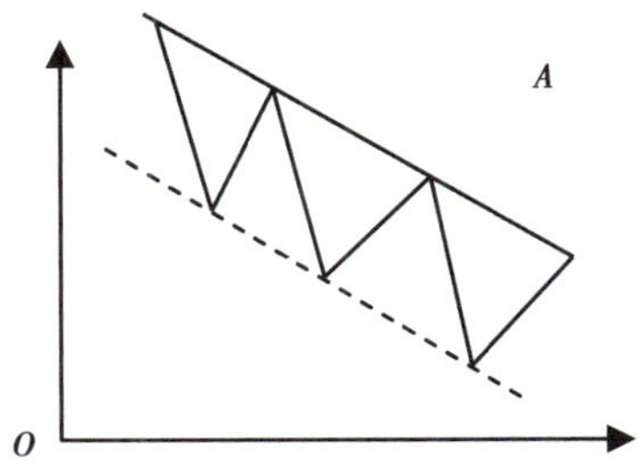

图5.19　轨道线

两条平行线组成的一个轨道，就是常说的上升和下降轨道。轨道的作用是限制股价的变动范围，让它不能变得太离谱。一个轨道一旦得到确认，那么价格将在这个通道里变动。轨道线的另一个作用是提出趋势转向的警报。如果在一次波动中未触及轨道线，离得很远就开始掉头，这往往是趋势将要改变的信号。这说明，市场已经没有力量继续维持原有的上升或下降的趋势了。

与突破趋势线不同，对轨道线的突破并不是趋势反转的开始，而是趋势加速的开始，即原来的趋势线的斜率将会增加，趋势线的方向将会更加陡峭(图5.20)。

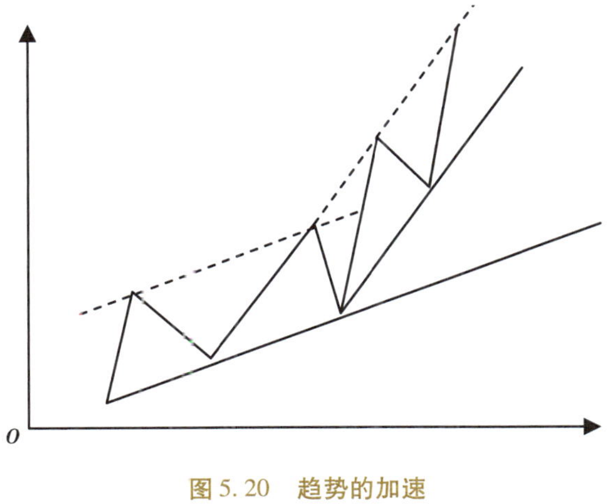

图5.20　趋势的加速

4)应用切线理论应注意的问题

切线为我们提供了很多价格移动可能存在的支撑线和压力线，这些直线有很重要的作用。但是支撑线、压力线有被突破的可能，它们的价位只是一种参考，不能把它们当成万能的工具。

5.3.5 形态理论

形态理论是通过研究股价所走过的轨迹,分析和挖掘出曲线告诉我们的一些多空双方力量的对比结果,进而指导我们的行动。

1)股价移动规律和两种形态类型

(1)股价移动规律

股价的移动是由多空双方力量大小决定的。在一个时期内,多方处于优势,股价将向上移动;在另一个时期内,如果空方处于优势,则股价将向下移动。然而,多空双方的一方占据优势的情况又是多种多样的。有的只是稍强一点,股价向上(下)走不了多远就会遇到阻力。有的强势大一些,可以把股价向上(下)拉得多一些;有的优势是决定性的,这种优势完全占据主动,对方几乎没有什么力量与之抗衡,股价的向上(下)移动势如破竹。

根据多空双方力量对比可能发生的变化,可以知道股价的移动应该遵循这样的规律:第一,股价应在多空双方取得均衡的位置上下来回波动;第二,原有的平衡被打破后,股价将寻找新的平衡位置。这种股价移动的规律可用下式描述:持续整理—保持平衡—打破平衡—新的平衡—再打破平衡—再寻找新的平衡……股价的移动就是按这一规律循环往复、不断运行的。证券市场中的胜利者往往是在原来的平衡快要打破之前或者是在打破的过程中采取行动而获得收益的。

(2)股价移动的两种形态类型

根据股价移动的规律,可以把股价曲线的形态分成两大类型:持续整理形态和反转突破形态。前者保持平衡,后者打破平衡。平衡的概念是相对的,股价只要在一个范围内变动,都属于保持了平衡。这样,这个范围的选择就成为判断平衡是否被打破的关键。

2)反转突破形态

反转突破形态描述了趋势方向的反转,是投资分析中应该重点关注的变化形态。反转变化形态主要有头肩形态、双重顶(底)形态、圆弧顶(底)形态、喇叭形以及V形反转形态等多种形态。

(1)头肩形态

头肩形态是实际股价形态中出现最多的一种形态,也是最著名和最可靠的反转突破形态。它一般可分为头肩顶、头肩底以及复合头肩形态三种类型。

①头肩顶形态。头肩顶形态是一个可靠的沽出时机,一般通过连续的三次起落构成该形态的三个部分,也就是要出现三个局部的高点。中间的高点比另外两个都高,称为头;左右两个相对较低的高点称为肩。这就是头肩顶形态名称的由来(图5.21)。图5.21(a)中的直线 l_2 是头肩顶形态中极为重要的直线——颈线。在头肩顶形态中,它是支撑线,起支撑作用。

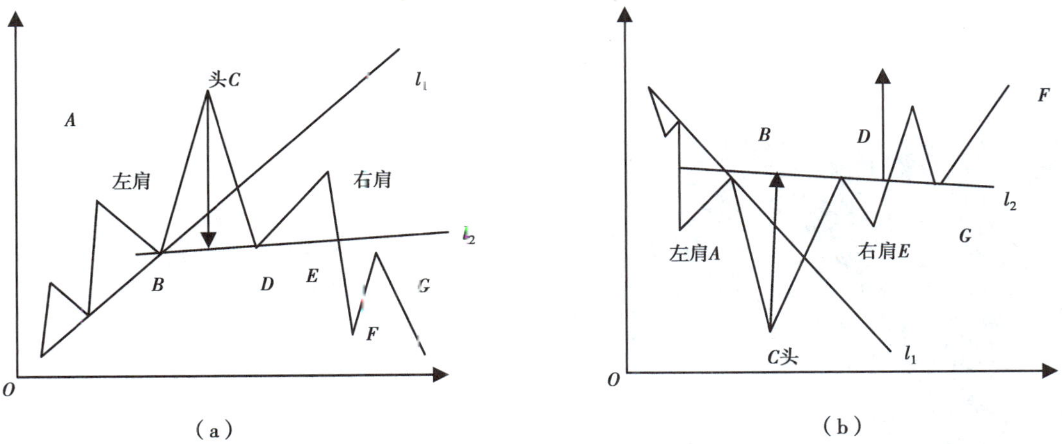

图5.21　头肩顶(底)

头肩顶形态的形成过程大体如下。

A. 股价长期上升后,成交量大增,获利回吐压力也增加,导致股价回落,成交量较大幅度下降,左肩形成。

B. 股价回升,突破左肩之顶点,成交量亦可能因充分换手而创纪录,但价位过高使持股者产生恐慌心理,竞相抛售,股价回跌到前一低点水准附近,头部完成。

C. 股价第三次上升,但前段的巨额成交量将不再重现,涨势也不再凶猛,价位到达头部顶点之前即告回落,形成右肩。这一次下跌时,股价急速穿过颈线,再回升时,股价也仅能达到颈线附近,然后成为下跌趋势,头肩顶形态宣告完成。

头肩顶形态是一个长期趋势的转向形态,一般出现在一段升势的尽头。这一形态具有如下特征:第一,一般来说,左肩与右肩高点大致相等,有时右肩较左肩低,即颈线向下倾斜;第二,就成交量而言,左肩最大,头部次之,而右肩成交量最小,即呈梯状递减;第三,突破颈线不一定需要大成交量配合,但日后继续下跌时,成交量会放大。

经典案例:　　　　头肩顶形态分析

①左肩部分。持续一段上升的时间,成交量很大,过去在任何时间买进的人都有利可图,于是开始获利沽出,令股价出现短期的回落,成交较上升到其顶点时有显著的减少。

②头部。股价经过短暂的回落后,又有一次强力的上升,成交亦随之增加。不过,成交量的最高点较之于左肩部分,明显减退。股价升破上次的高点后再一次回落。成交量在回落期间也同样减少。

③右肩部分。股价下跌到接近上次的回落低点又再获得支持回升,可是,市场投资的情绪显著减弱,成交较左肩和头部明显减少,股价无法抵达头部的高点便告回落,于是形成右肩部分。

④突破。从右肩顶下跌穿破由左肩底和头部底所连接的底部颈线,其突破颈线的幅

度要超过市价的3%。

简单来说,头肩顶的形状呈现三个明显的高峰,其中位于中间的一个高峰较其他两个高峰的高点略高。至于成交量方面,则出现梯级型的下降,如图5.22所示。

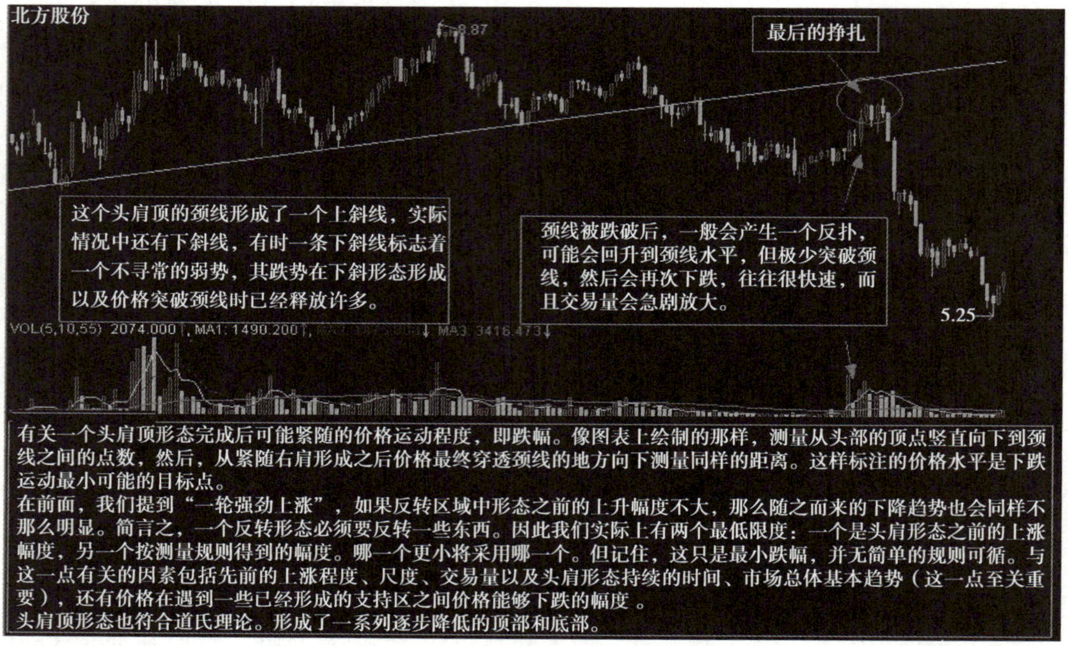

图5.22 头肩顶形态示例图A

头肩顶是一个不容忽视的技术型走势,我们从这形态可以观察到多空双方的激烈争夺情况。初时看好的力量不断推动股价上升,市场投资情绪高涨,出现大量成交。经过一段短期的回落调整后,那些错过上次升势的人在调整期间买进,股价继续上升,而且翻越了上次的高点。表面看来,市场仍然健康和乐观,但成交量已大不如前,反映出买方的力量在减弱。那些对前景没有信心和错过了上次高点获利回吐的人,或是在回落低点买进作短线投机的人纷纷沽出,于是股价再次回落。

第三次的上升,为那些后知后觉错过了上次上升机会的投资者提供了机会,但股价无力升越上次的高点,而成交量进一步下降时,差不多可以肯定过去看好的乐观情绪已完全扭转过来。未来的市场将是疲软无力,一次大幅的下跌即将来临,如图5.23所示。

②头肩底形态。头肩底是头肩顶的倒转形态,是一个可靠的买进时机。这一形态的构成和分析方法,除了在成交量方面与头肩顶有所区别外,其余与头肩顶类同,只是方向正好相反,如图5.21(b)所示。例如,上升改成下降,高点改成低点,支撑改成压力。

值得注意的是,头肩顶形态与头肩底形态在成交量配合方面的最大区别是:头肩顶形态完成后,向下突破颈线时,成交量不一定放大;而头肩底形态向上突破颈线,若没有较大的成交量出现,可靠性将大为降低,甚至可能出现假的头肩底形态。

③复合头肩形态。股价变化经过复杂而长期的波动所形成的形态可能不只是标准

的头肩型形态，会形成所谓的复合头肩形态。这种形态与头肩形态基本相似，只是左右肩部或者头部出现多于一次，如图 5. 24 所示。其形成过程也与头肩形态类似，分析意义也和普通的头肩形态一样，往往出现在长期趋势的底部或顶部。复合头肩形态一旦完成，即构成一个可靠性较大的买进或卖出时机。

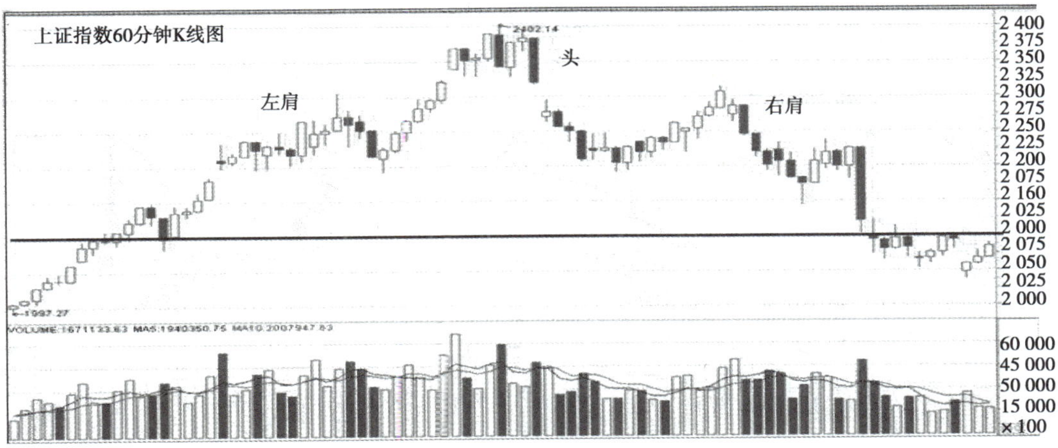

图 5. 23　头肩顶形态示例图 B

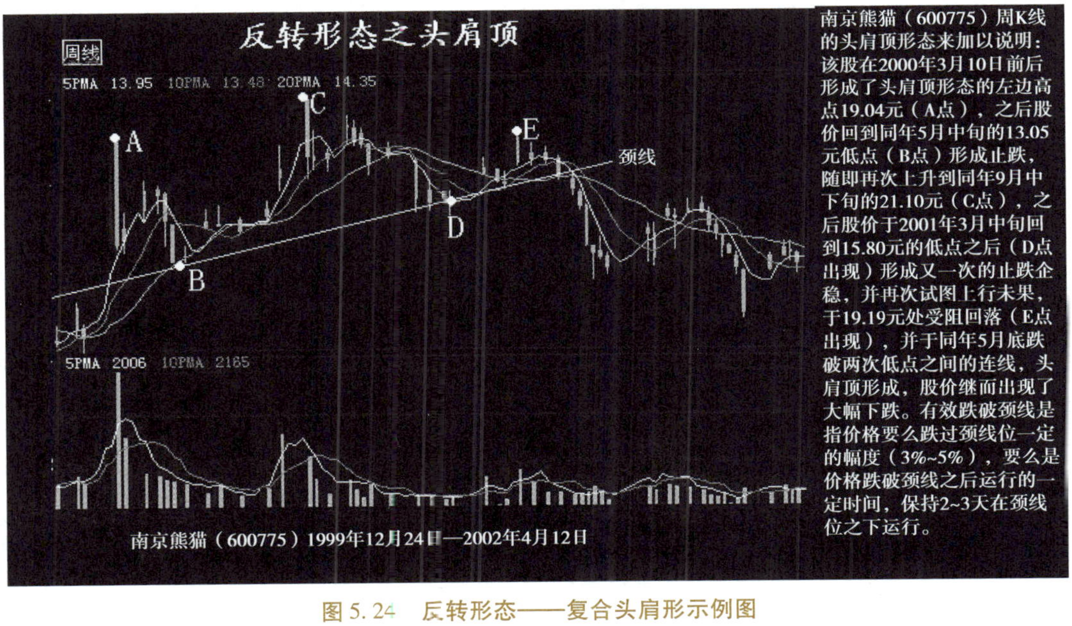

图 5. 24　反转形态——复合头肩形示例图

(2) 双重顶形态和双重底形态

双重顶形态和双重底形态就是市场上众所周知的 M 头和 W 底，是一种极为重要的反转形态，它在现实中出现得也非常频繁。与头肩形态相比，就是没有头部，只是由两个基本等高的峰或谷组成。图 5. 25 是这种形态的简单形状。

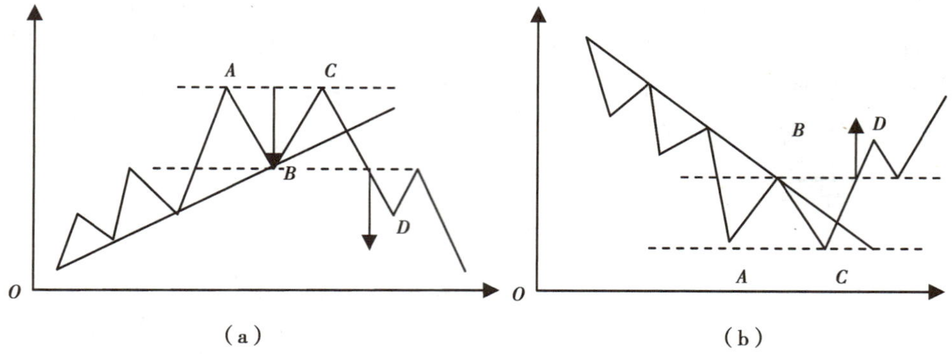

图 5.25　双重顶和双重底

从图中可以看出,双重顶(底)一共出现两个顶(底),也就是两个相同高度的高点(低点)。双重顶反转形态一般具有如下特征。

第一,双重顶的两个高点不一定在同一水平,两者相差少于3%就不会影响形态的分析意义。第二,向下突破颈线时不一定有大成交量伴随,但日后继续下跌时成交量会扩大。第三,双重顶形态完成后的最小跌幅度量度方法是由颈线开始,至少会下跌从双头最高点到颈线之间的差价距离。

对于双重底,有完全相似或者说完全相同的结果。只要将对双重顶的介绍反过来叙述就可以了。比如,向下说成向上,高点说成低点,支撑说成压力。需要注意的是,双重底的颈线突破时必须有大成交量的配合,否则即可能为无效突破。

(3)圆弧形态

将股价在一段时间的顶部高点用折线连起来,可以得到一条类似于圆弧的弧线,盖在股价之上;将每个局部的低点连在一起也能得到一条弧线,托在股价之下,如图5.26所示。

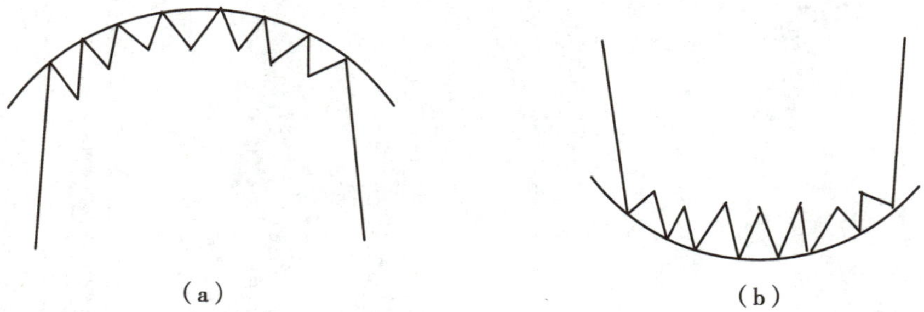

图 5.26　圆形顶(底)

圆弧形又称为碟形、圆形或碗形等。应该注意的是:图中的曲线不是数学意义上的圆,也不是抛物线,而仅仅是一条曲线。圆弧形态在实际中出现的机会较少,但是一旦出现则是绝好的机会,它的反转深度和高度是不可测的。圆弧形态具有如下特征。

①形态完成、股价反转后,行情多属爆发性,涨跌急速,持续时间也不长,一般是一口气走完,中间极少出现回档或反弹。因此,形态确定后应立即顺势而为,以免踏空、套牢。

②在圆弧顶或圆弧底形态的形成过程中,成交量的变化都是两头多,中间少。越靠

近顶或底成交量越少，到达顶或底时成交量达到最少。在突破后的一段，都有相当大的成交量。

③圆弧形态形成所花的时间越长，今后反转的力度就越强，越值得人们去相信这个圆弧形。通常应该与一个头肩形态形成的时间相当。

(4)V形反转

V形走势是一种很难预测的反转形态，它往往出现在市场剧烈的波动之中。无论是V形顶还是V形底的出现，都没有一个明显的形成过程，这一点同其他反转形态有较大的区别，因此往往让投资者感到突如其来甚至难以置信。

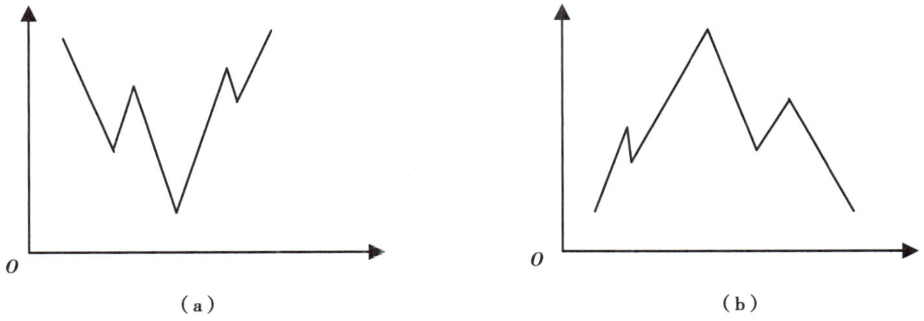

图5.27 V形和倒V形

V形走势的一个重要特征是在转势点必须有大成交量的配合，且成交量在图形上形成倒V形。若没有大成交量，则V形走势不宜信赖。V形是一种失控的形态，在应用时要特别小心，如图5.27所示。

3)持续整理形态

持续整理形态描述的是在股价向一个方向经过一段时间的快速运行后，不再继续原趋势，而在一定区域内上下窄幅波动，等待时机成熟后再继续前进。这种运行所留下的轨迹称为整理形态。三角形、矩形、旗形和楔形是典型的整理形态。

(1)三角形整理形态

三角形整理形态主要分为三种：对称三角形、上升三角形和下降三角形。第一种有时也称正三角形，后两种合称直角三角形。

①对称三角形。对称三角形大多发生在一个大趋势进行的途中，它表示原有的趋势暂时处于休整阶段，之后还要沿着原趋势的方向继续行动。

图5.28是对称三角形的一个简化的图形，这里的原有趋势是上升，所以三角形完成以后是突破向上。从图中可以看出，对称三角形

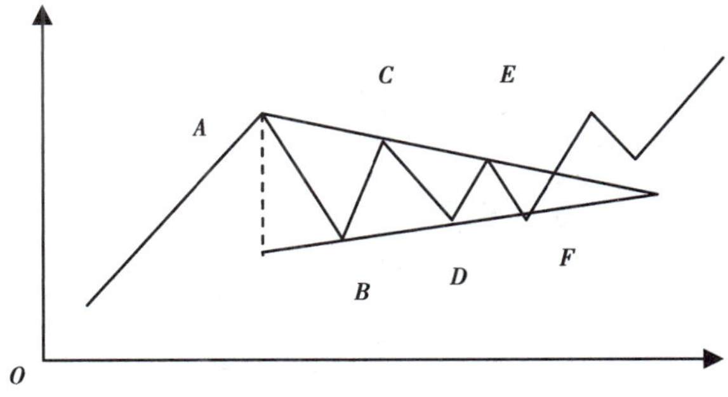

图5.28 对称三角形

有两条聚拢的直线,上面的向下倾斜,起压力作用;下面的向上倾斜,起支撑作用。两直线的交点称为"顶点"。正如趋势线的确认要求第三点验证一样,对称三角形一般应有6个转折点(如图中的A, B, C, D, E, F)。这样,上下两条直线的支撑压力作用才能得到验证。另外,虽然对称三角形一般是整理形态,但有时也可能在顶部或底部出现而导致大势反转,这是三角形形态在实际应用时要注意的问题。

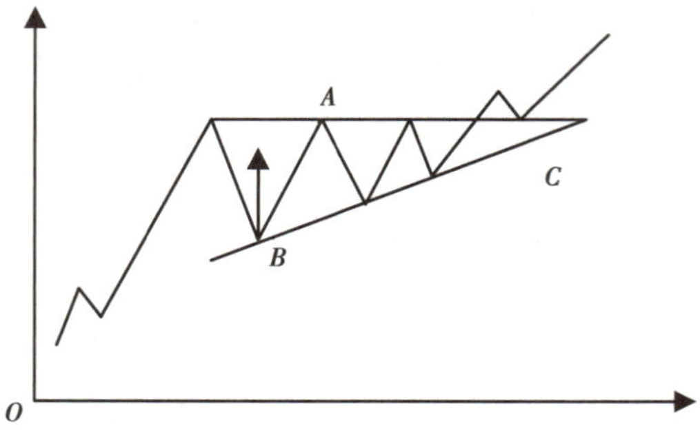

图5.29 上升三角形

②上升三角形。上升三角形是对称三角形的变形。两类三角形的下方支撑线同是向上发展,不同的是上升三角形的上方阻力线并非向下倾斜的,而是一条水平直线,如图5.29所示。

上边的直线起压力作用,下面的直线起支撑作用。在对称三角形中,压力和支撑都是逐步加强的。一方是越压越低,另一方是越撑越高,看不出谁强谁弱。在上升三角形中就不同了,压力是水平的,始终都是一样,没有变化,而支撑都是越撑越高。由此可见,上升三角形比起对称三角形来,有更强烈的上升意识,多方比空方更为积极。通常以三角形的向上突破作为这个持续过程终止的标志。

值得注意的是,上升三角形在突破顶部的阻力线时,必须有大成交量的配合,否则为假突破。

延伸阅读: 上升三角形——南京高科日K线图分析

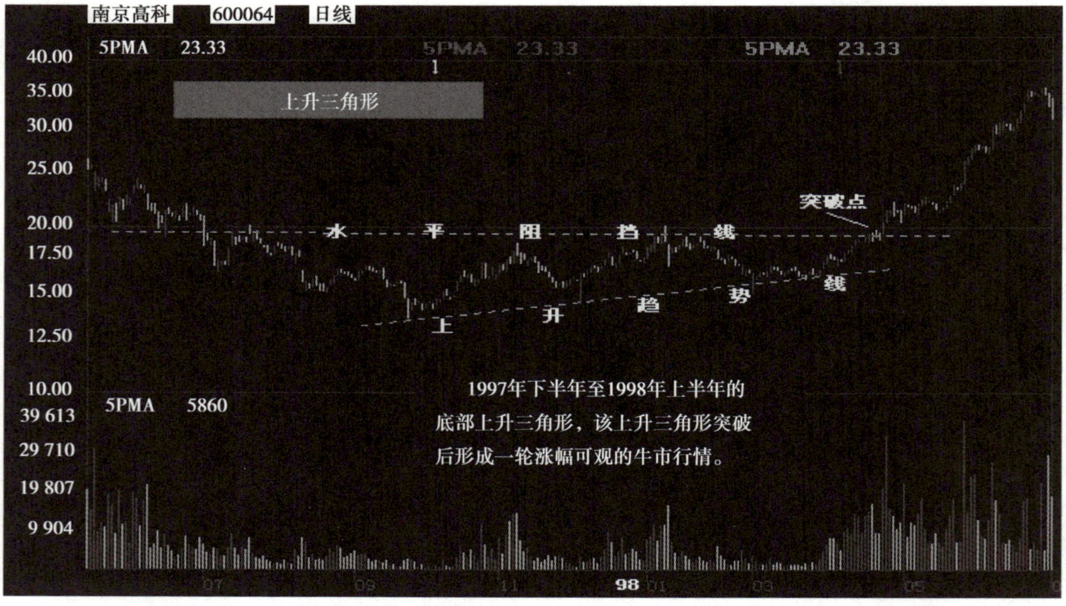

图5.30 上升三角形——南京高科日K线图

③下降三角形。下降三角形与上升三角形正好反向,是看跌的形态。下降三角形的成交量一直十分低沉,突破时不必有大成交量配合。如果股价原有的趋势是向上的,则遇到下降三角形后,趋势的判断有一定的难度;但如果在上升趋势的末期,出现下降三角形后,可以看成反转形态的顶部。图5.31是下降三角形的简单图形。

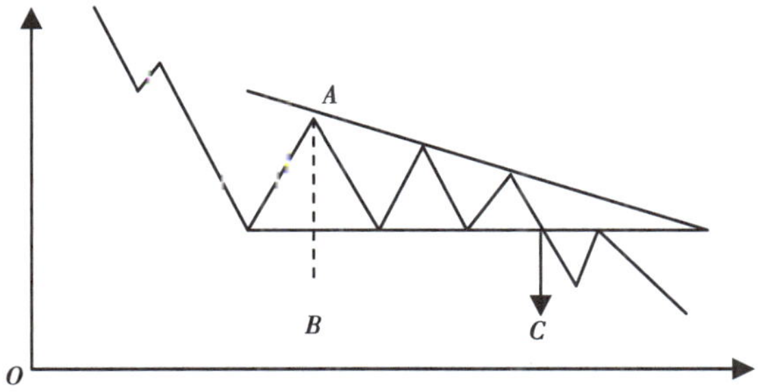

图5.31 下降三角形

延伸阅读: 下降三角形——大庆联谊日K线图分析

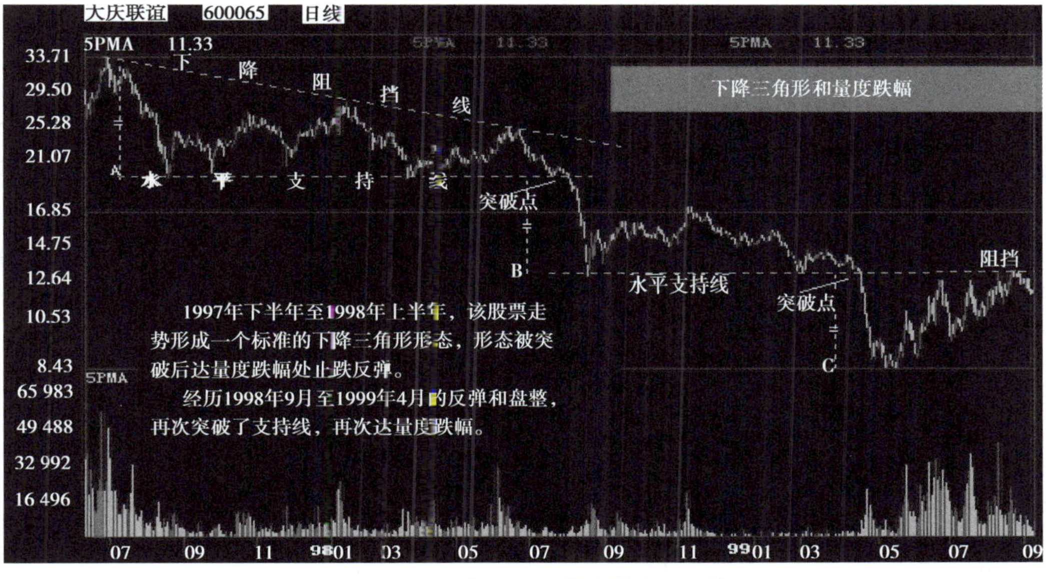

图5.32 下降三角形——大庆联谊日K线图

(2)矩形

矩形又叫箱形,也是一种典型的整理形态,股票价格在两条横着的水平直线之间上下波动,做横向延伸的运动。矩形在形成之初,多空双方全力投入,各不相让。空方在价格涨到某个位置就抛压,多方在股价下跌到某个价位就买入,时间一长就形成两条明显的上下界线。随着时间的推移,双方的战斗热情会逐步减弱,成交量减少,市场趋于平淡。图5.33是矩形的简单图示。

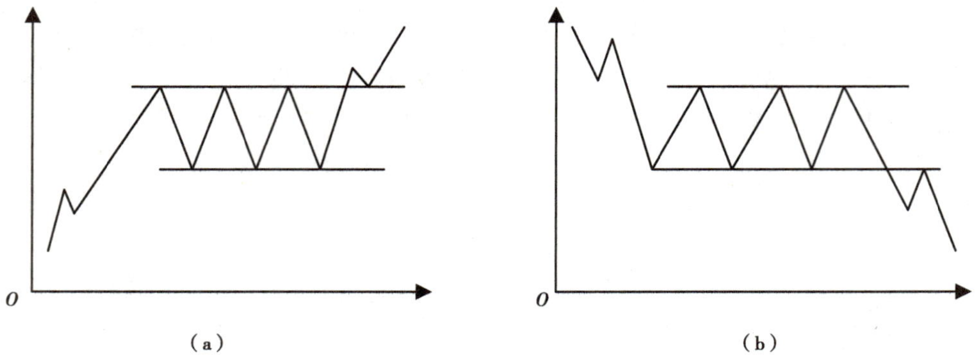

图 5.33　矩形

从图 5.33 可以看出,矩形在其形成的过程中极可能演变成三重顶(底)形态,这是我们应该注意的。正是由于矩形的判断有这么一个容易出错的可能性,在面对矩形和三重顶(底)进行操作时,一定要等到突破之后才能采取行动,因为这两个形态今后的走势方向完全相反。一个是持续整理形态,要维持原来的趋势;一个是反转突破形态,要改变原来的趋势。

(3)旗形和楔形

旗形和楔形是两个著名的持续整理形态。在股票价格的曲线图上,这两种形态出现的频率很高,一段上升或下跌行情的中途,可能出现好几次这样的图形。它们都是一个趋势的中途休整过程,休整之后,还要保持原来的趋势方向。这两个形态的特殊之处在于,它们都有明确的形态方向,如向上或向下,并且形态方向与原有的趋势方向相反。

①旗形。从几何学的观点看,旗形应该叫平行四边形,它的形状是一上倾或下倾的平行四边形(图 5.34)。

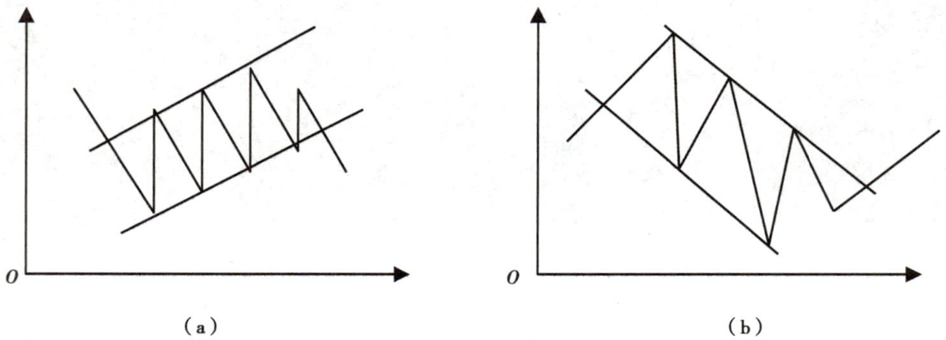

图 5.34　旗形

旗形大多发生在市场极度活跃、股价运动近乎直线上升或下降的情况下。在市场急速而又大幅的波动中,股价经过一连串紧密的短期波动后,形成一个稍微与原来趋势呈相反方向倾斜的长方形,这就是旗形走势。旗形走势的形状就如同一面挂在旗杆顶上的旗帜,因此得名。它又可分为上升旗形[图 5.34(a)]和下降旗形[图 5.34(b)]两种。

旗形的上下两条平行线起着压力和支撑作用,这一点有点像轨道线。这两条平行线的某一条被突破是旗形完成的标志。

旗形也有测算功能。旗形的形态高度是平行四边形左右两条边的长度。旗形被突破后,股价将至少走到形态高度的距离,大多数情况是走到旗杆高度的距离。应用旗形时,有几点要注意。

第一,旗形出现之前,一般应有一个旗杆,这是由于价格做直线运动形成的。

第二,旗形持续的时间不能太长,时间一长,保持原来趋势的能力将下降。经验告诉我们,持续时间应该短于3周。

第三,旗形形成之前和被突破之后,成交量都很大。在旗形的形成过程中,成交量从左向右逐渐减少。

②楔形。如果将旗形中上倾或下倾的平行四边形变成上倾或下倾的三角形,就会得到楔形(图5.35)。楔形可分为上升楔形和下降楔形两种。

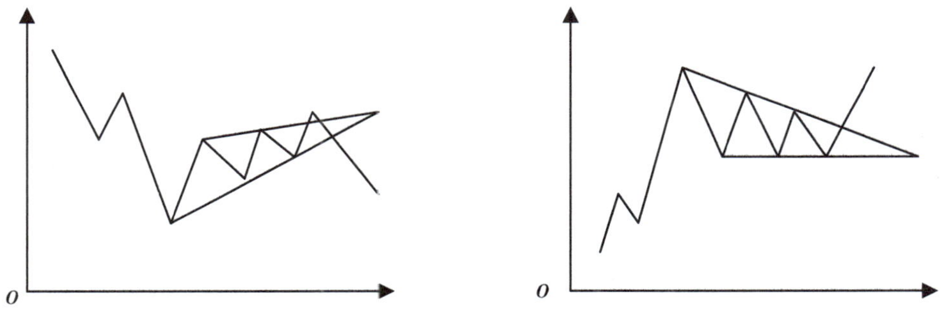

图5.35 上升楔形和下降楔形

上升楔形是指股价经过一次下跌后产生强烈技术性反弹,价格升至一定水平后又掉头下落,但回落点比前次高,然后又上升至新高点,再回落,在总体上形成一浪高于一浪的势头。如果把短期高点相连,则形成一向上倾斜的直线,且两者呈收敛之势。下降楔形则正好相反,股价的高点和低点形成一浪低于一浪之势。

楔形的三角形上下两条边都是朝着同一方向倾斜,具有明显的倾向,这是该形态与前面三角形整理形态的不同之处。与旗形和三角形稍微不同的地方是,楔形偶尔也出现在顶部或底部而作为反转形态。这种情况一定是发生在一个趋势经过了很长时间、接近于尾声的时候。与旗形的另一个不同是,楔形形成所花费的时间较长,一般需要两周以上的时间方可完成。

4)缺口

缺口,通常又称为跳空,是指证券价格在快速大幅波动中没有留下任何交易的一段真空区域。从这个意义上说,缺口也属于形态的一种。缺口的出现往往伴随着向某个方向运动的一种较强动力。缺口的宽度表明这种运动的强弱。一般来说,缺口越宽,运动的动力越大;反之,则越小。不论向何种方向运动所形成的缺口,都将成为日后较强的支撑或阻力区域,不过这种支撑或阻力效能依不同形态的缺口而定。

缺口分析是技术分析的重要手段之一。有关的技术分析著作常将缺口划分为普通缺口、突破缺口、持续性缺口和消耗性缺口四种形态。

(1)普通缺口

普通缺口经常出现在股价整理形态中,特别是出现在矩形或对称三角形等整理形态中。由于股价仍处于盘整阶段,因此在形态内的缺口并不影响股价短期内的走势。普通缺口具有的一个比较明显的特征是:它一般会在三日内回补,同时,成交量很小,很少有主动的参与者。如果不具备这些特点,就应考虑该缺口是否属于普通缺口形态。普通缺口的支撑或阻力效能一般较弱。

普通缺口的这种短期内必补的特征,给投资者短线操作带来了一个简便机会,即当向上方向的普通缺口出现之后,在缺口上方的相对高点抛出证券,待普通缺口封闭之后买回证券;而当向下方向的普通缺口出现之后,在缺口下方的相对低点买入证券,待普通缺口封闭之后再卖出证券。这种操作方法的前提是必须判明缺口是否为普通缺口,且证券价格的涨跌是否达到一定的幅度。

(2)突破缺口

突破缺口是证券价格向某一方向急速运动,跳出原有形态所形成的缺口。突破缺口蕴含着较强的动能,常常表现为激烈的价格运动,具有极大的分析意义,一般预示行情走势将要发生重大变化。突破缺口的形成在很大程度上取决于成交量的变化情况,特别是向上的突破缺口。若突破时成交量明显增大,且缺口未被封闭(至少未完全封闭),则这种突破形成的缺口是真突破缺口;若突破时成交量未明显增大,或成交量虽大,但缺口短期内很快就被封闭,则这缺口很可能是假突破缺口。

一般来说,突破缺口形态确认以后,无论价位(指数)的升跌情况如何,投资者都必须立即作出买入或卖出的指令,即向上突破缺口被确认立即买入,向下突破缺口被确认立即卖出。因为突破缺口一旦形成,行情走势必将向突破方向纵深发展。

(3)持续性缺口

持续性缺口是在证券价格向某一方向有效突破之后,由于急速运动而在途中出现的缺口,它是一个趋势的持续信号。在缺口产生的时候,交易量可能不会增加,但如果增加的话,则通常表明一个强烈的趋势。

持续性缺口的市场含义非常明显,它表明证券价格的变动将沿着既定的方向发展变化,并且这种变动距离大致等于突破缺口至持续性缺口之间的距离,即缺口的测量功能,持续性缺口一般不会在短期内被封闭。因此投资者可在向上运动的持续性缺口附近买入证券或者在向下运动的持续性缺口附近卖出证券,而不必担心是否会套牢或者踏空。

(4)消耗性缺口

消耗性缺口一般发生在行情趋势的末端,表明股价变动的结束。若一轮行情走势中已出现突破缺口与持续性缺口,那么随后出现的缺口就很可能是消耗性缺口。判断消耗性缺口最简单的方法就是考察缺口是否会在短期内封闭。若缺口封闭,则消耗性缺口形态可以确立。消耗性缺口容易与持续性缺口混淆。它们的最大区别是：消耗性缺口出现在行情趋势的末端，而且伴随着大的成交量。

由于消耗性缺口形态表明行情走势已接近尾声，因此投资者在上升行情出现消耗性缺口时应及时卖出证券，而在下跌趋势中出现消耗性缺口时买入证券。

延伸阅读：　　　　　缺口——中计贸易日K线图分析

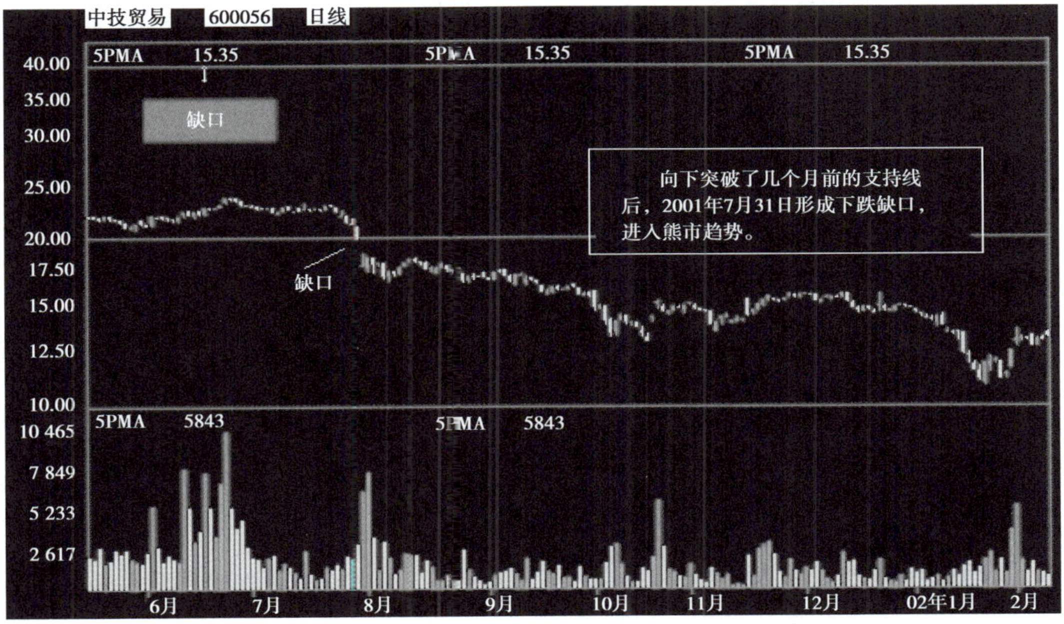

图5.36　缺口——中计贸易日K线图

5）应用形态理论应该注意的问题

形态分析是较早得到应用的方法，相对比较成熟。尽管如此，也有正确使用的问题。一方面，站在不同的角度，对同一形态可能产生不同的解释。例如，头肩形是反转形态，但有时从更大的范围去观察，则有可能成为中途持续形态。另一方面，进行实际操作时，形态理论要求形态完全明朗才能行动，从某种意义上讲，有错过机会的可能。此外，同其他技术方法一样，不能把形态理论当成万能的工具，更不应将其作为金科玉律，形态分析得出的结论仅是一种参考。

延伸阅读：　　　　　股市中稳赚的五大经典图形

无论是市场主力也好，散户投资者也好，都不得不服从市场本身的规矩，任何企图扭转大势的努力都是徒劳的。当股市容量越来越大的时候，股价走势本身所应有的规律性便显现出来。在所有这些股价走势的规律中，最直观的就是股价走势形态了，俗称图形。这一章所讲的寻找稳赚图形，实际上就是发现那些良好的走势形态，借助这些形态来挖掘市场走向的本质，从而捕捉到最能带来丰厚利润的个股。

1. 重要的稳赚图形——圆底

圆底，就是指股价在经历长期下跌之后，跌势逐渐缓和，并最终停止下跌，在底部横一段时间之后，又再次缓慢回升，终于向上发展的过程。我们说圆底是一个过程而不仅仅是一张图，由股价所描绘的图形仅仅是这个过程的表象。

历史证明，圆底图形是最可靠的，且一旦形成，由它所支持的一轮升势也是最持久的。在圆底的形成过程中，市场经历了一次供求关系的彻底转变，好像是一部解释市场行为的科教片，把市势转变的全过程用慢镜头呈现给所有投资者。应该说，圆底的形态是最容易发现的，因为它给了充分长的时间让大家看出它的存在。但是，正是由于它形成所需时间较长，往往反而被投资者忽视了。

圆底的主要特征：

①打底的时间较长；

②底部的波动幅度极小，成交量极度萎缩；

③股价日 K 线与各平均线叠合得很近；

④盘至尾端时，成交量呈缓步递增，之后就是巨量向上突破阻力线；

⑤在经历了大幅下跌之后形成。

2. 重要的稳赚图形——双底

一个完整的双底包括两次探底的全过程，也反映出买卖双方力量的消长变化，在市场上实际走势当中，形成圆底的机会较少一些，反而形成双底的机会较多。最佳的双底应该是这样的：即股价第二次下探时成交量迅速萎缩，显示出无法下跌或者说没有人肯抛的局面。事情发展到这个阶段，双底形态可以说成功了一半。另一半则取决于有没有新的买入力量愿意在这个价位上接货，即有没有主动性买盘介入。

严格意义上的双底往往要一个月以上才能形成，但是有许多短线高手乐意于在小时图或十五分钟图上寻找这种图形。这也是一种有效的短线操作方法。但一样要小心的是，一个分时图上的双底形成之后，不能认为日线图上的走势也改变了，因为分时图的形态能量不足以改变日线图的走势。

双底的重要特征：

①股价两次探底，第二次低位不低于第一次低位，常常是第二次低位稍高一些；

②第一次探底成交量已经大幅萎缩，反弹自然发生；

③第二次下跌时成交量更小；

④第二次上升时有不少主动性买盘介入，成交放大明显；

⑤以大阳突破。

3. 重要的稳赚图形——突破上升三角形

上升三角形是各种盘整走势中最常见的走势，也是最标准的整理形态。抓住刚刚突破上升三角形的股票，足以令你大赚特赚。

上升三角形形成过程中是难以识别的，但是通过对股价第二次回档时盘面情况的观察，可以有助于估计市势发展的方向。特别是对于个股走势判断，更加容易把握，因为现在的公开信息中包括三个买卖盘口的情况和即时成交情况，只要仔细跟踪每笔成交，便可以了解该股回档时抛及下方支撑的力度，并分析是否属于自然的止跌，如果属于庄家刻意制造的图形，则支撑显得生硬勉强，抛压无法减轻。

上升三角形具有以下特征：

①两次冲顶连线呈一水平线；

②两次探底连线呈上升趋势线；

③成交量逐渐萎缩在整理的尾端时才又逐渐放大并以巨量冲破顶与顶的连线；

④突破要干净利索；

⑤整理至尾端时，股价波动幅度越来越小。

4. 重要的稳赚图形——突破矩形

矩形常常被人们称为股票箱，意思是股价好像被关在一个箱子里面，上面有盖，下面有底，而股价在两层夹板之间来回运动。如果这种来回运动具有一定的规律性，即上升成交放大，下跌时成交缩小，并且随着时间的推移成交量整体上呈现缩小的趋势，那么这个矩形是比较可靠的。

在实战中，完全标准的矩形并不常见，股价走势常常在整理的末段发生变化，不再具有大的波幅，反而逐渐沉寂下来，高点无法达到上次高点，而低点比上次低点稍高一些，这种变形形态比标准的矩形更为可信，因为在形态的末端市场已经明确地表达了它的意愿，即说明调整已到末端，即将选择方向。因此，真正的突破不一定发生在颈线位置上，真正的看盘高手不必等到突破颈线才进货，这就需要更细致的看盘技巧。

矩形的特征如下：

①盘整时间较长；

②上升压力线平行于支撑线；

③突破阻力线时必须伴随大的成交量；

④盘整期越久，将来突破之后行情就越大。

5. 强势股的走势特征

强势股是指大市回档时它不回档，而以横盘代替回档；当大市重新向上时，它的升幅更为猛烈的个股。这种股票一般具有很好的市场属性，有长庄把守，有坚实的群众基础。大市下跌时，持该股的投资者根本不会动摇持股信心，庄家也全力护盘，不让股价下跌，一旦大市转强，庄家立刻奋力上拉，而散户也大加追捧。

抓住这种股票是最舒服、最放心的，识别这种股票也不难。凡是个股K线图以横向整理代替回档者，表示有主力长期驻守，市场持股者亦看好后市，所以卖压极轻，浮动筹码少，往往使此股呈稳健上升之势。

案例：　　　　深国商(000056)

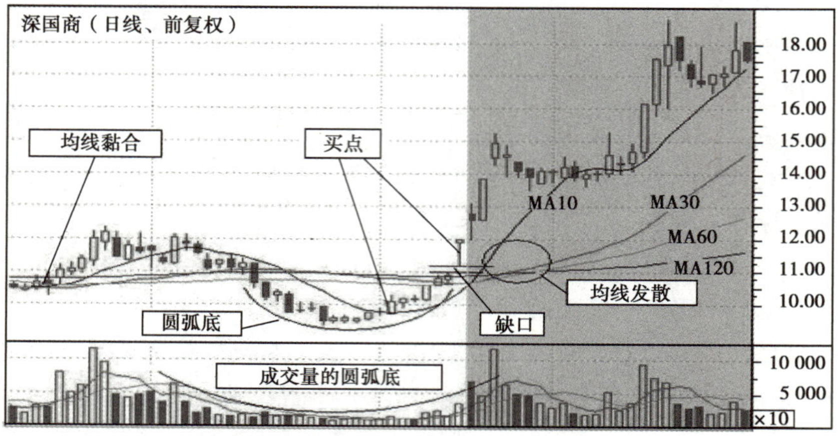

图 5.37　深国商的一段日 K 线行情

图 5.37 是深国商(000056)的一段日 K 线行情。从图中可以看到，市场完成了一个漂亮的圆弧底形态后，以向上跳空的突破方式进入了快速上升通道。形成圆弧底之前，市场连续出现空方炮和下降三法 K 线形态。股价见底时，出现了三根实体非常小的并列小阳线，上涨时出现了许多小阳线和一个持续看涨的铺垫形态。最后出现了一个向上跳空缺口，形成了一个完美的圆弧底形态。

从成交量形态看，也形成了一个圆弧底形态：股价下跌时缩量，股价跌到最低点时，成交量也最小。当股价开始上升时，成交量同步放大。形成圆弧底形态的整个过程，量价关系非常默契。从均线看，出现圆弧底前，市场出现了短、中、长期三种均线的黏合，表明市场前期经过了长期、充分地横盘整理。在主力“挖坑”做空头陷阱时，短期均线、10 日均线与 K 线的圆弧底一样，也形成了一个圆弧底形态，只是时间上稍微滞后。当圆弧底形态完成时，10 日均线上穿中期及长期均线，形成了一个均线发散的多头行情，随后市场进入到上升趋势中。

实战中，该股出现圆弧底形态时，买点主要有两个：一是股价站上 10 日均线时；二是股价跳空突破各条均线，并形成跳空缺口时。

5.3.6　技术指标

1)技术指标法的含义与本质

所谓技术指标法，就是应用一定的数学公式，对原始数据进行处理，得出指标值，将指标值绘成图表，从定量的角度对股市进行预测的方法。这里的原始数据是指开盘价、最高价、最低价、收盘价、成交量和成交金额等。

技术指标法的本质是通过数学公式产生技术指标。特定的指标反映了股市某一方面深层次的内涵，而这些内涵仅仅通过原始数据是很难看出的。技术指标是一种定量分析方法，克服了定性分析方法的不足，极大提高了具体操作的精确度。尽管这种分析方法不是完全准确，但至少能在我们采取行动前从数量方面给以帮助。

2）主要的技术指标

技术指标从不同的角度有不同的分类。本书以技术指标的功能为划分依据，将常用的技术指标分为五类，即市场趋势指标、市场动量指标（又称市场摆动指标）、成交量指标、大势型指标、人气指标。

（1）市场趋势指标

市场趋势指标主要有移动平均线（Moving Average，MA）和指数平滑异同移动平均线（Moving Average Band Envelops，MACD）。移动平均线和指数平滑异同移动平均线有一个共同点，即都是对前期股价进行平滑之后的产物。正是由于两个指标的产生过程类似，反映的是股价同一方面的内容，因此这两个指标在操作方法上有很多相通的内容。

①移动平均线（MA）。

MA 是指用统计分析的方法，将一定时期内的证券价格（指数）加以平均，并把不同时间的平均值连接起来，形成一根 MA，用以观察证券价格变动趋势的一种技术指标。

A. MA 的计算公式。

根据对数据处理方法的不同，移动平均线可分为算术移动平均线（SMA）、加权移动平均线（WMA）和指数平滑移动平均线（EMA）三种。在实际应用中常使用的是指数平滑移动平均线。其计算公式为：

$$\mathrm{EMA}_t(N) = C_t \times \frac{1}{N} + \mathrm{EMA}_{t-1} \times \frac{N-1}{N}$$

式中，C_t 为计算期中第 t 日的收盘价；EMA_{t-1} 为第 $t-1$ 日的移动平均数，天数 N 是 MA 的参数。

根据计算期的长短，MA 又可分为短期、中期和长期移动平均线。通常以 5 日、10 日线观察证券市场的短期走势，称为短期移动平均线；以 30 日、60 日线观察中期走势，称为中期移动平均线；以 13 周、26 周线观察长期趋势，称为长期移动平均线。西方投资机构非常看重 200 天移动平均线，并以此作为长期投资的依据：若行情价格在 200 天均线以下，属空头市场；反之，则为多头市场。

由于短期移动平均线较长期移动平均线更易于反映行情价格的涨跌，因此一般又把短期移动平均线称为快速 MA，长期移动平均线则称为慢速 MA。

B. MA 的特点。

MA 的基本思想是消除股价随机波动的影响，寻求股价波动的趋势。

a. 追踪趋势。MA 能够表示股价的趋势方向，并追踪这个趋势。如果能从股价的图表中找出上升或下降趋势，那么，MA 将与趋势方向保持一致。原始数据的股价图表不具备这个追踪趋势的特性。

b. 滞后性。在股价原有趋势发生反转时，由于 MA 追踪趋势的特征，其行动往往过于迟缓，调头速度落后于大趋势。这是 MA 一个极大的弱点。

c. 稳定性。根据移动平均线的计算方法,要想较大地改变移动平均的数值,当天的股价必须有很大的变化,因为MA是股价几天变动的平均值。这个特点也决定了移动平均线对股价反映的滞后性。这种稳定性有优点,也有缺点,在应用时应多加注意,掌握好分寸。

d. 助涨助跌性。当股价突破移动平均线时,无论是向上突破还是向下突破,股价都有继续向突破方向发展的愿望。

e. 支撑线和压力线的特性。由于MA的上述四个特性,使得它在股价走势中起支撑线和压力线的作用。MA被突破,实际上是支撑线和压力线被突破,从这个意义上就很容易理解后面将介绍的葛兰威尔法则。

MA的参数作用实际上就是调整MA上述几方面的特性。参数选择得越大,上述的特性就越大。比如,突破5日线和突破10日线的助涨助跌的力度完全不同,10日线比5日线的力度大。

C. MA的应用法则——葛兰威尔(Grarwile)法则。

在MA的应用上,最常见的是葛兰威尔的移动平均线八大买卖法则(简称"葛氏法则")。此法则是以证券价格(或指数)与移动平均线之间的偏离关系作为研判的依据。八大法则中有四条是买进法则,有四条是卖出法则。

葛氏法则的主要内容如下。

a. 买进信号:平均线从下降开始走平,股价从下上穿平均线;股价跌破平均线,但平均线呈上升态势;股价连续上升远离平均线,突然下跌,但在平均线附近再度上升;股价跌破平均线,并连续暴跌,远离平均线。

b. 卖出信号:移动平均线呈上升状态,股价突然暴涨且远离平均线;平均线从上升转为盘局或下跌,而股价向下跌破平均线;股价走在平均线之下,且朝着平均线方向上升,但未突破平均线又开始下跌;股价向上突破平均线,但又立刻向平均线回跌,此时平均线仍持续下降。

葛氏法则的不足是没有明确指出投资者在股价距平均线多远时才可以买进卖出,这一缺陷可用后面的乖离率指标弥补。

延伸阅读:　　　　基于移动平均线的股价分析

①移动平均线从下降逐渐走平且略向上方抬头,而股价从移动平均线下方向上方突破,为买进时机,如图5.38所示。

②股价位于移动平均线之上运行,回调时未跌破移动平均线,后又再度上升时为买进时机,如图5.39所示。

③股价位于移动平均线之上运行,回档时跌破移动平均线,但短期移动平均线继续呈上升趋势,此时为买进时机,如图5.40所示。

④股价位于移动平均线以下运行,突然暴跌,距离移动平均线太远,极有可能向移动平均线靠近,此时为买进时机,如图5.41所示。

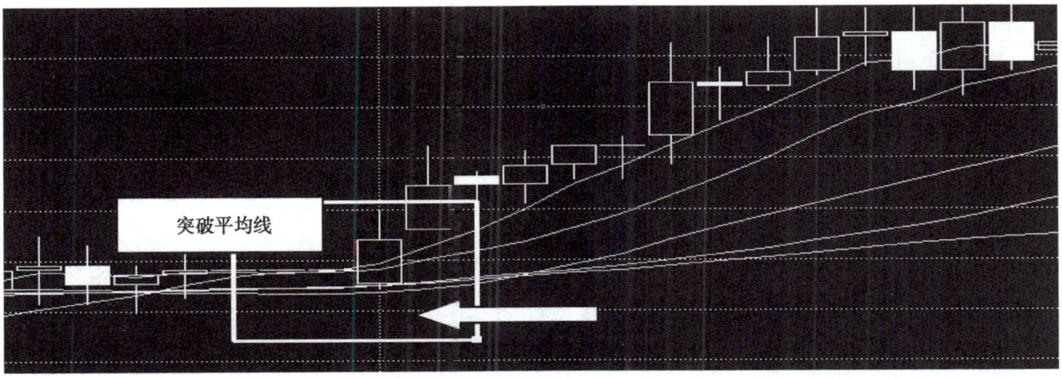

图 5.38

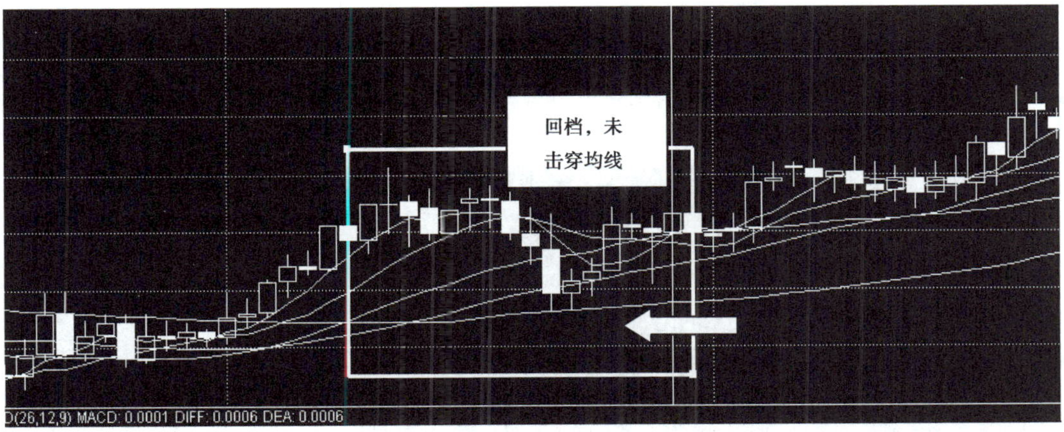

图 5.39

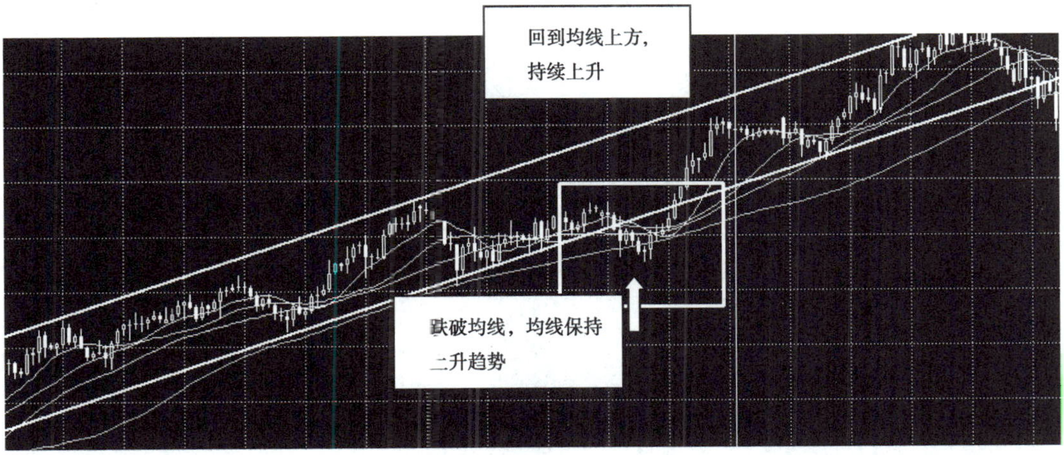

图 5.40

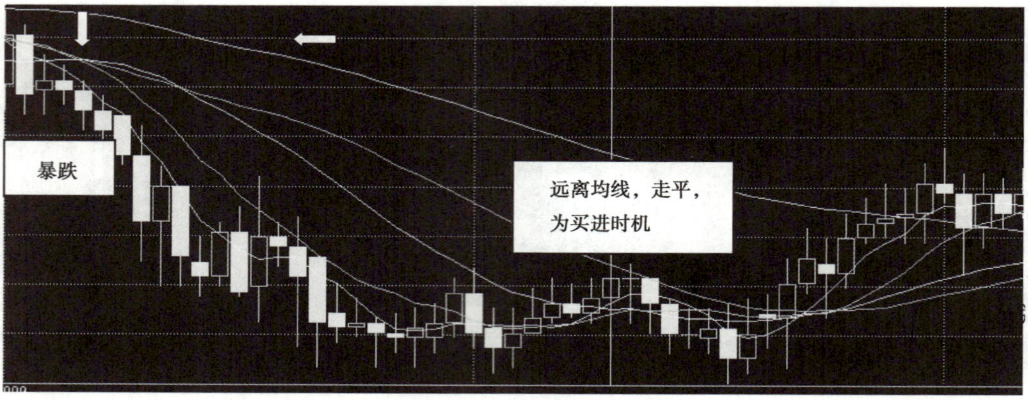

图 5.41

⑤股价位于移动平均线之上运行,连续数日大涨,离移动平均线越来越远,说明近期内购买股票者获利丰厚,随时都会产生获利回吐的卖压,应卖出所持股票,如图 5.42 所示。

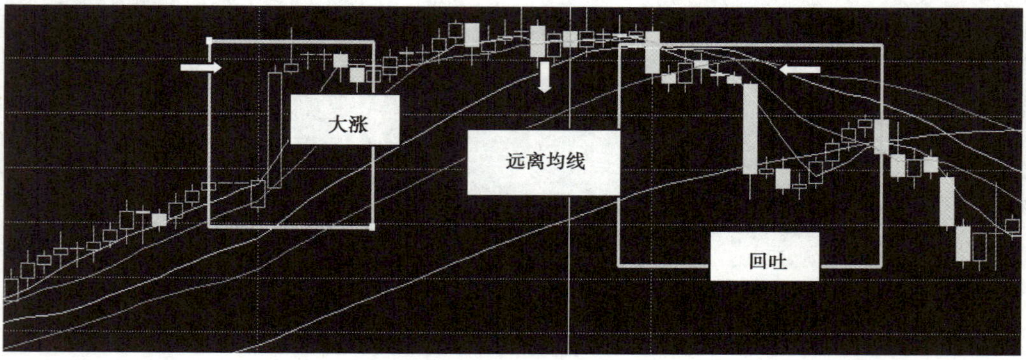

图 5.42

⑥移动平均线从上升逐渐走平,而股价从移动平均线上方向下跌破移动平均线时说明卖压渐重,应卖出所持股票,如图 5.43 所示。

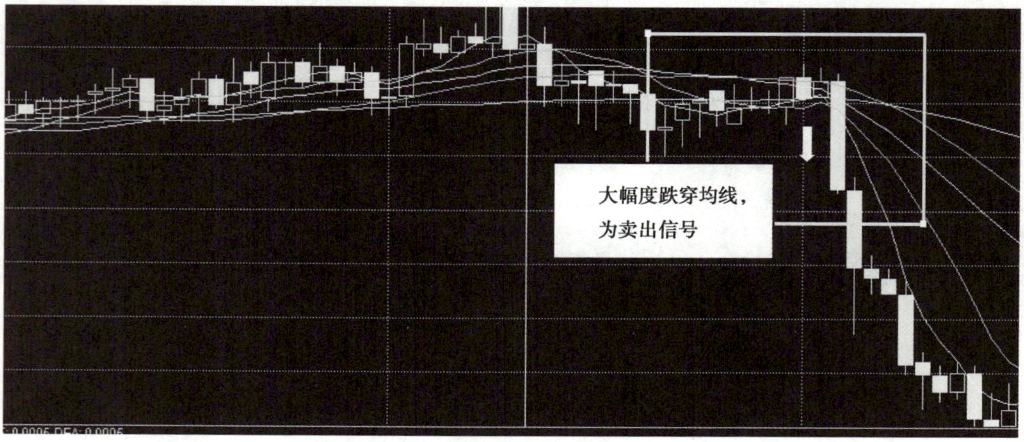

图 5.43

⑦股价位于移动平均线下方运行，反弹时未突破移动平均线，且移动平均线跌势减缓，趋于水平后又出现下跌趋势，应卖出所持股票，如图5.44所示。

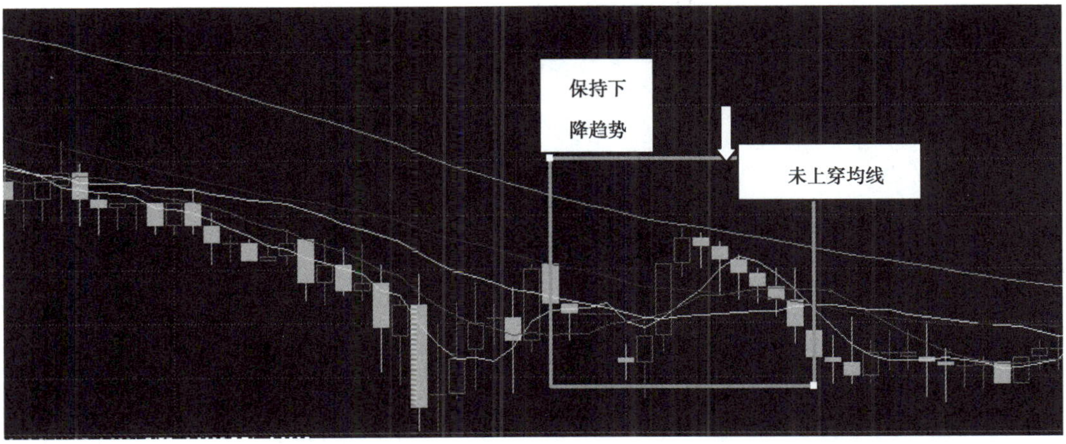

图5.44

⑧股价反弹后在移动平均线上方徘徊，而移动平均线却继续下跌，应卖出所持股票，如图5.45所示。

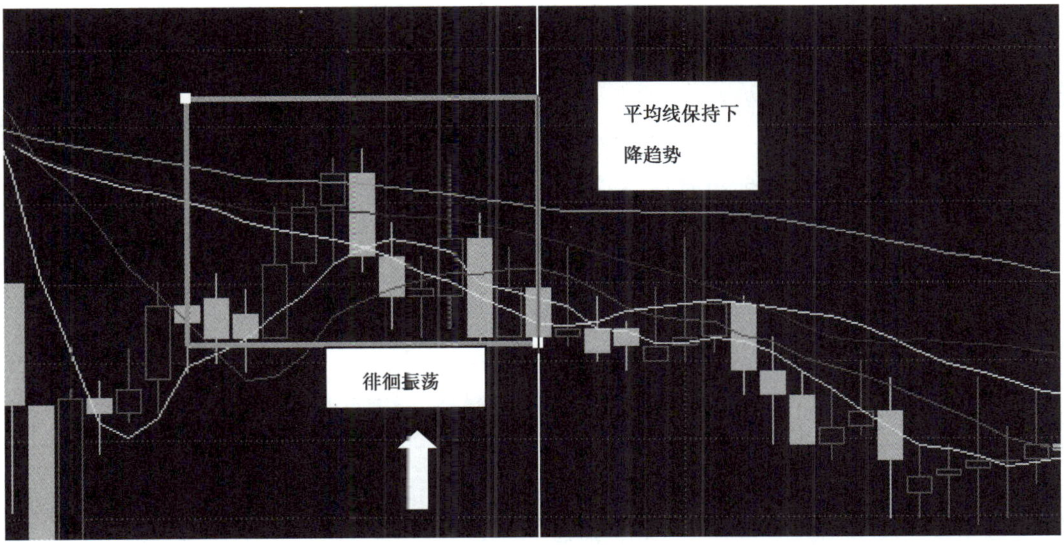

图5.45

②指数平滑异同移动平均线（MACD）。

指数平滑异同移动平均线是利用快速移动平均线和慢速移动平均线，在一段上涨或下跌行情中两线之间的差距拉大，而在涨势或跌势趋缓时两线又相互接近或交叉的特征，通过双重平滑运算后研判买卖时机的方法。

A. MACD的计算公式。

$$今日EMA(12)=\frac{2}{12-1}\times 今日收价+\frac{11}{12+1}\times 昨日EMA(12)$$

$$今日 EMA(26)=\frac{2}{26+1}\times 今日收价+\frac{25}{26+1}\times 昨日 EMA(26)$$

$$DIF=EMA(12)-EMA(26)$$

$$今日 DEA(MACD)=\frac{2}{10}\times 今日 DIF+\frac{8}{10}\times 昨日 DMA$$

MACD 是由正负差(DIF)和异同平均数(DEA)两部分组成,DIF 是核心,DEA 是辅助。DIF 是快速平滑移动平均线与慢速平滑移动平均线的差。在实际应用 MACD 时,常以 12 日 EMA 为快速移动平均线,26 日 EMA 为慢速移动平均线,计算出两条移动平均线数值间的离差值(DIF)作为研判行情的基础,然后再求 DIF 的 9 日平滑移动平均线,即 MACD 线,作为买卖时机的判断依据。

理论上,在持续的涨势中,12 日 EMA 线在 26 日 EMA 线之上,其间的正离差值(+DIF)会越来越大。反之,在跌势中,离差值可能变负(-DIF),其绝对值也越来越大;而当行情开始回转时,正或负离差值将会缩小。MACD 正是利用正负离差值与离差值的 9 日平均线的交叉信号作为买卖行为的依据。

B. MACD 的应用法则。

a. 以 DIF 和 DEA 的取值和这两者之间的相对取值对行情进行预测。其应用法则如下。

DIF 和 DEA 均为正值时,属多头市场。DIF 向上突破 DEA 是买入信号;DIF 向下跌破 DEA 只能认为是回落,做获利了结。

DIF 和 DEA 均为负值时,属空头市场。DIF 向下突破 DEA 是卖出信号;DIF 向上穿破 DEA 只能认为是反弹,做暂时补空。

当 DIF 向下跌破 0 轴线时,此为卖出信号,即 12 日 EMA 与 26 日 EMA 发生死亡交叉;当 DIF 上穿 0 轴线时,为买入信号,即 12 日 EMA 与 26 日 EMA 发生黄金交叉。

b. 指标背离原则。如果 DIF 的走向与股价走向相背离,则此时是采取行动的信号。当股价走势出现 2 个或 3 个近期低点时,而 DIF(DEA)并不配合出现新低点,可做买;当股价走势出现 2 个或 3 个近期高点时,而 DIF(DEA)并不配合出现新高点,可做卖。

C. MACD 的优缺点。

MACD 的优点:除掉了移动平均线产生的频繁出现买入与卖出信号,避免一部分假信号的出现,用起来比移动平均线更有把握。

MACD 的缺点:与移动平均线相同,在股市没有明显趋势而进入盘整时,失误的时候较多。另外,对未来股价的上升和下降的深度不能提供有帮助的建议。

(2)市场动量指标

市场动量指标一般属于中短线指标,是以概率统计理论正态分布假设为基础,通过考察一段时间内的股价变动范围及在此期间某一时点的股价所处此范围的相对位置来研判买卖时机。

①WMS(威廉指标)。

WMS 最早起源于期货市场,由 Larry Williams 于 1973 年首创。该指标通过分析一段时间内股价高低价位和收盘价之间的关系,来量度股市的超买超卖状态,依此作为短期投资信号的一种技术指标。目前,它已经成为中国股市中被广泛使用的指标之一。

A. WMS 的计算公式。

$$\mathrm{WMS}(n)=\frac{H_n-C_t}{H_n-L_t}\times 100$$

式中,C_t 为当天的收盘价;H_n,L_n 分别为最近 n 日内(包括当天)出现的最高价和最低价;n 为选定的时间参数,一般为 14 日或 20 日。

WMS 指标的含义是当天的收盘价在过去的一段时日全部价格范围内所处的相对位置。如果 WMS 的值比较小,则当天的价格处在相对较高的位置,要提防回落;如果 WMS 的值较大,则说明当天的价格处在相对较低的位置,要注意反弹。WMS 的取值范围为 0~100。WMS 参数 n 的选择应该至少是循环周期的一半。中国股市的循环周期目前还没有明确的共识,在应用 WMS 时,应该多选择几个参数进行尝试。

B. WMS 的应用法则。

WMS 的操作法则也是从两方面考虑:一是 WMS 的数值;二是 WMS 曲线的形状。具体操作法则如下。

第一,从 WMS 的取值方面考虑。当 WMS 高于 80 时,处于超卖状态,行情即将见底,应当考虑买进;当 WMS 低于 20 时,处于超买状态,行情即将见顶,应当考虑卖出。这里 80 和 20 只是一个经验数字,并不是绝对的。

同时,WMS 在使用过程中应该注意与其他技术指标相配合。在盘整过程中,WMS 的准确性较高;而在上升或下降趋势当中,却不能只以 WMS 超买超卖信号作为行情判断的依据。

第二,从 WMS 的曲线形状考虑。这里介绍背离原则以及撞顶和撞底次数的原则。在 WMS 进入低数值区位后(此时为超买),一般要回头。如果这时股价还继续上升,就会产生背离,是卖出的信号;在 WMS 进入高数值区位后(此时为超卖),一般要反弹。如果这时股价还继续下降,就会产生背离,是买进的信号;WMS 连续几次撞顶(底),局部形成双重或多重顶(底),则是卖出(买进)的信号。这里需要说明的是,WMS 的顶部数值为 0,底部数值为 100。

案例:　　威廉指标的实战应用

威廉指标实战应用的核心原则:等待该指标连续多次触顶(或触底)后,才能确认顶部(或底部)。一般情况下,单纯应用威廉指标操作是有一定风险的,因为它是一个试图测顶或抄底逆势操作指标。为保险起见,只有在 W%R 连续冲高点或低点之后,出现逆转信号时,风险才相对降低。投资者可以参考以下标准:

①10 W%R 向上碰触顶部 0% 四次,则第四次碰触时,是一个相当良好的卖点;

②10 W%R 向下碰触底部 100% 四次,则第四次碰触时,是一个相当良好的买点;

③14 W%R 在 1~2 个月内至少撞底三次以上,才是较好的买点,反之则是较好的卖点;

④20 W%R 撞底两次以上,才是较好的买点,反之则是较好的卖点。

达到以上标准,才是较为可靠的中短线波段见底信号。这种方法对于大盘和个股都有比较良好的使用效果。

例如,上证指数在半年内,10 W%R 的四次撞底和四次撞顶,都明确指示出大盘的短期顶部和短期底部位置(图 5.46)。

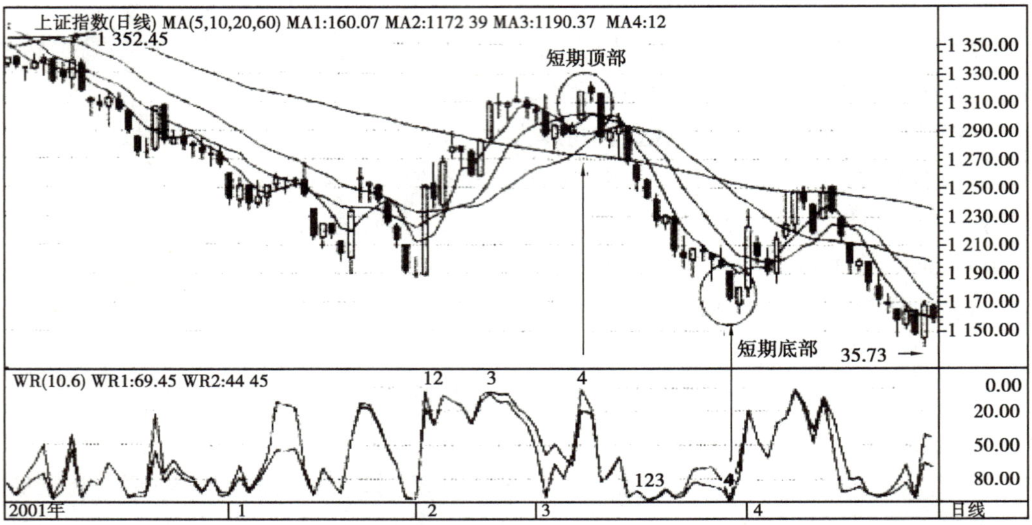

图 5.46　上证指数 K 线示例图

再如:深宝安(000009),股价随大盘下滑,其间威廉指标虽有几次触底,但都不能作为买进信号。直到该股威廉指标再次触底,继而第三次、第四次触底,买进信号明确,随后该股便出现翻番行情(图 5.47)。

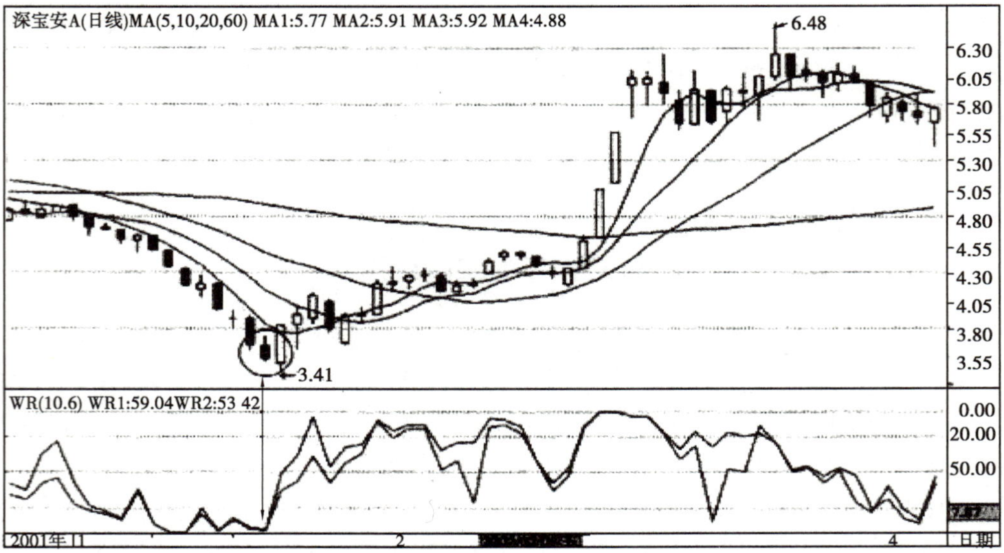

图 5.47　深宝安 K 线示例图

另外，需要注意的是威廉指标并非每一次触顶或触底的次数都是第四次，在一轮单边上涨或单边下跌行情中，触顶或触底的次数会明显增加。而在波段行情中一般触顶几次，触底也应几次，这样才能化解上涨的力度；同时触底几次，触顶也应几次，这样才能化解下跌的幅度。

②RSI（相对强弱指标）。

相对强弱指标（Relative Strength Index，RSI）是一种衡量证券自身内在相对强度的指标，它根据一定时期内买卖双方力量对比来推测股价未来趋势，并根据股价涨跌幅度显示市场的强弱。

A. RSI 的计算公式。

RSI 通常采用某一时期（n 天）内收盘指数的结果作为计算对象，来反映这一时期内多空力量的强弱对比。RSI 将 n 日内每日收盘价或收盘指数涨数（即当日收盘价或指数高于前日收盘价或指数）的总和作为买方总力量 A，而 n 日内每日收盘价或收盘指数跌数（即当日收盘价或指数低于前日收盘价或指数）的总和作为卖方总力量 B。先找出包括当日在内的连续 $n+1$ 日的收盘价，用每日的收盘价减去上一日的收盘价，可得到 n 个数字。这 n 个数字中有正有负。

$$A = n\text{ 个数字中正数之和}, B = n\text{ 个数字中负数之和} \times (-1)$$

$$\mathrm{RSI}(n) = \frac{A}{A+B} \times 100$$

式中，A 为 n 日中股价向上波动的大小；B 为 n 日中股价向下波动的大小；$A+B$ 为股价总的波动大小。

RSI 的参数是天数 n，一般取 5 日、9 日、14 日等。RSI 的取值范围为 0 ~ 100。RSI 实际上是表示股价向上波动的幅度占总波动的百分比。如果比例大就是强市，否则就是弱市。

B. RSI 的应用法则。

a. 根据 RSI 取值的大小判断行情。将 100 分成四个区域，根据 RSI 的取值落入的区域进行操作。划分区域的方法见表 5.1。“极强”与“强”的分界线和“极弱”与“弱”的分界线是不明确的，它们实际上是一个区域。比如，也可以取 30，70 或者 15，85。应该说明的是，分界线位置的确定与 RSI 的参数和选择的股票有关。一般而言，参数越大，分界线离 50 越近；股票越活跃，RSI 所能达到的高度越高，分界线离 50 应该越远。

表 5.1　RSI 的应用法则

RSI 值	市场特征	投资操作
80 ~ 100	极强	卖出
50 ~ 80	强	买入
20 ~ 50	弱	卖出
0 ~ 20	极弱	买入

b. 两条或多条 RSI 曲线的联合使用。我们称参数小的 RSI 为短期 RSI,参数大的 RSI 为长期 RSI。两条或多条 RSI 曲线的联合使用法则与两条均线的使用法则相同。即:短期 RSI>长期 RSI,应属多头市场;短期 RSI<长期 RSI,则属空头市场。当然,这两条只是参考,不能完全照此操作。

c. 从 RSI 的曲线形状判断行情。当 RSI 在较高或较低的位置形成头肩形和多重顶(底),是采取行动的信号。这些形态一定要出现在较高位置和较低位置,离 50 越远,结论越可靠。另外,也可以利用 RSI 上升和下降的轨迹画趋势线,此时,起支撑线和压力线作用的切线理论同样适用。

d. 从 RSI 与股价的背离方面判断行情。RSI 处于高位,并形成一峰比一峰低的两个峰,而此时,股价却对应的是一峰比一峰高,为顶背离,是比较强烈的卖出信号。与此相反的是底背离:RSI 在低位形成两个底部抬高的谷底,而股价还在下降,是可以买入的信号。

③KDJ(随机指标)。

KDJ 指标又称随机指标(Stochastics),是由乔治·雷恩(George Lane)首创的。随机指标通过计算当日或最近数日的最高价、最低价及收盘价等价格波动的真实波幅,来反映价格趋势的强弱和超买超卖现象,在价格尚未上升或下降之前发出买卖信号的一种技术指标。

A. KDJ 的计算公式。

产生 KDJ 以前,先产生未成熟随机值 RSV(Raw Stochastic Value)。其计算公式为:

$$\text{RSV}(n)=\frac{C_t-L_n}{H_n-L_n}\times 100$$

式中,C_t, H_n, L_n 的意义同 WMS 计算公式,但要注意与 WMS 计算的不同之处。对 RSV 进行 3 日指数平滑移动平均,得到 K 值:

$$\text{今日 }K\text{ 值}=\frac{2}{3}\times\text{昨日 }K\text{ 值}+\frac{1}{3}\times\text{今日 RSV}$$

对 K 值进行 3 日指数平滑移动平均,得到 D 值:

$$\text{今日 }D\text{ 值}=\frac{2}{3}\times\text{昨日 }D\text{ 值}+\frac{1}{3}\times\text{今日 }K\text{ 值}$$

式中,1/3 是平滑因子,是可以人为选择的,不过目前已经约定俗成,固定为 1/3 了;初始的 K, D 值,可以用当日的 RSV 值或以 50 代替。

KD 是在 WMS 的基础上发展起来的,所以 KD 有 WMS 的一些特性。在反映股市价格变化时,WMS 最快,K 其次,D 最慢。K 指标反应敏捷,但容易出错;D 指标反应稍慢,但稳重可靠。

J 指标是 D 指标加上一个修正值,计算公式为:

$$J=3D-2K=D+2(D-K)$$

B. KDJ 的应用法则。

KDJ 指标是 3 条曲线，在应用时主要从 5 个方面进行考虑：KD 的取值的绝对数字、KD 曲线的形态、KD 指标的交叉、KD 指标的背离和 J 指标的取值大小。

a. 从 KD 的取值方面考虑。KD 的取值范围都为 0 ~ 100，将其划分为几个区域：80 以上为超买区，20 以下为超卖区，其余为徘徊区。

当 KD 超过 80 时，是卖出信号；低于 20 时，是买入信号。应该说明的是，上述划分只是 KD 指标应用的初步过程，仅仅是信号，完全按这种方法进行操作很容易招致损失。

b. 从 KD 指标曲线的形态方面考虑。当 KD 指标在较高或较低的位置形成头肩形和多重顶（底）时，是采取行动的信号。这些形态一定要在较高位置或较低位置出现，位置越高或越低，结论越可靠。

对于 KD 的曲线，也可以画趋势线，以明确 KD 的趋势。在 KD 的曲线图中仍然可以引进支撑和压力的概念。某一条支撑线和压力线被突破，也是采取行动的信号。

c. 从 KD 指标的交叉方面考虑。K 线与 D 线的关系就如同股价与 MA 的关系一样，有死亡交叉和黄金交叉的问题。不过这里交叉的应用较为复杂，还附带很多其他条件。

以 K 线从下向上与 D 线交叉为例：K 线上穿 D 线是黄金交叉，为买入信号。但是出现了黄金交叉是否应该买入，还要看别的条件。

第一个条件是黄金交叉的位置应该比较低，是在超卖区的位置，越低越好。第二个条件是与 D 线相交的次数。有时在低位，K 线、D 线要来回交叉好几次。交叉的次数以两次为最少，越多越好。第三个条件是交叉点相对于 KD 线低点的位置，这就是常说的"右侧相交"原则。K 线是在 D 线已经抬头向上时才同 D 线相交，比 D 线还在下降时与之相交要可靠得多。

d. 从 KD 指标的背离方面考虑。当 KD 处在高位或低位，如果出现与股价走向的背离，则是采取行动的信号。当 KD 处在高位，并形成两个依次向下的峰，而此时股价还在一个劲地上涨，这叫顶背离，是卖出的信号；与之相反，KD 处在低位，并形成一底比一底高，而股价还继续下跌，称为底背离，是买入信号。

e. 在实际使用中，常用 J 线指标。J 指标常领先于 KD 值显示曲线的底部和头部。J 指标的取值超过 100 和低于 0，都属于价格的非正常区域，大于 100 为超买，小于 0 为超卖。

另外，随机指数还有一些理论上的转向信号：当 K 线和 D 线上升或下跌的速度减弱，出现屈曲，通常表示短期内会转势；K 线在上升或下跌一段时期后，突然急速穿越 D 线，显示市势短期内会转向；K 线跌至 0 时通常会出现反弹至 20 ~ 50，短期内应回落至零附近，然后市势才开始反弹；如果 K 线升至 100，情况则刚好相反。

④BIAS（乖离率指标）。

BIAS 是测算股价与移动平均线偏离程度的指标，其基本原理是：如果股价偏离移动平均线太远，不管是在移动平均线上方或下方，都有向平均线回归的要求。

A. BIAS 的计算公式。

$$\text{BIAS}(n)=\frac{C_t-\text{MA}(n)}{\text{MA}(n)}\times 100\%$$

式中，C_t 为 n 日中第 t 日的收盘价；MA(n)为 n 日的移动平均数；n 为 BIAS 的参数。

分子为收盘价与移动平均的距离，可正可负，除以分母后，就是相对距离。一般说来，参数选得越大，允许股价远离 MA 的程度就越大。换句话说，股价远离 MA 到了一定程度，就认为该回头了。

B. BIAS 的应用法则。

a. 从 BIAS 的取值大小和正负考虑。一般来说，正的乖离率越大，表示短期多头的获利越大，获利回吐的可能性越高；负的乖离率越大，则空头回补的可能性也越高。在实际应用中，一般预设一个正数或负数，只要 BIAS 超过这个正数，我们就应该感到危险而考虑抛出；只要 BIAS 低于这个负数，我们就感到机会可能来了而考虑买入。问题的关键是找到这个正数或负数，它是采取行动与静观的分界线。这条分解线与三个因素有关，即 BIAS 参数、所选择股票的性质以及分析时所处的时期。

一般来说，参数越大，股票越活跃，选择的分界线也越大。但乖离率达到何种程度为正确的买入点或卖出点，目前并无统一的标准，投资者可凭经验和对行情强弱的判断得出综合的结论。

据有关人员的经验总结，如果遇到由于突发的利多或利空消息而产生股价暴涨暴跌的情况时，可以参考如下的数据分界线：

对于综合指数：BIAS(10)>30% 为抛出时机，BIAS(10)<-10% 为买入时机；对于个股：BIAS(10)>35% 为抛出时机，BIAS(10)<-15% 为买入时机。

b. 从 BIAS 的曲线形状方面考虑。形态学和切线理论在 BIAS 上也可以适用，主要是顶背离和底背离的原理。

c. 从两条 BIAS 线结合方面考虑。当短期 BIAS 在高位下穿长期 BIAS 时，是卖出信号；在低位，短期 BIAS 上穿长期 BIAS 时是买入信号。

(3)成交量指标

成交量平衡指标，又称能量指标(On-balance Volume, OBV)，是 Joe Granville 在 20 世纪 60 年代提出来的。该指标的理论基础是市场价格的有效变动必须有成交量配合，量是价的先行指标。利用 OBV 可以验证当前股价走势的可靠性，并可以得到趋势可能反转的信号。

①OBV 的计算公式。

假设已经知道了上一个交易日的 OBV，则：今日 OBV = 昨日 OBV+sgn×今天的成交量。其中，sgn 是符号函数，其数值由下式决定：

$$\text{sgn}=+1 \quad 今日收盘价 \geqslant 昨日收盘价$$
$$\text{sgn}=-1 \quad 今日收盘价 < 昨日收盘价$$

这里的成交量指的是成交股票的手数，不是成交金额。sgn = +1 时，其成交量计入多方的能量；sgn=-1 时，其成交量计入空方的能量。计算 OBV 时的初始值可自行确定，一般用第一日的成交盘代替。

②OBV 的应用法则和注意事项。

A. OBV 不能单独使用，必须与股价曲线结合使用才能发挥作用。

B. OBV 曲线的变化对当前股价变化趋势的确认。

当股价上升(下降)，而 OBV 也相应地上升(下降)，则可确认当前的上升(下降)趋势。

当股价上升(下降)，但 OBV 并未相应地上升(下降)，出现背离现象，则对目前上升(下降)趋势的认定程度要大打折扣。OBV 可以提前告诉我们趋势的后劲不足，有反转的可能。

C. 形态学和切线理论的内容也同样适用于 OBV 曲线。

D. 在股价进入盘整区后，OBV 曲线会率先显露出脱离盘整的信号，向上或向下突破，且成功率较大。

OBV 线是预测股市短期波动的重要判断指标，能帮助投资者确定股市突破盘局后的发展方向；而且 OBV 的走势，可以局部显示出市场内部主要资金的流向，有利于告示投资者市场内的多空倾向。

(4)大势型指标

大多数技术指标都既可应用于个股，又可应用于大盘指数。而大势型指标主要对整个证券市场的多空状况进行描述，它只能用于研判证券市场整体形势，而不能应用于个股。一般来说，描述股市整体状况的指标是综合指数，如道琼斯指数、上证指数等。但无论哪种指数都不可能面面俱到，总有不尽如人意的地方。大势型指标从某个角度讲，能够弥补综合指数的不足，提前向投资者发出信号。

一般而言，与市场趋势方向相同的股票数量越多，则趋势得到的支持就越有力，并且越具有持久性，因此趋势越能够得以持续。相反，与市场趋势相反的股票数量越多，现有趋势发生反转的可能性就越大。因此，大势型指标通过计算每日上涨股票和下跌股票家数的累计情况的对比，来反映市场的大势走向。

①腾落指数(腾落线)(Advance/Decline Line, ADL)。

即上升下降曲线的意思。ADL 是以股票每天上涨或下跌的家数作为观察的对象，通过简单算术加减来比较每日上涨股票和下跌股票家数的累积情况，形成升跌曲线，并与综合指数相互对比，对大势的未来进行预测。

A. ADL 的计算公式。假设已经知道了上一个交易日的 ADL 的取值，则今天的 ADL 值为：

$$\text{今日 ADL} = \text{昨日 ADL} + N_A - N_D$$

式中，N_A 为当天所有股票中上涨的家数；N_D 为当天下跌的股票家数。

涨跌的判断标准是以今日收盘价与上一日收盘价相比较(无涨跌者不计)。ADL 的初始值可取为 0。

B. ADL 的应用法则。

a. ADL 的应用重在相对走势,而不看重取值的大小,与 OBV 相似。

b. ADL 不能单独使用,要同股价曲线联合使用才能显示出作用。

ADL 与股价同步上升(下降),创新高(低),则可以验证大势的上升(下降)趋势,短期内反转的可能性不大,这是一致的现象。

ADL 连续上涨(下跌)了很长时间(一般是 3 天),而指数却向相反方向下跌(上升)了很长时间,这是买进(卖出)信号,至少有反弹存在。这是背离的一种现象。

在指数进入高位(低位)时,ADL 并没有同步行动,而是开始走平或下降(上升)。这是趋势进入尾声的信号,也是背离现象。

ADL 保持上升(下降)趋势,指数却在中途发生转折,但很快又恢复原有的趋势,并创新高(低)。这是买进(卖出)信号,是后市多方(空方)力量强盛的标志。

c. 形态学和切线理论的内容也可以用于 ADL 曲线。

d. 经验证明,ADL 对多头市场的应用比对空头市场的应用效果好。

②涨跌比指标(Advance/Decline Ratio, ADR)。

ADR 是根据股票的上涨家数和下跌家数的比值,推断证券市场多空双方力量的对比,进而判断出证券市场的实际情况。

A. ADR 的计算公式。

$$\mathrm{ADR}(n)=\frac{P_1}{P_2}$$

式中,$P_1=N_A$,为 N 日内股票上涨家数之和;$P_2=N_D$,为 N 日内股票下跌家数之和;N 为选择的天数,是 ADR 的参数。

目前,N 比较常用的参数为 10。ADR 的取值不小于 0。ADR 的图形以 1 为中心上下波动,波动幅度取决于参数的选择。参数选择得越小,ADR 波动的空间就越大,曲线的起伏就越剧烈;参数选择得越大,ADR 波动的幅度就越小,曲线上下起伏越平稳。

B. ADR 的应用法则。

a. 从 ADR 的取值看大势。ADR 为 0.5~1.5 是常态情况,此时多空双方处于均衡状态。在极端特殊的情况下,如出现突发的利多、利空消息引起股市暴涨暴跌时,ADR 常态的上限可修正为 1.9,下限修正为 0.4。超过了 ADR 常态状况的上下限,就是采取行动的信号,表示上涨或下跌的势头过于强烈,股价将有回头的可能。ADR 处于常态时,买进或卖出股票都没有太大的把握。

b. ADR 可与综合指数配合使用,其应用法则与 ADL 相同,也有一致与背离两种情况。

c. 从 ADR 曲线的形态上看大势。ADR 从低向高超过 0.5,并在 0.5 上下来回移动几次,是空头进入末期的信号。ADR 从高向低下降到 0.75 之下,是短期反弹的信号。ADR 先下降到常态状况的下限,但不久就上升并接近常态状况的上限,则说明多头已具有足够的力量将综合指数拉上一个台阶。

d. 在大势短期回档或反弹方面，ADR 有“先行示替”作用。若股价指数与 ADR 成背离现象，则大势即将反转。

案例： 技术分析之江西铜业(600362)

江西铜业股份有限公司(以下简称“公司”)是由江西铜业集团公司(以下简称“江铜集团”)与香港国际铜业(中国)投资有限公司、深圳宝恒(集团)股份有限公司、江西鑫新实业股份有限公司及湖北三鑫金铜股份有限公司共同发起设立的股份有限公司。公司于2001年12月21日发行230 000 000股人民币普通股(A股)，并于2002年1月11日在上海证券交易所上市交易。A股发行以后，公司的股本总额增至人民币2 664 038 200元。根据公司2004年股东大会决议和中国证券监督管理委员会证监国合字〔2004〕16号文核准同意，公司于2005年7月25日配售增发境外上市外资股(H股)231 000 000股，每股面值人民币1元。

①K线分析。

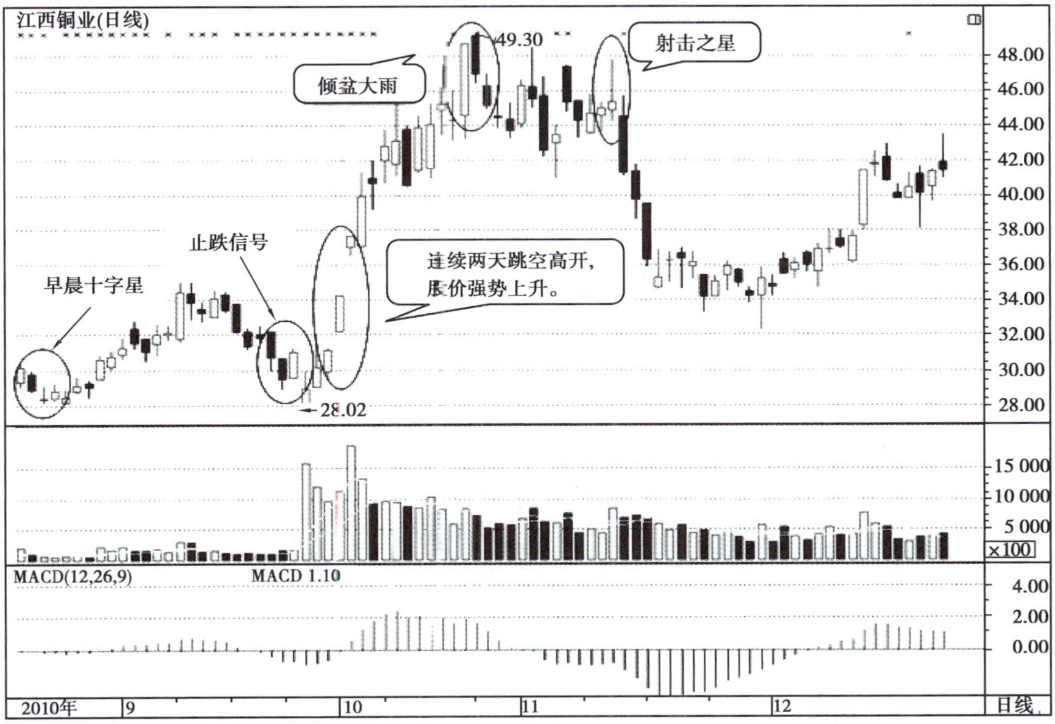

图5.48 江西铜业K线走势示例图

图5.48为江西铜业自今年8月中旬以来的K线走势图，图中分别选取了几个特点比较明显的K线组合进行分析，如早晨十字星、倾盆大雨、射击之星和跳空高开等。

早晨十字星：通常出现在连续下挫的过程中。它由3根K线组成，第一根K线为阴线，第二根K线是十字线，第三根K线为阳线。第三根K线即阳线收盘，已深入一根K线即阴线实体之中(图5.48)。阳线深入阴线实体部分越多，信号就越可靠。早晨十字星的技术含义是：经过大幅回落后，做空能量已大量释放，无力再创新低，呈现底部回升态势，这是较明显的转向信号。一般见此信号，再结合其他技术指标，可考虑适量买进。上图中出现早晨十字星之后，股价呈缓慢上升趋势，但是由于没有量的支撑，因此当股价在9月中旬达到第一个高点时调头向下，直到9月底出现了止跌信号，随即价随量涨。从量上看，9月底时呈现出较大成交量，并且比之前的量要大很多，因此股价得到强势抬升，出现连续两天跳空高开，在短期内把该股价大幅拉升，直至10月底时达到第二个高点。

倾盆大雨，其特征是：在有了一段升幅之后，先出现一根大阳线或中阳线，接着出现了一根低开低收的大阴线或中阴线（图5.48）。一般见此图形时，应及早平仓出局观望。这根低开低收的阴线使多方信心受到极大的打击。这种K线组合，如伴有大成交量，形势则更糟糕。尤其是在上涨了很多之后看到这种图形，从规避风险的角度出发，还是多仓减磅操作为好。在这之后，如果重心仍在下移，就应该坚决出局。图5.48中，股价达到第二个高点时，出现了倾盆大雨的K线组合，随即股价开始回调，并在短期内呈现震荡整理趋势。

射击之星出现在上升趋势中，通常已有一段较大涨幅，其特点是：K线实体很小，阴线、阳线均可。但上影线要很长（是K线实体二倍以上），如有下影线，也是很短。从技术上来讲，在一轮升势后出现射击之星表示市势已经失去了上升的持久力，多方已经抵抗不住空方打击，随时可能见顶回落（图5.48）。因此，在市场价格大幅上扬后，见到射击之星应以空仓为宜。上图中该股价在出现射击之星后，连续大跌，回调至第一个高点的位置。

从该股整体K线走势上看，出现射击之星后，股价大幅回调，在图中第一个高点位置小幅震荡整理，并在12月份后缓慢上升。在此间断内，该股从跳空高走至最高点，后又大幅下跌，是一种合理的波动，且与成交量的波动也相互吻合。预计该股后市应为价随量稳，不会出现大幅震荡，可以适当介入。

②均线分析。

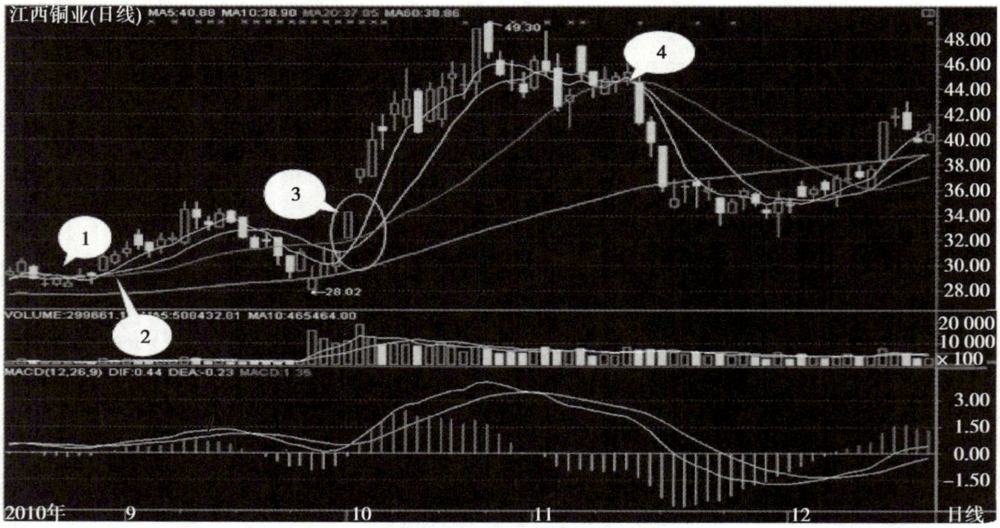

图5.49 均线分析示例图

图 5.49 分别选取了 5 日、10 日、20 日和 60 日均线作为分析参考，在对该股的分析中，主要从各均线之间的交叉情况和与股价的偏离情况两方面着手。图中在点 1 处，5 日、10 日和 20 日线互相扭在一起，并且 60 日线与股价的偏离程度相对较低，可知该股在这个时段正处于整理过程中，但很快的，到了点 2 时，5 日线从下分别上穿 10 日和 20 日线，10 日线也同样上穿 20 日线，彼此形成金交叉。同时，股价处在均线之上并缓慢上升，这是股价上涨的信号。在点 3 处，成交量大幅增加，股价跳空高走，使四条均线彼此偏离度较大，尤其在股价达到最高点时，60 日线大幅偏离股价，说明股价在强势拉升。但是均线与股价的较大偏离，也使这种上升趋势增加了回调的风险。如图中所示，当股价从高位回调至点 4 时，5 日线从上下穿 10 日和 20 日线，10 日线也下穿 20 日线，形成死叉，此时，股价大幅下压，回调至均线之下，这是股价下跌的信号，一般来说，见到这种较大的偏离和交叉情况，应该平仓出局。

该股在回调至已偏离 60 日线向下后，进入了一段震荡整理的过程，时至最近，与四条均线交叉向上，预计后市将缓慢拉升，可以持仓观望。

③轨道线分析。

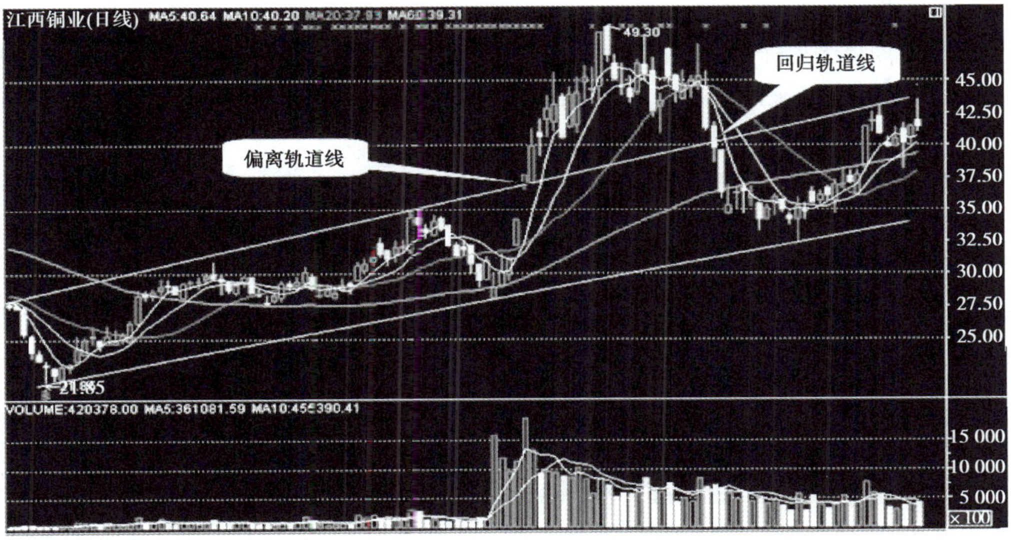

图 5.50　轨道线分析示例图

图 5.50 应用了切线理论中的轨道线进行分析，图中根据切线的理论画出了相应的轨道线。看图可知，这是一个上升轨道，该股在此时段内，分别出现了三次比较明显的上升波动，且在最近逐渐形成第四次上升波动。在第三次上升中，巨大的成交量使股价大幅度拉升，偏离了轨道线，但高位整理后，股价终究回调至轨道线内。这说明第三次股价拉升存在机构介入的可能，有炒作的嫌疑，没有量能支撑。特别是在最近时段中，股价逐渐上升，并且在轨道线内波动整理，始终没有改变上升轨道的趋势。

综上，该股在图 5.50 这一时段内，上升轨道的趋势比较明显，股价始终在合理的轨道线内缓慢上升，预计该股后市仍然不改上升的趋势，可以继续持股或者看量做多。

本章小结

1. 技术分析是证券投资分析中常用的一种分析方法，它是以股票的历史价格和交易量等数据为基础，来预测未来市场整体趋势和单个证券的走向。技术分析的理论基于三项合理的假设，即市场行为涵盖一切信息、价格沿趋势移动以及历史会重演。证券市场中的价格、成交量、时间和空间构成技术分析的基本要素。

2. 技术分析法不但用于证券市场，还广泛应用于外汇、期货和其他金融市场。

3. 证券投资的技术分析方法已形成几大基本理论，比较著名的道氏理论、K 线理论、切线理论、形态理论、波浪理论等。

4. 各种理论之间既有联系又有区别。此外，切线理论、形态理论和波浪理论中都涉及对形态的确认和修正问题，在实践操作中应仔细分析后作出正确的判断。

5. 技术指标从不同的角度有不同的分类。这里暂以技术指标的功能为划分依据，将常用的技术指标分为以下五类。

一是市场趋势指标。这类指标以均线系统为基础，通过研判股价在近期所处的阶段（上升、整理和下降）来对股票买卖进行指导。这类比较典型的指标有移动平均线（MA）和指数平滑异同移动平均线（MACD）。

二是市场动量指标（又称市场摆动指标）。买卖双方的力量变化直接影响股价变动。市场动量指标集中研究价格在某个特定时间内的变化，判断市况“超买”还是“超卖”。这类比较典型的指标有威廉指标（WMS）、相对强弱指标（RSI）和随机指标（KDJ）。

三是成交量指标。“量”是“价”的先行指标，没有成交量的变动市场价格就不可能变动。成交量指标是以成交量作为其考察的基础而进行价格趋势研判的，它经常与趋势类指标一起使用。这类比较典型的指标有成交量平衡指标（OBV）。

四是大势型指标。这是一类用以反映大盘走势的技术指标。这类比较典型的指标有滕落指数（ADL）、涨跌比指标（ADR）和超买超卖指标（OBOS）。

五是人气指标。这类指标用于反映市场人气的聚散程度。这类比较典型的指标主要是心理线指标（PSY）。

本章重要术语

技术分析　道氏理论　K 线理论　形态理论　切线理论　波浪理论　移动平均线（MA）　威廉指标（WMS）　相对强弱指标（RSI）　腾落指数（ADL）　涨跌比指标（ADR）

本章思考题

1. 证券投资技术分析的基本假设是什么？怎样理解其合理性？

2. 结合实例来说明成交量和价格之间的关系具体是怎样体现的？

3. 证券投资技术分析的主要理论有哪些？各个理论的核心思想是什么？各自有何缺陷？

4. 结合实例来分析 RSI 指标在实践中的应用。

第 6 章　证券投资组合管理

引入阅读：　　　　　智能投顾，为何受到资本市场追捧？

智能投顾（Robo-advisors）是指机器人理财投资顾问，其通过互联网运用算法向客户提供定制化的投资证券组合。

智能投顾的发展给个人投资者提供了更多获取理财和投资方面的建议的选择，以往投资者想要获得这方面的建议，只能以付出一部分本金作为管理费用的方式从传统的投资组合经理和理财顾问处获得。除此之外，人类投资顾问还未必有精力服务于更广泛的投资者，而只能选择性地服务于高净值人群。因而，智能投顾解决的是效率与普惠问题。

首先，投资者通过填写在线问卷调查的方式完成风险偏好测试，调查内容包括投资金额、风险承受能力、预期收益等。其次，根据投资者的偏好，智能投顾平台便运用算法从不同类型的资产标的中筛选出适合每个投资者的证券组合（通常是低成本的交易型开放式指数基金 ETF，而在国内，由于金融体系不同，标的并非以 ETF 为主）。同样地，智能投顾平台会收取一定额度的管理费用和基金费用，也会根据设置帮助用户进行常规性的投资组合平衡，以及提供自动化税损收割等额外的服务。

智能投顾如何以数理化的模型精确地为投资者提供投资建议？又是什么原因使它在当今资本市场上备受追捧？这一切，都离不开发展了近百年、至今仍众说纷纭的证券投资组合管理。

证券投资组合管理，又称证券组合（Portfofio）管理，是指对投资进行计划、分析、调整和控制，从而将投资资金分配给若干不同的证券资产，如股票、债券及证券衍生产品等，以形成合理的资产组合，从而实现资产收益最大化和风险最小化的经济行为。

6.1　资产定价理论及其演变

从 1900 年路易丝·巴舍利耶（Louis Bachelier）开始到现在的一个多世纪中，有关资产定价的文献浩如烟海。最早规范研究资产定价的文献可以追溯到丹尼尔·伯努利（Daniel Bernoulli）于 1738 年发表的论文，距今已有近 300 年。然而，自 20 世纪 50 年代，资产定价理论才逐渐受到学界重视，并逐渐发展成为一个具有完整体系的学科。

6.1.1 20世纪50年代以前的资产定价理论

关于资产定价理论的起源已经难以考证,目前具有代表性的说法包括1738年伯努利(Bernoulli)发表的拉丁论文《关于风险衡量的新理论》和1900年法国数学博士巴舍利耶(Bachelier)完成的博士论文。其中,巴舍利耶以当时看来全新的方法对法国股票市场进行了研究,奠定了资产定价理论的基础。《投机理论》的创新之处在于将股票价格变化视为随机过程,并且提出了价格变化服从"鞅"过程。他试图运用这些全新的理论和方法来研究股票价格变化的规律性,因此巴舍利耶的理论不仅在数学界产生了很大的影响,而且对后来的B-S期权定价公式也有直接的影响。

在巴舍利耶之后,20世纪30年代,经济学家威廉姆斯证明了股票价格是由其未来股利决定的,提出了重要的股利折现模型。威廉姆斯于1938年出版了《投资价值理论》,详细介绍了股利折现模型,该书对投资学和金融学的发展起到了重要作用。后来的研究者对股利折现模型进行改进,并提出了现金流贴现模型。

6.1.2 20世纪50—80年代的资产定价理论

20世纪50年代以前,现金流的确定是资产定价的核心,然而这种定价方式无法解决风险度量和风险溢价问题。后来的学者则从这个角度切入,并进行不断的研究,1952年马科维茨发表的《现代资产组合理论》实现了突破性的进展,为资产定价理论的发展奠定了坚实的基础。

马科维茨的资产组合理论否定了古典定价理论中关于投资者单一预期的假设,即期望收益最大化假设,因为该假设要求投资者只投资所有证券中期望收益最大的证券或者证券组合,这与现实中投资者的分散化投资组合相违背。资产组合理论在现实的基础上,提出了组合均值-方差理论。用证券组合的均值代表期望收益,方差代表组合的风险,投资者最佳的投资方式是实现预期收益最大化(风险不变)或者风险最小化(预期收益不变)。不同的市场组合代表着不同的均值-方差,投资者可以根据自己的风险偏好选择适合自己的投资组合。因此,该理论不仅解释了现实中投资者分散化投资的现实,而且还告诉投资者如何有效地形成分散化的投资组合。马科维茨对证券组合理论的主要贡献是,正确地区分了单个证券的收益变动对整个证券组合收益的影响。马科维茨的理论是这一阶段最为重要也是对后世影响最为深远的理论。

6.1.3 20世纪80年代以后的资产定价理论

近几十年,行为金融为传统金融市场的运行模式提供了新的定价角度。

格罗斯曼(Grossman)和斯蒂格利茨(Stiglitz)在1980年发表的论文"On the Impossibility of Informationally Efficient Markets"对有效市场假说的结论提出了质疑,这被学界称为"格罗斯曼-斯蒂格利茨悖论"(Grossman-Stiglitz Paradox)。他们认为,在完全竞争的市场中,如果不确定性仅仅来源于未来收益的随机性,那么竞争性理性预期均衡不具有稳定性，甚至不存在。因为在完全竞争市场中，交易者是价格接受者，如果均衡价格完全揭示私人信息，那么交易者都有“搭便车”的动机，即不愿意自己花费成本搜寻私人信息，而只想从价格中推测信息，当全体交易者都不搜寻私人信息，那么价格就没有什么信息可汇总、传递；如果大家将不搜集信息视为共识，那么搜集信息就会产生超额收益，因此个人又有搜集私人信息的动力。格罗斯曼-斯蒂格利茨悖论正是近几十年来资产定价理论的代表成果之一。

6.2 证券投资的收益与风险

6.2.1 投资收益

1）实际利率与名义利率

利率是指在一定期限内（1 个月、1 年、20 年甚或更长）因持有一定量某种计价单位（美元、欧元甚至购买力）而承诺的回报率。因此，当我们说到利率水平时，必须明确说明它的记账单位和期限。

假设不存在违约风险，我们便可以把上述承诺的利率看作该计价单位特定期限的无风险利率。无风险利率必须对应一种计价单位和一个时间期限。举例来说，用美元计价时的无风险利率在使用购买力计价时就会因为通货膨胀的不确定性而存在风险。

考虑期限为一年的无风险利率，假设一年前你在银行存了 1 000 美元，期限为一年，利率为 10%，那么现在你可以得到 1 100 美元现金。但这笔投资的实际收益取决于现在的 1 100 美元以及一年前的 1 000 美元分别可以买多少东西，而消费者物价指数（CPI）衡量了城镇家庭一篮子商品服务消费的平均价格水平。

假定上一年的通货膨胀率（CPI 的变化百分率，计为 i）为 6%，也就是说你手中货币的购买力在这一年下降了 6%，每一美元能购买的商品下降了 6%。利息收益的一部分将用于弥补由于 6% 的通货膨胀率导致的购买力下降。以 10% 的利率计，除掉 6% 的购买力损失，最终你只能得到 4% 的购买力增加，所以，我们必须区别名义利率（nominal interest rate）——资金量增长率和实际利率（real interest rate）——购买力增长率。设名义利率为 R，实际利率为 r，通货膨胀率为 i，则有下式近似成立：

$$r = R - i$$

或者说，实际利率等于名义利率减去通货膨胀率。

严格上讲，名义利率和实际利率之间有下式成立：

$$1 + r = \frac{1 + R}{1 + i}$$

2）持有期收益率

假设你正在考虑投资股票指数基金。该基金每一份额的现价为 100 美元，持有期为

1年。你实际实现的投资收益率由每份额年末价格和这一年的现金股利决定。

假定每份额的期末价格为110美元,这一年的现金股利为4美元。实现的收益率,也叫作持有期收益率(HPR, holding-period return,在这种情况下,持有期为一年)可以表示为:

$$HPR = \frac{期末每份价格 - 期初价格 + 现金股利}{期初价格}$$

6.2.2 风险与风险溢价

你应该投资多少到我们的指数基金中? 首先,你必须知道承担股票投资风险可以期望的收益是多高。

我们把收益表示成股票指数基金的预期持有期收益率和无风险收益率(risk-free rate)的差值,无风险收益率是当你将钱投入无风险资产比如说短期国库券、货币市场基金或者银行时所获得的利率。我们将这种差值称为普通股的风险溢价(risk premium)。在我们的例子中无风险年利率为4%,预期指数基金收益率为9.76%,所以风险溢价为每年5.76%。在任何一个特定的阶段,风险资产的实际收益率与实际无风险收益率的差值称为超额收益(excess return)。因此,风险溢价是超额收益的期望值,超额收益的标准差是其风险的测度。

当人们考虑风险时,关注的是偏离期望收益的可能性。实际中,无法直接预期,所以通过偏离期望收益估计值的平方和来计算方差。按每个观测值等概率出现,样本平均值作为$E(r)$:

$$\sigma^2 = \sum p(s)[r(s) - E(r)]^2$$

若使用历史数据,则估计方差为:

$$\hat{\sigma}^2 = \frac{1}{n}\sum [r(s) - \bar{r}]^2$$

6.3 现代证券投资组合管理理论

6.3.1 现代投资组合理论概述

证券投资组合(Securities Portfolio)是指投资者对各种证券资产的选择而形成的投资组合。证券投资组合管理是指对投资进行计划、分析、调整和控制,从而将投资资金分配给若干不同的证券资产,如股票、债券及证券衍生产品,形成合理的资产组合,以期实现资产收益最大化和风险最小化的经济行为。

现代投资组合理论(MPT)在1952年由著名的经济学教授马科维茨提出,又被称为证券组合理论或投资分散理论。该理论主要解决投资者如何衡量不同的投资风险以及如何合理组合自己的资金以取得最大收益问题。该理论认为组合金融资产的投资风险与收益之间存在一定的特殊关系,投资风险的分散具有规律性。传统的证券投资组合管理与现代证券投资组合管理的不同如下所述。

传统的证券投资组合管理把重点放在决定投资者本身的限制条件问题上,根据投资者对证券投资收益的需求,从经常收入和资本增值方面来研究如何进行证券组合,以满足投资者的目的;其分析着眼点大都仍然是个体证券,即依据对个体证券资产投资收益和风险的分析和比较。在投资者可支配资源的范围内,投资者选择那些个体投资收益较高而风险较低的证券资产,从而构成一个证券资产组合。这种管理从总体上看还只是个体证券投资管理的外延扩张,没有质的变化。

而现代证券投资组合管理则从实现证券资产组合总体的预期收益最大化或风险最小化出发,不仅关心个体证券资产的预期收益和风险,更重视所选证券资产投资收益和风险的相互关系,即依据对证券资产组合总体收益和风险的分析评价。在投资者可支配资源的范围内,选择那些能使证券资产组合总体投资收益最大化或风险最小化的证券资产,从而构成一个证券资产组合。这种管理已不再是个体证券投资管理的简单外延,其出发点、目标以及分析手段等都不同于对个体证券的投资分析。

而在马科维茨提出现代投资组合理论之后,威廉·夏普(William F. Sharpe)、斯蒂芬·罗斯(Stephen A. Ross)等人又在此基础上发展了投资组合理论,对现代的投资理论作出了重大的贡献。

6.3.2 风险的分散与组合

在6.2中,我们对证券投资的收益和风险进行了简单的讨论。而在现代投资组合理论中,我们不只是要对单个证券的收益和风险进行评估,更重要的是要分析包含多个证券的投资组合的收益和风险。

假设你的组合只有一只股票——茅台公司的股票,那么你的风险来自哪里呢?你可能会想到两种不确定性。第一种不确定性来自宏观的经济状况,比如商业周期、通货膨胀、利率、汇率等,这些因素都无法准确地预测,并且都影响着股票的收益率。除了这些宏观的因素,第二种不确定性来自公司自身的影响,比如公司经营策略的变化、重大人员的变动,这些因素会影响该公司,但基本不会影响经济体中的其他企业。

现在考虑一个简单的分散化策略,你在组合中加入了更多的证券。例如,将你资金的一半投入茅台公司的股票,另一半投入可口可乐公司的股票。这时组合的风险会怎样呢?因为茅台公司层面的因素对两个公司的影响不同,分散化便会降低组合风险。比如,假设官方大力宣传饮酒的危害,导致大家不再喜欢饮酒,而是选择软饮料,这就有可能会导致茅台公司的股票收益下降,但可口可乐公司股票的收益却会上升。这两股力量相弥补并稳定了组合的收益。

分散化何必止于两家公司呢?如果加入更多证券,我们便会进一步分散公司因素上的风险,组合的波动也会继续下降。直到最终无论怎样增加证券数量也无法再降低风险,因为实际上所有股票都受商业周期的影响,不管我们持有多少种证券都无法避免商业周期的风险敞口。

当所有风险都是公司层面上的,分散化可以将风险降至低水平。这是因为风险来源是相互独立的,那么组合对任何一种风险的敞口降至可以忽视的水平。这有时被称为保险原则(insurance principle),因为保险公司就是对很多独立的风险源通过不同的保险业务来分散降低风险。(其中的每个保单实际上构成了公司的单个“投资”)然而,当普遍性的风险影响所有公司时,即使分散化也无法消除风险。在图6.1中,组合的标准差随着证券数量的增多而下降,但无法下降到零。这个无法消除的风险被称为市场风险(market risk)、系统性风险(systematic risk)或不可分散风险(nondiversifiable risk)。相反,可以消除的风险被称为公司特有风险(firm-specific risk)或可分散风险(diversifiable risk)。

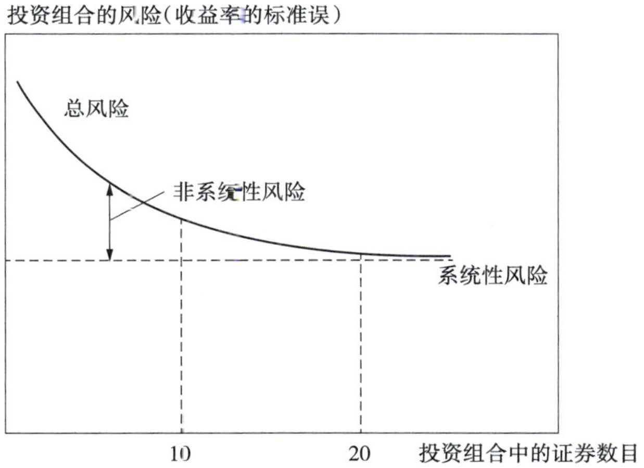

图6.1 分散化风险

下面我们考虑一个比较简单的情况,两个风险资产的组合产生的风险是怎样的呢?考虑两个风险组合的风险特征有助于我们研究多个资产组合的风险特征,因为其原理是相似的。

假设市场上的两个资产分别为投资长期债券的基金D和投资股票的基金E,我们要将我们的资金投资于这两个资产。投资于债券基金的资金比例设为 w_D,那么投资于股票基金的资金比例则为 $1 - w_D$,那么该组合的收益为:

$$r_P = w_D r_D + (1 - w_D) r_E$$

那么组合的方差——也就是投资组合的风险即为:

$$\sigma_P^2 = w_D^2 \sigma_D^2 + (1 - w_D)^2 \sigma_E^2 + 2 w_D w_E \mathrm{cov}(r_D, r_E)$$

其中,协方差可以通过相关系数 ρ_{DE} 求得,$\mathrm{cov}(r_D, r_E) = \rho_{DE} \sigma_D \sigma_E$。相关系数的取值在[-1,1]之间。当相关系数取不同的值时,投资组合的方差也呈现不同的特征。

当资产数量继续扩大时,也遵循这样的规律,投资组合的方差就变为:

$$\sigma_P^2 = \sum_{i=1}^{n} w_i^2\sigma_i^2 + \sum_{i=1}^{n}\sum_{j=1,j\neq i}^{n} w_i w_j \sigma_{ij}$$

6.3.3 马科维茨资产组合选择模型

在6.3.2中,我们给出了资产配置的一般思路。但是市场上有成千上万的证券产品,我们面对这么纷繁复杂的产品,应该如何去进行资产的配置呢?这就是马科维茨资产组合选择模型所要解决的问题。而一个投资组合模型,必然有相关的假设,马科维茨的资产组合选择模型的假设主要有以下几条。

①证券市场是有效的。即投资者对于证券市场上每一种证券风险和收益的变动及其产生的因素等信息都是知道的,或者是可以得知的。

②投资者是风险厌恶的。也就是说,他们不喜欢风险,如果他们承受较大的风险,必须得到较高的预期收益以资补偿,在两个其他条件完全相同的证券组合中,他们将选择风险较小的那一个。风险是通过测量收益率的波动程度(用统计上的标准差来表示)来度量的。

③投资者对收益是不满足的。也就是说,他们对较高的收益率的偏好胜过对较低收益率的偏好,在两个其他条件完全相同的证券组合中,投资者选择预期收益率较高的那一个。

④所有的投资决策都是依据投资的预期收益率和预期收益的标准差而作出的。这便要求投资收益率及其标准差可以通过计算得知的。

⑤每种证券之间的收益都是有关联的。也就是说,通过计算可以得知任意两种证券之间的相关系数,这样才能找到风险最小的证券组合。

⑥证券投资是无限可分的。也就是说,一个具有风险的证券可以以任何数量加入或退出一个证券组合。

⑦在每一种证券组合中,投资者总是企图使证券组合收益最大,同时组合风险最小。因此,在给定风险水平下,投资者想得到最大收益;在给定收益水平下,投资者想使投资风险最小。

⑧投资收益越高,投资风险越大;投资收益越低,投资风险越小。

⑨投资者的任务是决定满足上述条件的证券组合的有效集(Efficient Set)或有效边界(Efficient Frontier)。有效集合中的每一元素都是在某一风险水平下收益最大的证券组合。

1)证券的选择——有效边界的构建

组合构造问题可以归纳为多个风险资产和一个无风险资产的情况,在两风险资产的例子中,该问题有两步:首先,确认可行集的风险收益权衡并通过计算使资本配置线(CAL)斜率最大的各资产权重确认最优风险资产组合(这一步往往由投资经理所决定);然后,确认由无风险资产和最优风险组合构成的最优投资组合。

我们首先决定投资者面临的风险收益机会,由风险资产的最小方差边界(minimum

variance frontier)给出(又称有效边界)。这条边界线是在给定组合期望收益下,方差最低的组合点描成的曲线。给定期望收益、方差和协方差数据,所描成的曲线如图 6.2 所示。已经有了有效边界,可以引入无风险资产。不难发现,我们把经过无风险资产所在点的资本配置线向上旋转直到与有效边界相切,切点为最优风险组合 P,且该资本配置线的报酬-波动性比率最大。这时投资经理的任务已经完成,组合 P 是投资经理为客户找到的最优风险组合。

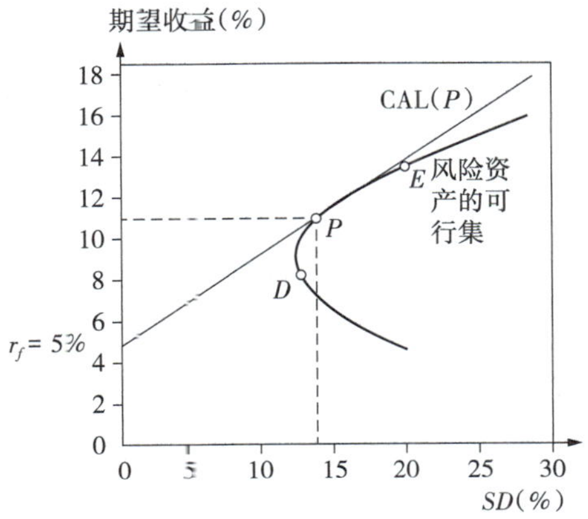

图 6.2　风险资产的有效边界

2)决定资产组合的点

面对着这样一个投资组合,不同风险偏好的投资者也就会做出不同的选择。到这一步,具体的选择与提供投资组合的投资经理已经没有关系。追逐更大利益的投资者可能会选择 CAL 线中偏向右边的部分,而相对保守的投资者则可能会选择尽可能持有多的无风险资产。

由此我们可以发现,边界组合的一个重要特性是,最小方差边界上的任何两个组合构造出的组合依然在边界上,它处在边界上的位置取决于组合的权重,这一结果称为分离特性(Separation Property),基于此,组合决策问题可以分为两个独立的步骤。

第一步是决定最优风险资产组合。这是完全技术性的工作,给定投资经理所有证券的数据,最优风险资产组合对所有客户都是一样的。

第二步则是整个投资组合在无风险短期国库券和最优风险组合间的配置,取决于个人对风险的偏好。在这里客户是决策者。这里关键的问题是:投资经理为所有客户提供的最优风险组合都是组合 P,换句话说,不同风险厌恶程度的投资者会满足于由两个共同基金构成的市场:一个基金在货币市场进行无风险投资,一个持有资本配置线与有效边界切点上的最优风险组合 P,这一结果使得职业投资管理更有效率且成本也更低。一家投资管理公司服务于更多的客户而管理成本增加得很少。

6.3.4　现代投资组合理论的应用与意义

虽然现代资产组合理论做了很多在现实市场中并不存在的理想化假设,使得该理论无法在投资实践中得到普遍应用，但它在传统投资回报的基础上第一次提出了风险的概念，注重风险而不仅是回报，而且是整个投资过程的重心。马科维茨也因提出了投资组合的优化方法获得了1990年诺贝尔经济学奖。此外，现代投资组合管理理论也揭示了很多有关风险的规律。

1）风险集合与保险原理

风险集合（risk pooling）是指将互不相关的风险项目聚合在一起来降低风险。应用到保险行业，风险集合主要为销售风险不相关的保单，即众所周知的保险原理。传统理念认定风险集合降低风险，并成为保险行业风险管理的背后推动力——尽可能多地销售风险不相关的保单。

2）长期投资风险的处理

如果我们将投资期限拓展到下一时期与横向增加风险资产相类比，我们就可以对长期投资的风险做一个简单的分析。我们考虑一下总投资期为两年的3个投资策略。

①第一阶段全部投资在风险资产，抽出所有投资在第二阶段投资于无风险资产。由于你在风险资产上只投资1年，整个投资期的风险溢价为R，两年期的标准差为σ，夏普比率是$S = R/\sigma$。

②两个阶段都投资在风险资产。两年期的风险溢价为$2R$（假设连续复利），两年期的标准差为$\sqrt{2}\sigma$，夏普比率$S = \sqrt{2}R/\sigma$。

③将投资的一半投资在每一期的风险资产，其余的投在无风险资产。两年期的风险溢价为R，标准差为$\sigma/\sqrt{2}$，夏普比率$S = \sqrt{2}R/\sigma$。

策略③的风险最小。其预期收益与策略①相同，但风险较低，因此其夏普比率要高些。它的夏普比率与策略②相同，但标准差只有策略②的一半。因此，策略③的夏普比率至少不会比其他两个低，但总风险较小。

总结一下，风险不会在长时段中消失。将全部预算投资于一个风险组合的投资者会发现尽可能在更多时段进行风险资产投资但降低每一期投资预算的策略更好。

6.4 资本资产定价模型（CAPM）

6.4.1 资本资产定价模型概述

资本资产定价模型（Capital Asset Pricing Model，CAPM）是现代金融经济学的基石理论。在哈里·马科维茨（Harry M. Markowitz）于1952年建立现代投资组合选择理论之后，威廉·夏普（William F. Sharpe）、约翰·林特纳（John Lintner）与简·莫森（Jan Mossin）于1964年将其发展为资本资产定价模型理论。从马科维茨的投资组合选择理论发展到资本资产定价模型经历了一个较长的过程,这说明资本资产定价模型并不是一蹴而就的。

资本资产定价模型的关键是假设所有投资者的行为都是追求马科维茨原则最大化组合效用。这就是说,每个投资者都会用一系列的投入组合(期望收益和协方差矩阵)来绘制包含了所有风险资产的有效边界,从而通过绘出有效边界的切线,也即资本配置线(Capital Allocation Line, CAL),进而确定一个有效的风险资产组合P。因此,每个投资者在可投资集中持有证券并通过马科维茨最优化过程来确定持有比例。

资本资产定价模型提出的问题是:如果所有的投资者共享同样的可投资集并用同样的投入组合来绘制有效边界,投资组合选择将会怎样?显然,他们的有效边界相同,在面对同样的无风险利率时,他们会画出同样的切线CAL,并自然而然地得到同样的风险资产组合P。因此,所有投资者对每个资产有同样的持有比例。

资本资产定价模型的一个关键观点是:市场组合是所有风险组合的加总,市场组合内的资产比例也是投资者的持有比例。故,如果所有投资者选择相同的风险资产组合,这个组合一定是市场组合,即可投资集中所有资产以市值加权平均得到的组合。因而,基于每个投资者最优风险资产组合之上的资产配置线(CAL)实际上就是所谓的资本市场线(Capital Market Line, CML)。这个应用让我们能够就风险回报权衡做更多的发挥。

6.4.2 资本资产定价模型的构建

资本资产定价模型(CAPM)的构建可以分为两个步骤:

第一步,假定资本市场处于均衡状态,每一个投资者都按照证券组合理论的要求进行决策,通过对投资者集体行为的分析,求出所有有效证券组合的均衡价格,即所谓的资本市场线(Capital Market Line, CML)。

第二步,在CML的基础上求出证券市场的均衡价格,即每一种证券组合,无论其有效与否,在市场均衡条件下的收益率,由此可得证券市场线(Security Market Line, SML)。

资本资产定价理论以证券组合理论为基础,因此,有关证券组合理论的假设条件在这里也同样适用。但这一理论还必须对资本市场提出一些限制性假设。

①所有投资者都按照证券组合理论的建议,根据对证券市场预期收益率、风险及各收益率之间的关系进行投资决策。

②所有投资者对市场前景的预测都一致。

③所有投资者在同一时间内面临的市场条件相同。每个投资者都可以以无风险利率任意贷出或借入,无论贷出还是借入,利率都一样,而且对每位投资者而言,它是一样的。

根据证券组合理论,在不存在无风险借贷的条件下,投资者所面对的是代表有效边界(Efficient Frontier)的曲线(图6.3)。

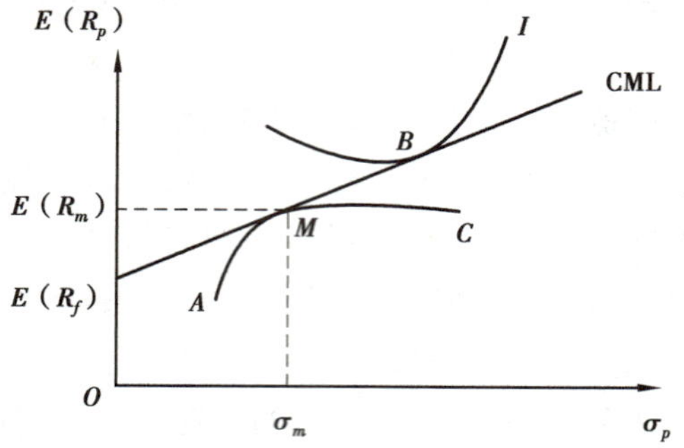

图 6.3　资本市场线

资本市场线的方程表达式为：

$$E(r_p)=r_f+\frac{E(r_m)-r_f}{G_m}\sigma_p$$

从公式可以看出：

第一,在均衡条件下,有效证券组合的预期收益率与其风险之间存在着一种线性关系。

第二,在均衡条件下,有效证券组合的预期收益率都是由无风险借贷利率和附加收益率两部分构成。其中,R_f 可以被看作时间的价格,或等候的报酬,或在未来现金流完全确定情况下把当期消费推迟到下一个时期进行所需要的作为补偿的收益。

$[E(r_m)-r_f]/\sigma_m$ 可以被看作有效证券组合的市场风险价格,或单位风险的报酬,或有效证券组合增加 1 单位风险水平可以获得的额外收益,实际上可以看成是冒市场风险所带来的报酬。这种有效证券组合的预期收益率等于时间推迟的补偿加上风险的补偿,就是资本市场线的经济意义。

上述分析表明,在均衡条件下,所有有效证券组合的预期收益率与其风险之间存在着一个简单的线性关系,这体现在资本市场线上。但是在证券市场上,除了有效的证券组合外,还存在着各种无效的证券和证券组合,在均衡条件下,它们的预期收益率又该如何确定,其预期收益率与风险之间又是怎样的关系呢？或者,证券市场上所有的证券,无论其有效还是无效,它们的预期收益率及其与风险的关系应该如何确定呢？证券市场线提供了这样一种描述所有证券和证券组合的收益及其与风险关系的方法。它不仅通用于有效证券组合,而且适用于非有效证券组合;不仅适用于证券组合,而且适用于单个证券。

设 i 为某一特定证券,M 为市场证券组合。在均衡状态下,证券 i 的预期收益率与该证券同整个市场证券组合相关性之间的关系可以表示为：

$$E(r_i)=r_f+\frac{E(r_m-r_f)}{\sigma_m^2}\sigma_{im}$$

公式表明：σ_{im} 越小,说明证券 i 与市场证券组合之间的相关性越弱,其相对风险较小,收益稳定性较高,故被广大投资者所追求,需求量较大,因此其价格也较高,预期收益率就较低，反之，则相反。

公式还表明，证券市场线是一条直线。证券 i 的预期收益率与用证券和市场证券组合的协方差测度的风险之间的这种关系就成为证券市场线（SML）。

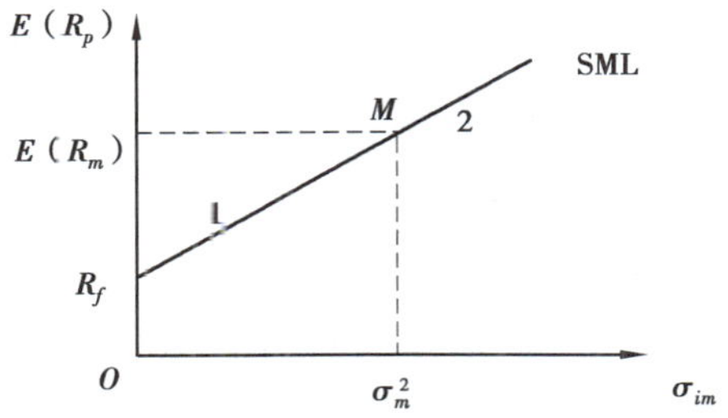

图 6.4　证券市场线

M 点表示市场证券组合，它隐含一个假设：所有投资者都认定不可能有比市场组合更好的证券组合。在图 6.4 中，若在 1 点投资，则称为保守型的，在 2 的投资称为激进型的。

证券市场线也可以用另一种方式表示（图 6.5）：

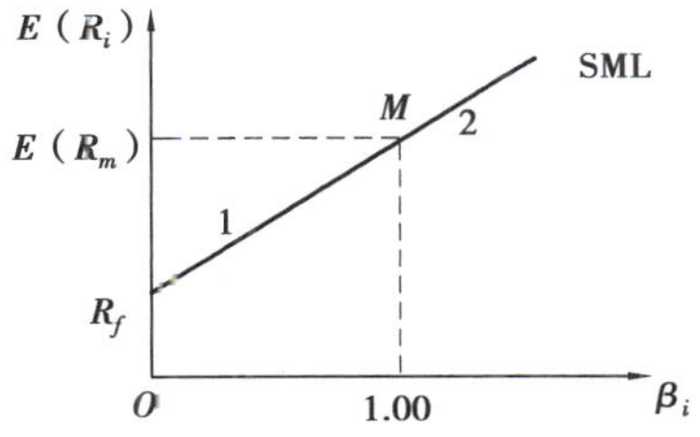

图 6.5　证券市场线

$$E(r_i) = r_f + [E(r_m) - r_f]\beta_i$$

$$\beta_i = \frac{\sigma_{im}}{\sigma_m^2}$$

①$\beta_i = 1$ 时，说明证券 i（或证券组合）的风险与市场风险相同，此时为最佳证券组合。

②$\beta_i < 1$ 时，说明证券 i（或证券组合）的风险小于市场风险，这种证券组合被称为保守型的。

③$\beta_i > 1$ 时，说明证券 i（或证券组合）的风险大于市场风险，这种证券组合被称为激进型的。

6.4.3　资本资产定价模型的应用：证券定价

资本资产定价模型（CAPM）的关键应用可以归纳为以下两点：

①资本市场中，市场组合是有效的；

②一个风险资产的风险溢价与它的 β 值成正比，因此我们可以利用这一点对证券进行定价。

期望收益-贝塔关系就是证券市场线(Security Market Line, SML),也就是我们通过资本资产定价模型最终得出的结果。已知市场的β值为1,其斜率为市场投资组合的风险溢价,以横轴为值,纵轴为期望收益,当横轴的为1时,这一点就是市场投资组合的期望收益率。

证券市场线是用来估计风险资产正常期望收益率的基准,证券分析旨在推算证券的实际期望收益率。如果一只股票被认为是好股票或者被低估的股票,那么它将提供超过证券市场线给定的正常收益的超额期望收益。被低估的股票期望收益值将会高于证券市场线所给出的正常收益值:在给定β值的情况下,其期望收益高于根据资本资产定价模型所得出的收益值。被高估的股票的期望收益低于证券市场线上所给出的正常收益值。股票的实际期望收益与正常期望收益之间的差,我们称为股票的α。

举一个例子,如果市场收益率为14%,股票的β值为1.2,短期国库券利率为6%(往往视作无风险利率),通过证券市场线计算得出的股票期望收益率为6% + 1.2 × (14% - 6%) = 15.6%。如果某投资者认为这只股票的期望收益率为17%,那么其值为1.4%。由此,我们就可以推知哪些股票具有超额的收益率,可以购入。

6.5　套利定价理论(APT)

案例:　　长期资本管理公司

美国长期资本管理公司(Long-Term Capital Managementm, LTCM)成立于1994年2月,总部设在离纽约市不远的格林威治,是一家主要从事定息债务工具套利活动的对冲基金。自创立以来,LTCM一直保持骄人的业绩,公司的交易策略是"市场中性套利"即买入被低估的有价证券,卖出被高估的有价证券。

LTCM将金融市场的历史资料、相关理论学术报告及研究资料和市场信息有机地结合在一起,通过计算机进行大量数据的处理,形成一套较为完整的电脑数学自动投资系统模型,建立起庞大的债券及衍生产品的投资组合,进行投资套利活动,LTCM凭借这个优势,在市场上一路高歌。

1996年,LTCM大量持有意大利、丹麦、希腊政府债券,而沽空德国债券,LTCM模型预测,随着欧元的启动上述国家的债券与德国债券的息差将缩减,市场表现与LTMC的预测惊人的一致,LTCM获得巨大收益。

LTCM的数学模型,由于建立在历史数据的基础上,在数据的统计过程中,一些概率很小的事件常常被忽略掉。这个看似小的问题却埋下了隐患——一旦这个小概率事件发生,其投资系统将产生难以预料的后果。

最终果不其然,由于国际政治局势的变化,LTCM的套利交易的策略最终为该公司带来了不可计量的损失。

6.5.1　套利定价理论概述

利用证券之间的错误定价来赚取无风险利润的行为称为套利(arbitrage),具体操作是同时买入和卖出等量的证券来赚取其中的价格差。在证券市场中,一旦存在套利机会,一般会有一个很强的压力促使其价格回到均衡状态,因此证券市场往往满足“无套利条件”——即两个相同成本的资产组合相对比,不可能一个资产组合在任何情况下的收益都不低于另一个资产组合,且至少有一种情况收益大于另一个资产组合。

将因素模型与无套利条件相结合从而得到期望收益和风险之间的关系,这种风险收益之间的平衡方法被称为套利定价理论(Arbitrage Pricing Theory, APT)。在单因子模型中,即没有额外市场风险因子的情况下,APT 所得到的平均收益-β 等式与 CAPM 相同。因此以套利定价理论和资本资产定价模型为基础,推导出多风险形式的证券市场线,可以加深我们对风险收益关系的理解。

6.5.2　单因素模型

对于套利定价理论而言,不同的假设会得到不同的结果,单因素模型与多因素模型所推导出的结果也是有所不同的。在此,我们主要讨论单因素模型下套利定价理论的结果(与 CAPM 类似)。该模型所需要的限制条件并却没有 CAPM 那么多。

单因素模型(single-factor model)可以用如下式子来表示:

$$r_i = E(r_i) + \beta_i F + e_i$$

其中,$E(r_i)$ 为股票的期望收益。如果在任何时期宏观经济因素都为零(比如宏观经济没有过大的波动),证券收益就等于它先前的期望收益加上公司特有事件引起的随机变量。我们进一步假定非系统因素 e_i 不相关,且与因素 F 不相关。

不难看出,单因素模型有其特有的优势。它将影响股票收益的因素分为系统性和公司两个层面。相对于 CAPM 来说,更加贴合实际的情况。

6.5.3　基于单因素模型的套利定价理论推导

利用单因素模型的套利定价理论,我们依然可以预测与风险期望收益相关的证券市场线,但其得出证券市场线的方式与之不同。

1)套利定价理论的基本假设

史蒂芬·罗斯(Stephen A. Ross)的套利定价理论基于三个基本假设:

①因素模型能描述证券收益;

②市场上有足够的证券来分散风险;

③完善的证券市场不允许任何套利机会存在。

我们从其模型的简单形式入手,我们假定只有一个系统因素影响证券收益,也就是单因素模型。

2)套利组合的构建

对于单因素模型来说，$r_i = \alpha_i + \beta_i F + \varepsilon_i$

$$\beta_i = \frac{\operatorname{cov}(r_i, F)}{\operatorname{cov}(F, F)} = \frac{\sigma_{iF}}{\sigma_F^2}$$

如果我们构建一个由多个证券构成的组合,那么组合的期望收益率也就是:

$$r_P = \sum_{i=1}^{n} w_i \alpha_i + \sum_{i=1}^{n} w_i \beta_i F + \sum_{i=1}^{n} w_i \varepsilon_i$$

3)推导无套利等式

根据无套利的条件以及拉格朗日定理,我们可以得出结论:

$$E(r_i) = r_f + (\eta_1 - r_f)\beta_i = r_f + \frac{\eta_1 - r_f}{\sigma_F^2}\sigma_{iF}$$

不难看出,我们利用单因素套利定价模型推出的定价规则与 CAPM 推出的证券市场线是一致的。换言之,套利定价理论利用了相对不那么严格的限制条件,得出了与 CAPM 相同的结果。

6.5.4　套利定价理论的价值

套利定价理论导出了与资本资产定价模型相似的一种市场关系。套利定价理论以收益率形成过程的多因子模型为基础,认为证券收益率与一组因子线性相关,这组因子代表证券收益率的一些基本因素。事实上,当收益率通过单一因子(市场组合)形成时,将会发现套利定价理论形成了一种与资本资产定价模型相同的关系。因此,套利定价理论可以被认为是一种广义的资本资产定价模型,其为投资者提供了一种替代性的方法,来理解市场中的风险与收益率间的均衡关系。套利定价理论与现代资产组合理论、资本资产定价模型、期权定价模型等一起构成了现代金融学的理论基础。

6.6　期权定价理论(OPT)

6.6.1　基本概念:内在价值与时间价值

当股票价格低于行权价格的时候不意味着期权毫无价值,即使现在执行期权无利可图,但期权价值仍为正,因为在到期时股票价格有可能上涨到足以使执行期权变得有利可图。否则,最坏的结果不过是期权以零值失效。

期权的内在价值(intrinsic value)是立即执行期权所带来的收益。虚值期权(指行权价格高于股票价格)和平价期权(指行权价格等于股票价格)的内在价值为零。期权实际价格与内在价值的差通常称为期权的时间价值(time value)。

选择时间价值这个术语有些美中不足，因为它很容易同货币的时间价值相混淆。在期权语境中，时间价值仅是指期权价格与期权被立即执行时价值之间的差。它是期权价值的一部分，来源于期权距离到期日还有一段时间。

期权的大部分时间价值是一种典型的“波动性价值”。因为期权持有者可以选择不执行期权，收益最低也就是零。虽然看涨期权现在处于虚值，但仍然具有正的价格，因为一旦股价上升，就存在潜在的获利机会，而在股价下跌时却不会带来更多损失的风险。波动性价值依赖于当选择执行无利可图时可以选择不执行的权利。执行权利，不是履行义务，期权为较差的股票价格表现提供了保险。

6.6.2 期权价值的决定因素及特点

我们可以确定影响期权价值的因素至少有六个：股票价格、行权价格、股票价格的波动性、到期期限、利率和股票的股息率。看涨期权价值与股票价格同向变动，而与行权价格反向变动，因为如果期权被执行，其收益等于（股票价格-行权价格）。

看涨期权价值也会随着股票价格波动性的增加而增加。为了解释这个问题，假设存在两种情形，一种是到期日股票价格可能在 10～50 元变化，另一种则在 20～40 元变化。在这两种情形下，股票价格期望值或平均值均为 30 元。假定看涨期权的行权价格为 30 元，期权的损益各是多少？

如果每种结果出现的可能性都相同，概率都为 0.2，高波动性情形下期权的期望损益为 6 元，而低波动性情形下期权的期望损益只有一半，即 3 元。尽管在上述两种情形下，股票的平均价格都是 30 元，但是高波动性情形下期权的平均损益更高。这一额外价值源于期权持有者所承受的损失是有限的，或者说是看涨期权的波动性价值。不管股票价格从美元跌至何处，持有者得到的均为零。显然，对看涨期权持有者来说，股票价格表现不好时，跌多跌少并没有什么不同。

但是，在股票价格表现较好的情况下，看涨期权到期时就会变成实值期权，并且股价越高，期权的收益就越大。这样，极好的股价表现带来的收益是无限的，极差的股价表现也不会使期权的收益降至零之下。这种不对称性意味着标的股票价格波动性的增加使期权的期望收益增加，从而增加了期权的价值。

同样，到期期限越长，看涨期权的价值也越大。期限越长，发生影响股票价格的不可预测事件的机会就越多，从而导致股票价格可能上升的范围更大，这与波动性增加的效果是相似的。而且，随着到期期限的延长，行权价格的现值下降，这也有利于看涨期权的持有者，且增加了期权价值。由此可以推出，利率上升时，看涨期权的价值增加（假定股票价格保持不变），因为高利率降低了行权价格的现值。

最后，公司的股利支付政策也影响期权的价值。高额股利政策会降低股票价格的增长率。对于任何股票的期望收益率来说，股利支付越高意味着期望资本收益率越低。对股票价格估值的抑制也降低了看涨期权的潜在收益，从而降低了期权的价值。

6.6.3 二项式期权定价理论

1973 年,布莱克和斯科尔斯提出了著名的布莱克-斯科尔斯期权定价公式(B-S 公式),对标的资产的价格服从对数正态分布的期权进行定价。随后,罗斯开始研究标的资产的价格服从非正态分布的期权定价理论。1976 年,罗斯(Rose)和约翰·考科斯(John Cox)在《金融经济学杂志》(JFE)上发表论文《基于另类随机过程的期权定价》,提出了风险中性定价理论。

1979 年,罗斯(Ross)、考科斯(Cox)和马克·鲁宾斯坦(Mark Rubinstein)在《金融经济学杂志》(JFE)上发表论文《期权定价:一种简单的方法》,提出了一种简单的对离散时间的期权的定价方法,被称为 Ross-Cox-Rubinstein 二项式期权定价模型。

二项式期权定价模型和布莱克-斯科尔斯期权定价模型,是两种相互补充的方法。二项式期权定价模型推导比较简单,更适合说明期权定价的基本概念。二项式期权定价模型建立在一个基本假设基础上,即在给定的时间间隔内,证券的价格运动有两个可能的方向:上涨或者下跌。虽然这一假设非常简单,但由于可以把一个给定的时间段细分为更小的时间单位,因而二项式期权定价模型适用于处理更为复杂的期权。

二项式模型实际上是在用大量离散的小幅度二值运动来模拟连续的资产价格运动,随着要考虑的价格变动数目的增加,二项式期权定价模型的分布函数就越来越趋向于正态分布,故二项式期权定价模型和布莱克-斯科尔斯期权定价模型是一致的。二项式期权定价模型的优点在于简化了期权定价的计算,并增加了直观性,因此,该公式现已成为全世界各大证券交易所的主要定价标准之一。

6.6.4 布莱克-斯科尔斯公式(B-S Formula)

尽管二项式模型非常灵活,但这种方法在实际交易中需要用计算机编程处理。而布莱克-斯科尔斯的期权定价公式更为简单,没有二项式模型中复杂的算法。只需做两个假设,B-S 公式就可以使用,这两个假设是无风险利率与股票价格的波动率在期权有效期内保持不变。在这种情况下,到期日前的时间被细分成更多的间隔,到期日股票价格分布渐近于对数正态分布。当股票价格分布是真正的对数分布时,我们可以得出精确的期权定价公式。

在布莱克、斯科尔斯与默顿得出看涨期权定价公式之前,金融经济学家们一直在寻求一种实用的期权定价模型。斯科尔斯与默顿也因此获得了 1997 年诺贝尔经济学奖。现在,布莱克-斯科尔斯定价公式(Black-Scholes pricing formula)已被期权市场参与者广泛使用。看涨期权的定价公式为:

$$C_0 = S_0 N(d_1) - Xe^{-rT} N(d_2)$$

其中:

$$d_1 = \frac{\ln(S_0/X) + (r + \sigma^2/2)T}{\sigma\sqrt{T}}$$

$$d_2 = d_1 - \sigma\sqrt{T}$$

以上公式中各符号的含义如下：

C_0——当前的看涨期权价值；

S_0——当前的股票价格；

X——行权价格；

e——自然对数的底；

r——无风险利率；

T——期权到期时间；

σ——股票连续复利的年收益率的标准差。

6.7　投资组合管理业绩评价

案例：　如何评价一个基金投资经理的业绩

我国的公募基金的发展在近些年来不断加速，截至2021年，公募基金管理规模已经逼近20万亿元，较2019年底规模狂增4万亿元。而在众多的公募基金中，易方达的成绩最为亮眼，而提到易方达基金，就不得不提到该基金的明星经理人张坤。

以张坤掌管的“易方达中小盘混合”基金为例，近5年该基金的回报率高达435.17%，令人咋舌。如果以收益率来看，张坤经理的业绩自然是十分耀眼。但如果要客观地对投资组合的管理业绩进行评价，我们还需要利用到哪些指标呢？

6.7.1　平均收益率

对于投资者而言，投资这一行为的最终目的是盈利，因此显而易见，平均收益率是一个非常重要的评价指标，无论是在传统的业绩评价理论体系中，还是在现代的业绩评价理论体系中都占据着很重要的地位。

假如市场的平均收益率是 r_j，我们要对一个持续20期的投资组合进行评价，显而易见的方式是将这个投资组合的平均收益率与市场的平均收益率的大小进行比较。比较的方式往往是采用几何平均收益率：

$$(1 + r_g)^{20} = (1 + r_1)(1 + r_2)\cdots(1 + r_{20})$$

由于在几何平均当中，每一期的收益率权重相同，因此几何平均收益率又被称为时间加权收益率。

6.7.2　美元加权收益率

上述的平均收益率的计算其实是一个比较理想的情况，在实际的投资过程中，如果我们的投资已持续了一段时间,且在此期间,我们还向投资组合注入或抽回了资金,那么测算收益率就比较困难了。考虑一只股票,我们在第一年年初以 50 元购买了这只股票,并在第一年年末获得了 2 元的股息;在第二年年初以 53 元再次购买了一只,一并持有到第二年的年末,再以每股 54 元卖出,如果是这样的投资现金流,又该如何评价其收益率呢?

面对这种情况,我们往往采用现金流贴现法(DCF),令现金流入的现值与现金流出的现值相等,便可以得到这两年的平均收益率:

$$50 + \frac{53}{1+r} = \frac{2}{1+r} + \frac{112}{(1+r)^2}$$

可以解得 $r = 7.117\%$。

在实际应用中,我们称计算出的值为内部回报率,也叫作美元加权收益率(dollar-weighted rate of return),取这个名字的原因在于,相对于第二年投资的现金流,第一年投资的现金流对收益率的“影响”即权重更大。

6.7.3 经风险调整的业绩测度指标

我们在上面提出了两种用于计算收益率的方法,但是正如现代投资组合管理理论所揭示的那样,我们要评估投资组合的业绩,仅仅计算出其平均收益率是远远不够的,还必须根据风险调整收益,这样,收益之间的比较才有意义。在根据投资组合风险调整收益的各种方法中,最简单普遍的方法是将特定投资组合的收益率与其他具有类似风险的投资组合的收益率进行比较。

现在,我们列出一些经风险调整的业绩测度指标,并考察其适用的条件。

夏普比率:$(\bar{r}_p - \bar{r}_f)/\sigma_p$。夏普比率(Sharpe's ratio)是用某一时期内投资组合的平均超收益除以这个时期收益的标准差。它测度了对总波动性权衡的回报。

特雷纳测度:$(\bar{r}_p - \bar{r}_f)/\beta_p$。与夏普比率的指标计算有一定的类似,特雷纳测度(Treyncr's measure)给出了单位风险的超额收益,但它用的是系统风险而不是全部风险。

詹森 α:$\alpha_p = \bar{r}_p - [\bar{r}_f + \beta_p(\bar{r}_M - \bar{r}_f)]$。(Jensen's alpha)是投资组合超过 CAPM 预测值的那一部分平均收益,它用到了投资组合的值和平均市场收益,其结果即为投资组合的值。

信息比率:$\alpha_p/\sigma(e_p)$。信息比率(Information ratio)是用投资组合 α 除以该组合的非系统风险,也称为“循迹误差”,它测量的是每单位非系统风险所带来的超额收益,非系统风险指原则上可以通过持有市场上全部投资组合而分散掉的那一部分风险。

每一种指标都有其可取之处。由于各种经风险调整后收益指标在本质上是不同的,因此它们对于某一基金业绩的评估并不完全一致。

6.7.4 业绩的 M^2 测度

虽然夏普比率可以用来评价投资组合的业绩,但其数值的含义并不那么容易解释。

格雷厄姆和哈维提出了改进的夏普比率指标，并由摩根士丹利公司的利娅·莫迪利亚尼(Leah Modigliani)和她的祖父——诺贝尔经济学奖得主弗朗哥·莫迪利亚尼(Franco Modigliani)进行了推广。他们的方法被命名为 M^2 测度指标(表示莫迪利亚尼平方)。与夏普比率指标类似，M^2 测度指标也把全部风险作为对风险的度量，但是，这种收益的风险调整方法很容易解释特定投资组合与市场基准指数之间的收益率差额。

测度指标的计算方法如下：假定有一个管理投资基金 P，当我们把一定量的国库券头寸加入其中后，这一经调整的投资组合的风险就可以与市场指数(如标准普尔指数)的风险相等。如果投资基金 P 原先的标准差是市场指数的 1.5 倍，那么经调整的投资组合应包含 2/3 的基金 P 和 1/3 的国库券。我们把经调整的投资组合称为，它与市场指数有着相同的标准差(如果投资基金 P 的标准差低于市场指数的标准差，调整方法可以是卖空国库券，然后投资于 P)。因为投资基金 P 和市场指数的标准差相等，所以我们只要通过比较它们之间的收益率就可以来考察它们的业绩。组合 P 的 M^2 测度指标计算如下：

$$M_P^2 = r_P - r_M$$

本章小结

1. 收益和风险是所有金融资产的两个基本属性，也是投资者选择金融资产的重要参考指标。收益最常用的含量指标是收益率，而投资组合的收益率等于其成分资产收益率按其对应资产权重的加权平均值。经典投资组合理论中度量风险的指标主要是方差(或标准差)和协方差，但投资组合的风险不仅与其所包含资产风险有关，且在很大程度上受到这些资产间收益率的相关程度的影响。

2. 投资组合理论研究的核心是投资者如何通过选择资产来使其投资组合达到最优的收益-风险状况；这里所谓的最优是以投资者效用最大化为标准的。

3. 按照投资者对风险态度的不同，可以将其分为风险偏好者、风险中立者和风险厌恶者三类，其中金融市场中风险厌恶者占较大比例。不同种类的投资者有不同的无差异曲线类型。

4. 均值-方差理论是经典投资组合理论的基础，其基本思想是投资者应该通过同时购买多种证券而不是一种证券来进行分散化投资，这样可以在不降低预期收益的情况下，减小投资组合的风险。

5. 资本资产定价模型是建立在均值方差理论基础上的资本市场均衡模型，该模型的主要目标是解决以下问题：在资本市场均衡时投资者如何选择最优投资组合；投资者期望的风险收益关系的类型是怎样的；用怎样的指标来衡量资产风险比较适当。

6. 资本市场线是在均值—方差理论中引入无风险资产后新的有效边界，它反映了当资本市场达到均衡时，投资者将资金在市场组合和无风险资产之间进行分配，从而得到的所有有效组合的预期收益和风险的关系。

7. 证券市场线反映的是资本市场达到均衡状态时,不同风险的资产及组合的均衡收益率情况,可以用该线来判断资产或资产组合的定价合理性。

8. 套利定价理论是建立在因素模型基础上的一个基于统计模型的资产定价理论。该理论在较少的前提假定下,提出了投资者可以通过套利来修正资产的误价,从而实现市场无套利的均衡。在均衡状态下,资产的预期收益率由两部分组成:一是无风险资产的收益率;二是由该资产对各影响因素的敏感度大小所决定的因素风险溢价。

9. 市场有效主要有三种形式:弱有效证券市场是指价格能够充分反映价格历史序列中包含的所有信息;半强有效证券市场是指价格不仅能够体现历史的价格信息,且反映了所有与公司证券有关的公开有效信息;强有效证券市场则是指所有相关信息,包括公开发布的信息和内部信息对证券价格变动都没有任何影响。

本章重要术语

收益　风险　投资组合　均值-方差理论　资本资产定价模型　资本市场线　证券市场线　套利定价理论　有效市场假说　布莱克-斯科尔斯公式　二项式期权定价　夏普比率

本章思考题

1. 假设,某股票 A 和 B 的部分年度资料如下:

年度	A 股票收益率/%	B 股票收益率/%
2016	26	13
2017	11	21
2018	15	27
2019	27	41
2020	21	22
2021	32	32

要求:

(1)分别计算投资于股票 A 和股票 B 的平均收益率和标准差。

(2)计算股票 A 和股票 B 收益率的相关系数。

(3)如果投资组合中,股票 A 占 40%,股票 B 占 60%;则该组合的期望收益率和标准差是多少?

2. 假设，某证券市场上有关资料如下：

类别	市场投资组合	政府债券
期望收益率	14%	10%
标准差	0.20	0

（1）假设投资者 A 的资金总额为 1 000 元，如果他以无风险利率借入 200 元，并与原有的 1 000 元资金一起（共计 1 200 元）投入市场投资组合，由此形成的借入投资组合的期望投资收益率和标准差是多少？

（2）如果投资者 A 以风险利率贷出资金 200 元，则用于购买市场投资组合的资金只剩下 800 元，即市场投资组合的比重为 80%，而无风险性资产的投资比重为 20%。由此形成的贷出投资组合的预期收益率和标准差又是多少？

3. 你是如何理解最优证券投资组合的形成？

第7章 有效市场假说与行为金融学

引入案例：　　　　　　行为金融学是怎么认识世界的

芝加哥大学流传着一个笑话。有人惊呼："地上有100美元！"

传统金融学家说："这不可能，地上不应该有100美元，有的话早被捡走了。"

而行为金融学家则说："怎么不可能？"他跑去一看，地上果然有100美元，于是开开心心地把它捡走了。

可见，传统金融学研究"应该是"什么样，从均衡的角度来看，地上不应该有100美元，这是长期的趋势和规律，而行为金融学研究的是真实市场"实际是"什么样。

行为金融学认为，不能用"应该是"的理论指导决策，否则会出问题。比如，监管者在面对市场时，不能因为认为市场从长期来看总是对的，就不管它了。如果能早点干预市场，说不定金融危机就不会发生。

实际上，任何学科和领域都可以用这两种方式思考问题。

比如，物理学从"应该是"的角度看待宇宙的运行规律，认为一切都是均衡的呈现；而在生物学看来，每个物种"实际是"在优胜劣汰的进化过程中捕捉生存机会，以完成自我的迭代升级。再比如，法学家从"应该是"的角度，保证司法体系从长远来看能维持公平；而律师则搜集证据，从"实际是"的角度，为委托人争取权益。

在看待任何领域的事物时，"应该是"的视角帮我们把握长远基准，"实际是"的视角帮我们理解当下发生的事情。到目前为止，前面所有理论的提出无不依赖于一个重要的假设——理性人。具体而言，在激烈的市场竞争中，不理性的人或者行为会逐渐被淘汰，市场始终趋于收敛于理性状态。基于此，我们认为市场的价格总是会反映出资产的基本面价值，即"有效市场"。可以说，有效市场假说也是传统金融学的重要理论基石。

但是实际的市场运作中，非理性交易者经常存在，资产价格可能会脱离基本面价值，市场并不总是有效的，这样的偏差便是行为金融学研究的主要内容。

"一个良好的金融学理论应当在承认我们是'正常'的投资者的基础上，全面刻画金融市场的整体运行规律"，行为金融学领域的主要代表人之一尤金·法玛如是说（Fama，1998）。

7.1 市场有效性

7.1.1 市场有效性的定义

有效市场理论，又称有效市场假说（Efficient Markets Hypothesis, EMH）始于1965年美国芝加哥大学著名教授尤金·法玛发表的一篇题为《证券市场价格行为》的论文。根据法玛的论述，在资本市场上，如果证券价格能够充分而准确地反映全部相关信息，便称其为有效的。

有效市场假说建立在三个基础假设上：第一，所有投资者都是理性的，新的信息出现后，每个投资者都会理性地调整他们对股票价格的估计；第二，市场中投资者对理性的偏离是相互独立的，即过度乐观者和过度悲观者同样多；第三，即使上述两个假设不成立，市场上的无摩擦套利行为也会使股票价格回归到其基本价值。

市场为什么会达到有效？随着关于证券的新信息被随机地发布，利润最大化的投资者的交易行为让股票价格迅速地调整到新的价位来反映新的信息。这种调整可以是不完美、不完全到位，但却是无偏的调整。这就意味着有时候市场会过度反应，有时候市场会调整不够，这种调整偏差的发生是不可预测的。股票价格之所以能迅速地调整是因为投资者为了利润最大化而互相竞争，因此市场的有效性来源于竞争。市场要达到有效必须有一定的交易量，并且互相竞争的投资者交易越频繁，股价的调整就越迅速，市场就更加有效。比如，在一个分析密集度和受关注程度较小的市场中，市场有效性的程度就会低一些。同时，在不同的股票上所表现出来的市场有效性也会有所不同。例如，即使在华尔街这样分析密集度很高的地方，因为小股票所受到的关注比大股票要少，所以相对而言其有效性也要低得多，收集和分析新信息的行为就可以产生更多的投资收益。

7.1.2 有效市场的分类

有效市场理论实际上涉及两个关键问题：一是关于信息和证券价格之间的关系，即信息的变化会如何影响价格的变动；二是不同的信息（种类）会对证券价格产生怎样的不同影响。尤金·法玛定义了与证券价格相关的三种类型的信息：

"历史信息"，即基于证券市场交易的有关历史资料，如历史股价、成交量等；"公开信息"，即一切可公开获得的有关公司财务及其发展前景等方面的信息；"内部信息"，即只有公司内部人员才能获得的有关信息。

如果证券价格不会因为向所有的证券市场参加者公开了有关信息而受到影响，那么，就说市场对信息的反映是有效的。对信息反映有效意味着以该信息为基础的证券交易不可能获取超常利润。

1967年5月，在芝加哥大学举行的证券价格讨论会上，哈里·罗伯茨（Harry Roberts）

提出了与不同信息相对应的三种不同效率的证券市场。哈里·罗伯茨的这篇文章并未发表，但其关于不同效率市场的划分却成为以后有关有效市场理论研究的基础。

1)“弱有效”证券市场

弱有效(Weak-Form Market Efficiency)证券市场是指证券价格能够充分反映价格历史序列中包含的所有信息，如有关证券的价格、交易量等。如果这些历史信息对证券价格变动都不会产生任何影响，则意味着证券市场达到了弱有效。

在一个弱有效的证券市场上，任何为预测未来证券价格走势而对以往价格格局进行的技术分析都没有意义，因为目前的市场价格已经包含了由此分析所得到的任何信息。

虽说投资者不可能借助技术分析方法，通过分析历史信息挖掘出被错误定价的证券获取超常利润，但这并不意味着投资者不能获取一定的收益，而只是表明，就平均而言，任何利用历史信息的投资策略所获取的收益都不可能获得超过简单的“购买—持有”(Buy-and-Hold)策略所获取的收益。

2)“半强有效”证券市场

半强有效(Semi-Strong-Form Market Efficiency)证券市场是指证券价格不仅能够体现历史的价格信息，而且反映了所有与公司证券有关的公开有效信息，如公司收益、股息红利、对公司的预期、股票分拆、公司间的购并活动等。

如果以上信息对证券价格变动没有任何影响，从而市场参与者不可能从任何公开信息的分析中获取超额利润，则证券市场就达到了半强有效市场。

3)“强有效”证券市场

强有效(Strong-Form Market Efficiency)证券市场是指有关证券的所有相关信息，包括公开发布的信息和内部信息对证券价格变动都没有任何影响，即如果证券价格已经充分、及时地反映了所有有关的公开和内部信息，则证券市场就达到了强有效市场。

强有效市场不仅包含了弱有效市场和中强有效市场的内涵，而且包含了一些只有“内部人”才知情的信息。强有效市场描绘了这样一种理想的状况：价格永远是真实的市场价值的反映，永远是公正的。投资者除了偶尔靠碰运气“预测”到证券价格的变化外，是不可能重复，更不可能连续地取得成功的。

这三种有效市场之间存在什么样的关系呢？实际上，我们可以将其理解为有效市场发展的三个阶段。弱式有效市场是最低阶段，半强式有效市场是中间阶段，强式有效市场是一个极端的阶段。但是半强式有效性中包括了弱式有效性，也就是说如果一个市场是半强式有效市场，那它肯定就已经是弱式有效市场了。同理，强式有效性包括了弱式有效性和半强式有效性。根据三个效率市场层次所包含的信息集的大小，它们的关系如图7.1所示。

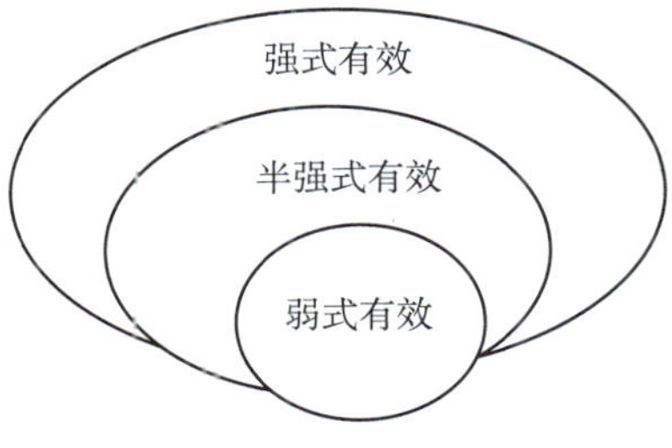

图 7.1　有效市场三个阶段的关系

7.1.3　有效市场在证券投资中的实践意义

1)有效市场和技术分析

如果市场未达到弱式有效,则当前的价格未完全反映历史价格信息,那么未来的价格变化将进一步对过去的价格信息作出反映。在这种情况下,人们可以利用技术分析和图表从过去的价格信息中分析出未来价格的某种变化倾向,从而在交易中获利。

如果市场是弱式有效的,则过去的历史价格信息已完全反映在当前的价格中,未来的价格变化将与当前及历史价格无关,这时使用技术分析和图表分析当前及历史价格对未来作出预测将是徒劳的。如果不运用进一步的价格序列以外的信息,明天价格最好的预测值将是今天的价格。因此,在弱式有效市场中,技术分析将失效。

2)有效市场和基本面分析

如果市场未达到半强式有效,公开信息未被当前价格完全反映,分析公开资料寻找误定价格将能增加收益。但如果市场半强式有效,那么仅仅以公开资料为基础的分析将不能提供任何帮助,因为针对当前已公开的资料信息,目前的价格是合适的,未来的价格变化与当前已知的公开信息毫无关系,其变化纯粹依赖于明天新的公开信息。对于那些只依赖于已公开信息的人来说,明天才公开的信息,在今天是一无所知的,所以不需要用未公开的资料,对于明天的价格,他的最好的预测值也就是今天的价格。所以在这样的一个市场中,已公布的基本面信息无助于分析家挑选价格被高估或低估的证券,基于公开资料的基础分析毫无用处。

3)有效市场和证券组合管理

如果市场是强式有效的,人们获取内部资料并按照它行动,这时任何新信息(包括公开的和内部的)将迅速在市场中得到反映。所以在这种市场中,任何企图寻找内部资料信息来打击市场的做法都是不明智的。在这种强式有效市场假设下,任何专业投资者的边际市场价值为零,因为没有任何资料来源和加工方式能够稳定地增加收益。

对于证券组合理论来说,其组合构建的条件之一即假设证券市场是充分有效的,所有市场参与者都能同等地得到充分的投资信息,如各种证券收益和风险的变动及其影响因素,同时不考虑交易费用。但对于证券组合的管理来说,如果市场是强式有效的,组合管理者会选择消极保守型的态度,只求获得市场平均的收益率水平,因为区别将来某段时期的有利和无利的投资不可能以现阶段已知的这些投资的任何特征为依据,进而进行组合调整。

因此,在这样一个市场中,管理者一般模拟某一种主要的市场指数进行投资。而在市场仅达到弱式有效状态时,组织管理者则是积极进取的,会在选择资产和买卖时机上下功夫,努力寻找价格偏离价值的资产。

4)有效市场假说的异象

基于有效市场理论所建立的资产定价理论的研究成果非常广泛。其中一些研究发现分样本定价与全样本定价存在不同之处,之后就有人专门研究这些不同之处,这类研究也被称为“市场异象”(Market Anomaly)。这些现象在有效市场框架内不好解释。如果市场是有效的,那么这些定价偏高或偏低的现象不可能在市场上长期存在,因为市场中的投资者一旦发现这一现象,会立刻采用交易策略买卖资产而使得这样的现象消除。但是研究者发现,这些现象在全世界不同国家和地区的市场中都存在并且长期存在。

研究者发现的市场异象有很多,但概括起来可以分成两种类型:一种是与公司特性有关的异象,另一种是与时间有关的异象。

(1)与公司特性有关的异象

①小公司效应。

“小公司效应”(Small-firm Effect)也称“规模效应”(Size Effect),是指以股票市值为衡量标准的公司规模的大小与该股票的市场收益率之间呈相反的关系,即小盘股比大盘股的收益率高,且该效应集中表现在一月份。对该效应最有力的解释是小公司一般具有较高的风险,因此它们应获得相应更高的收益率。一方面,机构投资者通常更关注大公司,而较少研究小公司,所以市场参与者对于小公司的生产、管理及市场销售等情况存在信息不完全性;另一方面,相对大公司,通常小公司的资产收益率更低而杠杆比率更高,更易受经济负面变化的影响,所以风险也更高。

②价值效应。

“价值效应”(Value Effect)与反映公司价值和其财务特征的指标有关,最主要的指标是市盈率和市账率。该效应是指低市盈率或低市账率公司的股票能够提供更高的投资回报,这一现象在熊市时较为显著。

如果市场是有效的,投资者发现这些现象后,应该买入收益较高的小公司股票或低市盈率、低市账率股票,这样大量买入的结果,将促使其价格上升,收益下降并回归到正常水平。但事实上,上述效应在不同的市场上长期存在,因此有违市场有效性假定。

(2)与时间有关的异象

①一月效应。

如果市场是有效率的,原则上每个月的回报率平均也应是差不多。但根据统计学的验证结果显示,一月份的回报率往往是正数,而且会比其他月份高;相反,在12月的股市回报率很多时候会呈现负值,这就是学界称为的“一月效应”(January Effect)。一月效应的产生很大程度上是因为投资者出于避税的目的选择在每年年末之前出售手中已经亏损的股票。一旦税收年度进入下一个新的年度，这些投资者就会很快把钱重新投入市场，造成股价上扬。

美国的税法规定：投资所获盈利需要缴纳资本增值税。如果股票卖出价比买入价高，则所赚取的利润要缴税。但这税项是对称的，如果股票卖出价比买入价低，投资便出现亏损。原则上，这些亏损可以抵扣税款，但是股票投资的赚蚀税务效应需要进行实质的买卖，仅仅是账面亏损不能抵扣税款。美国报税的结束日在每年 12 月尾，为了降低所缴纳的税款，不少投资者都会在 12 月底前卖出已损股票沽出账面亏损股份，形成了 12 月的股市偏淡。但翌年 1 月，投资者会重新投入市场，把 12 月套现的资金重新投放到股市之中，买入心仪的股票，继而带动股市上升。尽管一月效应在历史上发生了很多次，但是投资者仍然很难从中获得超额利润，因为所有人都期望市场有一月效应发生，所以股票价格也会很快就作出调整。

②其他日历效应。

之前描述的一月效应是日历效应中的一种。其他日历效应中观察的最为广泛的要数对一个星期中每一天的收益差异的观测。一些研究发现，周一有比较大的负收益而其他四天有正收益。周一的负收益不是平均分布的，而是可以分解成两部分：有一半的负收益是来自周五收盘和周一开盘之间，另一半来自周一开盘后的前 45 min。在周一收盘前 30 min，大部分股票都有回升。据此，投资者应该在周五晚些时候卖出股票，并在周一开盘 45 min 买进股票。另外，对于大公司而言，周一的负收益效应经常发生在周一开盘之前（或者将其称为“周末效应”）；对于小公司而言，大部分的周一负收益效应发生在周一开盘的当天（或者将其称为“周一交易效应”）。

③动量效应与反转效应。

动量效应与反转效应可以看作与时间有关的一类市场异象，二者的存在说明市场没有达到有效。动量效应（Momentum Effect）是指证券市场价格对信息反应不足（Underreact）的现象，也就是说，与证券价格相关的信息没有立即、足够地反映在证券价格上，价格在之后的一段时间内仍然朝原方向（涨或跌）继续运动。反转效应是指证券价格由于对信息存在过度反应（Overreacel），对所谓“好消息”的过度反应使其价格超涨，对所谓“坏消息”的过度反应使其价格超跌，一段时间后，这种过度反应回归理性从而使资产价格反转回归正常的现象。

以上列举的只是市场中与市场有效假说相违背的几种现象，而这几种现象是经济学家发现的股票收益率的时间规律以及和公司市值大小的关系。从研究结果来看，有的股票确实在某个特定的时候或者特定的一群公司中有持续性和系统性的偏低或者偏高的收益率，但是又很难对这些文献研究一概而论。背后的解释有很多，有的观点认为这些有规律的股价走势是随机发生的，但是有无数的研究者无时不刻在研究股价，所以这种耦合的股价趋势被发现也是在所难免；也有观点认为这种有规律的股价走势可能是因为市场的微观结构和市场交易指令的运行模式所带来的；还有一些观点认为这些股价走势的产生就证明股票市场是无效的，当投资者利用这些走势套利时这些明显的股价走势就会消失。

延伸阅读:　　　　"一月效应"在中国资本市场是否应验?

有关专家的统计分析表明,沪深股市出现一月效应极为明显。此外,每年1月,除了具有"首尾呼应"的预示效应外,1年的最低点或次低点出现在1月份的概率也要大大高于其他月份。从1991年至2004年中,有7个年份的最低点或次低点出现在1月份,其中有5次形成了重大转折。2002年、2003年,大盘几乎都是在结束长达6个月的调整后在1月份出现转折及恢复上涨的。另有资料显示,1月的赚钱效应也是十分明显的,历史上1月平均上涨幅度明显偏大,为13.89%,平均下跌为5.81%。一些解释认为:一是岁末年初资金紧张,基金迫于年初的分红压力及应对春节前赎回高峰而必须保持一定比例的现金头寸,所以当市场资金供应量相对紧张的时候,游资等短线炒手则更青睐于资金推升成本较低的低价股;二是低价股、亏损股基本面较差,容易被普通投资者冷落,这样却有利于主力或游资在低位收集筹码,而在拉升低价股后往往再启动颇具人气的科技股;三是绩差股的年报风险已经通过预警预亏机制得到了提前释放,同时绩优公司利好效应也得到提前展现,从而使得一些主力资金更倾向于低价股、亏损股。

7.2　行为金融

7.2.1　行为金融的定义

行为金融学在近二三十年迅速发展,其在研究人们各种金融行为的过程中借鉴了心理学和社会学等学科的相关理论,为现有的经济金融理论体系注入了新的活力。其核心思想在于,资产的价格并不只是由其基本价值决定,很大程度上还会受到投资者主观行为的影响。从传统金融学角度来看,行为金融学研究的是金融市场中有限理性或者非理性投资者的"错误"行为,一定程度上对传统金融理论起到了修正和补充作用。

传统金融学的根是有效市场假说,这个理论之所以到2013年才获得诺贝尔经济学奖,是因为它一直受到行为金融学的挑战。有效市场假说的基本结论是,金融资产的价格总是正确的,即价格总是等于价值。而行为金融学认为,价格通常与价值不符,即会产生错误定价。

如今,传统金融学和行为金融学长成了两棵完全不同的大树,它们的具体不同到底有哪些呢?

1)"人是理性的"与"人并非是理性的"

在传统金融学中,用来支撑"价格总是正确"的理论是:人是理性的。人做决策分两步:第一步,认识、了解决策对象;第二步,通过比较做出选择。传统金融学认为:在认知过程中,人可以正确认识决策对象;在选择过程中,理性人会选对自己效用最大的选项,这叫预期效用最大化。而行为金融学的观点恰好与此相反。行为金融学认为:在认知过程中,人无法正确认识决策对象;在选择过程中,决策并不取决于效用的绝对值,所有决策都是相比较而言的。

社会心理学通过研究群体行为得出“三个臭皮匠,顶个诸葛亮”这句老话并不成立。相反,人都有理性的一面和非理性的一面,如果非理性的一面被统一,那么群体的智商甚至比单个理性人的智商还要低。非理性的群体会产生系统性合力。系统性和随机不同,在随机情况下,事情的发展互为不同方向,因而结果可以互相抵消,而系统性是同方向的。比如,当股票价格跌得很惨的时候,大家会同时产生恐慌情绪,都不愿意买,这就叫系统性。社会心理产生的系统性影响,使价格不会像传统金融学预期那样迅速修复,而是会持续下跌,股市崩盘就是这个道理。

2)套利与有限套利

诺贝尔经济学奖获得者斯蒂芬·罗斯(Stephen Ross)曾说过一句经典的话:“要教会一只鹦鹉金融学,你只需要教给它一个单词——套利。”简言之,一买一卖就是套利,套利是保证经典金融学核心理论成立的基础与前提。

在传统金融学看来,套利有三个条件:零成本、无风险和正收益。如果有一件事满足以上三个条件,理论上你应该动用全世界的财富去做这件事,直到套利机会消除。因而,传统金融学认为,就算世界上只有一个人是理性的,他都能完成套利,纠正价格偏差,进而使价格恢复到价值,所以价格还是正确的,传统金融学的理论依然成立。

然而,行为金融学则强调真实市场的套利不可能零成本、无风险和正收益,真实的套利往往受到诸如模型错误、基本面风险、套利的监管限制、缺乏套利工具、噪音交易者风险等条件的限制,更多地表现为“有限套利”状态。因此,套利机会虽然一直存在,但有限套利会使得资产价格出现偏差。

7.2.2　行为金融学的基本研究范畴

心理学研究发现,人的行为会偏离“正确”的路径,如果标准金融学是正确的靶子,行为金融学则是人的行为如何偏离了这个靶子。人的任何决定都是由两部分构成。例如,你决定是否要买一只股票,第一步,要先对股票的各种信息有所认识和了解,这一步叫认知(belief,也可以翻译成“信念”);第二步,再对所掌握的信息按一定的原则进行比较和选择,这一步叫决策(preference,也可以翻译成“偏好”)。

行为金融学即是研究人们认知的非理性和决策的非理性。

1)投资者的认知和决策偏误

心理学家通过实验确定了一些普遍存在的人的认知和行为偏差,这些研究表示,人在“认知”和“决策”两个方面均会存在一些系统性偏差。

(1)过度自信(Over Confidence)

过度自信是指人们常常对自己的能力、知识和对未来的预测过度自信。过度自信无处不在。一些研究者发现:当要求司机对自己的驾驶水平做出评价时,有90%的人认为自己属于前1/2;很多自己创业的中小企业家即使知道成功的可能性不大,但还是会坚持下去,而事实也表明在创业后不到四年里,有超过2/3的企业破产倒闭;在投资中,过度自信的投资者会误解信息的准确性,高估自我处理信息的能力,较少考虑他人观点,从而只能取得较低的收益率。

目前学术界认为过度自信来源于三大部分。一是自我归因偏差,如果事实证明你的行为或想法是正确的,人们会归因为自己的能力强;反之,人们会推说是自己的运气太差。这样的心理会阻扰人们通过理性学习来对过度自信进行纠正,从而使过度自信进一步强化。二是控制力幻觉,人们常常认为自己能控制事情的发展并取得成功,这样的人容易陷入自我幻觉之中,并用极端的方式去努力实现假象。三是计划谬误,指的是大多数人在大多数情况下,要么不能按时完成计划,要么逾期或超出财务预算完成计划。

股市中的过度自信往往有两种:一是对所获得信息的准确性存在过高的估计,二是对自己理解信息能力存在过高的估计。第一类过度自信可以通过考察人们买入表现好的股票、卖掉表现差的股票所获得的收益是否大于交易成本来判断;第二类过度自信可以通过考察不考虑交易成本时买入股票的收益是否大于卖掉股票的收益来判断。在对市场进行预测时,投资者会对自己掌握的信息赋予更高的精确度,设置过窄的置信区间,但实际价格却远远高于或者远远低于预测值。比如,过度自信的投资者可能会预测接下来股价将以90%的概率在8~10元波动,而实际上股价却以同样的概率在6~12元波动。这种错误的判断会直接影响到投资者对未来的预期,导致对新发生事件的过度反应或反应不足,即对有利于自己投资策略的信息过度反应,而对不利于自己投资策略的信息反应不足。

人们认为,他们常常购买他们很了解或者自认为很了解的股票,其实并非如此,这导致人们在这些股票上付出昂贵代价。过度自信常常使投资者过度交易,并带来很低的投资收益。

(2)禀赋效应(Endowment Effect)

禀赋效应又称现状偏差,人们抗拒改变,更愿意坚守熟悉的事情。对于已拥有的东西,人们往往认为其更加珍贵;对于自己熟悉的东西,人们也往往会过度乐观。这样的熟悉性思维使人们总是将过多的资产投入到他们所在的公司,因为他们认为本公司股票将获得更高的收益率。

相关案例:　　　　美国的养老退休401(k)计划

以美国的养老退休401(k)计划为例。401(k)计划是美国由雇员和或者雇主共同缴费建立起来的养老保险计划,雇员每月从工资中拿出一定比例,公司也相应地拿出一定比例存入养老金账户。与此同时,公司向雇员提供不同的证券组合投资计划。雇员退休后得到的养老金数额就取决于缴费的多少和投资的收益。事实显示，在美国，雇员将401(k)计划证券组合中的大部分都投资于本公司股票。仔细想一想，你会发现，将该计划的大部分投资于本公司股票是非常不理性的。一方面，这不符合分散化投资的要求；另一方面，我们知道，这些雇员从所在的公司获得工资收入，这意味着他们已经将自己的资产状况与公司的兴衰绑定在一起了，若再将退休金投资于本公司，这笔投资的风险实在是太大了。尤其是那些将全部退休金都投资到本公司股票的雇员，在公司破产失业的同时会变得一无所有。

(3)代表性偏差(Representativeness Bias)

代表性偏差(Representativeness Bias)是一种基于固定思维模式的判断。在不确定的情形下，人们常常抓住问题的某个代表性特征直接推断出结果，而不考虑该特征出现的真实概率，以及与该特征相关的其他因素。这种方式在一些情况下是能帮助人们迅速抓住问题本质的有效方法，能够使人们尽快地做出决策，但在更多情况下会造成严重的偏差。代表性偏差主要有下面几种表现。

第一个表现是漠视基本概率。在进行评估和判断时，人们倾向关注一个事件同另一个事件或者同整体事件的相似程度。如果相似，就归为一类，不利用概率统计等数学工具进行客观和全面的分析。

相关案例：　　　　推测一下张三是哪种职业

张三今年30岁，他的邻居这样评价他：张三是一位害羞、内向、乐于助人的人，但是不喜欢社交活动；张三性格温和、遵守秩序、注意细节。从这样的描述中，推测一下张三更可能是哪种职业，销售人员还是图书管理员？

很多人认为张三是图书管理员，因为他的性格更加符合，但是从概率的角度，结论正好相反。

假设中国有1 500万销售人员，18万图书管理员，则张三是销售人员的概率是图书管理员的80多倍。从客观的角度看，应该推断张三是销售人员的概率更大一点。

设，张三为图书馆管理员的事件为 L，张三为销售人员的事件为 S，张三拥有邻居描述特征的事件为 T，图书管理员中有95%的人是邻居描述的性格，销售人员中有5%的人是邻居描述的性格。使用贝叶斯公式得：

$$
\begin{aligned}
P(L \mid T) &= P(L) \cdot P(T \mid L) / [P(L) \cdot P(T \mid L) + P(S) \cdot P(T \mid S)] \\
&= (18/1\,518 \cdot 95\%)/(18/1\,518 \cdot 95\% + 1\,510/1\,518 \cdot 5\%) \\
&= 18.47\%
\end{aligned}
$$

$$
\begin{aligned}
P(S \mid T) &= P(S) \cdot P(T \mid S) / [P(L) \cdot P(T \mid L) + P(S) \cdot P(T \mid S)] \\
&= (1\,510/1\,518 \cdot 5\%)/(18/1\,518 \cdot 95\% + 1\,510/1\,518 \cdot 5\%) \\
&= 81.53\%
\end{aligned}
$$

因此，张三是销售人员的概率更大。

以上例子中95%和5%的概率是主观的“代表性思维”,其中并未考虑基本概率问题,这也是人们经常会有的数字偏误。

代表性偏差的也有一个重要反映是应用小数定律。人们在日常生活中对样本规模不够敏感,用小样本代表整体,这样的判断对投资者也是一种误导作用。最常见的是人们经常把好公司和好投资混淆,认为好公司就代表了好股票、好投资。但现实情况中一些公司优秀的盈利表现只可能是公司暂时的幸运表现,该公司不一定是快速增长型公司,也不总是好的股票投资选择。

此外,货币幻觉也是代表性偏差的一种,即人们常常忽略通货膨胀的影响,混淆名义价值和真实价值的区别。

(4)锚定效应(Anchoring Effect)

锚定效应是指人们常常顽固地坚信一些事实和观念,它们往往难以在短期内改变。先入为主、厌恶证伪的惰性心理影响着投资者们的决策。金融市场中,当人们需要做出数量型评价时,他们的观点很可能被原始的建议影响。投资者对未来的预测总是会和当时的价格非常接近,这也使得他们短期内对新信息的反映较为滞后。

除了上述的几种投资者认知和决策偏误外,损失厌恶、后悔厌恶、可得性偏差、情景依赖等也是鲜明的例子,读者可以自行了解。

2)展望理论或前景理论(Prospect Theory)

长期以来,期望效用理论(Expected Utility Theory)是传统金融学的重要理论基础,但后来诞生的展望理论对期望效用理论发起了挑战。

相关案例:圣彼得堡悖论(St. Petersburg Paradox)与阿莱悖论(Allais Paradox)

17世纪时,一些数学家就开始思考人在面对选择时是怎么决策的。当时公认的想法是,如果同时有几个选项可选,能获得最大财富的那个选项就是最好的。但这种观点受到了圣彼得堡悖论的挑战。

什么是圣彼得堡悖论?

假设有人邀请你玩一个赌博游戏,游戏中你要不断投掷硬币,直到硬币正面朝上为止。如果第一次就成功了,奖金是2美元;如果第二次才成功,奖金是4美元;以此类推,如果第n次成功,奖金是2的n次方美元。你愿意花多少钱来参与这个游戏?

1738年,数学家尼古拉·伯努利(Nicolaus Bermoulli)回答了这个问题。他认为,随着财富的增加,人们对金钱的期望效用是递减的,会逐渐产生风险厌恶。也就是说,虽然财富的诱惑力很大,但是风险会让人们停下脚步。这就是圣彼得堡悖论,也是“期望效用”第一次被提出。

直到1944年,数学家冯·诺伊曼(John von Numann)和经济学家奥斯卡·摩根斯特恩(Oskar Morgensten)正式提出期望效用理论,期望效用理论认为,人们关心的不是财富的绝对值,而是财富所带来的效用。效用这一概念代替了之前的财富绝对值,这是决策理论的重大突破。期望效用理论成为经济学最基础的理论之一。

但期望效用理论又受到了另一个著名悖论阿莱悖论的挑战。什么是阿莱悖论？首先来看两组选择题：

A 和 B 两个选项：如果选择 A，有 80% 的可能得到 4 000 元，但有 20% 的可能得不到钱；如果选择 B，能 100% 拿到 3 000 元。面对这个选择，80% 的人会选 B。C 和 D 两个选项：如果选择 C，有 20% 的可能得到 4 000，有 80% 的可能得不到钱：如果选择 D，有 25% 的可能得到 3 000 元，有 75% 的人可能得不到钱。这时，65% 的人会选 C。

仔细观察会发现，如果按照期望效用一致的标准来看，人的偏好应该是一致的——选 B 的人应该同时选 D，但实验结果却并非如此，阿莱悖论的提出促使大家思考，期望效用理论可能并不符合人的实际决策。

那么，人的实际决策是怎样的呢？在所有研究实际决策的理论中，最有名的是行为金融学家卡尼曼和特沃斯基提出的展望理论，他们因此获得了 2002 年的诺贝尔经济学奖。展望理论最著名的观点是，人的决策依赖于参考点。

期望效用理论认为，效用是财富的增函数。也就是说，财富越多，效用越高。虽然随着财富的增加，效用增加会越来越慢（即边际效用递减），但无论如何，财富水平高时的效用肯定比财富水平低时的要高。

假设公司这个月给 B 发了 1 万元奖金，员工是否高兴？传统期望效用理论认为，B 当然知道自己是否高兴，因为这 1 万元的绝对值带给人的效用是确定的。但在实际场景中，B 会先看看其他同事拿了多少奖金：如果同事拿了 5 000 元，B 就高兴；但如果同事拿了 3 万元，B 就不高兴。此时，同事的奖金水平就是参考点。

展望理论（Prospect Theory）也译作“前景理论”，由丹尼尔·卡尼曼（Daniel Kahneman）和阿莫斯·特沃斯基（Amos Tversky）提出，将心理学研究应用在经济学中，在不确定情况下的人为判断和决策方面作出了突出贡献。针对长期以来沿用的理性人假设，展望理论从实证研究出发，从人的心理特质、行为特征揭示了影响选择行为的非理性心理因素。展望理论认为，效用并不取决于财富绝对值带来的感受，而取决于跟谁比，也就是参考点的位置。参考点不同，效用就不同。

从数学的角度来看，展望理论拥有如图 7.2 所示的价值函数图像。

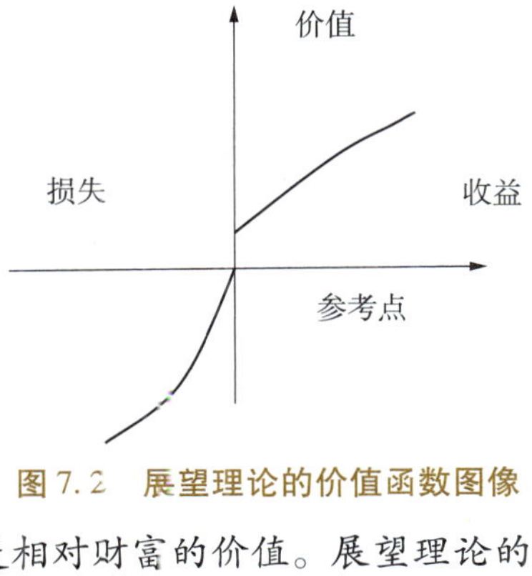

图 7.2　展望理论的价值函数图像

第一，价值函数衡量的是相对财富的价值。展望理论的一个特色就是把财富的变化量而不是绝对水平作为价值的来源。严格地讲,价值函数受两个因素影响:作为参照点的初始状态和对参照点的偏离,正如日常生活中人们的感知也是取决于对参考点的偏离。比如,当被问及“今天的天气如何?”时,回答常常为,“今天的天气可能比炎热的夏天要凉爽些,但比寒冷的冬天要暖和些”。

第二,人们在获得收益时表现为风险规避,在遭受损失时表现为风险偏好。具体体现为价值函数在收益区间呈凹性,在损失区间呈凸性。也就是说,在亏损的时候,投资者非常敏感,面对股价的波动更加激进,而并不急于卖出;在盈利的时候,投资风格会变得保守,愿意尽快卖出以锁定利润。另外,收益和损失的边际价值都是递减的,随着收益和损失的量的增加而减少。

第三,价值函数在损失区间内更加陡峭,即决策者对边际损失比边际收益更加敏感。这与损失厌恶心理是一致的。相对于收益,损失对人们的影响比较大。损失一定数量的金钱后所感到的痛苦,比获得同样数量的金钱后所感到的快乐要大。

相关案例:盈利和亏损时的风险偏好:牛市赚不到头,熊市一亏到底?

投资时,人们常常将买入价格定为参考点,有了这个参考点,就可以定义盈利和亏损。而行为金融学告诉我们,投资者在面对盈利和亏损时的风险偏好是不同的。

股市有牛市也有熊市。在牛市的时候。资产价格普遍上涨,股民通常处于盈利状态。但是,很多股民在牛市里都赚不到头,两三个涨停板后就落袋为安了。而在熊市的时候,资产价格普遍下跌,股民很有可能处于亏损状态。此时,很多股民会一亏到底,迟迟不愿意割肉,手中亏损的股票一直伴随漫漫熊市,等待回本的那一天。等到价格回到买入价,很多人赶紧解套抛出,结果价格又一飞冲天,令人追悔莫及。

股市中之所以会出现上述现象,是因为人们在盈利的时候会产生风险厌恶,于是不愿意冒险,选择“落袋为安”;在亏损的时候人们不喜欢接受确定性的损失,总想搏一把,于是一直在等待。

7.3 投资理念

7.3.1 投资理念的定义

证券投资的成功与否取决于对未来预测的准确性,取决于是否具有正确的投资理念和操作策略。投资理念(Investment Philosophy)是指导投资者行为的最基本规则或投资者为自己的投资行为所制定的宪法,是投资者所认定正确、有效,并身体力行的最基本的投资行为准则。

相关案例：　　《股市真规则》

美国最早、最著名的共同基金评价机构晨星公司的创始人帕特·多尔西2004年在《股市真规则》，基于其近20年对共同基金投资操作的评价与观察，并结合其个人多年的投资经验，总结出股市成功所遵循的五条基本规则：

①做好你的功课，拥有自己的投资哲学；

②寻找优势公司；

③买入之际要有安全边际——实际股价和我们对股价估值之差；

④长期持有；

⑤知道何时卖出。

投资讲究技巧先于理念，理念重于技巧。投资技巧与投资理念有本质差别。第一，适用范围不同。投资理念覆盖全局，强调能适应股市各周期阶段的各种状况；投资技巧仅适用于局部，通常针对某种特定情境。第二，有效期不同。投资理念有效期长，变动频率低，稳定性高；投资技巧时效短，变动快。第三，建设周期不同。技巧属短线、支线建设；理念属长线、基本建设。理念只有在一些局部问题出现不断的重复、投资者遭遇重大的成长瓶颈之时才被重视。如果你查询投资类目，你会发现80%～90%为技术类书籍，而关于投资理念、策略的书籍非常有限。这个问题难度高，综合性强，属于投资者中的高端需求，受众至少要有3～5年的实战经验，且不同的流派有不同的理念，现实中经常混杂在一起，难以分辨。

管理大师艾柯夫（Ackoff）强调一个重要的管理理念：做正确的事远比正确地做事更重要。做错误的事越有效率，越错误。同理，战略层面的问题远比战术层面的问题重要，只有在战略层面旗鼓相当之际，战术层面的作用才有决定意义。

案例：　　如何对待短线交易问题

投资者常见错误之一，就是热衷于股市的短线交易，并把主要时间、精力投入短期交易。对一些经验不足的交易者而言，经常存在尝试把握短期波动、获取更高收益的诱惑。如果选择正确，短期频繁交易等同于高周转率、高杠杆交易。如果成功率高，自然获利幅度大。问题在于操作难度与你的能力能否匹配。短期波动，随机性高，对技能要求高，如果不匹配，则损失大于收益。如何对待短线交易问题，不同投资理念给出不同的答案。但无论依据价值投资哲学，还是趋势投资原理，都视短线交易为输家游戏，投资者要回避，不参加短期交易。

上述结论基于下列投资信念：第一，股价短期变动属随机运动，随机运动的本质特征就是不可预测；第二，趋势投资者信条之一是趋势不可预测，只能跟踪；第三，短期交易累积下来的交易成本与交易失误使投资者得不偿失；第四，在价值投资对市场的解读中，短期频繁交易，风险远大于收益，并非风险收益机会均等。

股市大的输赢多在尖锐的分歧中产生，且真理通常只在少数人手中。先机决定了战机，有时也决定了胜负。在市场一系列重大分歧时刻，成功的投资者通常具有与众不同的独立见解，尤其是在股市过度波动的过程之中，或个股陷入激烈分歧之际。值此高温高烧的境地，保持众人皆醉我独醒的境界确实难能可贵。它考验投资者的功力，实质也在考验投资者对自身投资理念的置信度与执行力。如果投资者始终随波逐流，其最终结果也会与多数人一致，业绩平庸，流于落败。能受命不迁、横而不流者，必有自身投资理念的支撑。股市中的定力、独立判断来自信念；信念在投资判断上体现为对某预期事件发生与否的置信度；置信度来自相关知识与经验的储备，来自个人心路历程的不断验证。

延伸阅读：投资大师的共同点

投资大师存在多种投资信念和投资风格，但也有其共同点：

第一，强调独立思考，不承认市场有效。他们不随波逐流。股市多数人都有出错的时期，而出错是投资机会。

第二，不参与短线波动操作。不关注日常波动、随机波动。日常的随机波动并不改变个人财富，因为你不要奢望能时时把握住这种波动。坚守长期投资策略才是成功之道，真正的挑战是坚守长期投资纪律。价值投资者格雷伯格的投资哲学很简单：“一个人应该拥有一种在长期看来会赢而不会输的方法。投资者不应使用在提供丰厚回报的同时，也可能面临巨大损失的方法。投资是长期的事业，所以投资者必须找出一个能让他成为长期赢家的方法。”

第三，强调理念、方法各不相同，但均可获得成功。他们各有自己明确的投资理念、投资哲学，并有一套从大到小、从简至繁的投资规则。他们坚守信念，尤其是在逆境中，坚守源于自信理念的正确率。

第四，认同最重要的投资规则是投资过程合理化。过程合理化评价高于结果导向评价。完全以结果做决策质量判断标准，其错误在于忽视了当时决策时点各类盲区对决策的约束，尤其是当时不充分信息对决策的限制。

第五，要设安全边界或止损机制。要设定可承受的风险。股票投资，不是不会出错，而是必会出错；重点在于防止出大错。不能容忍风险超过承受能力是基本原则。控制头寸，特别是控制杠杆应用，要及时止损。

第六，操作系统适应性的全周期检验。要长期有效，全面适应，而非仅适应某些情境、某个股市阶段。要进行综合性整体评估。股市长期的好成绩，说明对整体周期性环境、随机环境的良好适应性。短期有效的方法未必长期有效。

第七，敬业、勤奋、专注。投资是事业、乐趣，而非工作。专注，了解自己的能力，坚守属于自己的阵地，只投资自己最有经验、最擅长的领域。

第八，强调情绪管理，强调投资策略的执行力。培育情商，用规则、纪律约束自己。大师能为人所不能，大师能克服一些重大的人性弱点。败者受人性贪婪、恐惧的弱点支配。

7.3.2 证券投资理念的类型

每个成功的投资者都有适合自己的交易系统。有效的交易系统有多种,但不一定每种都适合你。除非你对自己的心理优劣特点有明确的认知,否则无法找到适合自己的交易系统。

不同的投资理念、策略均可成功。各种投资理念都是特定股市环境下的产物,都有其存在的合理性。同样,任何投资理念都不是完美无缺、放之四海而皆准的,都各有其特定的适用条件和适用范围。适合投资者自身特征的策略才是最好的策略,能执行到位的策略才是好策略。

中国证券市场中坐庄式的价值挖掘型投资理念、价值发现型投资理念与价值培养型投资理念三者并存。随着我国证券市场制度建设和监管的日益完善、机构投资者队伍的迅速壮大,以价值发现型投资理念与价值培养型投资理念为主的理性价值投资将逐步成为主流投资理念。

1)价值挖掘型投资理念

价值挖掘型投资理念是指股票不存在投资价值或可投资的机会,但是可以通过资本运作,实现价值的发现,进而实现增值。

在以基本面分析为主的价值股挖掘过程中,往往呈现出如下特点:通过价值挖掘寻找出来的股票,其上涨的时间可能有早有晚,但持有者在分析挖掘正确的情况下,挖掘并持有基本上不吃亏,尽管股票因市场炒作的规律性而导致这些潜力股的上涨有早有晚,但持有往往都会收益丰富。

2)价值发现型投资理念

价值发现型投资理念是一种相对分散的市场投资理念。这种投资理念的前提是证券的市场价值是潜在的、客观的,依靠市场分析和证券基本面的研究,投资风险相对较小,具体原因有以下几点。

其一,价值发现是一种投资于市场价值被低估的证券的过程,在证券价值未达到被高估的价值时,投资获利的机会总是大于风险。

其二,由于某些证券的市场价值直接或间接与其所在的行业成长、国民经济发展的总体水平相联系,因此在行业发展及国民增长没有出现停滞之前,证券价值还会不断增加,在这种增值过程中又相应地分享国民经济增长的益处。

其三,对于某类具有价值发现型投资理念的证券,随着投资的进行,往往还有一个价值再发现的过程,这个过程也许还会将这类证券推到一个相当高的价值平台。

因此,在价值发现型理念下,只要国民经济还有增长和行业发展的客观前提,以此理念指导投资能够较大程度地规避市场投资风险。

3)价值培养型投资理念

价值培养型投资理念是一种投资风险共担型的投资理念。这种投资理念指导下的投资行为,既分享证券内在的价值成长,也共担证券价值成长风险。其投资方式有两种:一种是投资者作为战略投资者,通过对证券的母体注入战略投资的方式培养证券的内在价值与市场价值;另一种是众多投资者参与证券母体的融资,培养证券的内在价值和市场价值。在中国,前者如各类产业集团的投资行为,后者如投资者参与上市公司的增发和配股及可转债融资等。

价值发现型投资理念是一种风险相对分散型的市场投资理念,价值培养型投资理念是一种投资风险共担型的投资理念。相对于价值挖掘型的坐庄投资理念,价值发现投资理念的投资风险要小得多。

7.3.3 投资理念之——价值投资

1)价值投资的产生与发展

价值投资(Value Investing)的核心思想是利用某一标度方法测定出股票的"内在价值",并与该股票的市价进行比较,进而决定对该股票的买卖策略。价值投资认为上市公司的内在价值与股票价格会有所背离,其内在价值决定于经营管理等基本面因素,而股票价格则取决于股市资金的供给需求状况,在不同的决定因素下,内在价值高于股票价格的价差被称为"安全边际",一家绩优的企业出现安全边际时,对其投资就具备所谓的价值。股票价格围绕"内在价值"的稳固基点上下波动,而内在价值可以用一定方法测定。股票价格长期来看有向"内在价值"回归的趋势。当股票价格低于(高于)内在价值即股票被低估(高估)时,就出现了投资机会。

价值投资的理论奠基人是美国的本杰明·格雷厄姆(Graham)。他在1934年出版的《证券分析》一书,被尊为基本分析方法的"圣经"。格雷厄姆的学生沃伦·巴菲特是成功的价值投资者,其投资原理很简单:只做传统的长期投资。其道理是:长期而言,股票的价格取决于企业的发展和企业所创造的利润,并与其保持一致,而短期价格却会受各种因素影响而大幅度波动,没有一个人可以做到始终如一地准确预测。

价值投资就是在一家公司的市场价格相对于它的内在价值大打折扣时买入其股份。格雷厄姆在其代表作《证券分析》中指出:"投资是基于详尽的分析,本金的安全和满意回报有保证的操作。不符合这一标准的操作就是投机。"他在这里所说的"投资"就是后来人们所称的"价值投资"。

价值投资有三大基本概念,也是价值投资的基石,即正确的态度、安全边际和内在价值。

2)巴菲特的价值投资

沃伦·巴菲特(Warren E. Buffett),1930年8月30日出生,全球著名的投资家、企业家、慈善家。毕业于宾夕法尼亚大学、哥伦比亚大学。现任伯克希尔·哈撒韦公司董事长兼首席执行长及华盛顿邮报公司董事,他借由睿智的投资,汇聚了非常

庞大的财富。在 2008 年的《福布斯》排行榜上财富超过比尔·盖茨,成为世界首富。

从美国证券市场的经历来看,巴菲特的价值投资理念出现的时候也是美国经历了股灾后的反省时期,钢铁和汽车产业的发展与价值投资的理念正好相适。而 20 世纪 60 年代"电子狂潮"时期人们追逐所有后缀"trons"的股票,20 世纪 70 年代又开始崇尚绩优成长股,业绩投资便开始风靡华尔街,石油股是当时的热门股票,20 世纪 80 年代生物工程和微电子领域的新技术发展直接刺激起 20 世纪 60 年代的概念炒作理念的复苏。最激动人心的 20 世纪 90 年代,前半期以韩国、中国台湾地区、中国香港地区和新加坡为代表的经济体表现亮眼,后来因 1997 年的亚洲金融危机爆发而崩溃,20 世纪 90 年代后半期则是以互联网为代表的新经济概念股的狂飙及退潮,目前市场仍处在回归过渡期。历史经验表明,在经历过度热情追高成长型股票导致最终幻想破灭之后,必然又会走回到稳健的价值型投资的老路上,循环往复,周而复始,投资理念的变化呈现周期性的循环规律。

巴菲特的投资理念可以总结如下。

(1)竞争优势原则

好公司才有好股票。那些业务清晰易懂、业绩持续优秀并且由一批能力非凡的、能够为股东利益着想的管理层经营的大公司就是好公司。

最正确的公司分析角度——如果你是公司的唯一所有者。

最关键的投资分析——企业的竞争优势及可持续性。

最佳竞争优势——游着鳄鱼的很宽的护城河保护下的企业经济城堡。

最佳竞争优势衡量标准——超出产业平均水平的股东权益报酬率。

经济特许权——超级明星企业的超级利润之源。

选股如同选老婆——价格好不如公司好。

选股如同选老公——神秘感不如安全感。

(2)现金流量原则

新建一家制药厂与收购一家制药厂的价值比较。

价值评估既是艺术,又是科学。

估值就是估老公——越赚钱越值钱。

估值就是估老婆——越保守越可靠。

估值就是估爱情——越简单越正确。

(3)"市场先生"原则

在别人恐惧时贪婪,在别人贪婪时恐惧。

市场中的价值规律——短期经常无效但长期趋于有效。

市场中的孙子兵法——利用市场而不是被市场利用。

(4)安全边际原则

安全边际就是"买保险"——保险越多,亏损的可能性越小。

安全边际就是"猛砍价"——买价越低,盈利的可能性越大。

安全边际就是"钓大鱼"——人越少,钓大鱼的可能性越高。

（5）集中投资原则

集中投资就是一夫一妻制——最优秀、最了解、最小风险。

集中投资就是计划生育——股票越少，组合业绩越好。

集中投资就是赌博——当赢的概率高时下大赌注。

（6）长期持有原则

长期持有就是龟兔赛跑——长期内复利可以战胜一切。

长期持有就是海誓山盟——与喜欢的公司终生相伴。

长期持有就是白头偕老——专情比多情幸福10 000倍。

延伸阅读：中国人不熟悉的15条经典投资理念

- **理念1：成为"有钱人"，第一步就得先"有钱"**

赚钱之道，上策是钱生钱，中策靠知识赚钱，下策靠体力赚钱。

钱是永远不知道疲倦的，关键在于你是否能驾驭它。很多人都知道"以钱滚钱，利上加利"，却没有多少人能体会它的威力。先别以为"钱生钱"需要高超的投资技巧和眼光，更别以为所有有钱人都很会这一套，因为就算最不会理财的富翁，财富累积的速度也远远超过穷人的想象。

那么，"要成为有钱人就必须先有钱"这句话听起来矛盾，却指出了穷人最难以下咽的事实：假如你对于增加收入束手无策，假如你明知道收入有限却任由支出增加，假如你不从收入与支出之间挤出储蓄，并且持续拉大收入与支出的距离，你成为富翁的机会微乎其微。

那如果想成为"有钱人"，又没有那么"有钱"，该如何是好？上述中积累财富属于必备动作，而另一件必须做的事情就是：增加钱累积的速度，找到一项不错的投资，能两倍于市场均值。

- **理念2：高收入不一定成富翁，真富翁却会低支出**

普罗大众之所以羡慕富翁是因为在想象中他们可以享受更精致的生活甚至挥金如土，但如果真正进入富翁的世界，却发现成功的富翁，很少挥金如土。相反的，他们往往有"视土如金"的倾向。

真正的富翁通常是那些"低支出"的人，他们很少换屋、很少买新车、很少乱花钱、很少乱买股票，而致富的最重要原因就是"长时间内的收入大于支出"。

在美国另外一项对富翁生活方式的调查中，我们也毫不惊讶地发现，他们中：

大多数人时常请人给鞋换底或修鞋，而不是扔掉旧的；

近一半的人时常请人修理家具，给沙发换垫子或给家具上光，而不买新的；

近一半的人会到仓储式的商场去购买散装的家庭用品……

大多数人到超市去之前都有一个购物清单。这样做不仅会省钱，可以避免冲动购物，而且，如果有清单，他们在商店购物的时间就会减少到最低限度。他们宁愿节约时间用于工作或与家人在一起，也不愿在超市胡乱地走来走去。

这个结论看来再简单不过，却是分隔富人和穷人最重要的界限，任何人违背这条铁律，就算收入再高、财富再傲人，也迟早摔出富人的国界。任由门下三千食客坐吃山空的孟尝君、胡乱投资的马克·吐温，当然还有无数曾经名利双收却挥霍滥赌乱投资的知名艺人，都是一再违背“收入必须高于支出”的铁律之后，千金散尽。更妙的是：一旦顺应了这条铁律，散尽家财的富人也可东山再起。

- **理念3：释放一部分现金，利用投资的回报率抵消负债的利息**

没有负债么？不是什么值得炫耀的，反而证明你对你的生活是不负责任的。为什么不想想，负债和投资其实是伙伴呢？

大多数中国人觉得，欠着钱过日子，心里总是有负担的，但不欠债的生活只有这样的可能——挣多少钱就只能过多少钱的日子；把收入都用于生活、消费，没钱投资，错失取得高额回报率的机会——永远为生活奔忙。

可以选择这样的生活：适度负债、释放一部分现金，利用投资的回报率抵消负债的利息，负债不但没压力，还会因为进行了合理投资而变得“引人入胜”。

张××，研究生毕业工作三年，积累了29万元资金。首付10万元买了总价50万元的房子一套，余款40万元采用等额本息还款法20年还清，每月还款2 753元，一年后即现在，房产升值为60万元。购买13万元的轿车，该车折旧后现值为10万元。4万元用于基本的装修，家用电器共2万元，现金支付1万元，其余1万元利用信用卡的免息期进行分期付款。29万元中的最后1万元资金作为自己的日常备用金。

张××对股票市场非常感兴趣，2006年，中国股市行情很好，他决定开始对股票市场投资，可是融资融券业务的真正落实尚需时日，手上没有余钱，怎么办？面对股票市场高额的收益率，张××算了一笔账发现，扣除贷款的利息成本或手续费用之后，股票的净收益仍很高，值得贷款进行投资。

目前，通过典当行进行贷款不仅程序简单、快捷，而且相对银行贷款的难度低，所以张××以其北京牌照的小轿车为抵押向当地的典当行申请贷款，经过典当行的评估，该车价值为10万，所以张××申请到了8万元的贷款，并投入股票市场，进行短线操作，目前8万元已经升值为16万元。

这一年以来，张××也没有出现过资金周转问题。财务管理的一般都是三张表：资产负债表、损益表和现金流量表。现在用这种方法分析张××的财务状况，表7.1为张××的资产债状况。

表7.1 张××的资产负债表

资产	金额/元
现金与现金等价物	10 000
股票资产	160 000
金融资产小计	260 000
实物资产	

续表

资产	金额/元
自住房	600 000
机动车	100 000
家具和家用电器类	60 000
其他个人资产	
实物资产小计	760 000
资产总计	1 020 000
负债	
总计信用卡透支(每月平均使用额度)	80 000
贷款	388 710
住房贷款	476 710
净资产(资产总计减去负债总计)	543 290

表 7.2　张××个人财务比率表

项目	参考值	实际数值
房贷月供款占稳定收入的比率	24% ~35%	27.5%
期限在 10 个月以上的 所有债务月还款占稳定收入的比率	33% ~38%	35.9%
清偿比率(净资产/总资产)	50% ~60%	53.3%
负债比率(净资产/总资产)	40% ~50%	46.7%

从表 7.2 看,张××的财务状况关于负债的各种比率都在参考值范围内,财务状况基本安全,既不存在偿债危机,也不存在资金的周转问题,而且充分利用了其资金的杠杆效应,使资金得到了较好的增值机会,同时自己也享受了舒适的生活。做投资决策时就要意识到,当投资收益率高于贷款利息率时,负债是利用别人的钱赚钱。

- **理念 4:长期投资的低风险性是个谎言**

通过长期持有,你的收益多半不会波动太大,问题的关键在于,并非所有的投资都适合长期。不管是理财经理还是基金广告,无一例外地向我们宣告:你想不赔钱吗? 长期投资吧。仿佛每一项投资只要沾上“长期”二字,利润就会滚滚而来。

如果私心一点考虑,每个投资公司都想有稳定的、长期的利润来源,方法之一就是鼓励投资者把钱长期放在账上,20 年以上的养老保险会让保险公司毫无成本筹到一笔资本,而 5 年以上稳定的投资会让基金公司获得稳定的 1% 收益率,倘如这个基数是 10 亿元,基金公司坐地收钱 1 000 万元。“心肠不错”的证券公司就决不会鼓励股民长期投资——因为他们是按交易量收费。

看上去长期投资的确会让投资公司的风险降低，但对于投资者也是如此吗？长期性的投资能够降低风险，要衡量一项投资的风险，方法之一便是衡量它的“变动性”，即其价格相对于长期均价的波动有多大。而通过长期持有，你的收益多半不会波动太大，而会更趋近于它的长期均值。长期持有投资将降低负收益的可能性。

- **理念5：多数投资者都无法跑赢大盘**

大势向上时，投资者未必会买入最“牛”的那只股，或者是未必会在最牛的价位卖出，而此时大势上涨已经抬高了整个市场的盈利基础。在全球的投资机构中，90%的机构跑不赢大盘。这个结果可能会让你吃惊，但数据能说明一切，在股市上，能一直赚到钱的，永远是少之又少的那一部分人。

根据和讯的统计分析，他们的客户都是有情绪周期的，即使再大的黑马，如果在买入两个月内没有启动，而同期市场出现活跃个股的话，99%的客户都会把黑马股票提前抛出。此外，还有90%以上的投资者不会在当期盈利后撤出股市，客户的资金会一直停留在市场，只是从一类股票转到另一类股票而已。

这样两个操作习惯可能导致两种结果。

第一，当你抛出手中的“黑马”去追白马，白马已经涨到了合理的价格区间，失去了大幅获利的机会，这时热点转移，你前期抛出的“黑马”开始启动，股价迅速攀升。如果此时重新买入，这个操作过程中，损失的是时间、交易手续费和应有的利益空间。

第二，在一只股票上赚了钱，不代表能在所有的操作中取得收益。正是由于这两个特性，决定了在股市中操作时，大势向上时，投资者未必会买入最“牛”的那只股，或者是未必会在最牛的价位卖出，而此时大势上涨已经抬高了整个市场的盈利基础。

在计入成本之前，投资者总体的回报率与大盘一致；在计入成本之后，投资者总体的回报率就要逊于大盘了。实际上，投资者作为一个整体，他们的投资回报率落后于大盘的部分就是他们的投资成本。这并不意味着投资者就没有机会跑赢大盘。但是要想做到这一点，你不但要智力超群，而且还要成功克服投资成本的影响。这并不是一件容易的事情，很少有人能长期持续跑赢大盘。

切记，跑赢大盘，即在上涨周期你的组合明显强于大盘，而在下跌期内你的亏损明显小于大盘。评估是否跑赢大盘，要在整个行情结束后，计算这一个运行周期的平均数据。

- **理念6：把鸡蛋放在一个篮子里**

“把你的财产看成是一筐子鸡蛋，把它们放在不同的篮子里，万一你不小心碎掉其中一篮，你至少不会全部都损失。”这是经典的鸡蛋篮子论述，但事实真的如此吗？

该理论认为：关注单个投资远远不及监控投资组合的总体回报来得重要。不同的资产类别，如股票和债券，两者之间可能只有很低的相关性。换句话说，就是他们的表现彼此关联不大。如果你有很多项投资，你就会看到他们的表现一年和一年差别很大。比如，有的年头股票表现不佳，债券表现出色，如2005年。而2006年的情况正相反，我们看到了疯狂的股市和隐忍的债券市场。

鸡蛋必须放在不同篮子的主要目的是：使你的投资分布在彼此相关性低的资产类别上，以减少总体收益所面临的风险。

但巴菲特却对此持不同的言论。投资大师会首先从赚钱的角度考虑，如果你错过这个机会，你将少赚多少钱。

实际上，除了在面临系统性风险时难以规避资产缩水，分散投资的另一个不足在于，这种投资策略在一定程度上，降低了资产组合的利润提升能力。举个简单的例子：同样为10元的初始资金，股票价格均为1元，组合A由10只股票组成，每样股票买一股；组合B由5只股票组成，每样股票买两股。

假设这些股票中，组合B的五只股票，组合A也都购买了。其后这五只股票价格翻番，而其他的价格没有变化，则组合A、组合B的收益率分别为50%和100%。很显然，由于组合A投资过于分散，那些没有上涨的股票，拉低了整个投资组合的收益水平。

斯坦利·德鲁肯米勒是接替索罗斯的量子基金管理人。有一次，斯坦利以德国马克做空美元，当这笔投资出现盈利时，索罗斯问：你的头寸有多少？

“10亿美元。”斯坦利回答。

“这也能称得上头寸？”索罗斯说，“当你对一笔交易有信心时，你必须全力出击。持有大头寸需要勇气，或者说用巨额杠杆挖掘利润需要勇气，但是如果你对某件事情判断正确，你拥有多少都不算多。”

还有一个更加可靠的理由支持：如果你的钱并不多，分散它有意义吗？

鸡蛋和几个篮子，都谈不上问题的关键。这个寓言只是告诉你：如果你只是希望冒最小的险拿到最大的收益，那么，多放几个篮子吧——这种方法适合稳健的你！但如果你对这个大机会绝对自信，并致力于大捞一笔，那碎鸡蛋也不会让你难受。

- **理念7：赚大钱的唯一途径就是少冒险**

风险是什么？有风险是因为你不知道你在做什么。

成功企业家厌恶风险，成功的投资者也是一样。规避风险是积累财富的基础。与学者们的论调截然相反的是，如果你去冒大险，你更有可能以大损失而不是大盈利收场。正如本世纪最出色的两位投资家所言，乔治·索罗斯认为在金融市场上生存有时候意味着及时撤退，沃伦·巴菲特则断言，如果证券的价格只是真正价格的一个零头，那购买他们毫无风险。

正是因为“避免赔钱”深入人心，所以当投资者被问及“如果将保有资本放在第一位会怎么想时”，大多数人都表现了一种消极的态度，也就是“我最好什么也不做，因为我有可能赔钱”。但如果什么都不做，你又如何赚到大钱呢？

我们现在进入了一个理论的怪圈。常识教我们一份风险一份回报。利润和损失是相关的，就像一枚硬币的两面：要想得到赚1 000元的机会，你就必须承受失去1 000元的风险。

1992年，当索罗斯用100亿美元的杠杆做空英镑时，他是在冒险吗？对我们来说，他是在冒险。我们容易根据自己的尺度来判断他的风险水平，或者认为他的风险是绝对的。但索罗斯知道他在做什么，他相信风险水平是完全可管理的，他已经算出，即便亏损，损失也不会超过4%，“因为其中的风险真的非常小”。

我们普通人肯定不可能像索罗斯一样，对投资风险有如此精当的估计。这意味着我们如果不能控制风险就不进行投资了么？换一个方式，我们可以在通往投资的流程上控制风险，比如找一个可靠的顾问或者基金，把对投资的模糊认识转移到对人的把控上，委托他们去寻找低风险的机会，同样是对这条铁律的活学活用。

- **理念8:信用操纵你的现金流**

在美国，通过买房子就能证明：一个好的信用，至少值2万美元。信用其实是一笔看得见、算得出的现金。

西方“信用”(Credit)这个词是纯经济学概念。它表示价值交换的滞后产生的活动，信用主要体现为商业领域和个人流通领域的赊销行为。现代经济是以货币为媒介的，可以称为“货币经济”或“信贷经济”。在东方思想中，信用更多地加入了社会学概念，表示道德。松下幸之助说：“信用既是无形的力量，也是无形的财富。”

在美国，帮助银行作贷款决策的有一个“费伊公司信用分”(FICO)，这种统计模式中包括五项基本信息评定分数：付账历史(包括按时或延误、破产记录等)、有待偿付的债务(包括信用卡额度的利用率)、信用历史(开账户时间的长短)、新贷款申请的查询次数和使用的信贷种类。打分范围为325～900分。

“信用分”对消费者的用处显而易见——开设账户、安装电话、签发个人支票、申请信用卡、购买汽车和房子，都需要这个信用分。比如说买房子，买主一是要向银行申请抵押贷款，二是要交首付款，信用分高不但可以轻易获得贷款，利率也低一些，而且可以只交10%或不交首付款。信用差的利率要高一些，首付款可能要交30%甚至40%。

根据互联网的搜索结果显示：近年来美国的新建房屋的平均售价是28万美元，按30年期住房抵押贷款利率最低5.5%，最高5.8%计算，一个信用良好(零首付、按最低利率支付)和一个信用分非常低(40%首付、最高利率)的人，同样购买一套房屋，30年间的支付差超过24 154美元，第一年内的支付差超过112 800美元。如果首付款是通过短期利贷获得，这一差距将会更大。

这个故事说明了一个好的信用，至少值2万美元。把这笔账算得细致一点，在第一个支付年度，一个好的信用可以一次性释放最多超过10万美元的现金流。这意味什么？美国的货币市场基金平均年收益超过15%，表现好的基金，收益率可以维持在30%左右，买一只这样的基金，10万元的年收益为3万元。即使考虑到基金收益受各种变化影响，比如说市场不好，你选了一只表现很糟的标的物，根据近年的统计数据，年收益也能稳定地达到8%，按照5.8%的贷款利率算，投资溢价超过2%。

- **理念9:只按自己的方式做投资**

按自己的方式投资的好处就是，你不必承担别人的不确定性风险，你的分析师如果确信无疑的话，他会自己操作去赚那笔钱。罗杰斯从来都不重视华尔街的证券分析家，他认为，这些人随大流，而事实上没有人能靠随大流而发财。“我可以保证，市场的大多数操作是错的。必须独立思考,必须抛开羊群心理。”

投资之初,该听谁的,不听谁的?这是个问题。一位名为罗杰斯的投资大师说:“我总是发现自己埋头苦读很有用处。我发现,如果我只按照自己所理解的行事,既容易又有利可图,而不是要别人告诉我该怎么做。”

100个人有100种投资理念,如果每个投资分析师的话都可能对你产生影响的话,最好的方法就是谁说的也别信,靠自己作决断。按自己的方式投资的好处就是你不必承担别人的不确定性风险,也不用为不多的盈利支付不值那么多钱的咨询费用。你的分析师如果确信无疑的话,他会自己操作去赚那笔钱,而不是建议你买入。

投资都经历过三种境界:第一种境界叫作“道听途说”,每个人都希望听别人建议或内幕消息,道听途说的决策赔了又不舍得卖,就会去研究,很自然的倾向就是去看图;于是进入了第二阶段“看图识字”,看图识字的时候经常会恍然大悟;于是第三个境界就是“相信自己”,在投资决策的过程中,相信别人永远是半信半疑,相信自己却能坚信不疑。

“我相信”,这样的说法与传统的投资理念——不要把钱投入到不熟悉的领域去——是不合拍的,但是你有没有想过:市场永远是错的。

- **理念10:如果你是个有责任的人,请买合适的保险**

关于购买多少保险这一点,没有标准的答案,但如果追根溯源,你承担的责任多大,保额就该多大。

在中国,什么样才是有责任的人?大多数人的回答可能是:将全部工资交给老婆打理,晚上十点之前回家,周末与家人共度。绝大多数的答案将责任感与“对付诱惑”绑定在一处,但鲜有人意识到:有责任的人必须买份合适的保险。

这个责任感源自一个假设:如果你不幸罹难,你的家属怎么办?你是否为她(他)们想好了足够的退路?所以购买寿险的主要原因是保护你和依赖你的人。万一上面不幸的事情发生,而你再没有能力或机会保护他们的时候,保险公司可能会站出来扮演你在财务上的角色,至少能为陷入经济困境的家人减少痛苦。

而同样的逻辑也为你解决了另外一个问题:是否该为孩子购买保险?显然在这些脆弱的小生命肩上尚未烙下“责任”的痕迹;相反,他们时时刻刻依赖着你,你需要给自己买份保险的理由远远超过给孩子。关于购买多少保险这一点,没有标准的答案,但如果追根溯源,你承担的责任多大,保额就该多大。

- **理念11:通胀、税收和成本是投资者的三大敌人**

多数交易可能都会涉及佣金或是税金,甚至有可能两者都涉及。在你下一次进行交易前,一定要仔细、认真地考虑。把钱投入到一个充满变数的市场之前,有没有考虑一些问题:风险在哪里?赚钱的障碍是什么?实际上,如果将通胀、税收和各种成本因素都考虑进来,你会发现自己有些投资组合根本就不赚钱。

比如,在美国购买一个投资债券的共同基金,收益率为5%,如果基金的年费是1%,你的收益率就会降到4%;如果你适用的所得税率为25%,政府还要从这些收益中提走1/4,这样收益率就降到了3%;要是通货膨胀率恰好又是3%呢?可以这么说,至少税务机关和你的基金经理是赚钱的。

当你卖出一种投资,而买进另一种投资时,你的回报率不一定就会因此提高。但是,改变却一定会带来成本。当然,如果你在一个退休账户中买进和卖出免佣金的共同基金,那就另当别论了。而其他多数交易可能都会涉及佣金或是税金,甚至有可能两者都涉及。因此,在你下一次进行交易前,一定要仔细、认真地考虑。

投资者面临的三大敌人:通胀、税收、成本。

- **理念 12:理财尽早开始**

年轻人的眼里,养老似乎是遥远的事,但年轻时必须清醒地认识到,未来的养老金收入将远不能满足我们的生活所需。退休后如果要维持目前的生活水平,在基本的社会保障之外,还需要自己筹备一大笔资金,而这需要我们从年轻时就要尽早开始进行个人的财务规划。

中国财富管理网 CEO 杨晨先生指出,退休规划是贯穿一生的规划,为了使老年生活安逸富足,应该让筹备老本钱的过程有计划地尽早进行。社保养老、企业年金制度以及个人自愿储蓄,是退休理财的金三角。

筹备养老金就好比攀登山峰,同样一笔养老费用,如果 25 岁就开始准备,好比轻装上阵,不觉有负担,一路轻松愉快地直上顶峰;要是 40 岁才开始,可能就蛮吃力的,犹如背负背包,气喘吁吁才能登上顶峰;若是到 50 岁才想到准备的话,就好像扛着沉重负担去攀登悬崖一样,非常辛苦,甚至力不从心。同样是存养老金,差距咋这么大呢? 奥妙在于越早准备越轻松。

本章小结

1. 有效市场假说(理论)认为,资本市场上如果证券价格能充分而准确地反映全部相关信息,便称其为有效的。有效市场假说建立在三个基础假设上:第一,所有投资者都是理性的;第二,市场中投资者对理性的偏离是相互独立的;第三,即使上述两个假设不成立,是市场上的无摩擦套利行为也会使股票价格回归到其基本价值。有效市场假说分为三种:弱有效市场、半强有效市场和强有效市场。

2. 根据行为金融理论,资产的价格并不只是由其基本价值决定,很大程度上还会受到投资者主观行为的影响。从传统金融学角度来看,行为金融学研究的是金融市场中有限理性或者非理性投资者的"错误"行为,一定程度上对传统金融理论起到了修正和补充作用。

3. 证券的价值投资有:价值挖掘型投资理念、价值发现型投资理念和价值培养型投资理念。此外,该部分还特意介绍了巴菲特的价值投资理念。

本章重要术语

有效市场假说　弱有效市场　半强有效市场　强有效证券市场　行为金融　有限套利　认知偏误　有限理性　前景理论　价值投资

本章思考题

1. 根据各层次信息的透明度和价格机制的有效性,证券市场可以分为哪几类?我国的证券市场属于哪一类?

2. 有效市场建立在哪些基础假设上,你怎么看待这些假设?

3. 行为金融学提到的人的非理性有哪些表现?现实生活中投资者有哪些非理性行为?

4. 价值投资理念的核心是什么?

第 8 章　量化投资与智能投顾

8.1　量化投资

8.1.1　量化投资概述

1)量化投资概念

量化投资(Quantitative Investment)是采用一定的数理模型对投资理念进行量化,进而通过计算机技术等手段来实现投资的过程。投资者在投资过程中通常有其遵循的行为逻辑和投资理念,而“量化”是一种手段和工具,将投资者的投资理念和逻辑数量化,依托于计算机等技术,搜集处理大量信息,构建数理模型,探索市场规律,并在投资模拟与实践中不断优化和完善,实现投资过程,以期获得理想的收益。

量化投资与传统定性投资并不是对立的,它并不否认传统的投资逻辑,也可以对定性投资理念进行量化。量化投资依据设定好的投资模型运作,但它不属于被动投资,而是在市场无效或有效假设下,主动寻求可以获得超额收益的投资组合。量化投资不是必胜的神秘法宝,也不是靠一个模型就能解决所有问题,我们要充分理解它的工具性质,再来看量化投资的优势和劣势。

2)量化投资的优势

(1)客观理性

量化投资会选择一定的客观指标来评估策略的投资效果,作为投资决策的依据。一个量化投资模型一旦建立和运行,原则上就交由计算机处理,严格执行量化投资模型的计算结果,避免人为的干预。而传统投资方式中,投资者容易受自身情绪和个人经验影响,难以克服人性中贪婪、冲动、恐惧等弱点,不同的人有不同的性格特点和思维方式,决策过程受主观判断影响较大,无法做到完全的客观理性。量化投资将投资决策的过程数量化,有数据和模型的支撑,更容易做到客观理性。

(2)系统全面

量化投资凭借强大的信息搜集和处理能力,可以辨别和分析海量的数据,构建系统化多层次的量化模型，充分全面地考虑可能影响投资收益的各种要素，拓展了投资的深度和广度，有利于挖掘潜在的投资机会。而传统定性投资在面临庞大的资本市场时，难以对所有的股票展开及时细致的分析调研，易错失投资机遇。随着市场容量的增大，量化投资系统全面的优势将更加明显。

（3）高效准确

量化投资运用计算机技术，大幅提高了信息搜集、模型计算、决策处理等一系列投资过程的进行效率，能够及时迅速地观察到市场变化并做出反应，寻找被低估或高估的投资产品，充分运用套利策略，实现精准投资。尤其在高频交易方面，量化投资展现出速度上的绝对优势，有利于把握市场稍纵即逝的投资机会。

（4）风险分散

量化投资在风险控制方面具有天然的优势。一方面，风险管理通常是量化投资策略的重要组成部分，与传统投资相比，有更科学的风险评估体系和更强大的风险监测能力；另一方面，由于量化投资能够全面考察大量的股票，其建立的投资组合也能更加分散化，不依赖于单只股票赚取收益，而是广泛寻找大概率获胜的股票，把鸡蛋放在不同篮子里，追求相对稳定的获利概率。量化基金的持股数量通常都高于传统投资水平，起到了分散风险的作用。

（5）可测试性

当一个量化投资策略构建好之后，可以通过回溯测试的方式评估该策略的投资效果。回溯测试，就是将构建好的量化投资策略模型放入到一段历史数据中进行检验，得出其在该段时间的收益、风险等方面的指标。根据回测效果，可以优化调整量化投资策略，考虑是否进一步展开模拟或实盘交易。

3）量化投资的劣势

（1）入门门槛高

量化投资要求投资者有深厚的理论功底和熟练的计算机编程技术，一方面，需要投入大量的学习成本；另一方面，需要成熟完备的数据来源和平台支持。这些对于普通投资者来说要求较高，通常需要组建专业的量化投资团队协作完成。

近年来，随着 TradeStation、Quantopian 等量化交易平台的出现，大大降低了量化投资的入门门槛，为量化投资爱好者提供了实践平台。但专业的投资团队一般不会使用第三方平台，出于保密、防破解等方面的考虑，其数据处理、建模、回测平台构建等全部过程都由团队内部完成。

（2）忽略重要的定性因素

在投资决策过程中，可能会面临一些还没被发现或者难以量化的定性因素，这些因素对投资决策产生重要影响，但没有反映在量化模型中，进而降低了量化投资的准确性和有效性。随着相关理论和技术的发展，越来越多曾经难以量化的因素被人们发现和解决，量化投资也在发展的道路上不断探索。

(3)市场发生重大改变时面临挑战

量化投资策略的研发通常是基于大量的历史数据样本来展开模型的构建和回测,这里隐含了一个“用历史推测未来”的逻辑。但是当市场发生结构性突变时,过去的模型不能演绎新的市场,量化策略可能不再适用,难以应对市场环境变化带来的挑战,甚至可能面临较大的损失风险。而经验丰富的主观投资者在这时候能进行更灵活的策略调整。

8.1.2 量化投资的形成与发展

1)量化投资历史

1900 年,路易斯·巴舍利耶(Louis Bachelier)用量化手段描述了布朗运动。在其发表的论文中,他提出,如果股票遵循随机游走的模式,经过某一段固定时期之后,股票价格到达特定价格水平的可能性可以通过正态分布曲线来描述。巴舍利耶随即构建了价格随时间变化而变化的模型,即为当今重要的随机游走模型。该理论形成了最早的金融市场理论框架,并在此后的现代金融学理论研究中产生了重要的意义。量化投资界也普遍将该理论视为量化投资理论研究的开端。

1952 年,哈里·马科维茨(Harry M. Markowitz)在《金融杂志》(Journal of Finance)中发表了题为《组合选择》(Portfolio Selection)的论文,提出了“投资组合理论”,开创性地引入了均值和方差来定量描述投资者在投资组合上获得的收益和承担的风险。该理论被视为现代金融学理论的开端,同时,也被业界普遍认为是对量化投资发展产生重要影响的理论之一,基于此理论,学界开始通过数理方法对微观金融学以及投资学领域进行深入研究。

20 世纪 60 年代,威廉·夏普(William F. Sharpe)等进一步发展了哈里·马科维茨的理论方法,并提出了资本资产定价模型(CAPM model),通过 CAPM 模型确立能反映风险和预期收益的证券价格。在此之后,包括尤金·法玛(Eugene F. Fama)等提出的有效市场假说、三因子模型,以及斯蒂芬·罗斯(Stephen A. Ross)提出的套利定价理论都为量化投资打下了坚实的理论基础。直到今天,上述许多理论及其变型仍然广泛应用于投资实务当中,可以说现代金融理论的发展极大地促进了量化投资的发展。

20 世纪末,金融工程与行为金融学开始兴起。金融工程对于数学等数理方面的应用,提高了金融实践的效率,促进了金融产品和服务的创新,同时也为量化投资开辟了新的思路。目前优秀的量化投资从业人员大部分都有着金融工程的背景或者有着极强的相关理论的功底;20 世纪中后期,“有效市场假说”被广泛接受,成了学术界的主流思想,直到十几年后,研究人员发现股票市场存在着一系列的难以用当前理论解释的问题。这促使金融研究人员对市场的有效性、人的理性问题进行了深入的反思与研究,并得出了一系列的成果,开辟了行为金融学理论,而这为量化投资提供了更多的理论支撑。

此外,20 世纪以来,数学理论、计量经济学理论等相关理论的发展也进一步丰富了量化投资的手段与方式,诸如 Copula 函数等非线性研究成果均被应用到量化投资领域。许多著名的对冲基金公司也高薪聘请学术界的专家人士参与量化策略的研发过程,有些对冲基金公司的创始人自身便是杰出的数学家或者金融学者。同时,近些年来,人工智能、数据挖掘、支持向量机等的发展也为量化投资提供了新的思路和方式,近几年量化投资领域研究的热门也是如何将上述理论方法应用到量化交易策略中,部分方法也取得了良好的效果。

2)量化投资在中国的发展

量化投资在我国出现较晚,距今只有十多年的历史。2004 年 8 月,我国第一只公募量化基金"光大保德信量化核心证券投资基金"成立。2005 年,"上投摩根阿尔法股票型证券投资基金"也随之问世。量化基金上市之初并未引起基金投资者的关注,直到 2010 年4 月沪深300 股指期货合约的推出,我国资本市场开始迈向了一个新的阶段,量化对冲型基金开始不断涌现。2015 年,我国股市出现了大幅波动,量化投资由于其更加完善的风险控制体系、投资的分散性和纪律性,受到市场青睐并快速发展。从 2017 年到 2020 年,量化基金在所有证券类私募基金占比从不足 5% 提升到 15% ,管理规模增长 4 倍,量化交易在整个 A 股成交量占比超过 15% 。

目前,中国发展量化投资的劣势在于中国资本市场仍不成熟,能够用来对冲的金融工具有限且限制多。资本市场相对完善的美国拥有丰富的相关金融衍生品和工具,为开发量化投资策略提供了肥沃的土壤,目前海外对冲基金产品的策略数量可以达到 50 个以上甚至超过 100 个。此外,人力资源不足、市场乱象丛生、监管存在空白等因素也对中国量化投资的发展造成了阻碍。

不过,量化投资在中国市场的发展也具有独特优势,这得益于中国股票市场投资者结构的特殊性——散户投资者占有的股票市值约占整个市场的 25% ,其交易额达到了所有股票交易额的 85% 。众所周知,很多散户缺少系统的投资方法论,盲目从众,追涨杀跌,因而造成中国股市存在大量套利机会。因此,目前在中国使用量化投资策略仍然有机会发掘市场价格变动规律,进而获得较高的收益。不过从长期来看,这种机会会随着中国资本市场的完善而消失。

近年来,中国资本市场制度、工具和环境不断完善,策略丰富度越来越高,量化投资产品百花齐放。证券公司、基金公司对于量化投资模型的要求也越来越精确,券商和基金普遍设立了专门的量化投资部门。量化基金的发行量逐年递增,业界和学术界对于量化投资的研究热情也逐渐高涨。

尽管在国内发展历程较短,但是我国股市的特点适合采用客观理性的量化投资风格,留给量化投资策略去发掘超额收益的空间较大。可以相信,量化投资作为一种出色的投资手段将会进一步找到真正的定位,并且随着人们对于量化投资的理解的深入,其独特的优势将会吸引更多的人群参与其中,量化投资在中国前景无限。

8.2　量化交易策略

量化交易策略可以分为两大类:判断趋势的单边投机策略和判断波动率的套利交易策略。单边投机策略主要包括量化选股和量化择时;套利交易策略主要包括股指期货套利、商品期货套利、统计套利、期权套利等。本节简要介绍一些量化交易策略,使得读者对量化投资有一些初步的认识。

1)量化选股

量化选股就是利用数量化的方法判断某只股票是否值得买入,选择股票组合,期望该股票组合能够获得超越基准收益率的投资行为。量化选股策略总的来说可以分为两类:第一类是基本面选股,第二类是市场行为选股。

(1)基本面选股

基本面选股有多因子模型、风格轮动模型和行业轮动模型等。

①多因子模型是应用最广泛的一种选股模型,其基本原理是采用一系列的因子作为选股标准,满足这些因子的股票则被买入,不满足的则卖出。多因子模型相对来说比较稳定,因为在不同的市场条件下,总有一些因子会发挥作用。

②风格轮动模型是利用市场的风格特征进行投资,比如有时候市场偏好小盘股,有时候偏好大盘股,如果是在风格转换的初期介入,则可以获得较大的超额收益。

③行业轮动与风格轮动类似,由于经济周期的原因,总有一些行业先启动,有的行业跟随。在经济周期过程中,依次对这些轮动的行业进行配置,则比买入持有策略有更好的效果。

(2)市场行为选股

市场行为选股有资金流模型、动量反转模型、一致预期模型、趋势追踪模型和筹码选股模型等。

①资金流选股的基本思想是利用资金的流向来判断股票的涨跌,如果资金流入,则股票价格应该上涨;如果资金流出,则股票价格应该下跌。所以将资金流入流出的情况编成指标,则可以利用该指标来判断在未来一段时间股票价格的涨跌情况。

②动量反转模型是指股票的强弱变化情况。过去一段时间强势的股票在未来一段时间继续保持强势,过去一段时间弱势的股票在未来一段时间继续保持弱势,这称为动量效应。过去一段时间强势的股票在未来一段时间会走弱,过去一段时间弱势的股票在未来一段时间会走强,这被称为反转效应。如果判定动量效应会持续,则应该买入强势股;如果判断会出现反转效应,则应该买入弱势股。

③一致预期是指市场上的投资者可能会对某些信息产生一致的看法。比如,大多数分析师看好某只股票,可能这只股票的价格在未来一段时间会上涨;如果大多数分析师看空某只股票,可能这只股票的价格在未来一段时间会下跌。一致预期策略就是利用大

多数分析师的看法来进行股票的买入卖出操作。

④趋势追踪属于图形交易的一种,就是当股价出现上涨趋势的时候,则追涨买入;当股价出现下跌趋势的时候,则杀跌卖出,其本质上是一种追涨杀跌策略。判断趋势的指标有很多种,包括 MA、EMA、MACD 等,其中最简单也是最有效的是均线策略。

⑤筹码选股是另外一种市场行为策略,其基本思想是:如果主力资金要拉升一只股票,则会慢慢收集筹码;如果主力资金要卖出一只股票,则会慢慢分派筹码。所以根据筹码的分布和变动情况,就可以预测股票价格未来是上涨还是下跌。

2)量化择时

量化择时就是利用数量化的方法,通过对各种宏观、微观指标的量化分析,试图找到影响大盘走势的关键信息,并且对未来走势进行预测。如果判断是上涨,则买入持有;如果判断是下跌,则卖出清仓;如果判断是震荡,则进行高抛低吸,这样就可以获得远远超越简单买入并持有策略的收益率,所以择时交易是收益率最高的一种交易方式。但是由于大盘走势和宏观经济、微观企业、国家政策、国际形势等密切相关,因此想要准确判断大盘走势具有相当的难度。

量化择时方法也有很多,如趋势择时、市场情绪择时、有效资金模型、牛熊线、Hurst 指数、SVM 分类、SWARCH 模型及异常指标模型。

①趋势择时的基本思想来自技术分析,技术分析认为趋势存在延续性,因此只要找到趋势方向,跟随操作即可。趋势择时的主要指标有 MA、MACD、DMA 等。

②市场情绪择时就是利用投资者的热情程度来判断大势方向。当投资者情绪热烈、积极入市时,大盘可能会继续上涨;当投资者情绪低迷、不断撤出市场的时候,大盘可能继续下跌。

③有效资金模型和选股模型中的资金流模型类似,通过判断推动大盘上涨或者下跌的有效资金来判断走势的,因为在顶部和底部时资金效果具有额外的推动力。

④牛熊线择时的思想就是将大盘的走势划分为两根线,一根为牛线,一根为熊线。在牛熊线之间时大盘不具备方向性,如果突破牛线,则可以认为是一波大的上涨趋势的到来;如果突破熊线,则可以认为是一波大的下跌趋势的到来。

⑤Hurst 指数是分形理论在趋势判断中的应用。分形市场理论认为,资本市场是由大量具有不同投资期限的投资者组成的,且信息对不同投资者的交易周期有着不同的影响。利用 Hurst 指数可以将市场的转折点判断出来,从而实现择时。

⑥SVM 是一种分类技术,具有效率高、推广性能好的优点。SVM 择时就是利用 SVM 技术进行大盘趋势的模式识别,将大盘区分为几个明显的模式,从而找出其中的特征,然后利用历史数据学习的模型来预测未来的趋势。

⑦SWARCH 模型是海通证券开发的一种利用宏观经济指标来判断大盘的策略,该模型主要刻画了货币供应量 M2 和大盘走势之间的关系,揭示我国证券市场指数变化与货币供应量之间的相关关系。

⑧异常指标模型主要处理一些特殊情况下的择时,例如在大盘出现顶点或者低点的

时候,有些指标容易出现异常数据,如市场噪声、行业集中度和兴登堡凶兆等。

3)期货套利

以期货为标的,采用量化的方法来进行套利,本质上都可以看作是期货套利策略。根据套利标的的不同,可以分为股指期货套利、商品期货套利等。以股指期货套利为例,股指期货套利主要有期现套利、跨期套利、跨市场套利和跨品种套利,其中期现套利和跨期套利最为主流。

(1)期现套利

期限套利,即股指期货与股票现货之间的套利,利用期货合约与其对应的现货指数之间的定价偏差展开套利行为。当期货价格与现货价格之间出现不合理的基差时,套利者通过构建现货与期货的套利资产组合,以期望基差在未来回归合理的价值区间并获取套利利润。

(2)跨期套利

跨期套利是利用两个不同交割月的股指期货合约之间的价差进行套利。一般来说,相同标的指数的股指期货在市场上会有不同交割月的若干合约同时在交易。由于同时交易的不同交割月合约均是基于同一标的指数,所以在市场预期相对稳定的情况下,不同交割日期合约间的价差应该是稳定的,一旦价差发生了变化,则会产生跨期套利机会。

4)统计套利

统计套利定义为一种基于模型的投资过程,在不依赖于经济含义的情况下,运用数量手段构建资产组合,根据证券价格与数量模型所预测的理论价值进行对比,构建证券投资组合的多头和空头,从而对市场风险进行规避,获取一个稳定的收益。有别于无风险套利,统计套利是利用证券价格的历史统计规律进行套利的,是一种风险套利,其风险在于这种历史统计规律在未来一段时间内是否继续存在。

统计套利的主要思路是先找出相关性最好的若干对投资品种(股票或者期货等),再找出每一对投资品种的长期均衡关系(协整关系),当某一对品种的价差(协整方程的残差)偏离到一定程度时开始建仓——买进被相对低估的品种,卖空被相对高估的品种,等到价差回归均衡时获利了结即可。

统计套利的主要内容包括股票配对、股指对冲、融券对冲和外汇对冲交易。

①股票配对交易在方法上可以分为两类:一类是利用股票的收益率序列建模,目标是在组合的 β 值等于零的前提下实现 Alpha 收益,称为 β 中性策略;另一类是利用股票的价格序列的协整关系建模,称为协整策略。

②股指对冲交易是指利用不同国家、地区、行业的指数相关性,同时买入、卖出一对指数期货的交易方式。在经济全球化时代,国家、地区、行业经济的联系越来越紧密,而代表这些国家、地区、行业的公司之间的关联程度也越来越大,这就使得系统性的风险会造成一荣俱荣、一损俱损的局面。因此,进行指数间的对冲交易是一种低风险、高收益的投资方式。

③融券对冲就是利用融券进行做空交易的同时买入现货做多,从而规避系统性风险的一种交易方式。主要包括股票—融券对冲、可转债—融券对冲、股指期货—融券对冲和封闭式投资组合—融券对冲这几种方式。

④外汇对冲是指在外汇市场上,同时做多或做空两个货币对的交易方式。由于主要经济体时间的经济关联性很强,使得一些货币之间出现同涨同跌现象,给对冲交易提供了可能。其主要包括利差套利和货币对冲两种。

8.3 智能投顾

8.3.1 智能投顾概述

1)智能投顾概念

智能投顾(Robo-Advisor),也称智能投资顾问,指运用大数据分析、量化金融、人工智能等先进技术跟踪市场,根据历史操作数据及投资者风险偏好等建立用户画像,匹配投资市场和用户偏好,自动计算实现最优资产配置,并通过可视化方式向用户展示投资决策。

2)智能投顾的作用

(1)投资行为理性化

所谓理性投资,就是投资者需要投资活动中保持独立思考、反思、总结和学习,形成完善的投资理论和实践体系,学会科学分析与合理配置资产,考虑长期收益与风险,不被短期的市场动荡所干扰,战胜人性的弱点,即使在市场行情下滑的时候,也能做出谨慎而理智的行动。但即使知道正确的道理,执行起来还是太"反人性",所谓"知易行难"。特别是当前中国证券市场大部分为散户投资者,他们容易出现不理性的投资行为,导致市场情绪波动巨大。智能投顾实质上则弥补了传统投顾的容易受情绪影响的特点。况且,智能投顾由于其易于普及、费用低的特点,不断吸引投资者,其利用科学的投资方法,间接地促进投资者接受"理性投资",从而培育投资理念;并且,随着时间周期的延长,各种"压力测试"的增多,智能投顾的模型也会不断优化。从长期来看,相对于个人所做的投资决策,机器人的判断理论上还是更理性、全面的。总而言之,智能投顾依赖市场理性,同时又可以是市场理性的推进力量。

(2)理财推荐个性化

一个合格的智能投顾必须要对客户有针对性地进行个性化定制服务,包括使用前调研用户的风险偏好、投资期望,以及在用户投资操作中捕捉其投资偏好。所有的智能投顾产品,例如摩羯智投、Betterment 等都会在给用户使用之前测试用户的风险承受能力和投资目的。而不同的智能投顾产品针对不同的投资目的,适合于不同的用户。例如,

Wealthfront 给用户提供税收优化的服务，Blooom 专注于定额退休金计划资金管理，Ellevest 针对女性的收入曲线、生命长度等提供专门的智能投顾服务。最后，智能投顾还能在用户投资操作中捕捉其投资偏好。例如，理财魔方会将客户的建仓、加仓、减仓等操作的历史数据考虑进来，根据用户客观特征的改变，动态修正用户的风险承受能力。理财魔方的千人千面逐渐积累对客户的了解以及深入的理解，最后实践到用户的投资以及调整当中。

总之，一个投顾所能支持的客户群是有限的，因为"物以类聚"，而且"千人千面"。智能投顾产品会建立用户画像，对每个用户的偏好进行刻画，以给出更好的理财建议，这就是"智能"起作用之处。

(3)节省人力成本

在进行资产管理之前，我们需要对投资市场的现状和趋势有一个清晰的认识，也需要对投资产品进行分析。而传统的投资需要人工进行大量的数据分析和交易判断，以期望发现最优的投资方向和最佳的投资时机。这虽然能充分利用专业人士的经验，却使得分析效率低下、出现市场动态捕捉不及时等问题。庆幸的是，智能投顾的出现使得人工智能和交易管理、信息分析等领域得以结合。人工智能可以有效地进行海量数据分析，为客户节省大量时间，提高分析效率，在智能投顾中发挥重要作用。

(4)加速普惠金融

传统投顾因为费用高、门槛高、投顾效率低下等问题，主要客户为高净值人群，中产及以下长尾人群很难享受到专业化、定制化的投资咨询服务。中国有近 13 亿人群没有享受投顾服务。智能投顾的出现使得投顾服务的效率增高、成本减少，因此资产管理公司更加愿意开放普惠的智能投顾产品，使得投顾服务门槛降低，让有充足的现金流、存在强烈的资金管理及投资需求、却没有时间精力和投资知识来打理自己资产的中产及中产以下收入的人群得以享受专业而高效的投顾服务。智能投顾能够大大拓展中国的投顾覆盖度，帮助大众共享经济成长的红利。

3)智能投顾的投资流程

各种不同的智能投顾服务商的业务表现形式可能不尽相同，但一般具有相似的服务流程。纵观当下成熟的智能投顾应用，可以发现它们包含以下一项或多项管理投资者投资组合的核心功能：用户画像制定，大类资产配置，投资组合选择，交易执行，投资组合再平衡，税负管理和投资组合分析。这些智能投顾工具可以分为两组：金融专业人员使用的工具（在此称为"面向金融专业人员"的工具），以及客户使用的工具（这里称为"面向客户"的工具）。而两类不同的智能投顾也有不同的投资流程。2016 年 3 月，美国金融监管局把面向金融专业人员和面向客户这两类智能投顾的共性和异性结合起来，定义了智能投顾标准化的流程，主要分为客户分析、大类资产配置、投资组合选择、交易执行、组合再选择、税负管理、组合分析七个模块。

(1)客户分析

制定用户画像时的一个关键问题是：需要哪些信息来构建才足以刻画用户画像，以

便给出合理的投资建议呢?实际上,在给出投资建议之前,一个智能投顾至少需要了解的信息如下:

①用户的基本信息:包括背景信息、用户的其他投资状况、财务状况和税务状况等;

②客户的风险承受等级和风险偏好;

③客户的投资偏好:包括投资目标、投资经验、投资时间范围,流动性需求等。

以上这三方面的信息一般通过调查问卷的方式来进行。用户在使用智能投顾服务之前都需要填写问卷来让智能投顾更加“了解”他们。一般而言,面向金融专业人士的智能投顾可用于收集有关客户的广泛信息。一些智能投顾使金融专业人员能够整合包括客户整体投资情况的信息,而不是单个账户,例如配偶账户的信息、退休收入(如社会保障和退休金)以及像收入和支出等关于客户财务状况的更详细的信息。

然而,最根本的是,金融专业人员可以向客户提出问题,收集补充信息,并对客户的需求有一个细致入微的理解。当然,金融专业人员的专业嗅觉极大地推动了其有效性。相比之下,面向客户的智能投顾依赖一系列独立的问题来刻画用户画像。

在刻画用户画像和制定投资建议时,风险承受能力是一个重要的考虑因素。至少在两个方面考虑风险承受能力:风险承担能力和风险偏好。风险承担能力可用于衡量投资者承担风险或接受损失的能力。例如,愿意在一年内吸收20%的潜在损失以换取更高的上行潜力的客户比专注于本金保护的客户有更高的风险意愿。另一方面,智能投顾的问卷也需要收集投资者的投资期限,流动性需求,投资目标和投资金额等。例如,一位25岁的用户为退休目的开设账户可能比一位25岁的用户开设一个研究生教育投资,具有更高的风险承受能力。在了解以上的信息后,智能投顾需要处理用户调查问卷中出现的矛盾或者不一致的回答,评估一位用户是否适合投资(而不是储蓄或还债)以及其风险能力和风险偏好。在接下来的投资顾问服务中,智能投顾还应该定期询问客户的个人资料是否已经更改,或根据用户的操作历史,通过模型和算法,学习出用户的动态偏好。

(2)大类资产配置

1990年诺贝尔经济学奖获得者马科维茨(Markowitz)的研究发现,分散投资是金融市场的“免费午餐”,正如我们常说的“不要把所有的鸡蛋放进一个篮子里”。因此在智能投顾的过程中,包含了大类资产配置,以把资金分散投资到不同的资产类别中,从而分散风险。

大类资产配置包括现金、股票、债券、外汇、大宗商品、金融衍生品、房地产及实物类投资等。其中股票、债券、大宗商品、现金是智能投顾在大类资产配置中的主要大类品种。尽管目前的一些智能投顾产品专注于特定的资产类别,但大部分的智能投顾产品能为用户提供不同类型的资产,以多样化来降低投资风险和增加用户的选择范围。

对于包含多种资产类型的智能投顾,在做投资组合之前,需要先计算出每类资产的配置比例。资产类别的选择应当根据他们预期在投资组合中扮演的特定角色来选择,资产类别的比例应该根据当前的经济情况和市场趋势来选择。例如,由于美国的资本增长、长期的通货膨胀保护和税收效率的特性,投资组合中可能包含美国股票。通胀保值债券可能因其收入、低历史波动率、多元化和通胀对冲属性而被选择。市政债券可能由于其收入、低历史波动性、多元化和税收效率属性而被包含在投资组合中。美国股票、通胀保值证券、市政债券各有各的特点和功能，在计算他们之间的比例时仍需要结合当前的市场状况来选择。又如，在牛市中我们选择更大比例的美国股票，而在市场经济不景气、政府亟待建设时，更多地选择保值的市政债券。智能投顾在大类资产配置中的特色和作用，便是让用户按照自己的偏好调整资产比例，甚至更智能地，从历史信息、新闻信息等数据中学习到整个市场的环境和趋势，给出大类资产配置的方案。

(3)投资组合选择

在确定大类资产配置比例之后，我们需要继续细化，确定每个资产类别中的投资产品比例。智能投顾产品利用大数据分析、量化模型及算法，根据用户画像刻画出的投资者的个人预期收益和风险偏好，来提供相匹配的资产组合建议。且在每个特定的类别中，智能投顾产品使用历史数据法构建模型，用最优化方法求解模型，预测出投资产品未来的收益，根据其预测收益来配比投资组合。历史数据法假定未来与过去相似，以长期历史数据为基础，根据过去的经验推测未来的资产类别收益。最优化方法有两种方式：一种是给定风险(回撤)求最大收益，另一种是给定收益求最大风险(回撤)。根据这两种方式给出模型优化函数，进而求出模型的参数，应用模型来预测投资产品的收益。

投资组合的建议是智能投顾产品最核心的功能。其主要包含投资策略的生成和量化投资策略的执行。从不同的智能投顾产品中都能看到投资组合的身影。例如，“微量网”提供了多组近期收益情况较好的股票组合，可通过当月收益、实盘收益、昨日收益进行筛选。同时，根据选择量化投资、起投金额还可进行再次筛选，得到更符合需求的股票组合。选择当月收益最佳的股票组合后，平台会显示出该组合当月收益率、实盘收益率、当前净值、股票数目等，以及对该股票组合的评价和沪深 300 指数对比净值走势图等。宜信财富在 2018 年 5 月推出的智能投顾产品“投米 RA”则更为智能，我们以用户身份在系统填写风险测评问卷后，根据测评结果，平台为我们配置的产品组合比例为股票 20%、债券 15%、其他 65%。用户可查看该投资组合历史涨跌幅度和每只 ETF 组合分配比例。如果用户对计算出来的用户画像不满意，还可以滑动风险指数线，平台将根据风险水平从低到高，显示出该组合十年的历史变化、投资人数、股票、债券及其他产品投资比例等信息。

(4)交易执行

从交易类型来看，智能投顾产品按照其资产操作方式可以分为两类：资产管理类和资产建议类。资产管理类需要更少的人工操作，用户需要给机器更多的信任，让机器自动完成交易。而在资产建议类中，投资者获得建议之后，还需要进行自行判断，交易的执行还需要投资者自行完成。

从交易成本来看，智能投顾产品采取完全透明化的单一费率模式。以美国为例，传统投顾服务中的费用包括咨询费、充值提现费、投资组合调整费、隐藏费、零散费等近十类费用，项目重复且不透明，总费率超过投资金额的 1%。而智能投顾产品通常只需要收取0.15%～0.35%的咨询管理费。值得注意的是,无论是传统投顾还是智能投顾,交易过程中产生的交易费、持有费等中间费用均由投资者自行承担。

从交易市场来看,智能投顾产品由于涉及各个类别的理财产品,因此也涵盖国内市场、国外市场、股指、债券、商品等多个类型的交易市场。

从交易机制来看,由于智能投顾推荐的理财产品也由传统的理财产品类别组成,因此其交易机制和传统的资产管理机构一样,具体而言,包括信号触发机制、交易执行机制、风险监控机制等。

(5)投资组合再选择

投资组合再选择是指当投资组合当前资产配置与目标配置出现偏差时,及时调整各类资产的权重以实现投资组合的资产配置符合初始目标水平的策略。从传统的投资组合来看,买进之后,后续想要调整十分复杂,在基金组合运作的过程中,各只基金的"基本面"都有可能因市场因素、人为因素等客观环境的变化而发生变化,这里包括基金的投资风格、投研团队以及基金公司的风险控制能力等方面。

买基金是需要很强的专业和技巧的,需要深入了解每一只基金,并及时了解其基本面变化,还要能随时调整策略。即便如此,投资者还会因为主观因素的影响导致投资组合偏离自己的投资目标。到了智能投顾阶段,就可以在组合投资的基础上解决动态调整这个问题。比如,遇到市场大幅上涨导致底层风险较高的资产的比重显著增大时会自动触发调整点,卖出部分股票资产,买入风险较低的债券资产,恢复到个人投资者个性化的风险承受能力点。智能投顾背后相信纪律、相信资产配置、避免人性影响的价值观,非常适合用于投资组合再选择。

投资组合再选择可以分为两类,一类是指当前的市场变化导致投资产品的收益浮动不符合预期,需要定期更换持仓的产品和比例;另一类是指用户的风险承受能力和投资偏好出现变化,需要更换持仓和比例以满足用户的偏好。智能算法需要实现实时分析和调整的功能。投资组合再选择包括以下几种情况。

对于第一种情况,即根据产品收益变动和市场风格变动等因素调整持仓,这里的策略规则主要包含几个平衡:买入再平衡、卖出再平衡、组合调整配比再平衡、波动再平衡以及观点再平衡。买入再平衡、卖出再平衡指在投资者买入卖出部分投资组合的时候,系统会自动调整资金组合接近目标比。组合调整配比再平衡指投资者可以人为调整资产组合配比,系统会将调整后的资产配比当作目标,每次再平衡调整就会接近这个目标(这样的话,就是用户自己进行资产配置,而机器人管家做的就是帮助用户维持用户设定的资产配置比例)。波动再平衡指定期调整资产配置至目标比例,这个目标比例是根据用户偏好的改变或市场的变动,计算出的最优资产配置比例。观点再平衡指不定期地对基金配比调整。

第二种情况是用户的风险承受能力和投资偏好出现变化,需要更换持仓。在这种情况下,典型的解决方案提供商有浦发银行的"浦发极客智投"(原"财智机器人")。它通过数据分析和智能算法,了解和检视用户既往的资产及收益情况,根据用户风险承受能力、资产状况、期限偏好等维度分析，进行个性化的跨种类财富产品推荐。用户在此基础上，还可自主选择修改，一键购买以优化整体资产配置。除了资产、交易、风险偏好等数据外，用户的浏览、点击等行为足迹数据也将被纳入智能算法，形成用户分析、策略制定、产品遴选、交易执行、账户持续跟踪再分析的闭环式智能投顾服务。“理财魔方”同样强调跟踪用户的操作记录，从而捕捉用户的偏好变化，实时修改投资组合策略。

（6）税负管理

外国在税收政策上与中国有所区别，税负管理在中国并非必须项，而在国外则是重要的一环。税负管理指的是由于投资亏损而获得的税负收获，也就是说，通过出售亏损证券来抵消资本利得税的责任。该策略通常用于限制短期资本收益，因为短期资本收益通常以高于长期资本收益的联邦所得税率征税。

该方法也可能抵消长期资本收益。通过投资亏损收获，出售具有未实现税收损失的投资，得以对组合中任何已交税的产品进行抵扣。然后用一个类似的资产替换出售的资产，以维护投资组合的资产分配以及预期的风险和收益水平。对许多投资者来说，投资亏损收获是减少税收的最重要工具。虽然投资亏损收获不能使投资者恢复到原来的位置，但可以减轻损失的严重程度。例如，可以出售证券 A 的价值损失来抵消证券 B 的价格上涨，从而消除证券 B 的资本利得税负债。

税负管理可以帮助投资者赚取更多的钱。因此，在美国的智能投顾产品中，税负管理是重要的一环。

（7）组合分析

智能投顾中的最后一步——投资组合分析，主要供专业的金融人士所用。投资组合分析主要分析目前的投资组合相对于持股理想化的平衡，是用作组合优化的手段。

一方面，金融专业人士进行因子分析、进行投资组合的回测和模拟等。这样的分析能帮助专家以不同的角度看待和分析他们的投资产品和投资配比。它可以帮助专家决定何时投入更多或更少的时间和金钱，或者帮助他们决定是否应该从产品组合中删除产品或调整比例。具体而言，智能投顾产品的业绩指标包括产品风险收益概况、产品业绩稳定性对比、智能投顾产品调仓情况等。

另一方面，某些智能投顾产品还会对产品的数据、基本面信息等进行分析并可视化，辅助专家们对投资组合进行分析。某些智能投顾平台会利用数据挖掘算法与数据可视化工具投资分析报告，内容包括业绩展示、业绩归因、风险因子分析、组合描述性统计分析、回测和模拟等。例如，以色列的 Bondit 公司提供一款专注债券投资的智能投顾 SaaS 软件，该软件的目的是辅助固定收益投资的从业人员能设计并销售债券。具体而言，他们基于领先的机器学习算法所构建的模型，让数据可视化，并提供债券投资组合设计、优化、调整、监控及分析的一站式服务。

8.3.2 智能投顾的发展历程

1)国外智能投顾发展历程

智能投顾从19世纪末发展至今,国内外已经孵化出成百上千个智能投顾产品。全球最早的智能投顾公司是2008年在美国硅谷成立的Betterment和Wealthfront,这两家金融科技企业主要面向中产及长尾客户。Wealthfront的目标客户群是20~30岁从事科技行业且具有一定经济实力的中产阶级,如Facebook和Twitter等公司的职员。Betterment的目标客户收入大概在20万美元以上,核心客户大部分是拥有高学历的美国职场人士。当前,美国智能投顾行业依托低成本、自动化、个性化和高透明度等优势得到快速发展,包括Personal Capital、Future advisor、SigFig在内的一批新兴公司正逐步发展壮大。从2015年开始形成传统金融机构加入智能投顾行业的浪潮,通过自有产品或收购独立平台公司,纷纷推出智能投顾产品或平台,市场规模迅速提升。

随着传统机构的加入,美国智能投顾的发展模式日趋多元化,在最初被动型理财平台模式的基础上,拓展到针对中等收入客户的主动性组合投资平台,针对高净值客户、以线下引流为主的O2O混合投顾模式,以及服务机构的互联网资产管理平台等。通过对比市场上现有的智能投顾,我们可以把智能投顾的发展划分为四个阶段。

(1)标签过滤阶段

这一阶段出现在20世纪90年代后期至2007年,这是智能投顾作为"面向个人投资者、机构投资者的辅助投资工具"出现的。2005年,美国证券商学会颁布法律文件,允许证券经纪人借助投资分析工具帮客户理财,智能投顾平台应运而生。用户在智能投顾平台上回答一个问卷,或手动选择标签,来把不合适的投资产品去掉。智能投顾平台利用一些投资的理论或模型,从剩下的投资产品中计算出适合该用户的产品,或给出一个投资的组合。在这个阶段,智能投顾平台主要在网页和App上与客户进行对接,并没有与银行进行对接,更没有证券公司开放的API来帮助用户进行交易。客户在获得投资组合建议之后需要到自己开户的证券公司去自行购买。在智能投顾的初期,产品的类别包括股票、债券、基金和其他投资产品。

(2)用户风险承受能力测试阶段

2008年金融危机以后,科技公司开始布局金融行业,主要形式为给客户提供多样化的投资辅助工具。用户仍然需要在平台上回答问卷来筛选投资产品,但此时的问卷不仅仅用于筛选产品的类目,还会用于测试用户的风险承受能力。产品的风险系数被预先定义,而智能投顾平台推荐给用户的是符合其风险承受能力的产品。除此之外,用户还可以在智能投顾平台上开户并直接进行交易,而且投资组合的类别不断增多,投资组合有时甚至演变为基金的基金。这个阶段需要真正的投资经理介入,他们通过智能投顾平台分析信息、了解客户的偏好,并给用户动态调整投资组合的建议。此时的智能投顾属于半自动化投顾,因为算法对投资经理而言是透明的,他们可以自定义一些规则,也能对模型进行微调。Betterment便是一家成立于这个时期的公司,现已成为美国最大的在线投资顾问公司，而 Wealthfront 则是另一家成立于 2008 年的美国智能投顾公司，到 2020 年 5 月，其管理的资产已超过 230 亿美元。

(3) 个性化投资组合推荐阶段

第三阶段出现在 2013 年左右，传统金融机构陆续开始加入智能投顾的布局，开发自己的产品。虽然相较于初创科技公司，传统金融机构在智能领域起步较晚，但是凭借其先天的金融基因、丰富的客户资源，他们的管理规模很快赶上了科技公司。此时智能投顾平台给出的投资决策和组合再平衡不仅仅考虑用户的风险承受能力，而且投资组合模型变得更加智能化，是基于大数据分析、量化金融模型以及一系列智能化算法计算出来的投资组合，并动态监测投资产品的实时变化。在这一阶段，模型变得更加智能化，但最终的决策由专业的投资顾问给出。投资经理依然需要自行分析用户的投资偏好，结合智能投顾平台计算出来的结果，给用户进行推荐。此时的智能投顾仍然是半自动化的智能投顾。该阶段典型的智能投顾产品有 2013 年推出的澳大利亚智能投顾 Stockspot，意大利智能投顾平台 MoneyFarm，2013 年推出的瑞士在线理财平台 True Wealth。再例如，Fidelity Investments 和 Betterment 于 2014 年年底宣布了建立合作伙伴关系，这样使用 Fidelity Institutional 管理客户资产的财务顾问就可以使用科技公司的技术和平台。

(4) 全自动智能投顾阶段

第四个阶段，也就是现在各大机构和公司所追求的智能投顾，是结合人工智能、深度学习、云计算驱动的全自动智能投顾系统。在该阶段，用户首先需要回答更加复杂的问卷，以便人工智能算法能学习到用户复杂的风险偏好。同时，人工智能算法也会自动学习出与用户匹配的产品。智能算法能根据用户的操作历史实时捕捉用户的偏好变化，也能通过投资产品的历史数据和当前动态变化来预测投资产品未来的趋势。智能投顾系统能根据这些动态变化的用户偏好和动态调整的市场风格来给用户配置不同的资产。全自动的智能投顾甚至不需要用户的过多参与，便可直接帮助用户管理自己的财富。例如，Betterment 和理财魔方发展至今，已经初步实现全自动化的智能投顾了。

智能投顾经过四个阶段的发展，逐步变得更加智能和适应投资市场，并降低人的参与度。严格来说，按照我们对智能投顾的定义，只有第四个阶段，也就是目前这个阶段的智能投顾才算是真正意义上的智能投顾。

2) 我国智能投顾发展现状

和欧美国家相比，中国智能投顾市场起步较晚，尚处于早期阶段，但是发展速度非常快，2015 年以后，智能投顾领域的创业公司和服务陆续涌现。由于不同的国情和发展阶段，中国在智能投顾发展中也呈现出自己的特色。

中国从 2014 年开始出现第一家智能投顾平台，在 2014—2016 年分别增加了 19 家、31 家、21 家。目前中国的智能投顾行业仍处于萌芽期与初创期阶段，主要表现在数量众多的公司纷纷涌入智能投顾行业，行业集中度低，平台之间实力差距不明显，整体行业管理规模小，普通民众对于智能投顾认知度较低。中国的部分智能投顾平台见表 8.1。

表 8.1　2021 年国内智能投顾平台排行榜

排行	名称	所属企业	排行	名称	所属企业
1	蚂蚁聚宝	蚂蚁金服	16	理财魔方	口袋财富
2	中银慧投	中国银行	17	拿铁智投	数禾科技
3	摩羯智投	招商银行	18	玖富犇犇	玖富网络
4	蓝海智投	蓝海财富	19	RUN 智投	华润银行
5	AI 投	工商银行	20	龙智投	建设银行
6	财智机器人	浦发银行	21	阿尔法智投	江苏银行
7	贝塔牛	广发证券	22	广发智投	广发银行
8	天弘爱理财	天弘基金	23	超级智投宝	南方基金
9	京东智投	京东集团	24	Assetmark	华泰证券
10	智投魔方	光大证券	25	牛股王	淘金者科技
11	璇玑智投	乐融多源	26	胜算在握	祥云科技
12	信智投	中信银行	27	7 分钟理财	云际投资
13	IFinD	同花顺	28	财鲸	财鲸信息
14	平安一账通	平安银行	29	弥财	弥财投资
15	华宝智投	华宝证券	30	首证投顾	首证投资

资料来源：《互联网周刊》& eNet 研究院选择排行，2021。

从平台主体公司的性质来看，国内智能投顾平台主要可以分为以下三大类。

（1）传统金融公司智能投顾平台

传统金融机构，如银行、券商、基金等，自主研发智能投顾线上平台。如银行系智能投顾平台，其资产配置以理财产品为主，主要投资对象为银行理财产品和代销的公募基金，为商业银行理财顾问业务的延伸。客户基础比较庞大，商业银行广泛的客户群体使商业银行推出的智能投顾产品有更庞大的潜在客户；庞大的客户数量也增强了商业银行的数据积累和沉淀。商业银行在金融业中，具有较为完善的风险管理体系和较强的风险承担能力，因此风险管理能力较强。

（2）独立第三方智能投顾平台

以初创智能投顾公司和加入智能投顾的互联网金融公司为代表，外加券商基金系智能投顾平台。该类智能投顾平台有几大优势：高度的资本市场覆盖，得益于在证券投资领域完善的业务牌照，几乎覆盖资本市场中所有的资产种类，是资本市场财富管理业务的延伸；良好的业务协同，自营、资管、直投等众多业务链条为智能投顾资产组合的构建提供了更多选择，能够与传统业务和投资策略很好地兼容；坚实的投研基础，券商和基金拥有大规模的资本市场投研团队,对于资本市场投资具有丰富的经验。

(3)互联网金融公司智能投顾平台

部分大型互联网金融公司凭借其掌握的流量和技术优势,开始互联网金融业务,并进行智能投顾业务创新。资产配置多样,投资对象不仅包括传统资本市场资产类型,还包括网络借贷等互联网理财产品;既涵盖了国内资本市场,也布局海外资本市场。技术能力突出,在技术方面具有自主研发能力,以技术创新驱动金融创新。场景化适应性强,互联网思维的渗透使这些企业对客户需求能够迅速响应,开发出人性化的产品界面。

3)中国智能投顾发展机遇

(1)现有投资模式的不足

尽管中国资本市场创新发展迅猛,专业投资机构的兴起使个人投资者持有的股票市值持续下降。截至2021年,个人投资者依然持有市场上四分之一市值的股票,并贡献了八成的交易量,说明散户投资依然是中国股票市场中主流的证券投资模式。与个人投资者参与股票交易的热情相对应的是,个人投资者仅赚取了市场上一成的利润,机构整体盈利金额是个人投资者的3.6倍。这意味着中国A股市场上的个人投资者投资能力较差,但绝大多数中小个人投资者又无法享受到专业的投资顾问服务。这为以低成本、广覆盖为特征的智能投顾提供了大展身手的舞台。与此同时,国内ETF大多为传统股票指数型ETF,缺乏债券型、商品型ETF,产品同质化严重,结构单一,缺乏创新性,难以满足投资者多元化的投资需求。而智能投顾的出现带动了股票、债券、理财、衍生品、自然资源、房地产等标的的发展。

(2)财富管理需求增强

2013—2021年,中国城镇居民人均可支配收入从2013年的26 467元增加到2021年的47 409元,年均增长率约8.3%。居民储蓄率总体也呈现上行态势,维持在30%以上的水平。在家庭年收入比较高的人群中,年储蓄率可以达到50%,居民的储蓄额越多,其理财需求一般越趋于旺盛。个人理财已成为中国个人投资者热议的话题。个人财富的累积,使得个人对金融产品和专业理财服务需求逐渐增加。但从目前的投资产品数量来看,投顾资产种类过少。这意味着股票和房产在很长一段时间内仍然是主要的投资渠道。从投资收益率来看,中国近年来理财产品收益率下行,大量散户投资者迫切需要相对专业的投资顾问服务。

(3)客户资产管理意识不断加强

中国投资者倾向于自助理财,不愿意把资金委托给专家投资。与此同时,投资者的风险意识、财富管理意识淡薄、理财水平参差不齐、习惯于短线操作。然而,随着低风险、收益比储蓄收益更高的银行理财产品的出现,大众富裕阶层也逐步开始转向银行理财。到2017年,利率的市场化改革使得存款及银行理财等货币类资产收益有所下降,银行理财产品的受欢迎度有所下降。随着投资市场的逐渐成熟,投资者的理财理念趋于成熟,因此他们也更加愿意把资金委托给专家投资,更加倾向于投资股票和公募基金等理财产品,他们也需要更为专业的知识及经验,也越发注重资产配置。另一方面,专业投顾要求的投资门槛相对较高，而智能投顾的出现恰恰满足了这部分人群的需求。总而言之，智能投顾在推广过程中帮助用户逐步培养起资产管理的意识，这又反过来提高了智能投顾的受关注程度，形成了良性循环。

(4)刚性兑付将逐步打破

在我国刚性兑付的环境下，资产管理长期笼罩在影子银行阴影下，客户资金成本黏性高，养成了低风险容忍度与高收益预期的特点。随着刚性兑付被逐渐打破，资管行业将回归“代客理财”本源，通过非标产品向标准化、净值型产品转型，将大幅提高产品透明度和流动性。2018 年央行等机构联合下发的《关于规范金融机构资产管理业务的指导意见》，明确规定资产管理业务不得承诺保本保收益，至 2020 年年底的过渡期打破了刚性兑付造成的不利局面。逐步打破的刚性兑付将促进智能投顾的良性发展。

(5)互联网、人工智能等新技术红利

智能投顾区别于传统投资顾问的重中之重是算法、模型等核心技术，以纯理性机器学习克服人类感性思维中存在的一些固有缺陷，做到传统人力顾问所不能及之事。通过人工智能云计算、大数据等新技术，智能投顾得以做到并行计算，能实时准确地提供千万用户级的服务。近年来，人工智能越来越受到大众的关注，成为新的经济增长点和国际竞争的焦点。各种各样的创新不断发明出来，如机器学习、深度学习、DNN、RNN、CNN、GAN。计算成本也在不断下降，服务器变得越来越强大。其次，数据的产生也以一个非常高的速度在发展，海量数据的生成会进一步推动算法的不断创新和算力的提升。这些都为智能投顾提供了良好的发展机遇。

智投顾问相关案例：

两家智能投顾公司：Betterment 与 Wealthfront

1. 金融界的苹果：Betterment

Betterment 创立于 2008 年，被称为“金融界的苹果”(the Apple of Finance)。2010 年 5 月，Betterment 正式发布智能投顾产品，以自动化在线服务方式帮助客户进行财富管理，此后一直保持着良好的发展态势。

目前，Betterment 管理的资产规模已经超过 60 亿美元，用户数达到 20 万，人均账户资产约 3 万美元，可为客户提供理财规划、个人退休账户管理、信托基金管理、税收亏损收割等多种服务。

Betterment 没有设计关于用户风险偏好的问卷，只需要了解用户的年龄、投资目标和投资期限，通过结合丰富的算法和金融理论，就可以直接为用户输出优化的投资组合，大幅简化了用户的操作过程。Betterment 为客户建立以理财目标为导向、风险偏好为参考的投资方案。

Betterment 根据客户的年龄和收入推荐三种投资模式——保守型的安全模式、以退休收入为目标的退休模式和保值增值型的普通模式。不同模式设定了不同的目标收益范围和股票、债券配置比例。用户注册信息后，根据自己的需求选定推荐的投资计划，自行调整资金分配，并在平台上直接进行投资交易。之后将由 Betterment 对资产进行智能化管理，在整个过程中提供平衡风险和报酬的建议。

Betterment 的投资标的由股票 ETFs 和债券 ETFs 组成，包括 6 种股票 ETF 和 7 种债券 ETF。所有的 Betterment 用户都可以以低成本和高流动性的 ETF 投资方式配置全球化资产。Betterment 作为市场上目前管理规模最大的第三方独立 D2C 平台，所获取的融资规模最大，使之具备很强的先发优势和规模优势，再加之公司有明确的目标导向型功能定位，以及各项功能给予用户优质的使用体验，使其长期占据一定的市场份额。

相较于其他平台，Betterment 在投资理念方面更为侧重于目标导向型，比如，公司发布一款新项目智能存款(Smart Deposit)，通过转移其在银行多余资金用于投资以获得更多投资收益。

与其他平台最大的不同在于，其可以自动进行充值，并且可以购买零星股，这就意味着可以充分利用每一分钱。

目前，该平台没有最低存款金额限制，费用为每年收取管理金额的 0.25%。

2. 独具竞争力的全自动化：Wealthfront

Wealthfront 前身是一家于 2008 年在硅谷成立的名为“KaChing”的共同基金分析公司。2011 年 12 月，Wealthfront 转型为智能投顾平台，致力于根据客户的风险承受能力最大化扣除管理费和税后的净收益率，曾被评为“2013 年度 ETF 策略分析师”。目前，Wealthfront 的资产管理规模已达 40 亿美元，拥有 8 万多投资者，已募集资金超 1.29 亿美元。Wealthfront 主要借助全自动化的方式为客户提供资产管理和投资建议服务。公司智能投顾过程主要分为四步。

第一步，在线问卷测评。Wealthfront 通过 10 个问题计算用户风险等级，包括年龄、收入水平、资产规模、最大损失承受意愿等，了解客户客观的风险承受能力和主观风险偏好水平，从而计算出客户的风险等级。

第二步，基于算法推荐投资组合。以现代投资组合理论为基础，根据用户风险偏好、账户类型等信息，向用户提供从 11 种资产大类投资标的中选取的投资组合(投资标的是跟踪各大类资产的 ETFs)。

第三步，用户资金转入第三方券商，实现代理投资。Wealthfront 将用户资金转入第三方证券经纪公司 Apex Clearing，并代理客户向券商发出交易指令，买卖 ETFs。目前和 Wealthfront 合作的公司有先锋集团、黑石、嘉信等。

第四步，实时智能跟踪，定时调仓。Wealthfront 对投资情况实时跟踪，根据用户需求变化更新投资组合，同时采用阈值法(设定上下限)定时调仓。

与 Betterment 以及其他完全智能化平台一样，Wealthfront 通过问卷调查来获取客户风险偏好，并运用大数据以及算法来形成相应的理财配置建议，并进行长期跟踪和维护。

与其他平台不同之处，还在于 Wealthfront 更为注重税收优化策略，因此有针对性地提供 5 类税收优化方案，而其中最具特色的服务是每日税收亏损收割(与传统年末税收亏损收割服务不同，Wealthfront 每日监控客户的投资组合从而寻找税收亏损收割的机会。

该服务免费对所有税收账户开放,开户最低资本要求为500美元,每年为客户增加了1.55%的收益率),税收优化直接指数化(即直接购买股票构建投资组合来替换ETF,根据账户资产的不同,会选取1 000只以内的美国大盘股来模拟大盘指数ETF和小盘指数ETF,强化了税收损失收割,降低了投资成本,该服务只针对账户在10万美元以上的客户)。

目前,该平台的最低存款金额为500美元,前10 000美元不收取费用,超过部分每年收取管理金额的0.25%。

Wealthfront是早期切入纯智能投顾领域的公司之一,客户定位明确,受到硅谷科技爱好者的广泛喜爱,公司产品特色突出税收优惠的特点,并有针对性地为硅谷从业者以及潜在大学生群体开发设计相应的理财产品,在产品创新方面持续发力。

——资料来源:徐宝成.智能投顾,美国先行[J].金融博览(财富),2017(8):52-55.

本章小结

1.量化投资是采用一定的数理模型对投资理念进行量化,进而通过计算机技术等手段来实现投资的过程,具有客观理性、系统全面、高效准确、风险分散、可测试性等优势和入门门槛高、忽略重要的定性因素、市场发生重大改变时面临挑战等劣势。目前,我国量化投资市场正处于上升期,将来随着资本市场的逐步开放及金融投资工具的日趋丰富,量化投资的潜力将被更大程度地发挥出来。

2.单边投机策略主要包括量化选股和量化择时;套利交易策略包括股指期货套利、商品期货套利、统计套利、期权套利等。

3.智能投顾是一种运用大数据分析、量化金融、人工智能等现代技术辅助用户进行投资决策的有效工具。优质的智能投顾能提供理性的、个性化的投资策略,从而大幅降低金融机构的人力成本。智能投顾为用户获取收益之前一般需要以下基本流程:用户画像制定、大类资产配置、投资组合选择、交易执行,投资组合再平衡,税负管理和投资组合分析。

本章重要术语

量化投资　单边投机策略　套利交易策略　智能投顾

本章思考题

1. 结合行为金融学的相关内容，你认为量化投资克服了人性的哪些缺点？
2. 我国的量化投资市场存在哪些突出问题？
3. 量化投资的基本策略有哪些？
4. 我国现有智能投顾模式还有哪些值得提升之处？并提出你建议。
5. 智能投顾的基本工作流程是什么？

参考文献

[1] 安德烈·科斯托拉尼. 证券投资心理学[M]. 北京:机械工业出版社,2017.
[2] 本杰明·格雷厄姆. 证券分析[M]. 6 版. 成都:四川人民出版社,2019.
[3] 曹凤岐,刘力,姚长辉. 证券投资学[M]. 3 版. 北京:北京大学出版社,2013.
[4] 丁鹏. 量化投资:策略与技术[M]. 北京:电子工业出版社,2014.
[5] 胡金焱. 证券投资学[M]. 3 版. 北京:高等教育出版社,2017.
[6] 李淑芳,肖欢明. 证券投资案例分析[M]. 北京:中国物资出版社,2011.
[7] 刘红忠. 投资学[M]. 4 版. 北京:高等教育出版社,2019.
[8] 刘俊彦,张志强. 证券投资学[M]. 北京:中国人民大学出版社,2022.
[9] 任淮秀. 证券投资学[M]. 3 版. 北京:高等教育出版社,2016.
[10] 石川,刘洋溢,连祥斌. 因子投资:方法与实践[M]. 北京:电子工业出版社,2020.
[11] 斯科特·B. 斯马特,劳伦斯·J. 吉特曼,迈克尔·D. 乔恩科. 投资学基础[M]. 13 版. 北京:电子工业出版社,2018.
[12] 史金艳. 行为金融学[M]. 北京:清华大学出版社,2020.
[13] 汪昌云,类承曜,谭松涛. 投资学[M]. 4 版. 北京:中国人民大学出版社,2020.
[14] 邢天才,王玉霞. 证券投资学[M]. 5 版. 大连:东北财经大学出版社,2020.
[15] 威廉·F. 夏普,戈登·J. 亚历山大,杰弗里·V. 贝利. 投资学[M]. 5 版. 北京:中国人民大学出版社,2013.
[16] 吴晓求. 证券投资学[M]. 5 版. 北京:中国人民大学出版社,2019.
[17] 喻崇武. 量化投资理论与实务:价值评估的视角[M]. 北京:经济管理出版社,2021.
[18] 张然,汪荣飞. 基本面量化投资:运用财务分析和量化策略获取超额收益[M]. 2 版. 北京:北京大学出版社,2017.
[19] 张宗新. 投资学[M]. 4 版. 上海:复旦大学出版社,2020.
[20] 赵锡军,魏建华. 证券投资分析[M]. 6 版. 北京:中国人民大学出版社,2015.
[21] 中国证券业协会. 金融市场基础知识[M]. 北京:中国财政经济出版社,2022.
[22] 中国证券业协会. 证券投资基金基础知识[M]. 北京:中国财政经济出版社,2022.
[23] 周佰成,刘毅男. 量化投资策略[M]. 北京:清华大学出版社,2019.
[24] 滋维·博迪,亚历克斯·凯恩,艾伦·J. 马库斯. 投资学[M]. 10 版. 北京:机械工业出版社,2017.
[25] 郑小林,贲圣林. 智能投顾:大数据智能驱动投顾创新[M]. 北京:清华大学出版社,2021.